den Schlitz der Stechuhr, drückt den Hebel, aber statt des üblichen Klickens springt ein schrilles Läuten aus der Uhr heraus, schreit, bis der nächste den Hebel drückt: In irgendwelchen Abständen, die nicht nach Absicht des Unternehmers, sondern nach höherer Gewalt aussehen, greift sich die Stechuhr mit Läuten statt Klicken einen der Arbeiter heraus, und der muß dann beim bereitstehenden Nachtportier seine Tasche aufmachen, muß den Nachtportier zwischen dem leeren Jausensäckchen, der Teeflasche und dem Kriminalroman für die Mittagspause herumkramen, muß ihn nachschauen lassen, ob da nicht doch eine Bohrmaschine oder ein sechstüriger Schrank hinausgeschmuggelt wird. Melzer hält dem Nachtportier die geöffnete Tasche hin und will schon weitergehen. Und was ist das? zeigt der Mann mit immer länger werdendem Finger hinein. Melzer schaut, ach so, sagt er und nimmt eine Schraubenschachtel aus der Tasche, das ist ein Schmetterling, sagt er.

Während der Mittagspause ist er am Klo gesessen, und da hat er oben, neben dem kleinen Fenster, einen Schmetterling sitzen gesehen, der dort überwinterte, und Melzer ist auf die Klomuschel gestiegen und hat den Schmetterling zwischen die Finger genommen, der sich nicht viel gerührt, sondern nur ein wenig mit den Beinen gezappelt hat. Den bring ich den Kindern heim, hat er gedacht, und um ihm die Flügel nicht zu verletzen, hat er eine Schraubenschachtel ausgeleert und den Schmetterling, der langsam wach geworden ist, hineingesteckt. Als er die Tasche hat aufmachen müssen, hat er garnicht mehr daran gedacht.

Der Nachtportier verzieht sein Gesicht zu einem Grinsen, ein Schmetterling? ein Schmetterling im Winter? sagt er, na glaubst ich bin blöd? Schrauben willst mitgehen lassen! Aber gar nicht, sagt Melzer, da, heb einmal, wie leicht, hält er ihm die Schachtel hin, und im selben Moment kommt der Betriebsleiter durch die Glastür geschossen, vor der der Nachtportier steht, habens wieder wen erwischt? schreit er, und er sieht die Schraubenschachtel in Melzers Hand, Schrauben also, bellt er, und Melzer steht mit eingezogenem Hals da, schüttelt den Kopf, und der Betriebsleiter reißt ihm die Schachtel aus der Hand und stockt, mitten im Schreien, weil ihm die Schachtel doch zu leicht vorkommt. Da ist ja garnichts drin, sagt er verwundert, und er macht die Schachtel auf. Nicht, schreit Melzer, aber da fliegt der Schmetterling schon heraus, steigt steil in die Höhe und stürzt hinter dem Zaun irgendwo in den Schnee. Sowas, sagt der Betriebsleiter und starrt Melzer an, da habens aber Glück gehabt. Melzer macht seine Tasche zu und geht durch den Auflauf, der sich gebildet hat, langsam über den Hof auf den Fabriksausgang zu. Er denkt kurz daran, um das ganze Fabriksgelände herumzugehen und dann beim Zaun, wo der Schmetterling abgestürzt ist, zu suchen. Aber ist ja viel zu finster dort, denkt er. Und für die Kinder ist es ja auch gleich, redet er sich dann ein. Sie wissen ja nicht, daß er ihnen eine Freude hat machen wollen.

- Wie „agieren“ der Nachtportier und der Betriebsleiter? Wozu dienen ihre sprachlichen Äußerungen? Wie reagiert Melzer?
- Wie beurteilen Sie die Arbeitsbedingungen Melzers?
- Wofür könnte der Schmetterling ein Bild sein?

Erich Hackl: *Aurora* und *Sidonie* – Authentische Fälle

Eines Tages sah sich Aurora Rodríguez veranlaßt, ihre Tochter zu töten. Sie betrat das Schlafzimmer, entnahm dem Nachtkästchen eine Pistole, die sie vor Monaten erworben hatte, um gegebenenfalls das Leben Hildegarts zu schützen, lud die Waffe, entsicherte sie und ging ohne Zögern in das Zimmer ihrer Tochter. Sie schloß sacht die Tür hinter sich, tastete im Dunkeln nach der Lampe, die neben dem Bett auf einem niedrigen, mit Büchern und Zeitungen überladenen Tisch stand, und gab vier Schüsse ab. Die ersten beide Projektile, die nach einem

- Teilen Sie die Skepsis des Autors gegenüber Gefühlen und Beziehungen?
- Turrini meint in seiner Rede zur Eröffnung des Internationalen Brucknerfestes 1994 in Linz: „Männer verdächtigen Frauen, und Frauen verdächtigen Männer. So nahe können wir gar nicht beieinander liegen, dass wir uns wirklich nahekommen. Denn zwischen uns nisten die Vorstellungen, wuchern die Bilder."
- Beziehen Sie diese Worte in Ihre Diskussion mit ein!

Friederike Mayröcker – Eine Schule des Lesens und des Deutens

Von den Gedichten der 1924 in Wien geborenen und mit vielen Preisen ausgezeichneten **Friederike Mayröcker** sagt der Germanist Schmidt-Dengler: „Die Auseinandersetzung mit den Texten Mayröckers gehört gewiss zu den größten Herausforderungen, der sich die Literaturkritik, aber auch eine um neuere Literatur bemühte germanistische Forschung gegenübersieht." Sind die meisten Gedichte Turrinis offen, klar und verständlich, so sind die Texte Mayröckers verschlossene poetische Schlingen, Assoziationsketten, vielschichtige und metaphernreiche Bestandsaufnahmen des menschlichen Lebens.
1996 erscheint ihr Gedichtband *Notizen auf einem Kamel*, dessen erstes Gedicht vordergründig leicht zu deuten scheint.

Friederike Mayröcker (2004)

was brauchst du

Was brauchst du? Einen Baum ein Haus zu
ermessen wie groß wie klein das Leben als Mensch
wie groß wie klein wenn du aufblickst zur Krone
dich verlierst in grüner üppiger Schönheit
wie groß wie klein bedenkst du wie kurz
dein Leben vergleichst du es mit dem Leben der Bäume

du brauchst einen Baum du brauchst ein Haus
keines für dich allein nur einen Winkel ein Dach
zu sitzen zu denken zu schlafen zu träumen
zu schreiben zu schweigen zu sehen den Freund
die Gestirne das Gras die Blume den Himmel

Die Autorin beantwortet mit diesem sehr rhythmischen Gedicht die über ein „Du" an sich selbst und an den Rezipienten gerichtete Frage nach menschlichem Wünschen, Streben und Sehnen.

- Welche Antwort gibt Mayröcker? Welche Vergleiche stellt sie an?
- Die Autorin verwendet dreimal die Worte „wie groß wie klein", inwiefern spiegeln sich diese in anderen Bildern des Textes wider?
- Überlegen Sie für sich oder im Gespräch mit MitschülerInnen, „was Sie brauchen"!
- Schreiben Sie ein Gedicht in ähnlicher Form wie das von Friederike Mayröcker, das Ihre Wünsche und Sehnsüchte ausdrückt!

Neuere österreichische Dramatik – Ein Überblick

Mit dem Tod von **Thomas Bernhard** im Jahre 1989 geht ein bedeutender Abschnitt der österreichischen Theatergeschichte zu Ende. Er verfügt testamentarisch ein Aufführungsverbot für seine Stücke in Österreich. In seinem umfangreichen dramatischen Gesamtwerk – Bernhard schreibt zwanzig Bühnenstücke – variiert der Autor von Stück zu Stück seine Grundthemen: den aussichtslosen Kampf gegen Krankheit, Verfall und Tod, die Auseinandersetzung mit der nationalsozialistischen Vergangenheit Österreichs, die Machtrituale zwischen voneinander abhängigen Menschen, das Streben des Künstlers nach Perfektion in einer kunst- und kulturfeindlichen Welt und seine Kritik an der österreichischen Politik und am Kulturbetrieb in diesem Land.

Neue Autoren für die Bühne

Nach Thomas Bernhards Stücken werden jene von **Peter Turrini** am Wiener Burgtheater unter der Regie von Claus Peymann uraufgeführt (*Tod und Teufel*, 1990; *Alpenglühen*, 1993; *Die Schlacht um Wien*, 1995). Die Themen des 1944 in Kärnten geborenen „Radikalmoralisten" Turrini – ihn begleitet seit seinen Anfängen als Dramatiker das Image eines Skandalautors (*Rozznjogd*, 1971; *Sauschlachten*, 1972; *Die Minderleister*, 1988 ▸ Seite 217 – zentrieren sich um Begriffspaare wie „Vereinsamung und Selbstentfremdung", „Liebessehnsucht und Liebesunfähigkeit", „Alltagsfaschismus und Vergangenheitsverdrängung", „Fremdenfeindlichkeit und Selbsthass".

Neues Theater wird auch in den Werken von **Werner Schwab** (1958 – 1994; *Die Präsidentinnen*, 1990; *Volksvernichtung oder Meine Leber ist sinnlos*, 1991; *Der reizende Reigen nach dem Reigen des reizenden Herrn Arthur Schnitzlers*, 1997), **Peter Handke** (*Die Stunde, da wir nichts voneinander wussten*, 1992; *Zurüstungen für die Unsterblichkeit*, 1997; *Die Fahrt im Einbaum oder Das Stück zum Film vom Krieg*, 1999; *Untertagblues*, 2003; *Spuren der Verirrten*, 2006), **Marlene Streeruwitz**, **Elfriede Jelinek** und **Franzobel** angestrebt.

Marlene Streeruwitz – Kampfansage an die klassische Dramatik ▸ Seite 553 ff.

Die überzeugte Feministin **Marlene Streeruwitz** (geb. 1950) versteht ihre antipsychologischen Theatertexte als Kampfansage an die klassische Dramatik, „ihr Theater ist ein Anti-Identifikationstheater, getragen von Dialog-Collagen und barockem Sprachspiel, das trotz grotesker Fragmentierung[11] und Inkongruenz[12] die soziale Beziehungslosigkeit und Entfremdung des Menschen im Zerfall überkommener Wertordnungen demonstriert." Die Handlung ihrer Dramen spielt immer, wie auch aus den Texttiteln zu sehen ist, an öffentlichen Orten, wo die Autorin die alltägliche Gewalt in Szene setzt: *Waikiki Beach*, 1992; *Sloane Square*, 1992; *New York. New York*, 1993; *Elysian Park*, 1993; *Ocean Drive*, 1993; *Brahmsplatz*, 1995.

Elfriede Jelinek – In der Tradition des politisch-aufklärerischen Theaters eines Bertolt Brecht ▸ Seite 526 ff.

Auch **Elfriede Jelinek** (geb. 1946) schreibt gezielt gegen den Kanon der traditionellen Theaterästhetik und versucht durch Dekonstruktion von Sinnzusammenhängen und durch

[11] Fragment, lat.: Bruchstück
[12] Inkongruenz: fehlende Übereinstimmung

Verfremdung der dramatischen Form (z. B. Montagetechnik) auf die Unterdrückung der Menschen – die Hauptopfer seien die Frauen – im Rahmen der modernen Konsum- und Mediengesellschaft hinzuweisen. Mehrere Stücke der in Österreich oft kritisierten Autorin werden zunächst in Bonn (Deutschland) uraufgeführt: so etwa *Clara S.*, eine musikalische Tragödie, in der Jelinek die Stellung der Künstlerin in der bürgerlichen Gesellschaft thematisiert, *Burgtheater*, eine Posse mit Gesang, die in den Jahren 1941 bis 1945 spielt und sich mit der Anfälligkeit prominenter österreichischer SchauspielerInnen für den Faschismus auseinandersetzt, oder *Wolken. Heim*, eine Textcollage, die ebenfalls Jelineks Engagement gegen Faschismus, politischen Opportunismus und „Vergesslichkeit" in Bezug auf die faschistische Vergangenheit Österreichs unterstreicht. Mit *Raststätte oder Sie machens alle* (1994), *Stecken, Stab und Stangl – Eine Handarbeit* (1996), *Ein Sportstück* (1998), *In den Alpen* (2002), *Bambiland* (2003), *Babel* (2005) und *Ulrike Maria Stuart* (2006) festigt Elfriede Jelinek ihren Ruf als bedeutende deutschsprachige Schriftstellerin der Gegenwart. Die Verleihung des Literaturnobelpreises 2004 stellt den Höhepunkt ihrer bisherigen Karriere dar.

Zu *Stecken, Stab und Stangl* steht im Droemer Knaur Theaterlexikon:

Im Februar 1995 ermordet ein rechtsradikaler Bombenleger, der erst zwei Jahre später gefasst wurde, im österreichischen Burgenland vier junge Roma. Aus authentischen Äußerungen von Politikern und den dumpfen Reden des berühmt-berüchtigten Mannes auf der Straße schuf E. J. diese Collage, die an der Fleischertheke in einem Supermarkt spielt. Dem Text vorangestellt ist eine Äußerung eines österreichischen Politikers, der die Opfer ganz nebenbei und ziemlich schnell selbst zu Tätern machte: „Wer sagt, dass es nicht um einen Konflikt bei einem Waffengeschäft, einen Autoschieberdeal oder um Drogen gegangen ist." Die Personen des Stücks sind laut Regieanweisung fortwährend mit Häkeln beschäftigt und verpuppen sich im Lauf des Spiels geradezu in das rosafarbige Material; in der Uraufführung ließ T. Bruncken die Schauspieler in Schaumstoff versinken als Sinnbild für das gut ausgepolsterte Nachkriegsösterreich. Die Reden handeln von Sportstars und von Tieren („Der Steinbock ist am Aussterben, die Gämse ist chronisch krank ..."), von Ausländern und krebskranken Kindern, von Terroristen und der Judenvernichtung („Einmal muss Schluss sein."). Eine Handlung gibt es nicht, Plattheiten wechseln mit Schlagzeilen der österreichischen Boulevardpresse, Aussagen des aus Österreich stammenden KZ-Kommandanten Josef Stangl („Nur verhältnismäßig wenige jüdische Opfer sind vergast worden. Die andern sind verhungert oder erschlagen worden ...") mit Zitaten aus dem Werk von Paul Celan, ohne dass der Text selbst einen Hinweis darauf gibt, welches Material jeweils verwendet wird („Die Autorin hat wieder einmal Zitate hereingelegt. Sagt aber nicht welche. Raten Sie! Keine Preise zu gewinnen!"). Am Ende erschlägt der Fleischer die Kunden reihenweise und kehrt alles zusammen: „Schauspieler, Handarbeiten, Plüschtiere, Häkelgarn".

Der „österreichische Totentanz" (S. Löffler), der den mittlerweile wieder alltäglichen Rassismus lakonisch und unaufgeregt dokumentiert, wird von der Zeitschrift *Theater heute* zum Stück des Jahres 1996 gewählt.

Werner Schwab – „Sprachberserker" und „Brachialdramatiker"

Der Grazer **Werner Schwab** (geb. 1958, gest. in der Silvesternacht 1993/94) ist mit den Uraufführungen seiner beiden ersten „Fäkaliendramen" *Die Präsidentinnen* (1990) und *Volksvernichtung oder Meine Leber ist sinnlos* (1991) der Shooting-Star des deutschsprachigen Theaters der

Saison 1991/92. Bis zu seinem Tod produziert Schwab – zum Teil als Auftragsarbeiten bedeutender Theater – 18 Stücke, von denen die Hälfte erst nach seinem Tod aufgeführt wird. 1997 findet im Wiener Schauspielhaus die österreichische Erstaufführung von *Der reizende Reigen nach dem Reigen des reizenden Herrn Arthur Schnitzler* statt, eine moderne Bearbeitung von Arthur Schnitzlers „Skandalkomödie" *Reigen*. Schwab behält nicht nur die Ringstruktur der Vorlage bei, sondern lehnt sich auch eng an die Schnitzler'sche Dialogführung an. Neu sind einige Figuren (z. B. wird aus dem Soldaten ein Angestellter, aus dem süßen Mädel eine Sekretärin), die Darstellung des Geschlechtsakts und die Schwab'sche Kunstsprache, die das Theaterstück zu einem eigenständigen Werk macht.

Franzobel – Worterfindungsmeister, Vielschreiber und Bachmann-Preisträger

Franzobels Welt ist verschroben aktuell, zeitgeschichtlich auf dem neuesten Stand und massenpsychologisch vielleicht sogar noch weiter. In deutschen Feuilletons schmückt man ihn mit den Beinamen Worterfindungsmeister, barocker Geschichtenerdenker und Menschenkenner. Fußballmetaphorisch ist der regelmäßig in Argentinien weilende Schriftsteller eindeutig der Goleador der österreichischen Gegenwartsliteratur. Franzobel kreiert einen Erzählstil, der vor skurriler Metaphorik und semantischen Finessen, vor Neologismen und Klangmalereien nur so sprüht und funkelt. Vorsicht: Suchtgefahr!

So beschreibt *Die Zeit* den 1967 in Vöcklabruck als Stefan Griebl geborenen Lyriker, Epiker und Dramatiker **Franzobel**, der, nachdem er eine HTL für Maschinenbau absolviert hat, in Wien Germanistik und Geschichte studiert und seit 1992 als freischaffender Schriftsteller in Wien und Buenos Aires lebt. Seine literarische Bandbreite ist enorm: Er verfasst Romane, Gedichte, Theaterstücke, Essays, Hörspiele und Kinderbücher.

2003 erscheint der Gedichtband *Luna Park. Vergnügungsgedichte*. Dieser versammelt 144 Gedichte, die in den letzten elf Jahren entstanden sind.

Franzobel (2007)

Österreich ist schön

Österreich? Ist das schön. Und hundertmal
& überhaupt. Österreich ist schön, und
schon schön ist Österreich. Ich bin hundertmal
verliebt in Österreich. Und Österreich
ist sehr schön, das lernen wir, hundertmal, daß
Österreich richtig schön ist, und das ist
das Schöne an Österreich, daß hundertmal
schon die österreichischen Schulkinder lernen,
wie schön und überall dieses Österreich nun ist,
damit sie es nur ja nie mehr vergessen. Ist
das schön. Und überhaupt. Die Sonne. Und
damit sie es nur ja nie mehr vergessen, wie schön,
schön Österreich ist, müssen schon die
österreichischen Schulkinder hundertmal,
hundertmal schreiben, Österreich ist schön.
Ist das schön. So schön ist Österreich, daß
schon die Schulkinder es aufschreiben müssen.
Müssen schreiben: Österreich fängt schön an, und

schön hört Österreich auch auf. Ja. So ist das
mit Österreich. Durch und durch schön. Hundertmal.

- Wie beurteilen Sie diesen Text aus *Luna Park*? Reflektieren Sie in einer Gruppenarbeit das Österreichbild Ihrer Generation!
- Worauf möchte der Autor mit seinem Gedicht hinweisen?
- Beachten Sie den Stil und im Besonderen die Wiederholungen! Worin zeigt sich noch die skurrile Ironie in diesem Gedicht?
- Sehen Sie Verbindungen zwischen der Schreibweise Franzobels und einzelner Autoren der Wiener Gruppe?

Aufarbeitung der österreichischen Vergangenheit

Erfolgreich ist Franzobel v.a. als Theaterautor, z. B. mit *Mayerling. Die österreichische Tragödie* (2001), *Mozarts Vision* (2003) und *Der Narrenturm* (2004). Seine aktuellsten Theaterstücke werden unter der Regie von Georg Schmiedleitner im ehemaligen Kohlebrecher Kohlgrube bei Wolfsegg am Hausruck uraufgeführt: 2005 *Hunt oder Der totale Februar*, 2007 *Z!PF oder Die dunkle Seite des Mondes*. Der ursprünglich für 2008 geplante Abschluss der Trilogie durch *LENZ* wurde aufgrund eines aktuellen Theaterprojekts verschoben.

Hintergrund des Theaterstücks *Hunt oder Der totale Februar* sind die geschichtlichen Vorgänge des Februars 1934 im Hausruck-Kohlerevier, die die gesamte Region Hausruck und sogar das gesamte Land erschütterten und heute noch bewegen.

Im Mittelpunkt steht das persönliche Schicksal des damaligen Schutzbundführers Fageth und dessen Freundin Maria, historisch belegte Figuren. An Fageth und seinem Verhalten zeigt sich die gesamte Tragik der damaligen politischen Ereignisse und des sozialdemokratischen Widerstandes. Sein Zögern und seine kämpferische Unentschlossenheit sind stellvertretend für die Situation der gesamten Partei. Trotz innerer Überzeugung kann sich die sozialdemokratische Regierung nicht zu einem gemeinsamen wehrhaften Akt gegen die antidemokratischen Tendenzen und Aktionen der Regierung durchringen. Vergessen darf man allerdings nicht die entsetzliche wirtschaftliche Situation der damaligen Zeit, die der Bevölkerung dramatisch zusetzte. Die Figur des Fageth ist bei Franzobel wie auch in den historischen Quellen nicht unwidersprochen. Sein gesellschaftlicher Umgang und sein Verhalten machen ihn letztlich zum tragischen Helden. Als charismatische Figur ist er zwar Anführer, verlässt jedoch das Kampfgebiet und seine Kameraden vorzeitig.

Franzobels Stück ist kein dokumentarisch historisches Drama, sondern vielmehr modernes, kritisches Volkstheater. Indem Franzobel die Dialoge historisch belegt, aber die Ereignisse vor dem Hintergrund des Faschingtreibens der Bevölkerung spielen lässt, ergibt sich ein burlesk-grotesker Zusammenhang. Franzobel steht mit diesem Text auch ganz in der Tradition von Nestroy und Raimund, wenn er viele Szenen bizarr überhöht oder mit märchenhaften Verfremdungen und Verzerrungen spielt, ohne die geschichtliche Wahrheit zu desavouieren. Gerade aber in der Überhöhung und Übertreibung lässt sich vieles genauer und besser erzählen, meint auch der Autor. So entsteht ein makaber grotesk-beklemmender „Totentanz" um die tragischen und teilweise vergessenen und ungeklärten historischen Ereignisse in dieser Region.

Franzobel sagt in einem Interview zur Uraufführung des Dramas:
Es schwebt mir jetzt nicht vor, ein Bauerntheater zu schreiben. Die Figuren werden ein bisschen überzeichnet, einfach, um sie auch klarer zu charakterisieren. Es wird etwas Skurrilität

einfließen, das Ganze hat sich ja im Fasching abgespielt. Rundherum schwebt mir schon etwas vor, wo man auch lachen und wo man skurrile Dinge entdecken kann.

Z!PF oder Die dunkle Seite des Mondes spielt im kleinen Bierbrauerort Redl-Zipf, dessen Häuser ab 1943 aus Tarngründen schwarz gestrichen und mit Tarnnetzen behangen werden mussten. Stacheldrahtumzäunte Lager, riesige Bunker und militärische Sperrzonen wurden errichtet. Das einst idyllische Zipf verwandelte sich in einen düsteren, barbarischen Ort, wo die „Herrenrasse" Häftlinge in Suppenkessel sieden oder lebendig einbetonieren ließ.
Z!PF erzählt von einem Bierbrauer, von den Laboranten des Todes und irregeleiteten Vorstellungen von einer besseren Zukunft, es berichtet auch vom NS-Geldfälschungsprojekt „Unternehmen Bernhard" und dessen Blüten. Zudem erzählt das Stück von den Bewohnern der Region: von jenen, die wegsahen und anderen, die nicht zusehen konnten und unter Einsatz ihres Lebens halfen. Selbstverständlich gedenkt *Z!PF* auch der Opfer dieses mörderischen Systems, französische, polnische, russische Sklavenarbeiter, die hier die Hölle erlebten, sich ihrem Schicksal ergaben oder Sabotage-Akte planten.
So wie *Hunt* ist auch *Z!PF* ein Stück gegen das Vergessen und Verdrängen einer unmittelbaren zeitgeschichtlichen Wirklichkeit.

Österreichische Prosa – Romane nach 1995

Die Frankfurter Buchmesse 1995, deren Schwerpunktthema „Österreich" lautet, lässt das Interesse für österreichische Literatur deutlich ansteigen und bewirkt einen doppelten Marktanreiz, sowohl für die KäuferInnen als auch für die ProduzentInnen: Die Mehrzahl der österreichischen AutorInnen ist bemüht, im Frankfurter Schaufenster zu stehen. Ebenfalls im Jahr 1995 erhält zum ersten Mal seit Gert Jonke (1977) ein österreichischer Autor den Bachmann-Preis: **Franzobel** mit dem kurzen Prosastück *Die Krautflut.*
Zur Buchmesse und in den folgenden Jahren werden nun etliche Romane veröffentlicht, die auf großes Publikumsinteresse stoßen und zum Teil – wenn auch nur für kurze Zeit – auf den Bestsellerlisten zu finden sind:
Im Folgenden ein – naturgemäß unvollständiger – Überblick über österreichische LiteratInnen der letzten Jahre und ihre Werke, die in der Presse rezensiert werden und sich häufig auch in Bestsellerlisten finden:

Franzobel: *Lusthaus oder die Schule der Gemeinheit* (2002), *Liebesgeschichte* (2007)
Norbert Gstrein: *Der Kommerzialrat (1995), Die englischen Jahre (1999), Das Handwerk des Tötens* (2003)
Erich Hackl: *Sara und Simón* (1995), *Entwurf einer Liebe auf den ersten Blick* (1999), *Die Hochzeit von Auschwitz* (2002), *Anprobieren eines Vaters* (2004)
Peter Handke: *Mein Jahr in der Niemandsbucht* (1994), In *einer dunklen Nacht ging ich aus meinem stillen Haus* (1997), *Don Juan (erzählt von ihm selbst)* (2004), *Kali. Eine Vorwintergeschichte* (2007), *Die morawische Nacht* (2008)
Josef Haslinger: *Opernball* (1995), *Das Vaterspiel* (2000)
Elfriede Jelinek: *Die Kinder der Toten* (1995), *Gier* (2000), *Neid (Privatroman)* (2007)
Michael Köhlmeier: *Telemach* (1995), *Kalypso* (1997), *Geh mit mir* (2000), *Der Spielverderber Mozarts* (2007), *Abendland* (2008)
Ulrike Längle: *Vermutungen über die Liebe in einem fremden Haus* (1998)
Robert Menasse: *Schubumkehr* (1995), *Die Vertreibung aus der Hölle* (2001), *Don Juan de la Mancha oder Die Erziehung der Lust* (2007)

2007 veröffentlicht Peter Handke *Kali. Eine Vorwintergeschichte* und 2008 die 560 Seiten lange Erzählung *Die morawische Nacht*. Diese handelt von einer Rundreise durch Europa, vom Balkan nach Spanien und über Deutschland und Österreich wieder retour, einer Reise zu den Außenseitern der Gesellschaft und einer Spurensuche der eigenen Geschichte, der Geschichte Peter Handkes.

Der Suhrkamp-Verlag bewirbt die Erzählung wie folgt:

Ort: der Balkan, die Morawa, ein Zufluß der Donau, ein Hausboot auf dem Fluß. Zeit: eine Nacht, vom späten Abend bis zum blauenden Tagesbeginn. Personen: Ein Autor, ein ehemaliger, ruft seine Freunde, sieben an der Zahl, auf das Hotelschiff, seine Enklave, wohin er sich ein Jahrzehnt zuvor zurückgezogen hat.
Die erste Überraschung erleben die Bekannten gleich beim Betreten des Boots: Der für seine Distanz zu den Frauen berüchtigte Ex-Autor empfängt sie in Begleitung einer – Angestellten?, Gefährtin?, Geliebten? Auf das Abendmahl folgt eine lange Erzählung, in der die Stimme des Autors dominiert, in die sich zuweilen die Stimmen der anderen männlichen Anwesenden einpassen. Von einer gerade beendeten Rundreise des Bootsbesitzers durch das westliche Europa handelt die Erzählung. War er wirklich auf der Flucht vor einer Gefahr, etwa vor einer Frau, die ihm mit dem Tod drohte? Wie hat man sich das Symposium über den Lärm vorzustellen, an dem er angeblich in Spanien teilgenommen hat? Was hat es mit dem Treffen aller Maultrommelspieler dieser Erde vor Wien auf sich? Warum will er gerade zu diesem Zeitpunkt den Wohnort seines verstorbenen Vaters in Deutschland aufsuchen? Und wo hat er die Frau getroffen? Und überhaupt: Wie lange dauerte die Reise?
In dieser romanlangen Erzählung Peter Handkes nimmt die Wirklichkeit unserer Gegenwart immer bedrückendere Gestalt an. Gleichzeitig wird das Gewicht der Welt ein anderes – ein leichteres?
Was nun erwartet den Leser? Ein „nächtliches Buch"? „Nicht wenige solcher nächtlichen Bücher hatte der Autor im Lauf seines Lebens verfaßt, die vom Tageslicht in nichts aufgelöst worden waren. In nichts? Wirklich?"

Josef Haslinger: *Opernball* und *Das Vaterspiel*

Der 1955 in Zwettl/Niederösterreich geborene **Josef Haslinger** wird durch den Band *Politik der Gefühle. Ein Essay über Österreich* (1987) und die Erzählungen *Der Tod des Kleinhäuslers Ignaz Hajek* (1985) sowie *Die mittleren Jahre* (1990) – beide Erzählungen spielen in der Heimat des Dichters und thematisieren familiäre Verstrickungen und die schwierigen Lebensbedingungen bäuerlicher Menschen im ländlichen Raum – einem größeren Publikum bekannt.

Josef Haslinger (2007)

Neue Österreich-Romane

1995 erscheint der „aufklärende Unterhaltungsroman" ***Opernball***, ein spannender und mit professioneller Souveränität geschriebener Medienroman und Politthriller, „der ein Panorama einer von Terroristen bedrohten Wohlstandsgesellschaft entwirft. Er zeigt die grotesken politischen Widersprüche auf zwischen Liberalität und Bedürfnis nach Sicherheit, den kaum kontrollierbaren Einfluss des Fernsehens auf Alltagsleben und Regierungsentscheidungen sowie das fatale Zusammenwirken von wieder aufflammendem Nationalismus, Fremdenfurcht und politisch motivierter Gewalt."

Zu Beginn des Buches berichtet ein Fernsehjournalist, das ordnende Ich des Romans, über einen Neonazi-Giftanschlag auf die Gäste des Wiener Opernballs, bei dem 3 000 Menschen, darunter auch sein Sohn Fred, sterben.

Als es geschah, fand ich Fred nicht auf den Bildschirmen. Er war der einzige Gedanke, an den ich mich erinnere. Die Aufzeichnung bewies mir jedoch, daß ich routinemäßig noch ein paar andere Kamerapositionen abgerufen hatte, bevor mir die Hände versagten. Millionen von Menschen aus ganz Europa schauten den Besuchern des Wiener Opernballs beim Sterben zu. Fred wurde erst mein Sohn, als er siebzehn Jahre alt und heroinsüchtig war. Damals begann ich, um ihn zu kämpfen. Er gewann sein Leben zurück. Er wollte es festhalten. Er war sich selbst keine Gefahr mehr. Er hatte Tritt gefaßt. Und dann wurde er ermordet. Wir alle sahen zu und konnten nichts tun.
Um mich herum ein paar Techniker. Einer von ihnen war geistesgegenwärtig genug, mein Regiepult zu übernehmen. Die bemannten Kameras lieferten bald nur noch Standbilder, auf denen nacheinander die Bewegungen erstarrten. Stumme Aufnahmen von glitzernden, hohen Räumen, übersät mit Toten. Fotos von Menschen in Ballkleidern, die bunt durcheinander im Erbrochenen liegen, umrankt von Tausenden rosa Nelken. Die drei automatischen Kameras fingen wieder zu schwenken an. Vergeblich suchten sie nach Anzeichen von Leben. Neben mir sprach einer französisch. Ich schwankte hinaus in den Lärm. Ich dachte, ich müsse Fred retten. Draußen herrschte Chaos. Ich drängte mich durch die Menge, bis ich in die Nähe des Operneingangs kam. Da sah ich, daß es nichts gab, was ich für Fred noch hätte tun können. Als ich in den Sendewagen zurückkam, erfuhr ich, daß Michel Reboisson, der Chef von ETV, nach mir verlangt hatte.
ETV blieb europaweit auf Sendung. Eine unerträgliche Stille. Nur zwei Kameras waren ausgefallen. Die anderen lieferten weiter ihr jeweiliges Standbild. Sie wurden in langsamer Folge auf Sendung geschaltet. Jemand schrie ins Telefon: „Musik, wir brauchen Musik!"

- Analysieren Sie die Sprache des Textausschnitts! Beachten Sie u. a. Wortwahl, Wiederholungen, Zeitformen, Satzbau und Wahl der Satzarten!
- Wie steigert der Autor die Spannung?
- Welche Themen werden schon am Beginn des Romans angesprochen?
- Wenn Sie den Roman als Ganztext lesen, überprüfen Sie, ob Sie mit der Kritik von Klaus Zeyringer, einem führenden Literaturwissenschaftler, übereinstimmen können: „Opernball [...] ist ein auf Verfilmung schielender ‚totaler realistischer Zerstörungsroman' – Kolportage, die im Gewand der Kolportage die Kolportage zu kontern vorgibt –, gestrickt nach amerikanischem Muster: Sensation in diversen Varianten, zwischen einfachen Koordinaten, Gott und Teufel; umfassender Problemkatalog (Krieg, Rassismus, Neo-Nazis, Süchtler), Missstände allerorten, von Waldheim bis zur Schubumkehr."

Fünf Jahre nach seinem großen Erfolg *Opernball* erscheint Josef Haslingers zweiter großer epischer Text, *Das Vaterspiel*, ein fesselnder und auch ironischer Familien- und Gesellschaftsroman, der von der Literaturkritik unterschiedlich aufgenommen wird.
Es ist wieder ein Österreich-Roman, aber die Perspektive ist dieses Mal eine weitere. Es geht nicht nur um Österreichs politische Alltagswirklichkeit, sondern auch um die Schatten der Vergangenheit, um die Pogrome an den litauischen Juden im Jahre 1941. Der Autor verknüpft alle Handlungsstränge in einer eindrucksvollen Montagetechnik, arbeitet fatale Parallelen zur österreichischen Vergangenheit heraus und zeigt, wie diese Vergangenheit bis in unsere Gegenwart weiterwirkt.

Im Klappentext wird der Inhalt folgendermaßen beschrieben:

Rupert Kramer, genannt Ratz, ist der Sohn eines österreichischen Ministers. Er ist 35 Jahre alt und das, was man einen Versager nennt. Nächtelang sitzt Ratz vor dem Computer, um ein abstruses Vatervernichtungsspiel zu entwickeln. Er hasst seinen korrupten sozialdemokratischen Vater, der seine Familie wegen einer jungen Frau verlassen hat.
Im November 1999 erhält Ratz einen geheimnisvollen Anruf von Mimi, seiner Jugendliebe. Ratz fliegt nach New York, ohne zu wissen, was ihn erwartet. Bald ist klar: Er soll helfen, das Versteck von Mimis Großonkel auszubauen, einem alten Nazi, der an der Hinrichtung litauischer Juden beteiligt war. Seit 32 Jahren verbirgt er sich im Keller eines Hauses auf Long Island. Dort kommt es zu einer unheimlichen Begegnung mit dem verwahrlosten Mann.
Anschaulich und fesselnd erzählt Josef Haslinger vom Schicksal dreier Familien: einer jüdischen Familie, die bei den Massakern der Nazis in Litauen vernichtet wird, der Familie der Täter, die sich nach Amerika retten kann und dort einen grotesken Zusammenhalt bewahrt, sowie von Ratz´ eigener, sozialdemokratischer Familie, die sich im Wien der neunziger Jahre erbärmlich auflöst. Bestechend genau beleuchtet Haslinger die Verwerfungen des vergangenen Jahrhunderts und macht eindringlich spürbar, dass man der Geschichte nicht entkommen kann.

Mimi rutschte zu mir herüber und berührte mich mit ihrem Knie. Sie sagte: Heute muß ich dir noch ein paar Dinge erzählen. Und morgen früh sagst du mir, ob du gleich wieder zurückfliegst oder ob du bleibst und mir hilfst.
Was ist es?, fragte ich. Und warum diese Geheimniskrämerei?
Mimi sagte auf Deutsch und so laut, daß der Fahrer es hören konnte: Halten Sie bitte an! Der Fahrer reagierte nicht.
Sie lehnte sich zurück und sagte: Dieses Haus auf Long Island ist nicht leer. Dort lebt jemand, von dem niemand weiß, daß er noch lebt. Auch ich habe es jahrelang nicht gewußt. Und diejenigen, die vermuten, daß er noch lebt, wissen nicht, wo er lebt.
Wer ist es?
Mein Großonkel. Der Bruder meiner Großmutter.
Und warum muß er sich verstecken?
Weil er gesucht wird.
Weshalb?
NS-Verbrechen.
Der muß doch ein alter Mann sein.
Sogar sehr alt. Er ist 78.
Und seit wann versteckt er sich?
Seit 32 Jahren.
Seit 32 Jahren?
Ja. Zuerst in der Wohnung, in der wir gerade waren, dann im Haus auf Long Island.
Und was soll ich machen?
Sein Versteck verbessern.
Während dieses Gesprächs war mir, als würde ich in einem Aufzug stecken, der in den Keller hinabrast. Hilflos drückte ich noch an irgendwelchen Knöpfen herum, ohne Hoffnung, daß sie den Aufzug zum Halten bringen würden. Dann schlug der Aufzug im Keller auf. Sein Versteck verbessern. Einem Nazi helfen. Sonst noch etwas? Ich saß in diesem Taxi und glotzte auf die Hochhäuser hinaus. Mein erster Gedanke war: Da darfst du dich nicht hineinziehen lassen. Das bist du deiner Herkunft schuldig. Großvater in Dachau, Enkel hilft seinem Peiniger. Das ist eine zu steile Karriere.

Mach ich nicht, sagte ich. Mit Nazis will ich nichts zu tun haben. Eine Erballergie.
Du mußt dich nicht gleich entscheiden, sagte Mimi. Als ich es erfuhr, habe ich nicht anders reagiert. Es reicht, wenn du mir morgen sagst, ob du mir hilfst.
Was soll morgen anders sein? Nazis können mir gestohlen bleiben.
Morgen glaubst du mir vielleicht, daß der Mann unschuldig ist.
Ein Unschuldiger versteckt sich seit 32 Jahren? Da stimmt doch etwas nicht.
Du hast Recht, da stimmt etwas nicht. Darum versteckt er sich ja.

- Was können Sie anhand dieses kurzen Textauszugs zu Sprache, Satzbau und Stil feststellen?
- Formen Sie diese dialogische Textstelle in die indirekte Rede um! Verwenden Sie dabei die korrekten Konjunktivformen! Welche stilistische Unterschiede können Sie feststellen?

Christoph Ransmayr: *Morbus Kitahara* und *Der fliegende Berg*

▸ Seite 535 f.

Christoph Ransmayr wagt in *Morbus Kitahara* (1995) ein Experiment: In einem abgelegenen Dorf mit dem Namen Moor lässt er Opfer und Täter, Kriegs- und Nachkriegsgeneration in einer düsteren Geschichte aufeinandertreffen.

Auf die Frage: „Wie kommt's, dass Sie, ein Nachkriegskind des Jahres 1954, wieder auf das Thema der historischen Vergesslichkeit und Verdrängung zurückkommen?", gab Christoph Ransmayr 1995 folgende Antwort:

Ich habe Hans Leberts *Wolfshaut* gelesen. Ich bin an einem Ende des Traunsees zur Schule gegangen, und am anderen Ende war der Steinbruch von Ebensee, ein ehemaliges Außenlager von Mauthausen. Ich habe als Journalist über Oranienburg geschrieben und über Jura Soyfers Tod in Buchenwald, ich habe über die Zwangsarbeit an den Fundamenten der Staumauern von Kaprun geschrieben und über die Häftlingskolonnen, die durch das niederösterreichische Mostviertel getrieben wurden [...] Das Thema war seit frühesten erzählerischen Zeiten für mich da und hat mich beschäftigt, bedroht.

Ein Vierteljahrhundert nach der Erstausgabe von Leberts Roman widersetzt sich *Morbus Kitahara* als Teil einer beachtlichen Reihe von literarischen Werken der österreichischen Gegenwartsliteratur einem Prozess der Verdrängung, dessen Folgen die *Wolfshaut* erstmals in provozierender Drastik anschaulich gemacht hat.

- Wiederholen Sie das kurze Kapitel „Hans Lebert: *Die Wolfshaut*" ▸ Seite 517 ff. und suchen Sie in einem Literaturlexikon oder im Internet nach dem 1939 im Konzentrationslager ermordeten Dichter Jura Soyfer.
- Recherchieren und lesen Sie auch das von ihm in der Haft geschriebene *Dachaulied*! Suchen Sie Antwort auf die Fragen, wie es entstanden ist und wer es vertont hat!

„Der Friede von Oranienburg" ist der Name für die Jahre und Jahrzehnte nach einem großen Krieg. Aber dieser Name bezeichnet keine Epoche des Wiederaufbaus, sondern eine der Sühne, der Vergeltung und Rache. Nach dem Willen der Sieger sollen die geschlagenen Feinde aus den Ruinen ihrer Städte und Industrien zurückkehren auf die Rübenfelder und Schafweiden eines vergangenen Jahrhunderts. Drei Menschen begegnen sich im Moor, einem verwüsteten Kaff an einem See im Schatten des Hoch-

gebirges. Ambras, der „Hundekönig" und ehemaliger Lagerhäftling, wird Jahre nach seiner Befreiung Verwalter jenes Steinbruchs, in dem er als Gefangener gelitten hat. Verhasst und gefürchtet haust er mit einem Rudel verwilderter Hunde im zerschlissenen Prunk der Villa Flora. Lily, die „Brasilianerin", die Grenzgängerin zwischen den Besatzungszonen, die vom Frieden an der Küste des fernen Landes träumt, lebt zurückgezogen in den Ruinen eines Strandbades. An manchen Tagen aber steigt sie ins Gebirge zu einem versteckten Waffenlager aus dem Krieg, verwandelt sich dort in eine Scharfschützin und macht Jagd auf ihre Feinde. Und Bering, der „Vogelmensch", der Schmied von Moor: Er verlässt sein Haus, einen wuchernden Eisengarten, um zunächst Fahrer des Hundekönigs zu werden, dann aber dessen bewaffneter, zum Äußersten entschlossener Leibwächter. Doch in diesem zweiten Leben schlägt ihn ein Gebrechen, ein rätselhaftes Leiden am Auge, dessen Namen er in einem Lazarett erfahren soll: Morbus Kitahara, die allmähliche Verfinsterung des Blicks.

Der Beginn des zweiten Kapitels erzählt die Geburt von Bering:

Bering war ein Kind des Kriegs und kannte nur den Frieden. Wann immer die Rede von der Stunde seiner Geburt war, sollte er daran erinnert werden, daß er seinen ersten Schrei in der einzigen *Bombernacht* von Moor getan hatte. Es war eine regnerische Aprilnacht kurz vor der Unterzeichnung jenes Waffenstillstandes, der in den Schulstunden der Nachkriegszeit nur noch *Der Friede von Oranienburg* hieß.

Ein Bombergeschwader zog damals nach der adriatischen Küste ab und warf den Rest seiner Feuerlast über dem See von Moor in die Finsternis. Berings Mutter, eine Schwangere mit geschwollenen Beinen, trug eben einen Sack Pferdefleisch vom Anwesen eines Schwarzschlachters. Das weiche, kaum ausgeblutete Fleisch lag schwer in ihren Armen und zwang sie zu einer Erinnerung an den Bauch ihres Mannes – als sie über den Platanen am Seeufer eine ungeheure Faust aus Feuer zum Himmel steigen sah, und noch eine ... und ließ den Sack auf dem Feldweg zurück und begann wie von Sinnen auf das lodernde Dorf zuzulaufen.

Die Hitze des größten Brandes, den sie je gesehen hatte, versengte ihr schon Augenbrauen und Haare, als aus einem schwarzen Haus plötzlich zwei Arme nach ihr griffen und sie in die Tiefe eines Kellers zerrten. Dort weinte sie, bis ihr ein Krampf den Atem nahm.

Zwischen schimmeligen Fässern brachte sie dann ihren zweiten Sohn um Wochen zu früh in eine Welt, die in das Zeitalter der Vulkane zurückzufallen schien: In den Nächten flackerte das Land unter einem roten Himmel. Am Tag verfinsterten Phosphorwolken die Sonne, und in Schuttwüsten machten die Bewohner von Höhlen Jagd auf Tauben, Eidechsen und Ratten. Aschenregen fiel. Und Berings Vater, der Schmied von Moor, war fern.

Noch Jahre später sollte dieser Vater, taub für die Schrecken der Geburtsnacht seines Sohnes, seine Familie mit der Beschreibung jener Leiden ängstigen, die er, *er* in diesem Krieg ertragen hatte. So trocknete Bering jedesmal die Kehle aus, und seine Augen brannten, wenn er wieder und wieder hörte, sein Vater habe als Soldat solchen Durst gelitten, daß er am zwölften Tag einer Schlacht sein eigenes Blut trank. Es war in der libyschen Wüste. Es war am Paß von Halfayah. Dort hatte die Druckwelle einer Panzergranate den Vater ins Geröll geworfen. Und als ihm in der Glut dieser Wüste plötzlich ein rotes, seltsam kühles Rinnsal über das Gesicht lief, schob der Vater den Unterkiefer vor wie ein Affe, schürzte die Lippen und begann zu schlürfen, verstört und voll Ekel zuerst, dann aber mit wachsender Gier: Diese Quelle würde ihn retten. Er kehrte mit einer breiten Narbe auf der Stirn aus der Wüste zurück.

Berings Mutter betete viel. Auch als der Krieg mit seinen Toten von Jahr zu Jahr tiefer in die Erde sank und schließlich unter Rübenfeldern und Lupinen verschwand, hörte sie in Sommergewittern noch immer das Donnern der Artillerie. Und in manchen Nächten erschien ihr die Heilige Maria wie damals und flüsterte ihr Prophezeiungen und Nachrichten aus dem Paradies

zu. Wenn Berings Mutter nach dem Erlöschen Mariens ans Fenster trat, um das Fieber der Erscheinung zu lindern, sah sie das lichtlose Ufer des Sees und ein hügeliges Brachland, das in schwarzen Wogen auf noch schwärzere Bergketten zurollte.

Berings Brüder waren beide verloren; tot der eine, der jüngere, ertrunken im See von Moor, als er im eisigen Wasser einer Bucht nach *Zähnen* tauchte, nach der versenkten, von Rotalgen und Süßwassermuscheln überwachsenen Munition einer versprengten Armee, nach kupfernen Projektilen, die er mit Steinen von den Patronenhülsen geklopft, durchbohrt und wie Fangzähne an einer Schnur um den Hals getragen hatte. Verloren auch der andere, der ältere, ein Auswanderer irgendwo in den Wäldern des Staates New York. Die letzte, Jahre zurückliegende Nachricht von ihm, eine Ansichtskarte, zeigte den Hudson River, dessen graue Flut immer auch die Trauer über den Ertrunkenen wieder wachrief.

Wenn Berings Mutter am Todestag ihres ertrunkenen Sohnes ein Gebinde blauer Anemonen und in Holznäpfe eingegossene Wachslichter im See aussetzte, dann trieb stets auch ein Licht für die Polin Celina davon, die ihr in der Bombennacht beigestanden war.

- Untersuchen Sie die Sprache Ransmayrs in diesem Textausschnitt! Welche Wörter bzw. Wortgruppen vermitteln eine düstere, abgründige und bedrohliche Atmosphäre?
- Analysieren Sie die Familiensituation Berings genau!

In seinem neuesten Buch *Der fliegende Berg*, das 2006 mit großem Erfolg erscheint, erzählt Christoph Ransmayr über die Liebe, den Tod und die gnadenlose Schönheit der Welt. Elf Jahre liegen zwischen seinem letzten großen Roman *Morbus Kitahara* und *Der fliegende Berg*, in denen Ransmayr kleinere Arbeiten veröffentlicht hat und viel gereist ist, u. a. mit seinem Freund Reinhold Messner[12] in den Osten von Tibet.

Ein Roman im Flattersatz

Beim Anlesen des Romans meint man, ein Versepos vor sich zu haben, ein 350 Seiten umfassendes Langgedicht. Es handelt sich jedoch um einen Prosatext, gesetzt allerdings im Flattersatz (in ungleich lange Strophen gegliederte freie Rhythmen) mit unterschiedlich langen Zeilen.

„Ich glaube einfach, das entspricht dem Rhythmus des Sprechens", meint Ransmayr, „der Text zeichnet den Rhythmus nach, in dem ich die Geschichte erzählen würde. Wir haben uns daran gewöhnt, dass Prosa im Blocksatz daherkommt und Lyrik gemeinhin im Flattersatz. Wo steht geschrieben, dass das immer so sein muss?"

Der Autor erzählt die Geschichte zweier Brüder, die von der Südwestküste Irlands in den Transhimalaya, nach dem Land Kham und in die Gebirge Osttibets aufbrechen, um dort einen noch unbestiegenen namenlosen Berg, den geheimnisvollen „Kham Phur-Ri", zu Deutsch: den „fliegenden Berg", zu suchen und zu besteigen. Auf ihrer Reise begegnen die Brüder nicht nur der archaischen, mit chinesischen Besatzern und den Zwängen der Gegenwart im Konflikt liegenden Welt der Nomaden, sondern auf sehr unterschiedliche Weise auch der Liebe und dem Tod. Die beiden Iren finden den sagenumwobenen Siebentausender tatsächlich, allerdings kehrt nur einer der beiden aus den Bergen zurück. Dieser setzt sich mit seinem und dem Leben des Toten auseinander – und beginnt einen neuen Aufbruch.

[13] Reinhold Andreas Messner (geb. 1944 in Brixen, Südtirol): deutschsprachiger Südtiroler, Extrembergsteiger, Abenteurer, Buch- und Filmautor

Ich starb
6840 Meter über dem Meeresspiegel
am vierten Mai im Jahr des Pferdes.

Der Ort meines Todes
lag am Fuß einer eisgepanzerten Felsnadel,
in deren Windschatten ich die Nacht über-
lebt hatte.

Die Lufttemperatur meiner Todesstunde
betrug minus 30 Grad Celsius,
und ich sah, wie die Feuchtigkeit
meiner letzten Atemzüge kristallisierte
und als Rauch in der Morgendämmerung
zerstob.

Ich fror nicht. Ich hatte keine Schmerzen.
Das Pochen der Wunde an meiner linken
Hand
war seltsam taub.
[...]

In einem schmerzlosen Frieden,
von dem ich heute weiß,
daß er tatsächlich das Ende war, mein Tod
und nicht bloß völlige Erschöpfung,
Höhenwahn, Bewußtlosigkeit,
hörte ich eine Stimme, ein Lachen:
Steh auf!
Es war die Stimme meines Bruders.

Wir hatten uns im Wettersturz
der vergangenen Nacht verloren.
Ich war gestorben.
Er hatte mich gefunden.

Ich öffnete die Augen. Er kniete neben mir.
Hielt mich in seinen Armen. Ich lebte.
Mein Puls tobte in der Steinschlagwunde
An meiner Hand; mein Herz.

Wenn ich heute
an jene Mondnacht zurückdenke,
in der ich mit meinem Bruder
aus der Gipfelregion jenes Berges,
den die Nomaden von Kham *Phur-Ri*
nennen:
Der fliegende Berg,
in die Tiefe zurückgeklettert, zurückgetau-
melt war,
einen vom Eis verglasten Grat hinab,
blankgewehte Felsrinnen, schwarze
Eiskamine hinab
und dann durch den hüfthohen Schnee
jenes Sattels,
auf dem wir uns verloren . . .

Wenn ich an diesen Irrweg durch ein
Eislabyrinth
in die bewohnte Welt denke,
die irgendwo unter Wolkentürmen im
Abgrund lag,
dann sehe ich immer auch Nyema,

höre ihre besänftigende Stimme,
das Klimpern der Korallen- und Muschelket-
ten um ihren Hals
und spüre die Wärme ihrer Hände,

sehe Nyema,

als wären es ihre Arme
und nicht die meines Bruders gewesen,
die mich damals umfingen:

Niemand, höre ich Nyema sagen,
niemand stirbt auf seinem Weg nur ein
einziges Mal.
[...]

Steh auf!

Mein Bruder kniete neben mir.
Hielt mich in seinen Armen.
Erhob sich dann wie unter einer Zentnerlast
und versuchte auch mich hochzuziehen.
Lachte.
Fluchte vor Ratlosigkeit.
Sein Gesicht, seine Sturmmaske,
war eine Fratze aus Eis.

Wieviel Zeit war seit unserer Trennung
vergangen?
Die Sonne stand nun hoch über dem
Gipfelgrat.
Der Himmel: wolkenlos.
Und im Schatten der Felsnadel,
im Schatten meiner Zuflucht: Windstille.

Ich lebte.
Es schneite.

Schwarzer Schnee?
Schwarzer Schnee:

- Lesen Sie den Text laut und versuchen Sie nachzuspüren, wie das Schriftbild den Rhythmus Ihres Sprechens unterstützt!
- Schreiben Sie einen Prosa-Text (eine persönliche Geschichte oder eine kurze Erzählung in der personalen Erzählhaltung) im sogenannten Flattersatz und lesen ihn der Klasse vor! (Daraus könnte sich ein Literatur-Lesewettbewerb im Rahmen Ihres Deutschunterrichts entwickeln.)
- Schlagen Sie in einem Literaturlexikon die Begriffe „Pathos" und „pathetisch" nach und diskutieren Sie in Kleingruppen, ob man Ransmayrs Text als „pathetisch" bezeichnen könnte!

Marlene Streeruwitz: *Verführungen* und *Jessica, 30*

Die als Dramatikerin bekannt gewordene **Marlene Streeruwitz** veröffentlicht 1996 ihren ersten Roman, *Verführungen*. Mit diesem realistischen und auf jeden Deutungsversuch verzichtenden Text gelingt der Autorin ein beklemmendes Psychogramm einer jungen Frau, die den Widrigkeiten des Alltags einer alleinerziehenden Mutter ausgesetzt ist. Die Sprache ist nüchtern – nicht zuletzt, um die Banalität täglicher Ärgernisse pointiert aufzuzeigen – und der Rhythmus der kurzen Sätze legt den Akzent auf den mühsamen Versuch der Heldin, den Schwierigkeiten des äußeren Lebens und den Beziehungsfallen auszuweichen.

Psychogramm einer alleinerziehenden Mutter

Helene Gebhardt, Tochter eines Gerichtspräsidenten, als Kind streng gehalten und auch geschlagen, hat früh den Mathematikdozenten Gregor geheiratet; vor zwei Jahren hat er sie wegen seiner Sekretärin verlassen, nachdem er nie mit Helene zufrieden war und ihre Ehe sich in Vorwürfen Gregors erschöpfte. Helene lebt nun allein mit ihren beiden Töchtern in der Wohnung ihrer Schwiegermutter. Da ihr Mann jede Zahlung verweigert und auch die Kinderbeihilfe kassiert, arbeitet sie in einer PR-Agentur. Ein Studium der Literatur- und Kunstgeschichte hat sie wegen der Kinder abgebrochen. Helene ist emotional, weint viel und gern, verfällt immer wieder auch in Lachkrämpfe und kann sich zu keinem geregelten Leben aufraffen. Die Freundschaft zu ihrer exaltierten Freundin Püppi, die sich in einer ähnlichen Situation befindet, zerbricht, als sie entdeckt, dass Püppi ein Verhältnis mit ihrem Exmann Gregor hat. Helene hat jedoch den Traum von einer funktionierenden Beziehung nicht aufgegeben. Sie glaubt nach wie vor, die perfekte Mutter, Geliebte und Tochter und tüchtig im Beruf sein zu können und zu müssen. Das überfordert sie und ihr Alltag wird zusehends zu einem Existenzkampf, verschärft durch ihren Geliebten, den schwedischen Musiker Henryk: Ihm verfällt sie sexuell, er nützt sie finanziell aus. Mithilfe eines Rechtsanwaltes gelingt es Helene dann doch, dass Gregor zur Nachzahlung und Zahlung der Alimente verurteilt wird.

Der Roman endet mit den Sätzen:

Helene lehnte den Kopf gegen die Wand hinter sich. Zuerst würde sie den Computerkurs machen. Und dann war Weihnachten. Und dann. Im nächsten Jahr würde alles besser werden. Helene wurde aufgerufen.

- Lesen Sie folgenden Textauschnitt und beachten Sie den Satzbau! Unterstreichen Sie die grammatikalisch unvollständigen Sätze! Was leistet diese Sprachform? In welcher Erzählperspektive ist der Text geschrieben?
- In welcher seelischen Verfassung befindet sich Helene? Wie wirkt sich diese körperlich aus? Sehen Sie einen Zusammenhang zwischen Sprache und Inhalt?

Marlene Streeruwitz (1999)

Helene lag auf dem Bett. Die Sonne fiel in schrägen Streifen durch einen Spalt zwischen den Vorhängen. Es war vollkommen still in der Wohnung. Nicht einmal der Eiskasten summte. Die Kinder waren mit der Großmutter im Park. Von der Straße drangen keine Geräusche zu ihr. Samstagnachmittagruhe. Helene lag auf der rechten Seite. Den Kopf auf den rechten Arm gelegt. Der linke Arm vor ihr auf der Decke. Sie sah dem Sekundenzeiger ihrer Uhr zu. Mit jeder Sekunde wurde die Wahrscheinlichkeit größer. Irgendwann mußte er ja anrufen. Hatte er doch gesagt. Versprochen. Helene lag da und sah der Uhr zu. Sie fühlte sich leicht. Sie hatte keine Atemnot wie sonst. Wenn sie an Henryk dachte. Oder den Stein in der Brust. Oder das Ziehen um den Magen. Oder dieses taube Gefühl in Armen und Beinen. Oder die Eisenklammer im Genick. Es war, als hätte sie den Körper nur, um dieser Uhr zuzusehen. Wie die Zeit verstrich. Und sie hatte ihn geliebt. In dieser Zeit. Daran war nichts mehr zu ändern, dachte Helene. Sie wachte wieder auf. Autos auf der Straße waren stehengeblieben. Türen wurden zugeschlagen. Männerstimmen riefen einander etwas von „gewonnen" und „Revanche" zu. Wahrscheinlich die Söhne von schräg gegenüber. Helene sah sie immer nur mit Tennistaschen aus dem Haus gehen. Helene hatte eine Viertelstunde geschlafen. Ihr Gleichmut war verschwunden. Helene sah dem Sonnenlicht zu. Wie die Staubkörnchen auf und ab stiegen. Ruhig und unbeirrt. Henryk würde nicht anrufen. Nie mehr. Wahrscheinlich. Sie war allein. Wie immer. Und keiner von denen fand es notwendig, ihr das zu sagen. Mitzuteilen. Man ließ sie das wissen, indem man nicht anrief. Ließ sie draufkommen. Gregor hatte ihr auch nicht gesagt, was los gewesen. Er war nur immer wütender geworden. Böse auf sie. Wütend. Ob sie nichts merke, hatte er sie angeschrien. Ob sie schriftliche Verständigungen bräuchte? Helene hätte sich zufrieden gegeben, zu wissen, wo Henryk gerade war. Sich aufhielt. Existierte. Und mit einem Mal fühlte Helene alles. Den Stein in der Brust. Das Ziehen um den Magen. Die Taubheit in Armen und Beinen. Eine Eisenklammer im Genick. Atemnot. Kopfschmerzen. Helene lag auf dem Bett. Die Uhr vor Augen. Die Sonnenstrahlen wurden schräger.

2004 erscheint der von der Kritik unterschiedlich aufgenommene Roman *Jessica, 30*, in dem die Autorin ihre 30-jährige Heldin in der *stream of consciousness*-Technik (innerer Monolog, Gedankenfluss, ein einziger Strom aus Erinnerungen, Überlegungen und Empfindungen) über ihr Leben und „was ihr so alles durch den Kopf geht" erzählen lässt. Die Titelfigur ist eine brotlose Jungakademikerin, die nach diversen universitären Abschlüssen (Germanistik und Philosophie in Wien, Kulturwissenschaften in Berlin) absolut überqualifiziert und doch „zu nichts zu gebrauchen ist" und deshalb als unterbezahlte „freie Mitarbeiterin" bei einer Frauenzeitschrift volontiert.

- Lesen Sie den Beginn des Romans und vergleichen Sie Stil und Sprache mit dem Textausschnitt aus *Verführungen*! Welche Unterschiede können Sie feststellen?
- Können Sie auch hier einen Zusammenhang zwischen Sprachform und Inhalt erkennen? Denken Sie an das, was Jessica Somner gerade tut und denkt!
- Was erfährt man schon am Beginn des Romans über die Ich-Erzählerin? Beschreiben Sie ihre momentane Lebenssituation! Was erfahren wir über „Gerhard" und Jessicas Beziehung zu ihm?

„... Alles wird gut, ich muss nur die Praterhauptallee hinauf- und hinunterrennen und dann ist wieder alles gut, dann kann ich das Schokoeis von heute Nacht und das Essen von Weihnachten vergessen und dass ich nicht geschlafen habe, wegen dem Gerhard, obwohl ich das gar nicht will und es gar keinen Grund gibt, den so ernst zu nehmen, aber beim Laufen dann, dann brauche ich an nichts zu denken, und bei der Kälte vergeht einem auch noch jeder Wunsch, ich möchte nicht, eigentlich möchte ich nicht, eigentlich möchte ich gar nicht, überhaupt nicht, ich möchte in der Badewanne liegen und warmes Wasser um die Haut und nur daliegen und nicht bewegen, bewegen nur, wenn das Wasser schaukelt und warm und nicht aus dem Auto in diese Kälte hinaus und der Mann da, in dem roten Fiat, der zieht sich auch seine Joggingjacke an, der wurschtelt sich auch in seine Windstopperjacke oder nein, der zieht sie aus, der ist schon fertig, der ist schon laufen gewesen, ich werde erst in einer Stunde so dasitzen und er ist ja auch ganz rot im Gesicht, shit, der hat es schon hinter sich und warum ist es nicht schon eine Stunde später und jetzt geh endlich, zieh den Mantel aus und steig aus dem Auto, Jessica Somner, reiß dich zusammen, du hättest ja das Eis nicht essen müssen, Issi, heute Nacht, und was für eine Idee, dieses Schokoeis und dann noch eine ganze Packung Mövenpick Maple Walnut und wenn die Dose Schlagobers nicht ausgegangen wäre, hätte ich die auch ganz gegessen und hast du das notwendig, ich meine, es ist gerade nicht alles so toll, aber deswegen gleich in die Fettsucht, der Ausgleich für mangelnde Sexualität kann es nicht sein, ich hole mir ja, was ich will und irgendwie ist es gar nicht so schlecht, wenn er dann weg ist und gerade nach Hause fährt, wahrscheinlich bin ich sozialfrigid, wenn es immer nur schön ist, wenn keiner da ist und die Männer wirklich nur das Vorspiel und es lebe die Onanie und es interessiert ja auch keinen, eigentlich und jetzt, meine Liebe, jetzt wird ausgestiegen, wenn dich sonst nichts verzehrt, dann muss auch das selber getan werden und hinaus und ja, es ist kalt und ich laufe lieber los, zum Stretchen stehen bleiben, da erfriere ich, das muss die Thermounterwäsche leisten, die Muskeln wärmen und jetzt los, bei der Eisenbahnbrücke ist es vorbei, mit der Kälte und der Raureif auf dem Schnee knirscht so schön, woran erinnere ich mich, wenn ich dieses Knirschen höre, immer wenn ich dieses Schneeknirschen höre, wird mir angenehm, es muss mit Weihnachten zu tun haben, es ist so erwartungsvoll und angenehm und atmen, Frau Somner, atmen, durch die Nase, wenn es nicht so ungeheuerlich kalt wäre und was für ein hässliches Gefühl, diese Kälte innen, so kalt, innen, die Rippenbögen entlang, wahrscheinlich ist es superschädlich, bei dieser Kälte zu laufen, aber nicht laufen ist noch schlechter, und die Wolken, die Fettwolken, innen die Oberschenkel entlang, das wirklich helle Licht ist nicht mehr angebracht, im Schlafzimmer oder wenn schon ein sehr helles, da sieht man es auch nicht, atmen und der blöde Schal, es gibt so Hauben mit angeschnittenem Schal, wie für einen Bankraub, so eine sollte ich mir besorgen, nur, wann komme ich auf die Mariahilferstraße oder besser in das Donaucenter, obwohl, da haben sie dann keine Auswahl, bei den Laufschuhen, da waren nur die Nikes für die Burschen und 3 Modelle adidas für Damen, und warum hast du dir das alles nicht in Köln gekauft, in diesem kleinen Geschäft mit den Laufsachen nur für Frauen, die Frau da, die ist mindestens 50, die wäre dir schon längst davongelaufen, aber die trainiert für Marathon, das ist ja dann doch übertrieben, so schlimm ist die Cellulitis dann auch noch nicht und die Mama hat überhaupt keine, woher habe ich das geerbt, und es geht überhaupt nicht, es geht überhaupt überhaupt nicht, diese Beine, die werden ja immer schwerer und so kenne ich das nicht, das muss die Kälte sein, ich kann die Beine nicht einmal heben, die schleifen ja hinter mir her und diese klebrige Kälte unter den Rippen, das geht nicht, das geht so nicht, das kann so nicht gehen, ich muss aufhören, Issi, das solltest du nicht weitermachen, das fühlt sich, das fühlt sich gefährlich an, ich laufe nur noch bis zum Kinderspielplatz und dann drehe ich um, das sind dann gerade vielleicht 5 Minuten und ich habe wiederum vergessen, auf die

Uhr zu schauen, wann ich weggelaufen bin und werde wieder nicht wissen, ob ich wirklich 50 Minuten gelaufen bin oder doch nicht und hat es einen Sinn, mit dem Gerhard zu reden, würde sich deswegen etwas ändern, der ist ein Politiker, der wird die Politik nicht aufgeben, er kann das gar nicht, er wird verheiratet bleiben, er wird seine Frau nicht verlassen, und seine Kinder, er wird sich nicht ändern, er kann das gar nicht und er hat das Interesse verloren, er hat wirklich Probleme mit seinem attention span und mir macht es nichts mehr aus, dass er nie kommt oder immer zu spät und nie in der Öffentlichkeit und das interessiert ihn dann wieder nicht, wenn es einen nicht mehr aufregt, er hat doch ganz gerne ein zappelndes Opfer, nein, eigentlich will er ein tragisches Opfer, ich glaube, er braucht eine emotionale Geschichte, das regt ihn auf, das regt ihn erst auf, den törnt Liebe an, richtige, sich verzehrende Liebe und deswegen bleibt er ja bei seiner Frau, weil die trinkt, seinetwegen, das ist ein Liebesbeweis, für ihn ist das ein Liebesbeweis und das fehlt ihm jetzt schon, das beginnt ihm zu fehlen, er ist ja auch ganz phantasielos geworden und mir ist es zu blöd, mich anzustrengen [...]

Der Roman ist in drei Teile gegliedert. Das erste Kapitel (*Jessica beim Joggen in Wien*) ist ein einziger Satz, eine Satzschlange, eine Aneinanderreihung von lediglich durch Beistriche getrennten Sätzen. Im zweiten Kapitel (*Jessica in ihrer Wohnung mit ihrem Liebhaber*) überwiegen die Dialoge. Das dritte Kapitel (*Jessica im Flugzeug nach Hamburg, um die politische Karriere ihres Liebhabers zu zerstören*) ist wiederum ein einziger Satz, ein Block von Gedankengängen.

Norbert Gstrein: *Die englischen Jahre*

Norbert Gstrein (2005)

Der 1961 in Mils in Tirol geborene Norbert Gstrein tritt erstmals 1988 mit der Erzählung *Einer* an die literarische Öffentlichkeit. Darin geht es um einen Außenseiter im ländlichen Bereich.
1999 erscheint der Bestseller-Roman *Die englischen Jahre*, in dem der Autor eine Geschichte aus dem englischen Exil erzählt, „eine Geschichte von Zugehörigkeit und Nichtzugehörigkeit, die auch eine Geschichte darüber ist, was am Ende ein Leben ausmacht und ob es neben den Bildern, die man davon hat, überhaupt so etwas wie ein wahres Leben gibt."

Nordatlantik, 2. Juli 1940. Die Arandora Star, ein ehemaliger Luxusdampfer unter britischer Flagge, wird auf ihrem Weg nach Neufundland torpediert und versenkt. An Bord über tausend Internierte, sogenannte feindliche Ausländer, darunter auch ein Gefangener, dessen Identität unklar ist.
Von diesem Schiffsuntergang erfährt mehr als fünfzig Jahre später eine junge Frau, als sie die Spur des aus Österreich stammenden Schriftstellers Gabriel Hirschfelder verfolgt, der in Southend-on-Sea gestorben ist und vor seinem Tod das Bekenntnis abgelegt hat, er hätte im Krieg einen Mann umgebracht. Was hat das mit dem geheimnisvollen Gefangenen zu tun?
Bei ihren Nachforschungen, die sie nach London und Wien führen, beginnt die junge Frau, sich die Lebensbedingungen während der bedrohlichsten Kriegsmomente in England zu vergegenwärtigen, als tagtäglich die Invasion erwartet wurde. Schließlich gelangt sie auf die Isle of Man, wo damals jüdische Flüchtlinge und Nazisympathisanten in Internierungslagern zusammengesperrt waren. Dort findet sie die Lösung des Rätsels, findet sich der Schlüssel zu Gabriel Hirschfelders angeblich verschwundener Autobiografie mit dem Titel „Die englischen Jahre".

Hubert Winkels schreibt für *Das Literatur-Magazin im DeutschlandRadio* am 3. Oktober 1999 über den Roman, der auch kriminalistische Elemente beinhaltet:

Man kann den neuen Roman „Die englischen Jahre" auf zweierlei Weise vorstellen. Man kann die wesentliche Handlung, die im Jahr 1940 in England, größtenteils in einem Gefangenenlager auf der Isle of Man spielt, nacherzählen und wird eine spannende Geschichte präsentieren, von Krieg, Verfolgung, Liebe, Gefangenschaft, Verrat und Tod. Man würde Figuren in historischen und persönlichen Verstrickungen zeigen, aber gar nicht erklären können, warum dies alles auf eigentümliche Weise intensiv und zugleich kalt und schematisch wirkt. Weil wir die bizarre und gewaltige Formation der Erzählung selbst nicht sehen.
Anderseits kann man diesen Roman auch von der Erzähltotale her erschließen, also von der Frage her, wer erzählt was und warum. Das ist zunächst weniger spannend, aber vom gesamten Erzählmassiv zoomt man dann zwangsläufig auf die befremdliche Einzelheit und lernt das Staunen.
Beginnen wir ausnahmsweise mit der Totalen, mit der Konstruktion des Romans. Ein junger österreichischer Schriftsteller mit dem Namen Max hat einst über einen emigrierten Wiener Juden namens Gabriel Hirschfelder einen offenbar peinlichen Vortrag gehalten.

Die nicht näher genannte Erzählerin berichtet über diesen Vortrag:

Wenn ich mich richtig erinnere, war Max gerade aus Wien zurückgekehrt, wo er seine verunglückte Huldigung auf ihn vorgetragen hatte, seine *Hommage à Hirschfelder*, für die er sich nur Ablehnung eingehandelt hat. Der Anlaß tut nichts zur Sache, aber vielleicht lag es am Titel, den ich ihm vergeblich auszureden versucht habe, weil mir das Parfümierte daran von Anfang an mißfallen hat, und ich weiß noch, wie sehr ihn die Vorwürfe trafen, er hätte sich nur an eine Mode angehängt, es gäbe keinen anderen Grund für ihn, sich mit einem Vertriebenen zu beschäftigen um so weniger, als es ein Jude war, er wisse nichts vom Exil und hätte bei seinen Dorfgeschichten bleiben sollen, statt sich auf ein Abenteuer zu versteifen, das für ihn nur schiefgehen kann. Es hatte damals keinen Tag gegeben, an dem er nicht angefangen hatte, sich dafür zu rechtfertigen, und in der Folge mit seinem Monologisieren begann, was ihm widerfahren war, aber auch von seiner Bewunderung für ihn sprach und mir die Photos von den verschiedensten Klapperkästen zeigte, die als seine Schreibmaschinen herhalten mußten, von den abgetretenen Galoschen, die nicht seine Schuhe waren, sondern selbstverständlich sein Schuhwerk, und von seiner Zahnprothese im Wasserglas, wenn das nicht nur eine Finte war, und es irritiert mich immer noch, mit welchem Sarkasmus er sich selbst dabei als Hinterwäldler bezeichnet hatte, geradeso, als schwankte er, ob er seinen Kritikern nicht doch zustimmen sollte, daß ihn das alles nichts anging.

Am Ende des Romans sieht man, dass nichts stimmt, was wir gelesen haben, sich aber alles aufklärt; die Identität von Hirschfelder und die von Max und der Erzählerin.

Ruth Klüger: *weiter leben. Eine Jugend*

Der Tod, nicht Sex war das Geheimnis, worüber die Erwachsenen tuschelten, wovon man gern mehr gehört hätte. Ich gab vor, nicht schlafen zu können, bettelte, daß man mich auf dem Sofa im Wohnzimmer (eigentlich sagten wir „Salon") einschlafen ließe, schlief dann natürlich nicht ein, hatte den Kopf unter der Decke und hoffte, etwas von den Schreckensnachrichten aufzufangen, die man am Tisch zum besten gab. Manche handelten von Unbekannten, manche von Verwandten, immer von Juden. Da war einer, sehr jung, sagen wir Hans, ein Cousin meiner Mutter, den hatten Sie in Buchenwald, aber nur auf Frist. Dann war er nach Haus zurückgekommen, war verschreckt, hatte schwören müssen, nichts zu erzählen, erzählte auch nichts, oder doch, oder nur seiner Mutter? Die Stimmen am Tisch, undeutlich, aber eben noch hörbar,

waren fast ausschließlich Frauenstimmen. Man hatte ihn gefoltert, wie ist das, wie hält man das aus? Aber er war am Leben, Gott sei Dank.

Den Hans habe ich später in England wiedergesehen. Da war ich nicht mehr acht Jahre alt, sondern schon so, wie ich jetzt bin, ein ungeduldiger, zerfahrener Mensch, eine, die leicht was fallen lässt, mit oder ohne Absicht, auch Zerbrechliches, Geschirr und Liebschaften, nirgendwo lange tätig ist und oft auszieht, aus Städten und Wohnungen, und die Gründe erst erfindet, wenn sie schon am Einpacken ist. Eine, die sich auf die Flucht begibt, nicht erst, wenn sie Gefahr wittert, sondern schon, wenn sie nervös. Wird. Denn Flucht war das Schönste, damals und immer noch. Mehr davon später.

Ruth Klüger bei einer Lesung in der Nationalbibliothek in Wien (2008)

So beginnt der 1994 erscheinende autobiografische Bericht *weiter leben. Eine Jugend* von Ruth Klüger. Die Autorin wird am 30. Oktober 1931 in Wien geboren und erlebt in ihrer Kindheit die Judenausgrenzung und -verfolgung hautnah mit. (Als siebenjähriges Kind darf sie in ihrer Heimatstadt auf keiner Parkbank mehr sitzen, und als sie trotz der Verbote für Juden ins Kino geht, um Walt Disneys *Schneewittchen* zu sehen, stellt eine Nachbarstochter sie bloß und droht ihr mit Anzeige.) 1943 werden ihre Mutter und sie gefangen genommen (ihr Vater und ihr Halbbruder werden Opfer des Holocaust) und nacheinander in die Konzentrationslager Theresienstadt, Auschwitz-Birkenau und Christianstadt verschleppt. 1945, kurz vor Ende des Krieges, gelingt die Flucht aus dem Lager und sie kommen nach Straubing, wo Ruth fünfzehnjährig das Notabitur ablegt. Anschließend beginnt sie in Regensburg an der Philosophisch-Theologischen Hochschule zu studieren. 1947 wandern Mutter und Tochter nach den USA aus. Ruth Klüger studiert nun in New York und Berkeley Anglistik und Germanistik. Heute lebt sie als Professorin für deutsche Sprache und Literatur in Irvine/Kalifornien – mit einem zweiten Wohnsitz in Göttingen. Für *weiter leben. Eine Jugend* erhält die Autorin viele Auszeichnungen, u.a. 1997 den Österreichischer Staatspreis für Literatur und 2002 den Bruno-Kreisky-Preis. 2008 veröffentlicht sie als zweiten Teil ihrer Erinnerungen *unterwegs verloren*.

Ralf Schnell schreibt über die Schreibstrategie der Autorin:

Die Beschreibung aus der Sicht des Kindes verbindet sich mit der Reflexion aus der Erwachsenensicht zu einer literarischen Tiefenperspektive, die alle Wahrnehmungen zu prüfen und zu gewichten, zu relativieren und zu problematisieren weiß – Beschreibung und Reflexion, Mitteilung und Kommentar, Bericht und Kritik, Erzählung und Wertung in einem.

Die Wiederkehr des Erzählens – Junge österreichische LiteratInnen

Die jungen österreichischen ErzählerInnen stehen sowohl den Autoren der Wiener Gruppe und den sprachkritischen Avantgardisten als auch den „Sprachverletzern" und gesellschaftskritischen AutorInnen wie Wolfgang Bauer, Peter Turrini, Elfriede Jelinek, Marlene Streeruwitz oder Werner Schwab kritisch gegenüber. Sie wenden sich gegen die Meinung, dass Sprache untauglich sei zur Beschreibung der Wirklichkeiten und dagegen, dass reines Erzählen ein naives und aussichtsloses Schreibverhalten sei.

Widerstand gegen die literarischen Väter

Auch die sozialkritischen Romane eines Erich Hackl, die Zeitromane Robert Menasses und die vaterlandskritischen Texte eines Thomas Bernhard, Peter Turrini oder einer Elfriede Jelinek finden bei den „Jungen" literarisch wenig Verständnis. Ebenso hat die elterliche 68er-Ideologie, deren sozialistische Denkansätze spätestens mit dem Zusammenbrechen der kommunistischen Staaten in Europa Ende der 80er-Jahre fragwürdig wurden, an Gültigkeit verloren. Auch marktfreundliche Qualitäten von erzählenden Texten wie Lesbarkeit und Unterhaltsamkeit betrachten sie nicht mehr als „unliterarisch". Vorbilder und bevorzugte Lektüre vieler der „neuen" AutorInnen sind die amerikanische realistische Literatur der letzten 30 Jahre, z.B. Philipp Roth, Raymond Carver, T. C. Boyle, John Updike, aber auch Gabriel José García Marquez oder Vladimir Nabokov.

Neue Lust am realistischen Erzählen

Diese neue Lust am realistischen Erzählen ist im gesamten deutschen Sprachraum zu erkennen und hat auch in Österreich unmittelbare Vorläufer wie Michael Köhlmeier, Christoph Ransmayr oder Robert Schneider, der 1992 mit *Schlafes Bruder* einen großen Erfolg feiert.

Helmut Gollner schreibt zu den Positionen der AutorInnen in der jungen österreichischen Literatur:

Was macht man da als junger Erzähler? Zuerst einmal: jung sein. Das heißt, einer Generation angehören, der die Kulturgewissheiten durch die Erfahrung ihres historischen Versagens nicht so brutal zerstört wurden wie jenen, die inzwischen ihre Großmütter und Großväter sind. Es geht in gewisser Weise schwer von den Lippen: Was Paul Celan, Ilse Aichinger oder Ingeborg Bachmann in die Nähe der Sprachlosigkeit, was die Wiener Gruppe[14], Heimrad Bäcker oder Ernst Jandl zur radikalen Änderung ihrer Sprechweise (also ihres Kulturverhaltens) getrieben hat, ist für die Jungen Historie: das Faschismustrauma. Damit verliert eine Dominante der österreichischen Literatur nach 1945 die Unbedingtheit ihres inhaltlichen und formalen Imperativs. Geschichte verhindert nicht mehr Geschichten. Daniel Kehlmann z.B., dessen Vater, der Regisseur und Autor Michael Kehlmann, sich künstlerisch durchaus noch an der Katastrophe abgearbeitet hat, erlebte die Befreiung von der Verpflichtung zur politischen Bewältigungsliteratur erst so recht als schriftstellerische Ermöglichung.

- Von welcher Katastrophe spricht Gollner im Zusammenhang mit Michael Kehlmann?
- Lesen Sie in diesem Zusammenhang alle Textstellen in Stichwort Literatur nach, die sich mit Celan, Aichinger, Bachmann und Jandl auseinandersetzen!
- Welche österreichischen AutorInnen der Nachkriegszeit würden Sie als vaterlandskritisch bezeichnen?
- Besprechen Sie das problematische, heute heftig diskutierte Thema „Faschismustrauma"!

Trotz aller Erneuerungsgedanken, trotz der Widerstände gegen die klassische sprachkritische Avantgarde und die Experimentalliteratur lässt sich die österreichische Erzählliteratur nach 2000 jedoch nicht auf diese eine Position reduzieren. So finden sich auch nach der Jahrtausend-

[14] Dazu gehören im Besonderen Gerhard Rühm, Oswald Wiener, Ernst Jandl, Alfred Kolleritsch, Gert F. Jonke, der junge Peter Handke, Heimrad Bäcker, aber auch die Sprachverweigerer wie Paul Celan, Ingeborg Bachmann oder Ilse Aichinger.

wende sprachzentrierte (z. B. bei Franzobel), gesellschaftszentrierte (z. B. bei Robert Menasse und Elfriede Jelinek) oder ichzentrierte (z. B. bei Peter Handke) Haltungen und experimentelle oder „klassische" Formen der Literatur.

Thomas Glavinic: *Der Kameramörder* und andere Romane

Thomas Glavinic

Der 1972 in Graz geborene und heute in Wien lebende **Thomas Glavinic** wird mit seinem 1998 erschienenen Erstlingsroman *Carl Haffners Liebe zum Unentschieden*, der in einer klaren, einfachen Sprache und in ruhigem Ton von der Besessenheit des sensiblen Schachspielers Carl Haffner erzählt, bekannt und mit mehreren Preisen ausgezeichnet.
Im Jahr 2000 folgt der Roman *Herr Susi*, eine in harter und roher Sprache geschriebene Abrechnung mit dem Fußballgeschäft und dessen Managern. Dieser Text wird von der Kritik überwiegend negativ beurteilt.

Ein Krimi anderer Art

2001 erscheint dann der „Kriminalroman" *Der Kameramörder*, der von den Feuilletons für seine Medien- und Gesellschaftskritik überschwänglich gefeiert wird:

In der Provinz, in der westlichen Steiermark, passiert ein grässlicher Mord an zwei Kindern: Der Täter, er wird von den Medien zum „Kameramörder" stilisiert, zwingt zwei Jungen mit Gewaltandrohungen gegen ihre Familie und gegen den dritten Bruder, den er mit einem Strick gefesselt gefangen hält, sich von Bäumen in den Tod zu stürzen. Den Tathergang und die Gespräche des Mörders mit den Kindern (sie sind sieben und neun Jahre alt) – pervertierte Interviews im Stil des „Reality-TV" – filmt der Mörder mit einer Videokamera. Die Kassette schickt er, offenbar medienerprobt, einem deutschen Privatsender.
Es kommt, wie es kommen muss: Der Privatsender strahlt das Video trotz Demonstrationen und Protesten seitens kirchlicher und staatlicher Stellen, immer wieder von Werbepausen unterbrochen, aus. Eine gigantische Medienkarawane setzt sich an den Ort des Geschehens in Gang, die Volksseele kocht, bewaffnete Einheimische machen sich auf die Jagd nach dem „Kameramörder" und die Todesstrafe für den Täter wird gefordert.
Im Zentrum des Geschehens – wie sich auf den letzten Seiten des Romans dann herausstellt – befinden sich der Ich-Erzähler, dessen Lebensgefährtin und ein befreundetes Ehepaar, die Stubenrauchs, das die beiden über die Osterfeiertage besuchen.
Immer wieder unterbrochen und bestimmt von Sensationsberichten der Medien protokolliert der Ich-Erzähler neben den Monstrositäten der Tat und des Medienspektakels auch – und immer wieder – peinlich genau alltägliche, banale und nebensächliche Tätigkeiten wie Essen, den übermäßigen Konsum von Alkohol, Tischtennisspiel, Fahrten in den Ort und in die Umgebung und Alltagsverrichtungen und kontrastiert damit die Ungeheuerlichkeit der Tat.
Am Schluss des Romans wird zur Gewissheit, was man beim Lesen möglicherweise von Anfang an vermutet hat.

Glavinic beginnt seinen Roman mit einem „Ich" und verweist damit schon auf den letzten Satz des Textes:

Ich wurde gebeten, alles aufzuschreiben. Meine Lebensgefährtin Wagner Sonja und ich nutzten die Osterfeiertage zu einem Ausflug in die westliche Steiermark. Wir leben in Oberösterreich, in der Nähe von Linz. Da meine Lebensgefährtin aus Graz-Umgebung stammt, haben wir in

der Steiermark einige Bekannte. Am Gründonnerstag fuhren wir zu Hause ab. Nachmittags waren wir in der Nähe von Graz in einem Lokal mit verschiedenen Freunden verabredet. Anläßlich dieses Treffens sprach meine Lebensgefährtin in einem übertriebenen und schadhaften Ausmaß alkoholischen Getränken zu (ca. II Weißwein, 6x2 cl Tequila, ? Bier). Spätnachts, um etwa 5 Uhr früh, hatte ich mich um die Unterkunft zu kümmern u. mußte meine Lebensgefährtin zu Bett geleiten. Der Tag darauf war Karfreitag. Nachdem meine Lebensgefährtin aus ihrem Alkoholschlaf erwacht war, fuhren wir das nicht mehr weite Stück zu unseren Freunden Heinrich und Eva Stubenrauch, wohnhaft Kaibing 6, 8537 Kaibing. Es war ca. 15.00 Uhr, als wir dort eintrafen. Man begrüßte uns herzlich. Eine Jause wurde uns gerichtet und, weil schönes Wetter herrschte, auf einem großen Holztisch im Freien serviert. Wir brachten unser Erstaunen zum Ausdruck, daß der Hof mit mind. 25–30 Katzen übersät war. Heinrich erklärte uns, die Tiere seien unfreiwilliger Besitz des benachbarten Bauern. Dessen Haus war ca. 20 m entfernt. Er habe an die Stubenrauchs vermietet. Meine Lebensgefährtin sagte, die Luft und die Landschaft seien herrlich und die Jause tue ihrem beeinträchtigten Kopf gut. Ich mußte 8x Wespen von meiner Limonade verscheuchen. Nach der Jause war es ca. 16.00 Uhr und fast so heiß wie im Sommer. Meine Lebensgefährtin äußerte den Wunsch spazierenzugehen, da dies ihrem Zustand Vorteile verschaffen könne. Weil in der näheren Umgebung von Heinrichs und Evas Haus keine optimalen Wanderbedingungen bestehen, fuhren wir ca. 5 km mit dem Auto der Stubenrauchs zu einem Parkplatz an der Landstraße. Dahinter erstreckt sich ein weites Feld mit Getreide und Mais. Heinrich scherzte, dies sei die größte von Hügeln nicht unterbrochene Fläche der Region. Wir wanderten auf den Wegen zwischen den Feldern. Dabei unterhielten wir uns über allgemeine Dinge (Befinden, Neuigkeiten u. dgl.). Insekten schwirrten durch die Luft. Grillen zirpten. Die Sonne brannte derart vom Himmel, daß ich eine rosarote Baseballkappe mit der Aufschrift Chicago aufsetzen mußte, um mich eines evtl. Sonnenbrandes oder gar –stiches zu erwehren. Von den Geräuschen der Insekten abgesehen, war es ganz still.

- Was legt bereits der erste Satz für den Verlauf des Romans fest?
- Welche Informationen (Ort/Schauplatz, Zeit, Figuren/Personen ...) erhält die Leserin/der Leser schon am Anfang des Romans?
- Beschreiben Sie die Sprache des Textauszugs! Welche Auffälligkeiten können Sie feststellen?
- Um welche Erzählsituation handelt es sich? Wie wirken Erzählerfigur und ihr Schreibstil auf Sie als Leserin/Leser?
- Mit welcher Textsorte ist der Erzähltext verwandt?

Der Kameramörder nennt sich im Untertitel „Kriminalroman“ und der Autor hat dafür auch den renommierten Friedrich-Glauser-Preis für den besten deutschsprachigen Kriminalroman des Jahres 2002 erhalten.

Nachfrage bestimmt das Angebot

Es wäre allerdings verfehlt, den Roman auf seine Funktion als typische Kriminalgeschichte à la „Whodunnit“ zu reduzieren, obwohl es natürlich auch darum geht zu erfahren, wer die beiden Brüder vor laufender Videokamera zum Selbstmord gezwungen hat. Beeindruckend und gleichzeitig beklemmend ist davon zu lesen, wie das Video, das der Mörder von der ungeheuerlichen Tat angefertigt hat, von einem deutschen Kommerzsender skrupellos („Dies ist kein Sensationsvideo, es ist der hilflose Versuch zur Aufarbeitung einer Tragödie.“) ausgestrahlt und damit ausgebeutet wird. Denn die Nachfrage bestimmt das Angebot, die Erwartungen

des Publikums müssen „bedient" werden, um die Einschaltquoten zu steigern: Die Akteure des Romans „gieren" förmlich nach immer neuen und grausigen Medienberichten zur Tat, ihre Aktivitäten wie Essen, Trinken und Federballspielen werden von den Sondersendungen des Fernsehens, Radiomeldungen bzw. Teletext- und Zeitungsberichten bestimmt bzw. unterbrochen. Die Leserin/Der Leser wird bei der Lektüre förmlich in eine ähnlich voyeuristische Rolle gedrängt wie die zentralen Figuren des Texts.
Neben dem, was inhaltlich landläufig als „medien- und gesellschaftskritisch" bezeichnet werden könnte, ist es aber vor allem die Sprache des Romans, die für die Analyse interessant ist: Berichtartig, sachlich, genau, bemüht und etwas unbeholfen schreibt ein Ich-Erzähler, denn er „[...] wurde gebeten, alles aufzuschreiben", wie der erste Satz des Romans lautet. Die unbeholfene und teilweise gestelzte, umständliche und detailgenaue Sprache des Ich-Berichterstatters ist es aber auch, die manche RezensentInnen am Roman kritisieren.

2004 gelingt es Glavinic mit dem satirischen Entwicklungsroman *Wie man leben soll*, der durchgängig in der „Man-Perspektive" geschrieben ist und die Lebensgeschichte des übergewichtigen und vor allem an Sex denkenden Karl „Charly" Kolostrum erzählt, sowohl Publikum als auch Kritik zu überzeugen. 2011 kam die Verfilmung von David Schalko in die Kinos.

2006 erscheint *Die Arbeit der Nacht*, eine surreale, düstere, melancholische Endzeitgeschichte.

Jonas ist allein in seiner Wohnung. Zuerst spürt er nur eine kleine Irritation, als die Zeitung nicht vor der Tür liegt und Fernseher, Computer und Radio nur Rauschen von sich geben. Dann, auf der Straße, wird Jonas jedoch klar, dass seine Stadt, Wien, menschenleer ist. Ist er der einzige Überlebende einer Katastrophe? Sind die Menschen geflüchtet? Wovor? Jonas beginnt zu suchen. Ein Strohhalm, an dem er sich festzuhalten versucht, ist die eigene Vergangenheit. Jonas sucht in der Wohnung seines Vaters nach Spuren seiner Kindheit. Er durchstreift die Stadt, die Geschäfte, positioniert Kameras an ausgewählten Plätzen, besucht Bahnhöfe und den Flughafen und bricht schließlich mit einem Lastwagen auf, um nach Marie, seiner Freundin, und Spuren der Menschen zu suchen.

Alex Rühle (*Süddeutsche Zeitung*, 6. 9. 2006) vergleicht *Die Arbeit der Nacht* mit dem 1963 erschienenen Roman *Die Wand* der österreichischen Schriftstellerin Marlen Haushofer: ► Seite 173 f.

„Die Arbeit der Nacht" ist auch deshalb ein so außergewöhnlicher Roman, weil Glavinic alles in der Schwebe lässt. Wachtraum, Psychose, Horrorfilm – man kann Interpretationsmöglichkeiten und Verweise finden ohne Ende: Jona, der Prophet, der vor dem Willen Gottes fliehen will und dafür die tiefste Einsamkeit erfahren muss, im stockdunklen Bauch eines Wales, dreihundert Meter unter der Meeresoberfläche; Stephen Kings schwarze Phantasmen; Actionfilme wie „Mission impossible"; Sigmund Freuds Aufsatz über das Unheimliche als einst Vertrautes, das verdrängt wurde, sich verborgen hielt und im unheimlichen Erlebnis in entfremdeter Form wieder auftaucht – all das hat Glavinic so tief eingewoben in seinen Text wie Stimmen, die man in einem Alptraum undeutlich hinter einer Tapete wispern hört. Und wie in einem Traum verwandeln sich die Dinge um ihn herum fortwährend, sind das eine Mal vertraute Zeichen eines untergegangenen Alltags, ein anderes Mal reptilkalte Beobachter, die ihn schweigsam anstarren, mal stille Verbündete: „Das Haus, erinnerte es sich?"
Was ist der Mensch, wenn keine Menschen mehr da sind? Was bleibt von ihm außer seiner Angst, seiner Hilflosigkeit schon bei schlichten Zahnschmerzen und ein paar Erinnerungen, die er mit keinem mehr teilen kann?

In der Verzweiflung die Liebe
Marlen Haushofer hat in den fünfziger Jahren in ihrem Roman „Die Wand" ein ähnliches Szenario durchgespielt: Eine Frau ist plötzlich durch eine unsichtbare Wand abgeschirmt von der Außenwelt, alleine mit ein paar Tieren. Bei Haushofer waren der Stillstand von Geschichte, der sich als wuchernde Ruhe ausbreitet, und die damit einhergehende Schwerelosigkeit zwar bedrückend, aber auch befreiend, ja sie erlebt mit ihrem Hund inmitten der Naturidylle ein paar geradezu bukolisch friedliche Momente. Für Jonas ist es nicht einen Moment lang schön, allein zu sein.

- Lesen Sie beide Romane, *Die Arbeit der Nacht* und *Die Wand*, und vergleichen Sie in Gruppenarbeiten die Texte unter folgenden Gesichtspunkten: Erzählerfigur, Held/Heldin, Einstiegssituation, Schauplätze, Auflösung, Sprache, Erzählrhythmus.

2007 erscheint der Roman *Das bin doch ich*. In diesem Text erzählt Thomas Glavinic vom mühsamen und traurigen Leben des Autors Thomas Glavinic, und das selbstironisch, realistisch und durchaus komisch und amüsant. Thomas Glavinic hat gerade die Arbeit an seinem Roman *Die Arbeit der Nacht* abgeschlossen. Was er sich wünscht, ist ein Verlag, öffentliche Aufmerksamkeit, Rezensionen, Stipendien, Auszeichnungen, Geld, die Anerkennung des sogenannten Literaturbetriebs. Was ihn verstört, das sind Kopfschmerzen, ist die Einsamkeit und sind Ängste, zum Beispiel Angst vor Vogelgrippe, vor dem Fliegen und vor Hodenkrebs. „Der Ich-Erzähler ist ein Hypochonder und Neurotiker und hat sonst auch noch einige schwere geistige Defizite und Defekte – aber das bin nicht ich", so Glavinic. Ein Verwirrspiel mit Identitäten wollte er treiben, sagt Thomas Glavinic und: „Ich weiß ehrlich gesagt selbst nicht mehr genau, was davon Realität ist, oder der Realität entnommen, und was erdacht ist, ich habe keine Ahnung."

Ich gehe ins Bad. Bevor ich die Unterhose ausziehe, wende ich mich vom Spiegel ab. Den Kopf starr geradehaltend, damit mein Blick nicht doch noch auf mein Geschlechtsteil fällt, steige ich in die Duschkabine. Unter den üblichen Verrenkungen dusche ich. Beim Rausgehen, als ich den Blick in den Spiegel nicht vermeiden kann, kneife ich die Augen zusammen. Ich recke den Hals und trockne mich ab. Die Verkrampfung löst sich erst, als ich wieder angezogen bin.
So geht das schon lange. Ich bin Hypochonder, und seit ich vor eineinhalb Jahren gelesen habe, eines der Anzeichen für Hodenkrebs sei ein leicht geschwollener Hodensack, vermeide ich es, meine Hoden anzusehen, beim Duschen, beim Umziehen, beim Schlafengehen sowie bei bestimmten Gelegenheiten, bei denen man eigentlich nicht anders kann, als hinzusehen. Ich kenne mich. Wenn ich meine Hoden ansehe, bilde ich mir bestimmt ein, etwas habe sich verändert. Manchmal träume ich sogar davon, ich träume von wahren Ballonhoden. Ich will das nicht, ich will nichts von Hodenkrebs hören, ich will an überhaupt keine schweren Krankheiten denken, ich ertrage das nicht, generell nicht und derzeit schon gar nicht.
Ich setze mich an den Computer, keine Emails. Nicht überraschend, wenn man bedenkt, daß ich erst vor einer Viertelstunde nachgeschaut habe. Enttäuscht bin ich trotzdem. Ich warte auf nichts Bestimmtes, aber ich hätte nichts dagegen, wenn mir jemand schreibt. Vor einer Woche habe ich meinen fünften Roman beendet. *Die Arbeit der Nacht* ist die Geschichte von Jonas, der eines Tages erwacht und feststellt, daß alle anderen Menschen verschwunden sind. Meine Agentin hat das Manuskript an verschiedene Verlage geschickt, und nun heißt es warten. Ich bin schlecht im Warten, deswegen mache ich schon am Nachmittag eine Flasche Wein auf.
Mir fehlt die tägliche Beschäftigung am Schreibtisch. Ich schleiche durch die Wohnung, rufe

fünfmal in der Stunde Mails ab, suche nach Ablenkung. Else sagt, ich habe einen Dachschaden, ich soll mit Stanislaus spazierengehen. Sie sagt es oft, sie sagt es auch jetzt. Eigentlich hat sie recht. Sie zieht ihn an, ich ziehe mich an, und wir gehen.

- Lesen Sie den Gesamttext und schreiben Sie eine Kurzkritik.

Arno Geiger: *Es geht uns gut*

Drei Generationen einer Wiener Familie

Arno Geiger (2007)

Arno Geiger, geboren 1968 in Bregenz, aufgewachsen in Vorarlberg, lebt als freier Schriftsteller in Wien und Wolfurt. Von 1986–2002 arbeitet er im Sommer als Videotechniker bei den Bregenzer Festspielen, ab 1987 studiert er in Innsbruck und Wien Germanistik und eine Fächerkombination aus vergleichender Literaturwissenschaft, Alter Geschichte und Zeitgeschichte. Veröffentlichungen: *Kleine Schule des Karussellfahrens*, Roman; *Irrlichterloh*, Roman; *Alles auf Band oder Die Elfenkinder*, Drama; *Schöne Freunde*, Roman. Mit seinem vierten Roman *Es geht uns gut* gelingt dem Autor 2005 der literarische Durchbruch, an den er 2007 mit dem Erzählungen-Band *Anna nicht vergessen* anschließt. Hinter dem lakonischen Titel verbirgt sich ein gekonnt arrangierter Text, der drei Generationen einer Wiener Familie porträtiert und zugleich die politischen Ereignisse des 20. Jahrhunderts lebendig macht:

„Er hat nie darüber nachgedacht, was es heißt, dass die Toten uns überdauern", grübelt Philipp Erlach nach der Besichtigung der feudalen Hietzinger Villa, die er von seiner im Winter verstorbenen Großmutter Alma Sterk geerbt hat. Sie hat ihm die Villa ganz bewusst vererbt: „[…] was hältst du davon, dass er irgendwann zur Strafe das Haus kriegt und Sissi das Geld, möchte wissen, wie das ankäme […]."
Der Roman beginnt mit dem Ende, dem 16. April 2001. Philipp Erlach verweigert sich der Auseinandersetzung mit der Familiengeschichte und will alles Materielle (Fotos, Dokumente, Briefe) entsorgen, die Villa völlig ausräumen. Als „familiäre Unambitioniertheit" bezeichnet die Meteorologin Johanna, die verheiratete Freundin Philipps, diese Haltung. „Ich beschäftige mich mit meiner Familie in genau dem Maß, wie ich finde, dass es für mich bekömmlich ist", antwortet ihr Philipp auf diesen Vorwurf.
Doch Arno Geiger erzählt die Geschichte der Familie Sterk/Erlach, mit der sich Philipp nicht beschäftigen möchte, quasi hinter dem Rücken seiner Hauptperson, erzählt in Rückblenden und Schnitten von drei Generationen und siebzig Jahren, von Menschen, die nebeneinanderher leben, von Kommunikation, die nicht stattfindet, von starken Frauen, die an ihren ignoranten und (emotional) schwachen Männern, die nichts verstehen, leiden, vom Alltag und von den vielen Kleinigkeiten, die ein ganzes Leben ausmachen.
Diese Familiengeschichte ist eng verknüpft mit der österreichischen Geschichte des 20. Jahrhunderts, und je mehr die Villa „entrümpelt" wird, desto mehr erfährt die Leserin/der Leser von dieser Familiengeschichte. Im Fokus des Erzählers stehen ganz alltägliche gewöhnliche Begebenheiten und Situationen, die „Kleinigkeiten, die so sehr ins Gewicht fallen" (Arno Geiger), die vielen Abschnitte im Leben, in denen nichts passiert.
Der Roman ist in 21 Kapitel gegliedert, wobei jedes Kapitel mit einem genauen Datum überschrieben ist. Die Erzählgegenwart, die Rahmenhandlung, erstreckt sich von Montag, 16. April 2001 bis Mittwoch, 20. Juni 2001, wobei es aus der Erzählgegenwart des Jahres 2001 immer wieder Rückblenden

in die Vergangenheit (insgesamt 8 Tage) gibt. Diese Rückblenden beginnen mit dem 6. August 1938, wenige Monate nach dem „Anschluss“ Österreichs an das Dritte Reich, und enden am 9. Oktober 1989. Jedes Jahrzehnt von 1938 bis 1989 wird mit einem oder zwei Tagen bzw. einem „Ereignis“ aus dem Familienleben der Sterks bzw. Erlachs beschrieben.
In der Schlussszene sitzt Philipp auf dem Dachstuhl, verabschiedet sich augenzwinkernd wie der Baron von Münchhausen von der Leserin/vom Leser und reitet in die Welt hinaus, vielleicht in eine neue Zukunft.

Es geht uns gut ist ein Zeit- und Gesellschaftsroman, eine Familiengeschichte, ein Bildungsroman und gleichzeitig ein Roman über das Schreiben.

Lesen Sie den unten stehenden Beginn des Romans und bearbeiten Sie folgende Aufgabenstellungen!

- Was assoziieren Sie mit dem Titel des Romans *Es geht uns gut*?
- Überlegen Sie, was der erste Satz des Romans „Er hat nie darüber nachgedacht, was es heißt, dass die Toten uns überdauern“ bedeuten könnte!
- Was erfährt die Leserin / der Leser bereits am Anfang von der Geschichte, die erzählt werden wird, bzw. welche Ausgangssituation ergibt sich? (Denken Sie an Zeit, Ort und angedeutete Schauplätze!)
- Beschreiben Sie die Kommunikation zwischen Philipp und Johanna! Wie wirkt diese auf Sie?
- Um welche Erzählsituation handelt es sich?
- Beschreiben Sie die Sprache des Textauszugs und führen Sie an, welche sprachlichen Auffälligkeiten Sie feststellen können? Welche Metaphern und Bilder können Sie erkennen?

Montag, 16. April 2001
Er hat nie darüber nachgedacht, was es heißt, daß die Toten uns überdauern. Kurz legt er den Kopf in den Nacken. Während er die Augen noch geschlossen hat, sieht er sich wieder an der klemmenden Dachbodentür auf das dumpf durch das Holz dringende Fiepen horchen. Schon bei seiner Ankunft am Samstag war ihm aufgefallen, daß am Fenster unter dem westseitigen Giebel der Glaseinsatz fehlt. Dort fliegen regelmäßig Tauben aus und ein. Nach einigem Zögern warf er sich mit der Schulter gegen die Dachbodentür, sie gab unter den Stößen jedesmal ein paar Zentimeter nach. Gleichzeitig wurde das Flattern und Fiepen dahinter lauter. Nach einem kurzen und grellen Aufkreischen der Angel, das im Dachboden ein wildes Gestöber auslöste, stand die Tür so weit offen, daß Philipp den Kopf ein Stück durch den Spalt stecken konnte. Obwohl das Licht nicht das allerbeste war, erfaßte er mit dem ersten Blick die ganze Spannweite des Horrors. Dutzende Tauben, die sich hier eingenistet und alles knöchel- und knietief mit Dreck überzogen hatten, Schicht auf Schicht wie Zins und Zinseszins, Kot, Knochen, Maden, Mäuse, Parasiten, Krankheitserreger (Tbc? Salmonellen?). Er zog den Kopf sofort wieder zurück, die Tür krachend hinterher, sich mehrmals vergewissernd, daß die Verriegelung fest eingeklinkt war.

Johanna kommt vom Fernsehzentrum, das schiffartig am nahen Küniglberg liegt, oberhalb des Hietzinger Friedhofs und der streng durchdachten Gartenanlage von Schloß Schönbrunn.
Sie lehnt das Waffenrad, das Philipp ihr vor Jahren überlassen hat, gegen den am Morgen gelieferten Abfallcontainer.

– Ich habe Frühstück mitgebracht, sagt sie: Aber zuerst bekomme ich eine Führung durchs Haus. Na los, beweg dich.
Er weiß, das ist nicht nur eine Ermahnung für den Moment, sondern auch eine Aufforderung in allgemeiner Sache.
Philipp sitzt auf der Vortreppe der Villa, die er von seiner im Winter verstorbenen Großmutter geerbt hat. Er mustert Johanna aus schmal gemachten Augen, ehe er in seine Schuhe schlüpft. Mit Daumen und Zeigefinger schnippt er beiläufig (demonstrativ?) seine halb heruntergerauchte Zigarette in den noch leeren Container und sagt:
– Bis morgen ist er voll.
Dann stemmt er sich hoch und tritt durch die offenstehende Tür in den Flur, vom Flur ins Stiegenhaus, das im Verhältnis zu dem, was als herkömmlich gelten kann, mit einer viel zu breiten Treppe ausgestattet ist. Johanna streicht mehrmals mit der flachen Hand über die alte, aus einer porösen Legierung gegossene Kanonenkugel, die sich auf dem Treppengeländer am unteren Ende des Handlaufs buckelt.
– Woher kommt die? will Johanna wissen.
– Da bin ich überfragt, sagt Philipp.
– Das gibt's doch nicht, daß die Großeltern eine Kanonenkugel am Treppengeländer haben, und kein Schwein weiß woher.
– Wenn allgemein nicht viel geredet wird
Johanna mustert ihn:
– Du mit deinem verfluchten Desinteresse.

Daniel Kehlmann: *Ich und Kaminski* und *Die Vermessung der Welt*

Daniel Kehlmann (2008)

Daniel Kehlmann wird 1975 als Sohn des Regisseurs Michael Kehlmann in München geboren. 1981 zieht die Familie nach Wien, wo Kehlmann ab 1993 Philosophie und Literaturwissenschaft studiert und eine Dissertation über Immanuel Kant beginnt. 1997 debütiert er mit dem Roman *Beerholms Vorstellung* als Schriftsteller. Darauf folgen 1999 *Mahlers Zeit* und 2001 *Der fernste Ort*. Den internationalen Durchbruch schafft er 2003 mit seinem vierten Roman *Ich und Kaminski*. In dieser hochironischen Betrachtung des Kulturbetriebs will der ehrgeizige und egozentrierte, aber erfolglose Journalist und Kunsthistoriker Sebastian Zöllner dem alten, kranken, blinden und halb vergessenen Maler Kaminski Fakten für eine Biografie entlocken. Der Künstler übertölpelt ihn aber und benutzt ihn, und am Schluss muss Zöllner erkennen, dass er dem Alten in keiner Weise gewachsen ist.

Nach der langen und beschwerlichen Reise in das Bergdorf, in dem Kaminski mit seiner Tochter Miriam seit Jahren wohnt, steht Zöllner vor dem Haus des Malers:

Das Haus war groß und unschön: zwei Stockwerke und ein spitzer Zierturm in globig nachgeahmten Jugendstil. Vor dem Gartentor parkte ein grauer BMW; ich betrachtete ihn neidisch, so einen Wagen hätte ich gerne einmal gefahren. Ich strich meine Haare zurück, zog das Jackett an und betastete den Mückenstich auf meiner Wange. Die Sonne stand schon niedrig, mein Schatten fiel schmal und länglich vor mir auf den Rasen. Ich läutete.
Schritte näherten sich, ein Schlüssel wurde herumgedreht, die Tür sprang auf, und eine Frau in

einer dreckigen Schürze sah mich prüfend an. Ich sagte meinen Namen, sie nickte und schloß die Tür.

Gerade als ich noch einmal läuten wollte, ging die Tür wieder auf: eine andere Frau, Mitte vierzig, groß gewachsen und mager, schwarze Haare und fast asiatisch schmale Augen. Ich sagte meinen Namen, mit einer knappen Handbewegung bedeutete sie mir, hereinzukommen. „Wir haben Sie erst übermorgen erwartet!"

„Ich habe es früher geschafft." Ich folgte ihr durch einen möbellosen Flur, an dessen Ende eine Tür offen stand; von dort hörte ich durcheinanderredende Stimmen. „Ich hoffe, das macht keine Umstände." Ich gab ihr Zeit, damit sie beteuern konnte, es mache keine, aber sie tat es nicht. „Das mit der Straße hätten Sie mir aber sagen können! Ich bin einen Feldweg heraufgekommen, ich hätte abstürzen können. Sie sind die Tochter?"

„Miriam Kaminski", sagte sie kühl und öffnete eine andere Tür. „Warten Sie bitte!"

Ich ging hinein. Ein Sofa und zwei Stühle, auf dem Fensterbrett ein Radio. An der Wand hing das Ölbild einer dämmrigen Hügellandschaft; vermutlich Kaminskis mittlere Periode, frühe Fünfzigerjahre. Über der Heizung war die Wand rußig verfärbt, an ein paar Stellen hingen Staubfäden von der Decke, bewegt von einem nicht spürbaren Luftzug. Ich wollte mich setzen, aber in diesem Moment kamen Miriam und, ich erkannte ihn sofort, ihr Vater herein.

Ich hatte nicht damit gerechnet, daß er so klein war, so winzig und unförmig im Vergleich zu der schlanken Gestalt auf alten Abbildungen. Er trug einen Pullover und eine undurchsichtige schwarze Brille, die eine Hand lag auf Miriams Arm, die andere stützte sich auf einen weißen Spazierstock. Seine Haut war braun und auf ledrige Art faltig, die Wangen hingen schlaff herab, seine Hände wirkten übergroß, die Haare standen wirr um seinen Kopf. Er trug abgewetzte Cordhosen und Turnschuhe, der rechte war nicht zugebunden, und die Schnürsenkel schleiften hinter ihm her. Miriam führte ihn zu einem Stuhl, er tastete nach der Armlehne und setzte sich. Sie blieb stehen und sah mich aufmerksam an.

„Sie heißen Zöllner", sagte er.

Ich zögerte, es hatte nicht wie eine Frage geklungen, auch mußte ich einen Moment grundloser Schüchternheit überwinden. Ich streckte die Hand aus, begegnete Miriams Blick und zog sie wieder zurück; natürlich, ein dummer Fehler! Ich räusperte mich. „Sebastian Zöllner."

„Und wir warten auf Sie."

War das nun eine Frage gewesen? „Wenn es Ihnen recht ist", sagte ich, „können wir sofort beginnen. Ich habe alle Vorarbeiten gemacht." Tatsächlich, ich war fast zwei Wochen lang unterwegs gewesen. Ich hatte noch nie soviel Zeit einer einzigen Sache gewidmet. „Sie werden überrascht sein, wie viele alte Bekannte ich gefunden habe."

„Vorarbeit...!" wiederholte er. „Bekannte."

Leichte Unruhe stieg in mir auf. Verstand er, was ich sagte? Seine Kiefer bewegten sich, er legte den Kopf schief und schien, aber natürlich war das eine Täuschung, an mir vorbei auf das Bild an der Wand zu sehen. Ich blickte Miriam hilfesuchend an.

„Mein Vater hat wenig alte Bekannte."

„So wenige nicht", sagte ich. „Allein in Paris ..."

„Sie müssen entschuldigen", sagte Kaminski. „Ich komme gerade aus dem Bett. Ich habe zwei Stunden lang versucht einzuschlafen, dann habe ich eine Schlaftablette genommen und bin aufgestanden. Ich brauche Kaffee."

„Du darfst keinen Kaffee trinken", sagte Miriam.

„Eine Schlaftablette vor dem Aufstehen?" fragte ich.

„Ich warte immer bis zum Schluß, für den Fall, daß ich es allein schaffe. Sie sind mein Biograph?"

„Ich bin Journalist", sagte ich, „schreibe für mehrere große Zeitungen. Zur Zeit arbeite ich an Ihrer Lebensgeschichte. Ich habe noch ein paar Fragen, von mir aus können wir morgen anfangen."

- Welchen Eindruck haben Sie von der Erzählerfigur Zöllner, welchen von Kaminski und dessen Tochter Miriam?
- Beschreiben Sie Stil und Sprache in diesem Textausschnitt!

2005 erscheint *Die Vermessung der Welt*, ein witziger und unterhaltsamer Roman über Carl Friedrich Gauß und Alexander von Humboldt, zwei Genies des 18. Jahrhunderts, ein Roman, der voller Komik und Ironie, aber mit großer Sympathie des Autors für seine beiden Protagonisten von zwei unterschiedlichen Charakteren und ihrem großteils interessant „erfundenen" Leben erzählt, das gegensätzlicher nicht sein könnte.

Während der eine, Gauß, zu Hause in Göttingen bleibt und dort die Mathematik, die Astronomie und die Physik – und damit die Sicht auf die Welt – verändert, führt der andere, Alexander von Humboldt, ein rastloses Leben, das ihn als Entdecker und Feldforscher durch ganz Südamerika reisen lässt, angetrieben von einem ausgeprägten Sammel- und Kartierungswahn, gespeist von schier übermenschlicher Selbstdisziplin.
Mit einem großartigen Blick für komische Szenen erzählt Kehlmann in einer parallel geführten anekdotenhaften Doppelbiografie, in der die Dialoge in indirekte Reden im Konjunktiv I umgesetzt sind, von zwei verschrobenen Gelehrten der Aufklärung, die emotionale Defizite aufweisen – Gauß ist der Misanthrop und Familientyrann, Humboldt der Asexuelle und rastlose Sammler –, die Ängste haben und diese bannen wollen.
Das, was gemeinhin unter Glück verstanden wird, können weder Gauß noch Humboldt spüren.

In einem Gespräch mit Felicitas von Lovenberg in der *F.A.Z.* spricht der Autor u. a. über seine Technik des Verzichts auf direkte Rede:

Obwohl es viele sehr komische Dialogszenen gibt, vermeiden Sie jegliche wörtliche Rede. Was hat es mit der ausschließlichen Verwendung der indirekten Rede auf sich?
Ohne die Idee der indirekten Rede hätte ich das Buch nicht schreiben können. Wenn man zum ersten Mal darüber nachdenkt, einen historischen Roman zu schreiben, ist man zunächst eingeschüchtert von all den Trivial-Fallen, die da lauern. Deshalb verwende ich auch den Begriff historischer Roman normalerweise nicht, sondern nenne es einen Gegenwartsroman, der in der Vergangenheit spielt. Ich denke, dieser Trivialitätspunkt, wo es sehr leicht ins Zurechtgemachte, Unglaubhafte und irgendwie Problematische kippt, ist die direkte Rede: „Hah', sagte Napoleon, „wir greifen im Morgengrauen an." Sofort hat man ein ungutes Gefühl. Hinzu kommt, dass ich mich nicht als traditionellen Erzähler sehe. Ich habe versucht, in jedem Roman etwas auszuprobieren, was ich als Experiment empfinde. So gab es in meinem ersten Roman, „Beerholms Vorstellung", einen Ich-Erzähler, der stirbt, und in „Ich und Kaminski" einen höchst unsympathischen Ich-Erzähler, der jede Identifikationsmöglichkeit zurückweist.
Und in „Die Vermessung der Welt"?
Auch darin sehe ich einen experimentellen Roman. Ich habe mich nämlich gefragt: Wie kann man einen in der Vergangenheit spielenden Roman, in dem Musketen abgefeuert werden, auf der künstlerischen Höhe der Zeit schreiben? Und dann habe ich mich gefragt: Wie machen Historiker das? Wieso wirken historische Romane trivial, aber wieso wirkt nicht trivial, was etwa Eric Hobsbawm[14] schreibt? Es liegt daran, dass die erzählerische Distanz eine andere ist.

Ein Fachhistoriker geht nicht zu nah ran an die Figuren, an das, was er berichtet, und – und das ist der entscheidende Punkt – er würde nicht behaupten zu wissen, was wörtlich gesagt wurde. Er würde keine wörtliche Rede verwenden, es sei denn, er hat Dokumente und Briefe, aus denen er zitiert. Ansonsten würde er berichten, was inhaltlich ungefähr so gesagt worden sein müsste, sein könnte. Er würde also die indirekte Rede verwenden. Und da dachte ich, das Experiment müsste eben darin liegen, ein Buch zu schreiben, das beginnt wie ein Sachbuch. Deshalb gibt es auch in der ersten Zeile des Romans eine Jahreszahl – und dann nie wieder. Es beginnt zwar wie ein historisches Sachbuch, bis es dann plötzlich kippt, weil natürlich Dinge berichtet werden, die überhaupt nicht mehr sachbuchhaft, sondern romanhaft und frei erfunden sind. Es sollte so klingen, wie ein seriöser Historiker es schreiben würde, wenn er plötzlich verrückt geworden wäre.

- Fassen Sie zusammen, warum Kehlmann in diesem Text den Konjunktiv (die indirekte Rede) verwendet.
- Lesen Sie den folgenden Textausschnitt (den Beginn des Romans), unterstreichen Sie die indirekten Reden, formen Sie einige davon in die direkte Rede um und untersuchen Sie in Partnerarbeit, ob die umgeformten Sätze im Sinne von Kehlmann „trivial" wirken!

Die Reise

Im September 1828 verließ der größte Mathematiker des Landes zum erstenmal seit Jahren seine Heimatstadt, um am Deutschen Naturforscherkongreß in Berlin teilzunehmen. Selbstverständlich wollte er nicht dorthin. Monatelang hatte er sich geweigert, aber Alexander von Humboldt war hartnäckig geblieben, bis er in einem schwachen Moment und in der Hoffnung, der Tag käme nie, zugesagt hatte.

Nun also versteckte sich Professor Gauß im Bett. Als Minna ihn aufforderte aufzustehen, die Kutsche warte und der Weg sei weit, klammerte er sich ans Kissen und versuchte seine Frau zum Verschwinden zu bringen, indem er die Augen schloß. Als er sie wieder öffnete und Minna noch immer da war, nannte er sie lästig, beschränkt und das Unglück seiner späten Jahre. Da auch das nicht half, streifte er die Decke ab und setzte die Füße auf den Boden.

Grimmig und notdürftig gewaschen ging er die Treppe hinunter. Im Wohnzimmer wartete sein Sohn Eugen mit gepackter Reisetasche. Als Gauß ihn sah, bekam er einen Wutanfall: Er zerbrach einen auf dem Fensterbrett stehenden Krug, stampfte mit dem Fuß und schlug um sich. Er beruhigte sich nicht einmal, als Eugen von der einen und Minna von der anderen Seite ihre Hände auf seine Schultern legten und beteuerten, man werde gut für ihn sorgen, er werde bald wieder daheim sein, es werde so schnell vorbeigehen wie ein böser Traum. Erst als seine uralte Mutter, aufgestört vom Lärm, aus ihrem Zimmer kam, ihn in die Wange kniff und fragte, wo denn ihr tapferer Junge sei, faßte er sich. Ohne Herzlichkeit verabschiedete er sich von Minna; seiner Tochter und dem jüngsten Sohn strich er geistesabwesend über den Kopf. Dann ließ er sich in die Kutsche helfen.

Die Fahrt war qualvoll. Er nannte Eugen einen Versager, nahm ihm den Knotenstock ab und stieß mit aller Kraft nach seinem Fuß. Eine Weile sah er mit gerunzelten Brauen aus dem Fenster, dann fragte er, wann seine Tochter endlich heiraten werde. Warum wolle die denn keiner, wo sei das Problem?

---

[15] Eric Hobsbawm: Historiker und Sozialwissenschaftler mit englisch-österreichisch-jüdischen Wurzeln

Eugen strich sich die langen Haare zurück, knetete mit beiden Händen seine rote Mütze und wollte nicht antworten.
Raus mit der Sprache, sagte Gauß.
Um ehrlich zu sein, sagte Eugen, die Schwester sei nicht eben hübsch.
Gauß nickte, die Antwort kam ihm plausibel vor. Er verlangte ein Buch.
Eugen gab ihm das, welches er gerade aufgeschlagen hatte: Friedrich Jahns *Deutsche Turnkunst*. Es war eines seiner Lieblingsbücher.
Gauß versuchte zu lesen, sah jedoch schon Sekunden später auf und beklagte sich über die neumodische Lederfederung der Kutsche; da werde einem ja noch übler, als man es gewohnt sei. Bald, erklärte er, würden Maschinen die Menschen mit der Geschwindigkeit eines abgeschossenen Projektils von Stadt zu Stadt tragen. Dann komme man von Göttingen in einer halben Stunde nach Berlin.
Eugen wiegte zweifelnd den Kopf.
Seltsam sei es und ungerecht, sagte Gauß, so recht ein Beispiel für die erbärmliche Zufälligkeit der Existenz, daß man in einer bestimmten Zeit geboren und ihr verhaftet sei, ob man wolle oder nicht. Es verschaffe einem einen unziemlichen Vorteil vor der Vergangenheit und mache einen zum Clown der Zukunft.
Eugen nickte schläfrig.
Sogar ein Verstand wie der seine, sagte Gauß, hätte in frühen Menschheitsaltern oder an den Ufern des Orinoko nichts zu leisten vermocht, wohingegen jeder Dummkopf in zweihundert Jahren sich über ihn lustig machen und absurden Unsinn über seine Person erfinden könne.
Er überlegte, nannte Eugen noch einmal einen Versager und widmete sich dem Buch. Während er las, starrte Eugen angestrengt aus dem Kutschenfenster, um sein vor Kränkung und Wut verzerrtes Gesicht zu verbergen.
In der *Deutschen Turnkunst* ging es um Gymnastikgeräte. Ausführlich beschrieb der Autor Vorrichtungen, die er sich ausgedacht hatte, damit man auf ihnen herumklimmen könne. Eine nannte er Pferd, eine andere den Balken, wieder eine andere den Bock.
Der Kerl sei von Sinnen, sagte Gauß, öffnete das Fenster und warf das Buch hinaus.
Das sei seines gewesen, rief Eugen.
Genauso sei es ihm vorgekommen, sagte Gauß, schlief ein und wachte bis zum abendlichen Pferdewechsel an der Grenzstation nicht mehr auf.

- Welche Informationen bekommt die Leserin/der Leser gleich zu Beginn des Romans?
- Wie wird Gauß, der bedeutendste Mathematiker seiner Zeit, charakterisiert? Beschreiben Sie die Beziehung zu seiner Frau Minna und zu seinem Sohn Eugen!
- Wo können Sie im vorliegenden Textauszug den Witz und die Komik erkennen?

Kathrin Röggla: *wir schlafen nicht*

Kathrin Röggla (2005)

Kathrin Röggla, 1971 in Salzburg geboren und 1992 nach Berlin übersiedelt, tritt mit *Niemand lacht rückwärts* (sogenannten Prosaminiaturen) 1995 ins Blickfeld der literarischen Öffentlichkeit. 1997 erscheint ihr Romandebüt *Abrauschen*. 2000 folgt der Roman *Irres Wetter*, 2001 *really ground zero. 11 September und Folgendes*. (Als Stipendiatin erlebt sie den Anschlag auf das World Trade Center in New York mit und schreibt für deutsche Zeitungen darüber.) Ihr

erstes Theaterstück *fake reports* beschäftigt sich mit der Art und Weise, wie sich die Medien mit dem 11. September 2001 auseinandersetzen. 2004 erscheint der Roman *wir schlafen nicht*, von dem es eine Theaterfassung (erschienen in *Theater heute*, uraufgeführt im April 2004 im Düsseldorfer Schauspielhaus) und eine Hörspielfassung gibt.
Die Autorin wird für ihr Werk vielfach ausgezeichnet.

Der soziologische Roman *wir schlafen nicht* spielt auf einer Messe, „einem fiktiven Kosmos [...], der zugleich fremd und erschreckend vertraut erscheint", auf der die handelnden Personen auf Grund des permanenten Schlafentzugs wie Gespenster, Zombies, agieren. Was sie auf der Messe genau tun, außer „Kontakte knüpfen", bleibt eigentlich im Dunkeln. Man kann sich des Eindrucks von Scheinaktivität kaum erwehren.

Arbeit als selbstzerstörerische Droge

Die Romanfiguren berichten in 33 Kapiteln (von *0. aufmerksamkeit* über *11. aussprechen dürfen* bis *32. wiederbelebung*) in konsequenter Kleinschreibung – meist in Monologen und in indirekter Rede, oft im Konjunktiv – von sich. Sie erzählen von ihrer Entwurzelung, von ihren fehlenden Beziehungen und von ihrer Arbeit, die wie eine auf längere Sicht zerstörerische Droge erscheint, von der sie aber nicht lassen können.
Für *wir schlafen nicht* hat Kathrin Röggla Interviews mit Menschen aus der Consulting-Branche und ähnlichen beruflichen Sparten geführt: Menschen, für die Schlaf, Familie und soziale Beziehungen sekundäre, wenn nicht sogar tertiäre Anliegen sind und sogar sein müssen, wollen sie nicht als Versager abgestempelt werden.

Lesen Sie die unten stehende Textstelle und bearbeiten Sie folgende Fragestellungen!

- Wie spricht der „senior associate" oliver hannes bender über seine Arbeit und sich selbst?
- Was können Sie anhand des kurzen Textauszugs zu Stil und Satzbau feststellen? Welche sprachlichen bzw. grammatikalischen Besonderheiten fallen Ihnen auf?
- In welcher kurzen Textstelle erkennt man die Erzählerin (Interviewerin)?

also seine leistung überrasche ihn nicht, genausowenig wie seine leistungsfähigkeit. die habe er immer schon einkalkuliert, die wundere ihn nicht. daß er mehrere tage durcharbeiten könne, auch das wundere ihn nicht wirklich, das sei nicht interessant. seine leistungsfähigkeit sei für ihn nicht interessant, die sei ja auch immer schon vorher da, sozusagen, bevor er eintreffe in einer situation. spitzenleistungen seien für ihn das übliche, aber er erwarte auch von seinem gegenüber die absolute performance, er könne mit mitarbeitern nichts anfangen, die das nicht brächten.
die devise „schlafen kann ich, wenn ich tot bin", würde er jetzt nicht so direkt adaptieren, das habe man ja eher früher gesagt, „so mitte der neunziger war das die devise schlechthin", zumindest in seiner generation. so mitte der neunziger habe man das auch noch sagen können. sicher, das hätte heute auch noch was brauchbares, aber damals habe man es eben praktiziert. und wenn er länger darüber nachdenke, müsse er schon sagen, das sei ja was erstaunliches, so seine generation. das müsse man sich mal vorstellen, was da in kürzester zeit an wissen akkumuliert worden sei und an erfahrung. ja, was mittzwanziger sich da schon reingezogen hätten an erfahrungswerten. die seien jetzt natürlich angeschlagen, aber wenn die sich erst einmal wieder erholt hätten, dann könnten die auf ganz anderem niveau loslegen.
nee, schlafen sei nicht schick, „das kommt nicht so gut". wer schlafe, sei auch schlecht bera-

ten, so als berater *(lacht)*, man würde eben viel arbeiten, und man würde ja auch viel nachts arbeiten, „also wenn man um 18 uhr geht, kommt üblicherweise der spruch: ob man sich einen halben tag freigenommen habe?" das sei ein völlig normaler spruch. ja, er würde fast sagen, es herrsche da so eine art wettbewerb vor, so unter dem motto: wer hält am längsten durch?

er habe sich zeitweise runterdimensioniert auf drei stunden schlaf. das könne er eine ganze weile durchhalten, und wenn es sein müsse, sage er mal, könne er auch einige zeit praktisch ohne schlaf existieren. das ginge aber nur wenige tage gut. „tatsache ist, man kann diese dinge trainieren." er kenne einen, der brauche konstant nur eine stunde schlaf am tag, also er müsse schon sagen, das bewundere er sehr. er finde es immer wieder erstaunlich, wozu der menschliche körper fähig sei. gerade, wenn man denkt, das sei jetzt ein standardbedürfnis, „ohne das geht es jetzt wirklich nicht. und man sieht: es geht doch".

er habe in london gelebt, er habe in paris gelebt, er habe in san diego gelebt. er könne es sich gut vorstellen, in london zu leben. unter umständen paris. zu deutschland habe er eigentlich wenig affinität, aber als wirtschaftsraum sei es interessant.

das wolle er jedenfalls nicht mehr machen: durch irgendwelche pißdörfer fahren, wo man halt irgendwann mal ein großes werk hingestellt habe, und diese menschen sehen. durch pißdörfer fahren und menschen sehen und wissen, daß die ganze region abhänge von diesem kieswerk. oder diesem baustoffzulieferbetrieb. also manchmal habe er da den volkswirtschaftlichen exkurs gestartet, manchmal den rein moralischen. manchmal habe er sich gesagt: diese leute, die er jetzt da freisetze, die stünden letztlich auf seinem lohnstreifen, „ist ja logisch!" – über die steuern. und das mache nun auch wieder keinen sinn, so volkswirtschaftlich gedacht. aber letztendlich fahre man durch so pißdörfer und man sehe, wie trostlos es in vielen regionen sei.

Paulus Hochgatterer: *Die Süße des Lebens*

Paulus Hochgatterer (2006)

Paulus Hochgatterer, geb. 1961, aufgewachsen in Amstetten und Blindenmarkt, studiert an der Universität Wien Medizin und Psychologie. Heute ist Hochgatterer als Kinder- und Jugendpsychiater tätig und leitet das Institut für Erziehungshilfe in Wien-Floridsdorf. Seine Erzählungen und Romane basieren auf seinen beruflichen Erfahrungen als Psychiater, seine Protagonisten sind häufig seelisch Kranke und Außenseiter. Seine bislang letzten Werke sind *Über Raben*, *Eine kurze Geschichte vom Fliegenfischen* und der 2006 erschienene Roman *Die Süße des Lebens*, der vom Verlag aus Marketinggründen als Thriller bezeichnet wird.

Thriller, Kriminalroman und psychologischer Roman

Auf die Frage, ob *Die Süße des Lebens* ein Kriminalroman sei, meint Hochgatterer:

Es ist ein Krimi! Auch wenn ich immer wieder das Gefühl habe, mich dafür entschuldigen zu müssen – es ist eindeutig ein Kriminalroman. Es gibt eine Leiche, es gibt ein Verbrechen, es gibt zwei Ermittler, den Kommissar und einen Psychiater, und es gibt jede Menge falsche Fährten. Und am Ende gibt es eine Auflösung.

Auf die anschließende Frage, ob die Kriminalstory auch dazu diene, andere Inhalte zu transportieren, sagt er:

Natürlich tut sie das. Um bei der Wahrheit zu bleiben: Ich lese unheimlich gerne Kriminalromane. Ich mag das ganze Genre. Insofern war es nur logisch, dass ich selbst irgendwann einen

Kriminalroman schreibe. Auch in meinen bisherigen Büchern haben einzelne Versatzstücke des Kriminalromans eine Rolle gespielt. Aber die Kriminalhandlung ist gleichzeitig eine Maske. Das Buch stellt literarische Ansprüche, die sicherlich über das Genreübliche hinausgehen.

Die Geschichte spielt in einer österreichischen Kleinstadt:
Ein alter Mann wird in einer Winternacht grausam ermordet. Die siebenjährige Katharina, seine Enkelin, findet ihn und spricht ab diesem Augenblick kein Wort mehr. Raffael Horn, der Psychiater, der die Therapie des Kindes übernimmt, wird gegen seinen Willen in die Aufklärung des Todesfalls involviert.
Kriminalkommissar Ludwig Kovacs sitzt untertags in verschneiten Gastgärten und blickt abends durch sein Fernrohr. Gewalttaten zum Jahreswechsel kommen ihm ziemlich ungelegen – unter anderem stören sie seine erotischen Aktivitäten mit Marlene, der Betreiberin eines Secondhandshops:
Ein psychopathischer Familienvater schlägt seine Töchter krankenhausreif, ein dauerlaufender Benediktinerpater hört Stimmen, die nichts mit Gott zu tun haben, ein pensionierter Postbote denkt an Selbstmord und eine junge Mutter glaubt, ihr neugeborenes Kind sei der Teufel.
Das Psychogramm dieser Kleinstadt ist alles andere als beruhigend – doch wer von ihren Bewohnern ist der unheimliche nächtliche Besucher, wer ist verantwortlich für die grausame Tat?

Die Geschichte wird aus vier Perspektiven erzählt: aus der des Chefermittlers Ludwig Kovacs, des still beobachtenden Psychiaters Horn, des frustrierten Priesters Joseph Bauer und eines Jungen namens Gasselik, der sich mit Darth Vader[16] identifiziert und von seinem vorbestraften, irren Bruder zu allerlei Schandtaten gezwungen wird.

Beatrice Simonsen schreibt am 2. Oktober 2006 in einer Rezension für das Literaturhaus Wien über *das* Thema dieses Kriminalromans:

Gewalt ist das vorherrschende Element dieses Romans. Gewalt körperlicher Art, in Form von Ohrfeigen, Knochenbrüchen, Vergewaltigung, getöteten Tieren, aufgeschnittenen Handgelenken, aber auch seelische Nötigung, die selbst weit in der Vergangenheit zurückliegend das Leben vergiftet. Für die äußerliche Gewalt ist Kommissar Kovacs zuständig, für die innere der Psychiater Horn. Jeder für sich verfolgt Spuren, die zur Aufklärung des Mordes, dessen Gewalttätigkeit in der Zertrümmerung des menschlichen Schädels gipfelt, führen könnten. Ihre „Klientel" überschneidet sich bisweilen – drückt sich die innere Vergewaltigung doch in der äußeren Weitergabe der Gewalt an andere aus.

- In welchen Bereichen Ihres schulischen und privaten Lebens orten Sie psychische oder physische Gewalt?
- Wie gehen Sie mit erlebter Gewalt um, welche Möglichkeiten der Reflexion sehen Sie für sich?

Daniel Glattauer: *Darum* und *Gut gegen Nordwind*

Daniel Glattauer wird 1960 in Wien geboren und studiert von 1979 bis 1985 Pädagogik und Kunstgeschichte. Danach arbeitet er drei Jahre als Journalist bei *Die Presse* und seit 1989 bei der in diesem Jahr neu gegründeten Tageszeitung *Der Standard*, wo er vor allem Kolumnen, Gerichtsreportagen und Feuilletons schreibt. Ausgewählte Kolumnen erscheinen in den beiden „Lesebüchern" *Die Ameisenerzählung* (2001) und *Die Vögel brüllen* (2004).

[16] Darth Vader: eine Figur aus „Star Wars"

Daniel Glattauer

2003 erscheint der Roman *Darum* (2008 von Harald Sicheritz verfilmt). Der Autor bemerkt dazu auf seiner Homepage Folgendes:

Denken Sie an eine nette Person aus Ihrem Bekanntenkreis, an den friedfertigsten Mann, der Ihnen einfällt. Stellen Sie sich vor, Sie erfahren, dass er jemanden umgebracht haben soll. Es heißt, er hat in einer Bar scheinbar wahllos einen Menschen erschossen, ohne Streit, ohne Vorgeschichte, aus dem Nichts heraus.
Er hat auch bereits ein Mordgeständnis abgelegt. Er sagt, die Tat war geplant. Aber er gibt keinen Grund dafür an. Der Psychiater kann keine Krankheit an ihm feststellen. Die Menschen um ihn erkennen nichts Böses. Sie mögen ihn. Sie haben das Bedürfnis, ihn vor sich selbst zu beschützen.
Sie, liebe Leser, erfahren ferner aus der Zeitung: Ihr Bekannter rechnet mit lebenslanger Haft. Er wünscht sie sich sogar. Er will für sein Verbrechen büßen. Aber er wird den Grund für seine Tat erst zwanzig Jahre später nennen.

Können Sie so lange warten? Eben. Darum müssen Sie mein Buch lesen.

2000 veröffentlicht Glattauer *Der Weihnachtshund,* eine flüssig geschriebene und amüsante Liebesgeschichte, und 2006 den für den Deutschen Buchpreis nominierten Roman *Gut gegen Nordwind,* der den E-Mail-Verkehr zwischen zwei im Grunde einsamen Menschen wiedergibt. Als ebenso erfolgreich erweist sich die 2009 erschienene Fortsetzung *Alle sieben Wellen.*

Am nächsten Tag
Kein Betreff
Liebe Emmi, ist Ihnen schon aufgefallen, dass wir absolut nichts voneinander wissen? Wir erzeugen virtuelle Fantasiegestalten, fertigen illusionistische Phantombilder voneinander an. Wir stellen Fragen, deren Reiz darin besteht, nicht beantwortet zu werden. Ja, wir machen uns einen Sport daraus, die Neugierde des anderen zu wecken und immer weiter zu schüren, indem wir sie kategorisch nicht befriedigen. Wir versuchen, zwischen den Zeilen zu lesen, zwischen den Wörtern, bald wohl schon zwischen den Buchstaben. Wir bemühen uns krampfhaft, den anderen richtig einzuschätzen. Und gleichzeitig sind wir akribisch darauf bedacht, nur ja nichts Wesentliches von uns selbst zu verraten. Was heißt „nichts Wesentliches"? – Gar nichts, wir haben noch nichts aus unserem Leben erzählt, nichts, was den Alltag ausmacht, was einem von uns wichtig sein könnte.
Wir kommunizieren im luftleeren Raum. Wir haben artig gestanden, welcher beruflichen Tätigkeit wir nachgehen. Sie würden mir theoretisch eine schöne Homepage gestalten, ich erstelle Ihnen dafür praktisch (schlechte) Sprachpsychogramme. Das ist alles. Wir wissen aufgrund eines miesen Stadtmagazins, dass wir in der gleichen Großstadt leben. Aber sonst? Nichts. Es gibt keine anderen Menschen um uns. Wir wohnen nirgendwo. Wir haben kein Alter. Wir haben keine Gesichter. Wir unterscheiden nicht zwischen Tag und Nacht. Wir leben in keiner Zeit. Wir haben nur unsere beiden Bildschirme, jeder streng und geheim für sich, und wir haben ein gemeinsames Hobby: Wir interessieren uns für eine jeweils völlig fremde Person. Bravo!
Was mich betrifft, und jetzt komme ich zu meinem Geständnis: Ich interessiere mich wahnsinnig für Sie, liebe Emmi! Ich weiß zwar nicht warum, aber ich weiß, dass es einen markanten Anlass dafür gegeben hat. Ich weiß aber auch, wie absurd dieses Interesse ist. Es würde einer Begegnung niemals standhalten, egal wie Sie aussehen, wie alt Sie sind, wie viel Sie von Ihrem beträchtlichen E-Mail-Charme zu einem allfälligen Treffen mitnehmen könnten und was von

Ihrem geschriebenen Sprachwitz auch in Ihren Stimmbändern steckt, in Ihren Pupillen, in Ihren Mundwinkeln und Nasenflügeln. Dieses „Wahnsinnsinteresse", so mein Verdacht, nährt sich einzig und allein aus der Mailbox. Jeder Versuch, es von dort heraustreten zu lassen, würde vermutlich kläglich scheitern.

Nun meine Schlüsselfrage, liebe Emmi: Wollen Sie noch immer, dass ich Ihnen Mails schreibe? (Diesmal wäre eine klare Antwort äußerst entgegenkommend.) Alles, alles Liebe, Leo.

21 Minuten später

RE:

Lieber Leo, das war aber viel auf einmal! Sie müssen ordentlich Tagesfreizeit haben. Oder zählt das als Arbeit? Kriegen Sie dafür Zeitausgleich? Können Sie es von der Steuer absetzen? Ich weiß, ich habe eine spitze Zunge. Aber nur schriftlich. Und nur, wenn ich unsicher bin. Leo, Sie machen mich unsicher. Sicher ist nur eines: Ja, ich will, dass Sie mir weiter E-Mails schreiben, wenn's Ihnen nichts ausmacht. Wenn das noch nicht klar genug war, dann probiere ich es noch einmal: JA, ICH WILL!!!!!!! E-MAILS VON LEO! E-MAILS VON LEO! E-MAILS VON LEO. BITTE! ICH BIN SÜCHTIG NACH E-MAILS VON LEO!

Und jetzt müssen Sie mir unbedingt verraten, warum es bei Ihnen zwar keinen Grund, aber einen „markanten Anlass" dafür gegeben hat, sich für mich zu interessieren. Das verstehe ich nämlich nicht, aber es klingt spannend. Alles, alles Liebe und noch ein „Alles" dazu, Emmi. (PS: Die E-Mail da oben von Ihnen war klasse! Absolut humorlos, aber echt klasse!)

- Lesen Sie den Romantext, bringen Sie sich den Inhalt und die Erzählstruktur von Goethes Briefroman *Die Leiden des jungen Werthers* in Erinnerung, informieren Sie sich über den Inhalt von *Die Kameliendame (La dame aux camélias)*, einem Roman des französischen Autors Alexandre Dumas d. J., und vergleichen Sie nun Ihre Kenntnisse mit folgender Aussage von Dorothea Gilde!

Faszinierend an diesem Buch ist, dass Daniel Glattauer aus einem Schriftverkehr im Netz tatsächlich Literatur geschaffen hat. Sogar an Werther denkt man ab und zu. Und man erinnert sich, dass *Die Leiden des jungen Werthers* Goethes erster Roman war, ein Briefroman, der berühmteste vielleicht. Wie Werther ist Leo nach einer Enttäuschung wieder allein. Wie Lotte ist Emmi Rothner eine junge Frau, die „fremde" Kinder großzieht. Auch gebunden ist sie bereits, und dies glücklich, wie sie Leo immer wieder wissen lässt. Doch das zumindest nimmt ihr keiner ab. Weder Leo noch der Leser.

Man könnte wetten, dass der Autor selbst staunen würde bei der Werther-Assoziation. Und noch eine scheint auf, gegen Ende des Romans. Wenn nämlich Emmi Rothners Mann in seiner Verzweiflung über den offensichtlichen Wandel seiner Frau eine Mail an Leo schreibt. Darin bittet er jenen, seine Frau doch endlich zu treffen und danach aus ihrem Leben zu verschwinden. Und das sieht der „Kameliendame" von Alexandre Dumas schon sehr ähnlich. Nicht ganz ernst gemeint, müsste man sie nur zeitgemäß KaMAILiendame nennen.

Österreichische Literatur nach 1945

Unmittelbar nach dem Zweiten Weltkrieg arbeiten Autoren verschiedener Generationen und unterschiedlicher Vergangenheit mit- bzw. nebeneinander. Als Beispiele seien **Heimito von Doderer** und **Karl Heinrich Waggerl** (während des Krieges dem Hitler-Regime angepasst), **Hans Weigel** und **Friedrich Torberg** (unmittelbar nach dem Krieg aus der Emigration zurückgekommen) oder **Ilse Aichinger**, **Paul Celan** und **Ingeborg Bachmann** (junge, gesellschaftskritische Autoren) genannt. Torberg, Weigel und **Hilde Spiel** sind MentorInnen vieler junger Nachkriegsliteraten.
1945 erscheinen zwei wichtige literarische **Monatszeitschriften**: *Turm* von Egon Seefehlner und *Plan* von Otto Basil. In dieser Zeitschrift erscheint 1946 Ilse Aichingers viel beachteter *Aufruf zum Misstrauen*.
In den frühen 50er-Jahren beginnt eine **Polarisierung** zwischen traditionell-restaurativen Tendenzen und einer Erneuerung und Öffnung der Literatur.

Österreich-Tradition in der Erzählprosa

Der **Roman der fünfziger Jahre** steht im Zeichen einer gesellschaftlich-politischen Harmonisierung und einer traditionellen Österreichbesinnung, die vom Staat auch unterstützt wird. Ab 1955 erscheint in Wien die staatlich subventionierte Literaturzeitschrift *Wort in der Zeit*, deren Ziel es ist, die historische Kontinuität der österreichischen Literatur seit den Tagen der Monarchie zu belegen. Viele der zu dieser Zeit erscheinenden Romane unterstützen die herrschende Meinung, die Literatur könne nahtlos an die von 1938 anknüpfen.

Wichtige Vertreter:
- **Heimito von Doderer**: *Die erleuchteten Fenster, Die Strudlhofstiege, Die Dämonen*
- **Albert Paris Gütersloh**: *Sonne und Mond*
- **Fritz von Hermanovsky-Orlando**: *Der Gaulschreck im Rosennetz, Maskenspiel der Genien*
- **George Saiko**: *Auf dem Floß, Der Mann im Schilf*
- **Albert Drach**: *Protokoll gegen Zwetschkenbaum*
- **Franz Tumler**: *Ein Schloss in Österreich*
- **Gerhard Fritsch**: *Moos auf den Steinen, Fasching*

Die „Wiener Gruppe"

Die „Wiener Gruppe" ist eine Vereinigung Wiener Autoren, zu der **Hans Carl Artmann** (Gedichtband *med ana schwoazn dintn*), **Gerhard Rühm**, **Friedrich Achleitner**, **Konrad Bayer** und **Oswald Wiener** gehören.
Die Gruppe ist seit 1952 im literarischen Untergrund tätig, hält aber erst 1957 die erste öffentliche Gemeinschaftslesung ab. In loser Verbindung zu ihr stehen **Friederike Mayröcker** und **Ernst Jandl**.
Ihre **literarischen Wurzeln** lassen sich in der Barockdichtung, den Traditionen des Wiener Volkstheaters, im Expressionismus, Dadaismus, Surrealismus, in der Sprachskepsis und der Sprachkritik finden.
Ihre **literarischen Ausdrucksformen** sind Dialektgedichte, Lautgedichte, Textmontagen, Wortspielereien, Auflösung der Grenzen zwischen den literarischen Gattungen und Happenings.

Das österreichische Drama nach 1945

Bis in die frühen 60er-Jahre steht es im Zeichen der Tradition und bietet keine Stätte für Experimente und provozierende Aktionen. Neben Inszenierungen französischer, englischer und amerikanischer Autoren stehen vor allem Dichter der österreichischen Theatertradition seit dem Barock (Nestroy, Raimund, Grillparzer, Anzengruber) auf dem Spielplan.

Ab Mitte der 60er-Jahre werden auch Theatertexte von aus dem Exil heimkehrenden Autoren aufgeführt: **Franz Theodor Csokor, Ferdinand Bruckner, Fritz Hochwälder** (*Das heilige Experiment, Der Himbeerpflücker*).
Andere Autoren der mittleren Generation wie **Helmut Qualtinger** (*Der Herr Karl*) oder **Herwig Seeböck** (*Häfenelegie, Selbstmord leicht gemacht*) versuchen, die unmittelbare österreichische Vergangenheit aufzuarbeiten bzw. einen kritischen Blick auf die österreichische Gegenwart zu werfen.

Zerstörung der ländlichen Idylle

Der **traditionelle Heimatroman**, der im 19. Jahrhundert entsteht, definiert Heimat als idealisierten, auch sentimental und emotional verklärten Raum und das bäuerliche Leben als heile und harmonische Lebensform: Beispiele sind die Romane und Erzählungen **Peter Roseggers** und das Werk von **Karl Heinrich Waggerl**.
Ab den 60er-Jahren wird diese Art des Heimatbegriffs und des Heimatromans problematisiert. Beispiele sind:
Fasching von **Gerhard Fritsch**; *Die Wolfshaut* von **Hans Lebert**; das frühe Prosawerk **Thomas Bernhards:** *Frost, Verstörung, Kalkwerk; Geometrischer Heimatroman* von **Gert F. Jonke**; *Aus dem Leben Hödlmosers. Steirischer Roman mit Regie* von **Reinhard P. Gruber** und die autobiografischen Romane *Schöne Tage* und *Schattseite* von **Franz Innerhofer**.

Die „Grazer Gruppe"

Die „Grazer Gruppe" ist eine lose Verbindung von SchriftstellerInnen, die in den 40er-Jahren in Österreich geboren sind und gegen das kulturell rückständige Klima in Graz ankämpfen wollen. Sie gruppieren sich um **Alfred Kolleritsch,** der ihnen mit der Literaturzeitschrift *manuskripte* eine öffentliche Plattform bietet. Zur „Grazer Gruppe" zählen u. a. **Barbara Frischmuth, Peter Handke, Elfriede Jelinek** und **Gerhard Roth**.
In engem Zusammenhang mit der Gruppe stehen die Vertreter eines parteilichen Realismus: u.a. **Josef Haslinger, Gernot Wolfgruber** und **Peter Turrini**.

Die 70er- und 80er-Jahre – Ausgewählte Beispiele

Thomas Bernhard setzt sich in seinen frühen Prosawerken mit der äußerlichen und innerlichen Absonderung und Entfremdung des Einzelnen von der bürgerlichen Gesellschaft auseinander.
In den 70er-Jahren wendet er sich seiner eigenen Lebensgeschichte zu und reflektiert in seiner fünfbändigen Biografie seine persönlichen Entwicklungsbedingungen: *Die Ursache. Eine Andeutung, Der Keller. Eine Entziehung, Der Atem. Eine Entscheidung, Die Kälte. Eine Isolation, Ein Kind.*
Seit den 80er-Jahren dominieren die Theaterstücke in Bernhards Werk, lange Monologe einsamer, mitunter grotesk komischer Menschen, die alle außerhalb der Gesellschaft stehen: *Ein Fest für Boris, Der Ignorant und der Wahnsinnige, Die Jagdgesellschaft, Die Macht der Gewohnheit, Minetti, Der Theatermacher, Heldenplatz, Elisabeth II.*
Franz Innerhofer und **Gernot Wolfgruber** schreiben „sozialkritische Autobiografien". Innerhofer erzählt in seiner Trilogie den sozialen Aufstieg des Franz Holl vom sprachlosen „Leibeigenen" auf dem Bauernhof seines Vaters zum Germanistik-Studenten in der Stadt Salzburg: *Schöne Tage, Schattseite, Die großen Wörter*.
Die Romane *Auf freiem Fuß, Herrenjahre, Niemandsland* und *Verlauf eines Sommers* von Wolfgruber sind ebenso wie die Romane Innerhofers literarische Verarbeitungen eigener Erfahrungen.
Peter Handke beginnt mit seinen Romanen *Die Angst des Tormanns beim Elfmeter* und *Wunschloses Unglück*, beide Texte sind in den frühen 70er-Jahren erschienen, fortlaufend und subjektbezogen zu erzählen (**neue Innerlichkeit**).

Der in Steyr (Oberösterreich) geborene Autor **Erich Hackl** feiert mit *Auroras Anlass, Abschied von Sidonie* und *Sara und Simón* große Erfolge bei Kritik und Publikum.
Wichtige Neuerscheinungen in den 80er-Jahren sind auch *Einer* von **Norbert Gstrein** und die Romane von **Christoph Ransmayr**: *Die Schrecken des Eises und der Finsternis* und *Die letzte Welt*.
Andere wichtige österreichische Autoren der späten 70er- und 80er-Jahre sind: **Erich Fried** (*Gedanken in und an Deutschland, Liebesgedichte*); **Waltraut Anna Mitgutsch** (*Die Züchtigung, Das andere Gesicht*); **Felix Mitterer** (*Kein schöner Land, Die Kinder des Teufels, Sibirien*); **Peter Rosei** (*Die Wolken, Der Aufstand*); **Julian Schutting** (*Hundegeschichte, Traumreden*); **Brigitte Schwaiger** (*Der Himmel ist süß, Schönes Licht*).

Die 90er-Jahre – Ausschnitte neuerer österreichischer Dichtung

Die Literatur der 90er-Jahre zeichnet sich durch keine einheitliche Richtung, keine Tendenzen besonderer Art aus. Vor allem in der Lyrik wird von einer „neuen Innerlichkeit" gesprochen, in Roman und Erzählung von „Neorealismus". Dieser Pluralismus in der Literatur entspricht dem allgemeinen politisch-gesellschaftlichen Trend.

Neuere österreichischer Dramatik – Ein Überblick

Mit dem Tod von **Thomas Bernhard** im Jahre 1989 geht ein bedeutender Abschnitt der österreichischen Theatergeschichte zu Ende. In seinem umfangreichen dramatischen Gesamtwerk – Bernhard schreibt zwanzig Bühnenwerke – variiert der Autor von Stück zu Stück seine Grundthemen: den aussichtslosen Kampf gegen Krankheit, Verfall und Tod, die Auseinandersetzung mit der nationalsozialistischen Vergangenheit Österreichs, die Machtrituale zwischen voneinander abhängigen Menschen, das Streben des Künstlers nach Perfektion in einer kunst- und kulturfeindlichen Welt und seine Kritik an der österreichischen Politik und am Kulturbetrieb in diesem Land.
Nach Thomas Bernhards Stücken werden nun die von **Peter Turrini** am Wiener Burgtheater unter der Regie von Claus Peymann uraufgeführt (*Tod und Teufel*, 1990; *Alpenglühen*, 1993; *Die Schlacht um Wien*, 1995).

Die überzeugte Feministin **Marlene Streeruwitz** versteht ihre antipsychologischen Theatertexte als Kampfansage an die klassische Dramatik. Die Handlung ihrer Dramen spielt immer an öffentlichen Orten, wo die Autorin die alltägliche Gewalt in Szene setzt: *Waikiki Beach*, 1992; *Sloane Square*, 1992; *New York. New York.*, 1993; *Elysian Park.*, 1993; *Ocean Drive.*, 1993; *Brahmsplatz.*, 1995.

Auch **Elfriede Jelinek**, 2004 mit dem Nobelpreis für Literatur ausgezeichnet, schreibt gezielt gegen den Kanon der traditionellen Theaterästhetik und versucht durch Dekonstruktion von Sinnzusammenhängen und durch Verfremdung der dramatischen Form (z. B. Montagetechnik) auf die Unterdrückung der Menschen – die Hauptopfer seien die Frauen – im Rahmen der modernen Konsum- und Mediengesellschaft hinzuweisen, darunter *Clara S.*, eine musikalische Tragödie, in der Jelinek die Stellung der Künstlerin in der bürgerlichen Gesellschaft thematisiert, *Burgtheater*, eine Posse mit Gesang, die in den Jahren 1941 bis 1945 spielt und sich mit der faschistischen Anfälligkeit prominenter österreichischer SchauspielerInnen auseinandersetzt, oder *Wolken.Heim*, eine Textkollage, die ebenfalls Jelineks Engagement gegen Faschismus, politischen Opportunismus und „Vergesslichkeit" in Bezug auf die faschistische Vergangenheit Österreichs unterstreicht. Mit *Raststätte oder Sie machens alle, Stecken, Stab und Stangl – Eine Handarbeit* (1996) und *Ein Sportstück* (1998) festigt Elfriede Jelinek in den Neunzigerjahren ihren Ruf als bedeutende deutschsprachige Schriftstellerin der Gegenwart.

Der Grazer **Werner Schwab** ist mit den Uraufführungen seiner beiden ersten „Fäkaliendramen" *Die Präsidentinnen* und *Volksvernichtung oder Meine Leber ist sinnlos* der Shooting-Star des deutschsprachigen Theaters der Saison 1991/92. Bis zu seinem Tod produziert Schwab 18 Stücke, darunter *Der reizende Reigen nach dem Reigen des reizenden Herrn Arthur Schnitzler*, von denen die Hälfte erst nach seinem Tod aufgeführt werden.
Der Oberösterreicher **Franzobel** (geb. 1967) ist v. a. als Theaterautor erfolgreich, z. B. *Mayerling. Die österreichische Tragödie, Mozarts Vision, Der Narrenturm* und zuletzt *Hunt oder Der totale Februar* und *Z!PF oder Die dunkle Seite des Mondes.*

Neuere österreichische Prosa – Romane nach 1995

1995 erscheinen *Morbus Kitahara* von **Christoph Ransmayr**, *Sara und Simón* von **Erich Hackl**, *Opernball* von **Josef Haslinger**, *Der See* von **Gerhard Roth**, *Schubumkehr* von **Robert Menasse**, *Telemach* von **Michael Köhlmeier**, *Die Kinder der Toten* von **Elfriede Jelinek**, *Der Kommerzialrat* von **Norbert Gstrein**, 1996 *Verführungen* von **Marlene Streeruwitz**, 1997 *In einer dunklen Nacht ging ich aus meinem stillen Haus* von **Peter Handke**, *Kalypso* von **Michael Köhlmeier**, 1998 *Das Jüngste Gericht des Michelangelo Spatz* von **Michael Scharang**, *Die Luftgängerin* von **Robert Schneider**, *Der Plan* von **Gerhard Roth**, *Vermutungen über die Liebe in einem fremden Haus* von **Ulrike Längle**, 1999 *Die englischen Jahre* von **Norbert Gstrein**, *Nachwelt* von **Marlene Streeruwitz** und *Entwurf einer Liebe auf den ersten Blick* von **Erich Hackl.**

Nach der Jahrtausendwende erscheinen u. a. *Geh mit mir, Der Spielverderber Mozarts* und *Abendland* von **Michael Köhlmeier**, *Gier* und *Neid (Privatroman)* von **Elfriede Jelinek**, *Natura morta* und *Leichnam, seine Familie belauernd* von **Josef Winkler**, *Der Berg, Der Strom* und *Das Labyrinth* von **Gerhard Roth**, *Das Vaterspiel* von **Josef Haslinger**, *Die Hochzeit von Auschwitz, Anprobieren eines Vaters* und *Als ob ein Engel* von **Erich Hackl**, *Das Handwerk des Tötens* von **Norbert Gstrein**, *Die Vertreibung aus der Hölle* und *Don Juan de la Mancha* von **Robert Menasse**, *Lusthaus oder die Schule der Gemeinheit* und *Liebesgeschichte* von **Franzobel**, *Die Stunde der wahren Empfindung, Mein Jahr in der Niemandsbucht, Don Juan (erzählt von ihm selbst)* und *Kali. Eine Vorwintergeschichte* von **Peter Handke**.

Junge, von der Literaturkritik ernst genommene österreichische Erzähler sind u. a. **Daniel Kehlmann, Paulus Hochgatterer, Thomas Glavinic, Daniel Glattauer, Arno Geiger, Ernst Molden** und **Martin Amanshauser.**

Personenregister

Abbe, Ernst 222
Abraham a Santa Clara 53
Achleitner, Friedrich 64 f, 511
Addison, Joseph 76
Adenauer, Konrad 395, 412
Adler, Victor 279
Adorno, Theodor W. 400
Aichinger, Ilse 392, 503 ff, 559
Altenberg, Peter 278
Andersch, Alfred 390, 396, 421, 423 f
Angelus Silesius 49, 51
Anzengruber, Ludwig 208, 236, 245, 269
Arendt, Hannah 382
Aristoteles 76, 337
Arnim, Achim von 188
Arp, Hans 62, 513
Artmann, Hans Carl 64 f, 511 f
Astel, Arnfried 221

Bachmann, Ingeborg 165 f, 252, 392, 401, 424, 503 ff, 507–509, 559
Bäcker, Heimrad 559
Bacon, Francis 67
Bahr, Ehrhard 245
Bahr, Hermann 263, 278, 282
Ball, Hugo 62
Balla, Giacomo 291
Balzac, Honoré de 435
Barlach, Ernst 377
Barth, Nadine 177
Basil, Otto 504
Baudelaire, Charles 151, 275, 295
Bauer, Josef Martin 396
Bauer, Wolfgang 209, 519, 558
Bäuerle, Adolf 209
Baum, Thomas 209
Baum, Vicki 320
Baur, Margit 484
Bayer, Konrad 64 f, 511
Beauvoir, Simone de 164
Becher, Johannes Robert 292, 410, 432 f, 436
Becher, Ulrich 209, 317, 320 f, 329, 390
Becker, Jurek 442 f, 451
Beckett, Samuel 402
Beer-Hofmann, Richard 279
Benjamin, Walter 324, 372, 384
Benn, Gottfried 292, 296, 299 f, 321, 329, 368, 378, 400 f
Berg, Alban 517
Berg, Sybille 467
Bergengruen, Werner 377 f, 390
Bernhard, Thomas 404, 418, 453, 517, 523–526, 539, 559
Bessing, Joachim 463
Beutler, Maja 484
Bichsel, Peter 482
Bidermann, Jakob 55 f
Biermann, Wolf 191, 434, 437 ff, 451
Billinger, Richard 351
Binder, Hartmut 360
Bingel, Horst 409
Blatter, Silvio 483
Blei, Franz 384
Bloch, Ernst 386
Blunck, Hans Friedrich 390
Bodmer, Johann Jakob 71
Bogda, Klaus-Michael 468
Böhlau, Helene 162
Bohlen, Dieter 468 f
Böll, Heinrich 191, 348, 390, 392 ff, 396, 403, 410, 412, 424, 432, 438
Börne, Ludwig 185, 187
Borchert, Wolfgang 390, 393 f
Born, Nicolas 348
Boyle, T. C. 559
Brahms, Otto 269
Braque, Georges 290
Brasch, Thomas 436
Brasme, Anne-Sophie 174 f
Braun, Volker 434, 436
Brecht, Bertolt 208, 214 f, 221, 225 f, 321, 328 ff, 334–342, 344, 381 f, 384 ff, 402, 404, 408, 417, 435 f, 438, 488, 490, 497, 507, 520, 539
Bredel, Willi 320, 410
Breitinger, Johann Jakob 71
Bremer, Claus 61, 63
Brentano, Bettina 159
Brentano, Clemens 148, 159, 222 f, 258
Brinkmann, Rolf Dieter 409
Brion, Friederike 104
Britting, Georg 377, 390
Broch, Hermann 351 f, 384 f
Brod, Max 361
Bronnen, Arnolt 321
Bronnen, Barbara 424
Bruckner, Ferdinand 516
Brussig, Thomas 457
Bruyn, Günter de 451
Buch, Hans Christoph 462
Büchner, Georg 191 ff, 301 f, 401
Buff, Charlotte 98
Bürger, Gottfried August 94, 108
Bukowski, Charles 417
Burns, Jim 417
Burton, Richard Francis 461 f
Busta, Christine 506
Byron, George 183

Calderón de la Barca, Pedro 149, 199, 201
Camus, Albert 391, 402, 452
Canetti, Elias 363 f
Capus, Alex 501
Carossa, Hans 320, 377, 390
Carver, Raymond 559
Cassirer, Ernst 382
Celan, Paul 227 ff, 231, 252, 503 ff, 559
Cezanne, Paul 290
Chamisso, Adelbert von 148, 155 f
Chotjewitz, Peter O. 414
Chrétien de Troyes 24 f
Conrad, Joseph 501
Conrad, Michael Georg 263
Corneille, Pierre 75, 94
Coschell, Moritz 283
Cotta, Johann Friedrich 122
Courths-Mahler, Hedwig 163, 320
Creuzer, Friedrich 159
Csokor, Franz Theodor 351, 516

Dach, Simon 49
Dahn, Felix 262
Dante Alighieri 37
Darwin, Charles 264, 371
Däubler, Theodor 285, 289 f
Dehmel, Richard 224, 285
Delius, Friedrich Christian 409
Delpy, Julie 487
Descartes, René 67, 78
Deschamps, François 76
Dietmar von Aist 17, 19
Diggelmann, Walter Matthias 482
Dix, Otto 316
Döblin, Alfred 292, 319 ff, 324, 347, 369, 371, 383 f, 389 f, 396
Doderer, Heimito von 503, 510
Dollfuß, Engelbert 351
Dominik, Hans 320
Donnenberg, Josef 516
Dos Passos, John 324, 397
Dostojewskij, Fjodor 264, 295, 343

Drach, Albert 510
Dronke, Ernst 197
Droste-Hülshoff, Annette von 185 f
Dückers, Tanja 467
Dufy, Raoul 290
Dumas, Alexandre d. J. 575
Dürrenmatt, Friedrich 209, 402, 424, 453, 482 f, 485–490
Dutschke, Rudi 403
Duve, Karen 163, 177, 180 f, 467

Ebner-Eschenbach, Marie von 162, 235, 245 f
Edschmid, Kasimir 293
Effenberg, Stefan 468
Eich, Günter 252, 377, 390 ff, 401
Eichendorff, Joseph von 119 f, 147 f, 157 f, 186, 188, 236, 257
Eicher, Stephan 501
Eichinger, Bernd 348
Eichroth, Ludwig 184
Einstein, Carl 384
Eisenreich, Herbert 510
Eliot, George 162
Elisabeth I., Kaiserin 110
Ellis, Bret Easton 464
Engels, Friedrich 198, 233
Enzensberger, Hans Magnus 231 f, 399, 401, 403, 408, 417
Erasmus von Rotterdam 38
Erhard, Ludwig 396
Ernst, Gustav 520
Erpenbeck, Jenny 163, 467, 471

Fante, John 501
Fassbinder, Rainer Werner 209, 347, 404
Faulkner, William 394
Fels, Ludwig 409
Feuchtwanger, Lion 321, 383 ff
Feuerbach, Ludwig 244, 263
Fichte, Hubert 414
Fichte, Johann Gottlieb 113, 143, 148
Flaubert, Gustave 168 f
Fleißer, Marieluise 208, 214 f, 321, 329
Fleming, Paul 49, 260
Fontane, Theodor 170 f, 235
Forster, Georg 78
Forster, Johann Reinhold 119
Frank, Julia 163, 467, 472 f
Franz Joseph I., Kaiser 355, 358
Franzobel 539, 541 ff, 560
Freiligrath, Ferdinand 196, 410
Freud, Sigmund 149, 201, 273 ff, 277, 279, 283
Freumbichler, Johannes 351, 523
Fricke, Gerhard 368
Fried, Erich 250, 409, 505–507
Friedell, Egon 384
Friedrich von Hausen 20
Frisch, Max 348, 402, 424, 453, 482 f, 485–490, 507
Frischmuth, Barbara 519
Fritsch, Gerhard 510 f, 517
Fuchs, Günter Bruno 409
Funke, Cornelia 343

Galilei, Galileo 37, 46
Galtung, Johan 496
Ganghofer, Ludwig 235, 305, 320, 355
García Marquez, Gabriel José 559
Gardner, Jostein 343
Gauch, Siegfried 424
Gauß, Carl Friedrich 568
Geibel, Emanuel 262
Geiger, Arno 564
George, Heinrich 323
George, Stefan 142, 254, 273 f, 276, 285, 329
Gerstenberg, Heinrich Wilhelm von 94
Giese, Fritz
Gilde, Dorothea 575
Glaeser, Ernst 368
Glattauer, Daniel 573 f
Glauser, Friedrich 483, 490 f, 501
Glavinic, Thomas 560 ff
Gleich, Alois 209
Goebbels, Joseph 369 f, 378, 383
Goethe, Johann Wolfgang 93 ff, 96–102, 104–107, 110, 112 ff, 118 ff, 122, 124–133, 140 f, 143, 147 ff, 151, 186, 188, 195, 236, 258 f, 307 f, 328, 371, 575
Goeze, Pastor 74
Gogh, Vincent van 290
Gogol, Nicolai 151, 343
Gollner, Helmut 559
Goltschnigg, Dietmar 510
Gomringer, Eugen 64 ff
Gontard, Susette 143
Göschen, Georg Joachim 122
Gottfried von Straßburg 24 f
Gotthelf, Jeremias 185, 483
Gottsched, Johann Christoph 71, 75 ff, 92
Grabbe, Christian Dietrich 194, 301
Graf, Oskar Maria 321
Grän, Christine 175 f
Grass, Günther 120, 392, 397–399, 403 f, 409 f, 414, 416, 424 f, 474 f, 507
Greer, Germaine 164
Greiflinger, Georg 50
Greiner, Ulrich
Griebl, Stefan 541
Griem, Helmut 413
Grillparzer, Franz 194, 198 ff, 211, 516
Grimm, Hans 371, 390
Grimm, Jakob 418
Grimm, Reinhold 149, 376
Grimm, Wilhelm 149, 418
Grimmelshausen, Hans Jakob Christoffel von 53, 339, 460
Grogger, Paula 351
Grosz, George 318
Gruber, Reinhard P. 517, 519
Grün, Anastasius 187
Grün, Max von der 410
Gryphius, Andreas 49, 55 f, 90, 260
Gstrein, Norbert 543, 556 f
Günderode, Karoline von 159, 162
Günther, Johann Christian 49, 260
Gussmann, Olga 279
Gustav, Carl 412
Gutenberg, Johannes 32, 37, 41
Gütersloh, Albert Paris 510
Gutzkow, Karl 187, 235

Habermas, Jürgen 425
Hacks, Peter 436
Hackl, Erich 533 ff, 543, 559
Hafner, Philipp 209
Hage, Volker 449, 467
Hahn, Ulla 251 f, 418
Handke, Peter 120, 519 f, 539, 543 ff, 560
Haneke, Michael 528
Hanisch, Ernst 515
Harden, Maximilian 262
Harsdörffer, Georg Philipp 59
Hart, Heinrich 263
Hart, Julius 263
Härtling, Peter 403, 424
Hartmann von Aue 20, 24
Hasenclever, Walter 384
Haslinger, Josef 520, 543, 546 f

Hauptmann, Gerhart 208 f, 263 f, 268 ff, 285, 301, 307, 319
Haushofer, Marlen 165, 173 f, 562 f
Haussmann, Leander 457
Hebbel, Friedrich 85 ff, 91, 236
Hein, Christoph 426, 432, 436, 444 f, 448, 451, 479
Heine, Heinrich 185, 187 ff, 222 f, 368, 410, 438
Heinrich von Morungen 20 f
Heinrich von Rugge 20
Heinrich von Veldeke 20, 24
Heißenbüttel, Helmut 60
Hemingway, Ernest 390, 394
Henckell, Karl 265
Hendrix, Jimi 403
Henning-Lange, Alexa von 177, 467
Hentig, Hartmut von 425
Henz, Rudolf 510
Herburger, Günter 417
Herder, Johann Gottfried 92 f, 108, 110, 112 f, 119, 260
Hermand, Jost 376
Hermann, Judith 177, 467
Hermann-Neiße, Max 384
Hermlin, Stephan 435, 438
Herves, Julian Auguste 290
Herwegh, Georg 191, 196, 410
Herz, Henriette 159
Herzmanovsky-Orlando, Fritz von 510
Hesse, Hermann 120, 285 f, 321
Hesse, Volker 496
Hetmann, Frederick 191
Heym, Georg 142, 243, 292 ff, 298 f
Heym, Stefan 448
Heyse, Paul 235, 262
Hildesheimer, Wolfgang 416
Himmler, Heinrich 227, 423
Hindenburg, Paul von 317, 367
Hitler, Adolf 225 f, 229, 316 f, 340, 351, 358, 367 ff, 377 f, 382, 384, 389, 395, 399, 409, 444, 499, 503 f, 517
Hobbes, Thomas 67
Hochgatterer, Paulus 572 f
Hochhuth, Rolf 404
Hochwälder, Fritz 516
Hoddis, Jakob van 289, 293 f
Hoffmann, E. T. A. 148, 151 ff, 186
Hoffmann von Fallersleben, August Heinrich 196
Hofmann von Hofmannswaldau, Christian 47, 260
Hofmannsthal, Hugo von 64, 254 f, 273 f, 276, 279 ff, 285, 301, 307, 319, 329, 354 f, 511
Hohl, Ludwig 483
Hölderlin, Friedrich 68, 110, 119 f, 134–145, 496
Höllerer, Walter 400
Holz, Arno 63, 263, 265 ff
Holzapfel, Carl Maria 226
Homer 98, 167, 453 f
Hornby, Nick 464
Honecker, Erich 434
Horváth, Ödön von 208, 214 f, 329, 353, 510, 516
Hrabanus Maurus 11
Huch, Ricarda 369, 377
Huchel, Peter 376 f, 436 f
Huelsenbeck, Richard 62
Hugenberg, Alfred 318
Humboldt, Alexander von 568
Humboldt, Wilhelm von 112 f
Hume, David 67
Hüser, Fritz 410
Hutten, Ulrich von 38 f

Ibsen, Henrik 208, 263 f
Iffland, August Wilhelm 119
Illies, Florian 464 f, 469
Immermann, Karl 183
Innerhofer, Franz 424, 517, 531
Ionesco, Eugène 402

Jandl, Ernst 66, 511, 513–515, 559
Janssen-Jurreit, Marie-Louise 164
Jean Paul 119, 186
Jelinek, Elfriede 165, 519, 526–528, 539 f, 543, 558 ff
Jenny, Zoë 163, 177 f, 467
Jens, Walter 505
Jesenská, Milena 361
Jirgl, Reinhard 477
Johnson, Uwe 424, 507
Johst, Hanns 372 f
Jonke, Gert 517, 519, 543
Joplin, Janis 403
Joseph II., Kaiser 75
Joyce, James 324, 396, 451
Jünger, Ernst 326 ff, 378

Kafka, Franz 321, 360–363, 371, 391, 451 f, 504, 510
Kafka, Hermann 360, 363
Kaiser, Georg 208
Kaminer Wladimir 460
Kandinsky, Wassily 290
Kant, Hermann 434
Kant, Immanuel 68, 566
Karl der Große, Kaiser 11
Karsunke, Yaak 409
Kasack, Hermann 376
Kaschnitz, Marie Luise 377
Kästner, Erich 253 f, 316, 320, 329, 343, 368
Kehlmann, Daniel 559, 566–569
Kehlmann, Michael 559, 566
Keller, Gottfried 120, 235, 237 f, 244, 483
Kempowski, Walter 416, 476 f
Keun, Irmgard 171 f, 322
Kipphardt, Heinar 404
Kirchner, Ernst Ludwig 290, 292, 298
Kirsch, Rainer 437
Kirsch, Sarah 417, 437 f
Kirst, Hans Hellmut 396
Kiwus, Karin 250, 256
Kleist, Heinrich von 119 f, 134–145, 159, 167 f
Klepper, Jochen 377
Klinger, Friedrich Maximilian 78, 93 f, 100, 125
Klopstock, Friedrich Gottlieb 73, 119
Klüger, Ruth 557 f
Koeppen, Wolfgang 377, 390, 396 f, 410, 416
Köhlmeier, Michael 543, 559
Kolbenhoff, Walter 390
Kolleritsch, Alfred 519
Kollwitz, Käthe 223, 316
Kolumbus, Christoph 37
Konsalik, Heinz G. 396
Kopernikus, Nikolaus 46
Korff, Hermann August 119
Kornfeld, Theodor 61
Kortner, Fritz 209
Kotzebue, August von 119
Kracauer, Siegfried 321
Kracht, Christian 449, 463, 465, 469
Kramer, Theodor 229 f, 351, 503
Kraus, Karl 120, 277 f, 296 f, 351 f, 354 ff, 504, 510 f, 516
Kroetz, Franz Xaver 209, 215–217, 404, 432
Krolow, Karl 252, 377
Krüger, Michael 417
Kruntorad, Paul 503
Kühn, Dieter 426
Kühn, Sophie von 150
Kunert, Günter 221, 417

Kunze, Reiner 434, 437
Kürenberger, Der 17 f
Kurz, Felix von 209

Lange-Müller, Katja 163, 471 f
Langgässer, Elisabeth 378
Längle, Ulrike 543
LaRoche, Sophie von 98
Lasker-Schüler, Else 163, 291 f, 294, 296 f
Laube, Heinrich 187
Lavant, Christine 506
Lavater, Johann Caspar 95
Lebert, Benjamin 449, 467, 469
Lebert, Hans 517 ff, 549
Léger, Fernand 290
Lehmann, Wilhelm 376 ff
Lenau, Nikolaus 125, 205
Lenin, Wladimir Iljitsch 435
Lenz, Hermann 377
Lenz, Jakob Michael Reinhold 93, 99 f, 194 f, 302
Lenz, Siegfried 403, 411
Leonardo da Vinci 37
Lernet-Holenia, Alexander 351
Lessing, Gotthold Ephraim 73–78, 81 ff, 90, 93 f, 119, 125
Leutenegger, Gertrud 162, 483
Le Veau, Jean Jacques André 136
Levin, Rahel 159
Lichtenberg, Georg Christoph 78
Liliencron, Detlev von 255
Lind, Jakov 416
Locke, John 67
Loerke, Oskar 376 ff
Löffler, Sigrid 540
Logau, Friedrich von 49, 51
Lohenstein, Daniel Caspar von 52, 55
Lovenberg, Felicitas von 568
Ludwig XIV., König 110 f
Ludwig XVI., König 111
Ludwig, Emil 368
Ludwig, Otto 235
Lueger, Karl 279
Lukács, Georg 292
Luther, Martin 37, 39 f, 42
Luxemburg, Rosa 163

Mach, Ernst 282 f
Machiavelli, Niccolo 37
Macke, August 290
Maeterlinck, Maurice 301
Magellan, Fernão de 37
Mahler, Gustav 277
Mann, Heinrich 305, 307, 311–313, 321, 368, 384, 386, 432
Mann, Klaus 328
Mann, Thomas 125, 278, 305 ff, 316, 320 f, 328, 343, 369, 376, 382 f, 390, 432, 451, 466
Marc, Franz 290, 296
Marinetti, Filippo Tommaso 291 f
Marlitt, Eugenie 235, 306
Marlowe, Christopher 55, 74, 125
Maron, Monika 449, 456 f
Marti, Kurt 492
Marx, Karl 190, 198, 233, 263
Matisse, Henri 290
Matras, Silvia 352
Maximilian I., Kaiser 37
May, Karl 235, 306, 320
Mayer, Hans 415 f
Mayröcker, Friederike 165, 511, 538
Meckel, Christoph 409, 420, 422
Megele, Johann Ulrich 53
Meidner, Ludwig 289
Meienberg, Niklaus 483
Meinloh von Sevelingen 17
Meisl, Karl 209
Mell, Max 351, 503
Melzer, Gerhard 520
Menasse, Robert 544 f, 559 f
Mendelssohn, Moses 76, 78
Mercier, Pascal 494
Mereau-Brentano, Sophie 159
Merz, Carl 516
Messner, Reinhold 551
Meyer, Conrad Ferdinand 256, 483
Michelangelo Buonarroti 37
Miegel, Agnes 163, 390
Millet, Kate 164
Mitscherlich, Alexander 389
Mitscherlich, Margarete 389
Mitterer, Felix 209
Moeller van den Bruck, Arthur 371
Molière, Jean-Baptiste 75
Molo, Walter von 376
Monet, Claude 281
Montalbán, Manuel Vásquez
Mörike, Eduard 186, 205
Morgenstern, Christian 60 f
Moscherosch, Johann Michael 52
Moser, Milena 182
Müller, Heiner 418, 436, 448 f, 453
Munch, Edvard 290
Mundt, Theodor 187
Müntzer, Thomas 40
Murnberger, Josef
Muschg, Adolf 482 f
Musil, Robert 307, 351, 354, 356 ff, 371, 384 f, 451, 470
Mussolini, Benito 499

Nabokov, Vladimir 559
Napoleon Bonaparte 93, 184
Naters, Elke 163, 178 f, 467
Neruda, Pablo 417
Nestroy, Johann Nepomuk 194, 199, 208 ff, 353, 510, 516
Nickel, Eckhart 463
Nicolai, Friedrich 76, 78, 99
Niemsch, Nikolaus Franz 205
Nietzsche, Friedrich 295
Nizon, Paul 484
Nossack, Hans Erich 390
Novak, Helga M. 421 ff
Novalis 59, 121, 147, 149 ff, 257
Nussbaum, Felix 382

O'Hara, Frank 417
Opitz, Martin 47, 49, 56, 92, 260 f
Orzessek, Arno 478
Ossietzky, Carl von 318

Paquet, Alfons 369
Parei, Inka 467, 478
Perikles 110
Petersen, Jan 378
Petrarca, Francesco 38
Petrus von Lois 13
Petzoldt, Alfons 377
Peymann, Claus 539
Pfemfert, Franz 291, 319
Pfennig, Jörn 251
Picasso, Pablo 290
Pinthus, Kurt 290, 294
Piscator, Erwin 329, 336, 404
Plard, Henri 328
Plenzdorf, Ulrich 99, 434
Plessen, Elisabeth 416
Poe, Edgar Allan 151
Polgar, Alfred 277, 384
Politycki, Matthias 464, 470
Popp, Wolfgang 343
Proust, Marcel 452
Prutz, Robert 196

Qualtinger, Helmut 209, 516 f

Raabe, Wilhelm 235, 245
Racine, Jean Baptiste 75, 94
Radisch, Iris 451 f, 476, 545

Raimund, Ferdinand 194, 199, 208 ff, 353, 510
Ransmayr, Christoph 535 f, 544, 549–551, 559
Reclam, Anton Philipp 122
Rehmann, Ruth 424
Reinhardt, Max 301, 337, 354
Reinig, Christa 165
Reinmar von Hagenau 20 f
Remarque, Erich Maria 320, 324 f, 368
Reschke, Karin 426
Rettenbacher, Simon 55
Reuchlin, Johannes 38
Richardson, Samuel 96
Richter, Hans Werner 390 ff
Riefenstahl, Leni 375
Rilke, Rainer Maria 142, 254, 273 f, 276 f, 329, 510
Rimbaud, Arthur 295
Röggla, Kathrin 570–572
Rosegger, Peter 235, 306, 517
Rosenberg, Alfred 321, 370
Roth, Gerhard 519, 544
Roth, Joseph 199 f, 351, 358 f, 384 f, 510
Roth, Philipp 559
Rothmann, Kurt 270
Rousseau, Jean Jacques 93, 96
Rühm, Gerhard 64 f, 511
Rühmkorf, Peter 409
Rühle, Alex 562
Ruiss, Gerhard

Saar, Ferdinand von 245 ff
Sacher, Paul 499
Sachs, Hans 33, 42
Sachs, Nelly 230 f, 401
Saiko, George 510
Salinger, Jerome D. 99
Sand, George 162
Sartre, Jean-Paul 391, 402
Savigny, Friedrich Carl von 159
Scharang, Michael 519 f, 544
Schelling, Friedrich Wilhelm Josef 159
Schiller, Friedrich 75, 83 f, 94, 100, 102 ff, 110 ff, 115 f, 119, 122, 124, 140, 143, 148, 150
Schlaf, Johannes 263, 266 ff
Schlegel, August Wilhelm 147 f, 150, 158 f, 162
Schlegel, Friedrich 120 f, 147 ff, 158, 162
Schlegel-Schelling, Caroline 158 f
Schleyer, Hanns Martin 478
Schlingensief, Christof 455
Schlink, Bernhard 477
Schlöndorff, Volker 348, 413
Schlosser, J. G. 374
Schmidli, Werner 483
Schmidt, Arno 415, 424
Schmidt, Harald 469
Schmidt, Siegfried J. 63
Schmidt-Dengler, Wendelin 538
Schmiedleitner, Georg 542
Schneider, Peter 409
Schneider, Robert 544, 559
Schnell, Ralf 390, 404, 448, 453, 455, 460, 469, 558
Schnitzler, Arthur 87 ff, 91, 273, 277, 279 f, 282 f, 319, 354
Schnurre, Wolfdietrich 392
Schönberg, Arnold 277
Schönburg, Alexander von 463
Schreyvogl, Friedrich 351
Schröder, Rudolf Alexander 377
Schubart, Christian Friedrich Daniel 94, 99, 108
Schulze, Ingo 459
Schütte, Wolfram 412
Schutting, Julian (Jutta) 424
Schwab, Werner 539 f, 559
Schwaiger, Brigitte 424
Schwarzer, Alice 164
Schwitters, Kurt 62 f, 513
Seeböck, Herwig 517
Seefehlner, Egon 504
Seghers, Anna 163, 320, 386, 432, 440 f
Seidel, Ina 377
Seume, Johann Gottfried 78
Shaftesbury, Anthony 95
Shakespeare, William 55, 74, 94, 149, 348, 496
Shepard, Sam 487
Sicheritz, Harald 574
Siemes, Isabella 469
Silva-Bruhns, Julia da 307
Simonides von Keos 59 f
Simonsen, Beatrice 573
Sollmann, Kurt 262
Sommer, Harald 520
Sophokles 136
Soyfer, Jura 353, 549
Spengler, Oswald 371
Sperr, Martin 209, 404
Spiel, Hilde 384, 503
Spitteler, Carl 483
Stadler, Ernst 294
Stefan, Verena 165, 424, 483 f
Sternheim, Carl 305
Stifter, Adalbert 120, 203–205, 437
Stolberg, Christian Graf zu 94
Stolberg, Friedrich Leopold Graf zu 94
Storm, Theodor 235, 239–243, 441
Stramm, August 291, 294, 513
Stramm, Peter 501
Stranitzky, Josef Anton 209
Strauß, Botho 404, 418, 432, 453
Strauss, Richard 354
Streeruwitz, Marlene 539, 544, 553–556, 558
Strehlenau, Edler von 205
Strindberg, August 301
Strittmatter, Erwin 434
Struck, Karin 165
Stuckrad Barre, Benjamin von 463, 466, 469
Süskind, Patrick 348
Suter, Martin 501

Tacitus 39
Tepl, Johannes von 38
Thälmann, Ernst 317
Theobaldy, Jürgen 417
Thieß, Frank 376
Thoma, Ludwig 208
Thomasin von Zirklaere 15
Tieck, Ludwig 120, 148 ff
Tieck, Sophie 159
Timm, Uwe 473 f
Toller, Ernst 292, 321, 384
Tolstoj, Leo 263 f, 343, 435
Torberg, Friedrich 503
Törne, Volker von 221, 409
Trakl, Georg 142, 292 ff
Trattner, Johann Thomas von 73
Treichel, Hans-Ulrich 450
Trojanow, Ilija 460 ff
Tschechow, Anton Pawlowitsch 343
Tucholsky, Kurt 321, 329 ff, 368, 384
Tumler, Franz 351, 510
Turrini, Peter 208, 217–219, 520, 537 ff, 558 f
Tzara, Tristan 62

Udet, Ernst 395
Ulbricht, Walter 432, 434
Ulrich von Lichtenstein 16
Unger, Hellmuth 373
Updike, John 559

Valentin, Karl 209
Vasari, Giorgio 37
Vega, Lope de 199
Veith-Schlegel, Dorothea 159

Vesper, Bernward 414
Vesper, Guntram 417 f
Viebig, Clara 162, 320
Villon, François 438
Vischer, Friedrich Theodor 236
Vogl, Helmut 162
Voltaire 94, 201
Voss, Johann Heinrich 93

Wackenroder, Wilhelm 149
Waggerl, Karl Heinrich 351, 503, 517
Wagner, Heinrich Leopold 93, 100
Wagner, Richard 309 f
Walden, Herwarth 291, 296
Wallner, Christian 520
Wallraff, Günther 410
Walser, Martin 392, 396, 410, 424, 449, 477
Walser, Robert 483 f, 492
Walter, H. A. 386
Walter, Otto 482
Walther von der Vogelweide 20 ff
Wedekind, Frank 195, 209, 273, 301 f
Weerth, Georg 196 ff, 410
Weidig, Friedrich Ludwig 191 f
Weigel, Hans 503
Weill, Kurt 336
Weinheber, Josef 351
Weise, Christian 53, 56
Weisenborn, Günther 390
Weiss, Ernst 384
Weiss, Peter 404 ff, 424, 438
Weiss, Walter 504, 510
Welles, Orson 343
Werfel, Franz 292, 294, 296, 351 f, 384
Werner, Markus 492 f
Weyrauch, Wolfgang 390
Widmer, Urs 496–501
Wiechert, Ernst 377 f, 390
Wieland, Christoph Martin 73, 94, 119
Wienbarg, Ludolf 187
Wiener, Oswald 64 f, 511
Wilder, Thornton 391
Wilhelm II., Kaiser 305, 312, 355 f
Winkel, Hubert 468, 557
Winkler, Josef 544
Wissel, Adolf 370
Wittgenstein, Ludwig 524
Wolf, Christa 159, 163, 165 ff, 424, 434, 441 ff, 448 f
Wolf, Friedrich 320
Wolfe, Thomas 394
Wolfenstein, Alfred 384
Wolfgruber, Gernot 424, 520, 531 f
Wolfram von Eschenbach 24 f
Wondratschek, Wolf 414

Young, Edward 95

Zaimoğlu, Feridun 460 f
Zeh, Julie 163, 470
Zenker, Helmut 520
Zesen, Philipp von 48 f
Zyringer, Klaus 547
Žmegač, Viktor 308
Zöberlein, Hans 326, 375
Zoff, Otto 383
Zola, Emile 263 f
Zollinger, Albin 492
Zschokke, Heinrich 136
Zuckmayer, Carl 208, 326, 394 f
Zweig, Arnold 384, 432
Zweig, Stefan 320, 353, 359, 368, 384 f

Sachregister

Abenteuerroman 461
Abschiedsklage 21
Abschiedsmonolog 166
Absolutismus 45, 85, 90, 100, 102, 108, 143, 233
Absolutismus, aufgeklärter 37, 45, 68 f, 85, 102
Abvers 29
action reading 526
Adenauer-Restauration 395
Agitation 196, 320 f
Agitationsgedicht 196
Agitprop 220, 506
Aktionskunst 455
Aktionslyrik 289
Alexandriner 48
Allegorie 354
Allegorienspiel 210
Alltagslyrik 416 f
Alltagssprache 64, 274
Almanach 119
Altgermanische Dichtung 9 ff
Anakreontik 104, 259, 378
Antikriegsdrama 354
Antithese 44, 48, 252
Anthologie 510
Anvers 29
APO 402
Appell 220, 320
Arbeiterliteratur 432
Artusepik 24
Asphaltliteratur 263, 371
Assonanz 275
Ästhetizismus 274
Aufklärung 53, 67 ff, 96, 119, 158, 183
Augsburger Religionsfrieden 37
Ausstattungstheater 211
Austrofaschismus 351, 357
Authentizität 425
Autobiografie 100, 420
Autonomie, ästhetische 111
Avantgarde 503, 560
Âventiure 24, 28

Bänkellied 335
Bänkelsang 197
Ballade 108, 236
Barock 60, 104, 260 f
Barockroman 52 f
Bauernkrieg 37 f, 100
Bauernroman 185, 375
Beiseite-Sprechen 139
Berliner Kreis 148
Besserungsstück 210
Bibelübersetzung 42
Bibliothek → Leihbibliothek, Volksbibliothek
Biedermeier 183 ff, 209 ff
Bildgedicht 59
Bildungsroman 120 f, 236, 565
Biografie 130, 416, 422
Blume, blaue 149, 391
Blut-und-Boden-Literatur 517
Briefroman 96
Briefwechsel 94
Buchdruck 32, 41
Bücherverbrennung 367 f
Buchhandel 73
Buchmarkt 73, 184 f
Buchproduktion 72, 122, 184

Carpe-diem-Motiv 45, 47, 50, 260
Charakterisierung, direkte und indirekte 309
Charakterposse 211
Chiffre 252 f, 294 f, 299 f, 401
Collage 354, 539
Comic 527
Commedia dell'arte 55, 209
Couplet 212

Dadaismus 62 f, 321, 511
Decadence 274 f
Deus ex machina 113
Dialektgedicht 511 f
Dialog 139

Dialoggedicht 229
Dichtung, epische 237
Dichtung, höfische 13, 17
Dichtung, lyrische 104 f
Dichtung, moralisch-lehrhafte 33
Dichtung, politische 220 f
Dichtung, proletarisch-revolutionäre 320, 410
Dichtung, völkisch-konservative 371
Dichtung, volkssprachliche 9, 11 f, 47
Dinggedicht 277
Dokumentarismus 354
Dokumentarliteratur 321, 410
Dokumentartheater 404
Doppelgängertum 149
Doppelwegstruktur (doppelter Kursus) 24
Dorfgeschichte 306
Dorfroman 185
Drama 76, 82, 85 f, 96, 100, 102, 111, 113, 124 f, 135 f, 194 ff, 208, 236, 269, 329, 402, 418, 435, 488, 497, 515, 539
Drama, analytisches 138
Drama, expressionistisches 301
Drama, geistliches 33
Drama, historisches 542
Drama, naturalistisches 301
Drama, offenes 195
Drama, soziales 91, 269
Drei Einheiten 75, 140
Dreißigjähriger Krieg 45

Éducation sentimentale 70
Einheit der Handlung 102
Einstellung (Film) 345
Ellipse 48
Emanzipation 94, 96, 104, 158, 162 ff, 167, 182, 224, 492 f
Emblem 51 f
Emigration 381
Emigration, innere 376 ff
Empfindsamkeit 67, 183
Empirismus 67
Enjambement 190
Enthüllungsdrama 138
Enthüllungsroman 445
Entwicklungsroman 562
epigonal 183
Epigramm 48, 50 f, 141
Epik 266, 440
Episodenstruktur 324
Epochenbegriff, literarischer 110, 120
Epos, höfisches 24 f

Erbauungsliteratur 52
Erinnerungsmonolog 446
Erlebnisdichtung 117, 242, 259
Erlebnislyrik 104
Erzähler, allwissender 242
Erzählerkommentar 25 f
Erzählform, subjektive 412
Erzählperspektive 25
Erzählsystem, offenes 352
Erzähltempo 324
Erzählung 136, 141 f, 558
Erzählung, mehrsträngige 25
Erzählweise, sozialkritisch-realistische 396
Erziehung und Bildung, ästhetische 112
Exilliteratur 370, 384 ff, 432
Exilpublizistik 386
Existenzialisten, französische 391, 402
Expressionismus 62, 91, 142, 289 ff, 305, 334, 511

Fabel 71
Fall der Berliner Mauer → Mauerfall
Faschismus 367 ff, 385, 392, 443, 516
Faust-Sage 124
Fauves 290 f
Feminismus 163
feudale Pyramide 14
Feudalgesellschaft 14
Feuilleton 187, 278
Figur, rhetorisch 48, 95
Figurengedicht 59 ff
Film 334 ff
Filmsprache 344
Fin de siècle 273, 275, 311
Flugblatt 223, 291
Flugschrift 41, 192
Form, geschlossene 111
Form, offene 149
Fortschreibung 412
Fortsetzungsroman 162
Frankfurter Buchmesse 403, 416, 484
Frauendienst 20
Frauenliteratur 162, 319, 344, 415, 483 f
Frauenpreislied 21
Frauenstrophe 19
Frauenverehrung 15
Frauenzeitschrift 344
Fräuleinwunder 467, 470
Frühaufklärung 69 ff
Frühmittelalter 11 f
Futurismus 291 f

Gebrauchslyrik 335

Gedankenlyrik 198
Gedicht, absolutes 401
Gedicht, hermetisches 400
Gedicht, visuell 513
Gegenreformation 53, 56
Gelegenheitsdichtung 46
Genie 94 f, 103, 111, 125
Geniekult 103, 148
Gesellschaftsdichtung 46
Gesellschaftsroman 170, 236, 547, 565
Gesellschaftsroman, antifaschistischer 386
Gleichnis 78
Glossen, Glossare 12
Gralsthematik 24
Grazer Gruppe 519, 532
Großaufnahme 345
Großstadtroman 322
Groteske 489
Gründerzeit 262, 306
„Gruppe 47" 231, 390 ff, 403, 482, 504 f, 519
Gutenbergbibel 37

Habsburgermonarchie 279, 281, 359
Häufung 48
Handschrift, mittelalterliche 11, 16 f
Handwerkslied 93
Hanswurst 74, 209
Happening 455, 511
Harlekin 74
Heidelberger Kreis 148
Heimatkunst 305 f
Heimatroman 517, 527
Heimatroman, Problematisierung des 517
Held, klassischer 111
Held, positiver 433
Heldenepos 28–31
Heldenepos, französisches 13
Heldengedicht 76
Heldenlied 10
Helvetizismen 483
Hildebrandslied 10
Hochmittelalter 13 ff
Hofgesellschaft 15
Hoftheater 75, 113, 208
Hörbuch 343 ff
Hörspiel 319, 343
Humanismus 37 ff, 120
Humanitätsideal 112
Humanitätskonzept 77
Humanitas 38
Humor 234
Hymne 105 f, 151, 224
Hyperbel 48
Hypnose 279

Ich, lyrisches 105, 107, 117 f, 145, 186, 223 f, 250 ff, 329
Ichlyrik 17
Illusionstheater 301
Illustrierte 235
Impressionismus 275, 281 f, 305
Industrialisierung 233, 273, 278, 285
Inflation 350
Inkunabel 32
Innerlichkeit, neue 415 f
Ironie 234, 310
Ironie, dramatische 138
Ironie, romantische 148 ff, 153

Jambus 113
Jenaer Kreis 148, 158
Jesuitendrama 55
Jesuitentheater 56
Journal 122
Jugendliteratur 343
Jugendstil 275, 284 f
Junges Deutschland 91, 184, 187, 235
Junges Wien 263, 273
Jung-Wien 275, 279

Kabarett 435, 516 f
Kaffeehaus 278
Kamerabewegung 345
Kameraperspektive 345
Kanonisierung 119
Kanzonenstrophe 35
Kapitalismus 277
Karikatur 314
Katharsis 337
Kinderlied 93, 511
Kinderliteratur 343
Kindertheater, politisches 404
Kindesmord 93, 131
Klamotte 208
Klangmalerei 48
Klassik 107, 110 ff, 133, 147 ff, 183
Klassik, österreichische 194, 198
Klassikkritik 120
Klassikverständnis 119
Klassizismus, französischer 92
Kloster 11
Knittelvers 42
Kolportageliteratur 234
Kommunikation 136
Komödiant 74
Komödie 56, 76, 91
Konflikt, dramatischer 138
Konversationskomödie 280
Kriegsroman 324, 375
Kriegstagebuch 473
Kriminalroman 520, 560 f, 572 f
Kubismus 291
Kulturpolitik der DDR 432 ff
Kulturpolitik des Ständestaats
Kulturpolitik, faschistische 368 ff
Kunst, entartete 368, 482
Kunstdrama 56
Kunstfigur 364
Künstlerkolonie Worpswede 276
Kunstmärchen 152
Kurzprosa 482

Laienspiel 55
Langzeile 9, 29
L'art-pour-l'art-Literatur 482
Lautgedicht 61, 511, 513
Leihbibliothek 73, 234
Lesegesellschaft 73
Lesesucht 72
Lesung 94
Liebesgedicht 512
Liebeslyrik 250 ff
Liedermacher 438, 451
Literatur, bürgerliche 305
Literatur, experimentelle 63
Literatur, österreichische 350 ff
Literatur, österreichische nach 1945 503 ff
Literatur, proletarisch-revolutionäre 320, 410
Literatur, verfilmte 347
Literatur, völkische 321
Literatur der BRD nach 1989 448 ff
Literatur der ehemaligen DDR 432 ff
Literatur der Schweiz, deutschsprachige 482 ff
Literatur des Exils 381 ff
Literatur des Widerstands 378 ff
Literatur im deutschen Faschismus 308, 367 ff
Literaturgeschichtsschreibung 119, 451
Literaturkritik 78
Literaturmarkt 186
Literaturtheorie 320
Literaturverfilmung 347
Lustspiel 76, 136, 140, 208
Lyrik 265 f, 294, 329, 400, 416, 537
Lyrik, experimentelle 511
Lyrik, geistliche 49
Lyrik, gesellschaftskritische 108
Lyrik, hermetische 400, 505
Lyrik, höfische 17
Lyrik, konkrete 402
Lyrik, politische 108, 196, 220, 243, 408
Lyrik, realistische 242
Lyrik, visuelle 59 ff

Mädchenlied 22
Maerendichtung 33
Manierismus 49
Manifest 63
Manifest, Dadaistisches 59
Manifest, Kommunistisches 198, 233
Märchen 165
Markt, literarischer 318
Marxismus 233 ff, 336 f
Mauerbau 433
Mauerfall 448 f, 479
Mäzenatentum, literarisches 14, 16, 184
Medien 318, 343 ff, 527
Meistersang 33
Memento mori 45, 260
Memoiren 164, 187
Metapher 537 f
Milieu 264
Mimesis 76
Minne, Hohe 20
Minnesang 16 ff
Minnesang, frühhöfischer 17–19
Minnesang, höfischer 20–23
Mischformen, literarische 149
Mittelalter 11 ff, 149
Monolog s. a. Abschiedsm., Erinnerungsm.
Monolog, innerer 282, 324, 554
Montage 346, 354, 527
Montagetechnik 323 f, 539, 547
Motiv, literarisches 139
Motivkreise 294
Musik 346
Mysterienspiel 273, 301, 351
Mystik 37, 46, 51
Mythos 113, 119, 371 f, 483

Nachkriegsliteratur 389 ff
Nationalsozialismus 120, 133, 163, 225 ff, 273, 308, 316 f, 326, 328, 350 f, 367 ff, 376 ff, 382 ff, 385 f, 482
Nationaltheaterbewegung 75, 121

Naturalismus 91, 162, 224, 233, 245, 262 ff, 273, 298, 305 f, 515
Naturalismus, Gegenströmungen 273 ff
Natureingang 17
Naturlyrik 376, 378
Naturpoesie 78
Neosubjektivismus 416
Nervenkunst 275
Neue Beliebigkeit 425
Neue Innerlichkeit 415 f, 520, 544
Neuer Realismus 416
Neue Sachlichkeit 321
Neue Sensibilität 415
Neue Subjektivität 250, 415 f, 520
Neuromantik 273, 275
Neurose 274
Nibelungenstrophe 29
Nihilismus 392
Normenbegriff, ästhetischer 110
Novelle 141, 153, 155, 167, 185, 236 ff, 268, 426

Ode 48, 106
Oral poetry 10 f
Ordensdrama 55 f
Originalgenie 104
Originalstück 209, 212
Osterspiel 33

Palmenorden 48 f
Pamphlet 196
Parabel 337, 426
Parallelmontage 346
Parodie 324
Parole, politische 423
Parteilichkeit 435
Passionsspiel 33, 55
Pathos 294
PEN-Club 412
Periodisierung 67
Periphrase 48
Petrarkismus 260
Philister 149 f, 157
Philosophie 148, 150
Pickelhering 55, 74
Pietismus 69 f
Pikaroroman 52
Piktogramm 61, 66
Poème gymnastique 63
Poème simultan 63
Poesie, experimentelle 63, 513
Poesie, hermetische 506 f
Poesie, konkrete 59, 63–66, 514
Poesie des Kahlschlags 391
Poesie pure 275
Pop-Art 527
Popkultur 403
Popliteratur 463 ff, 470
Poplyrik, amerikanische 417
Pornografie 165
Positivismus 291, 293
Posse 99, 208
Postmoderne 425
Pragmatismus 234
Predigt 53
Preislied
Presse 318
Propaganda 319, 355, 367, 369 f, 410
Prosa 293, 375, 383, 453, 509, 531, 543
Psychoanalyse 201, 274, 279, 283

Querido-Verlag 384

Rationalismus 67
Rationalismus, empirischer 78
Realismus, amerikanischer 390
Realismus, bürgerlicher 233 ff, 268
Realismus, poetischer 162, 235
Realismus, sozialistischer 435
Rede, indirekte 141
Reformation 37 ff, 39 f, 45, 53
Regieanweisung 271
Reihung 335
Reisebericht 187
Reisebeschreibungen 78
Reisebild 359
Religionskritik 244
Renaissance 37 ff, 104
Reportage 410
Reportageroman 322
Restauration 45, 183, 189, 389
Revolte, antiautoritäre
Revolution, Französische 78, 93, 110, 112, 142, 148, 155, 185, 292
Revolution, industrielle 197, 234
Revolution, Russische 292
Revolutionsposse 212
Rhetorik 38, 46
Rhythmen, freie 106, 150
Ringparabel 77 f
Ritter 14 f, 24
Rokoko 67, 104, 259
Rollengedicht 108, 223
Roman 99, 120, 147 ff, 170 f, 236, 375, 396 ff, 410, 424, 426, 543, 551
Roman, biografischer 416
Roman, galanter 52
Roman, historischer 236, 352, 386
Roman, höfisch-historischer 52
Roman, kulturhistorischer 426
Roman, politischer 53, 163
Roman, polyhistorischer 352
Roman, psychologischer 572
Romantik 91, 119 ff, 147 ff, 162, 183, 257 ff, 266, 273
Romantik, stählerne 369
Rückblende 291, 445

SA-Roman 375
Sage 124
Salzburger Festspiele 354
Satire 52, 196
Schäferroman 52
Schauerromantik 186
Schauspiel 208
Schauspieler 74, 76
Schelmenroman 52 f
Schlüsselroman 52
Schriftsteller, freier 73
Schriftstellerverband 433, 437
Schulgeschichte 423
Schultheater, politisches
Schuss-Gegenschuss-Verfahren 346
Schwank 208
Science-Fiction 343
Sekundenstil 281
Selbstreflexion 70, 414
Sendbrief 38, 42
Sentenzen 111
Sexismus 164
Shortstory 391, 394
Simultanbühne 33
Simultantechnik 129
Sittenbüchlein 71
Sonett 47 f, 252, 294
Song 331, 335, 340
Spätaufklärung 147
Spätmittelalter 32 ff
Spätromantik 203
Spielfilm 344
Spielzeit, fiktive und reale 138
Sprachgesellschaft 48
Sprachkritik 64
Sprachskepsis 273, 511
Spruch 9
Staatsaktion 74
Stabreim 9
Stadtbühne, bürgerliche 75
Stadttheater, bürgerliches 75
Ständeklausel 48, 76 f, 90
Ständekonflikt 85, 93
Ständestaat 350 f

Stationendrama 301, 419
Stegreiftheater 209
Stoizismus 46, 56
Stollen 35
Stream of Consciousness 324, 554
Studentenbewegung 402 f, 414 f
Studia humanitatis 38
Stunde Null 390
Sturm und Drang 67, 78, 90, 92 ff, 100 ff, 113, 115, 117, 119, 124, 148, 292
Subjektivismus 281
Symbolismus 266, 275 f, 305
Synästhesie 275
Synekdoche 48
Synonymensammlung 12
Szenenfolgen 355

Tagebuch 485 f
Tagelied 21
Tautologie 195
Technik, analytische 264
Technisierung 273
Teleobjektiv 346
Tendenz, affirmierende 220
Tendenz, kritische 220
Tendenzwende 415
Territorialstaaten, absolutistische 32, 68
Tetralogie 424
Textbild 60–62
Textcollage 63, 540
Theater, absurdes 404
Theater, aristotelisches 75
Theater, episches 334 ff
Theater, politisches 404, 452
Theater, postdramtatisches 455
Thingspiel 374
Thriller 572
Ton 346
Topos 261, 372
Tragödie 136, 337
Tragödie, griechische 374
Tragödienform, höfisch-aristokratische 115
Traktat 191
Trauerspiel 76
Trauerspiel, bürgerliches 81 ff, 115
Trauerspiel, empfindsames 90
Trauerspiel, französisches 75
Trauerspiel, klassizistisches 75
Traum, vorausdeutender 139
Traumerzählungen 164
Trivialliteratur 306, 319, 325, 527
Trivialroman 119 f, 163, 396
Trümmerliteratur 393
Typografie 60

Universalpoesie149
Unterhaltungsroman 170, 546
Urheberrecht 73

Vagantenstrophe 190
Vanitas 44 f, 47, 51, 55
Vaterbild 361
Vereinigung, deutsche → Wiedervereinigung
Verfremdung 338 ff, 539, 542
Vergangenheitsbewältigung 413
Vergleich 48
Verlagswesen 73, 122
Vernunft 78, 121
Vers 124
Versatzstück 329
Versepos 189
Vexierbild 44
Volksballade 93
Volksbibliothek 234
Volksbuch 124
Volkslied 93, 99, 149, 294
Volksliedstrophe 294
Volksmärchen 93, 149
Volksstück 208 ff, 404
Volksstück, sozialkritisch-realistisches 404
Volkstheater 542
Volksverbundenheit 435
Vormärz 183 ff, 233, 235, 410
Vorzensur 185

Wanderbühne 55, 74
Wanderhumanist 38
Wandertheater 55
Wechsel 18
Weihnachtsspiel 33
Weimarer Klassik 199, 204
Weimarer Kreis 113
Weimarer Republik 172, 301, 316 ff, 329
Weltbild, heliozentrisches 46
Weltschmerz 205, 273
Wendeliteratur 455
Werkkreis Literatur der Arbeitswelt 430
Wiener Gruppe 64–66, 503, 510 f, 513, 516, 519, 558 f
Wiener Kongress 183 f, 211
Wiener Moderne 277 ff, 281
Wiener Volkstheater 511
Wirklichkeits-Montage 308
Wirtschaftswunder 389, 395 f
Wochenschriften, moralische 71
Wörterbuch, deutsches 149

Zäsur 29, 448
Zaubermärchen 208
Zauberposse 210 f
Zauberspruch 9
Zeitgeschichte, erzählte 396, 399, 470
Zeitroman 312, 321, 386, 559
Zeitroman, antifaschistischer 386
Zeitroman, sozialer 312, 321
Zeitschrift 71, 94, 234 f, 291, 504
Zeitstück 329, 404
Zensur 74, 184 f, 188 f, 192, 209 f, 277, 317, 392
Zivilisationskritik 93
Zote 33
Zweckform, literarische 187

Literaturverzeichnis

Autoren- und Quellenverzeichnis

9: Kißling, Walter (Hg.): Deutsche Literatur in Epochen. Stuttgart 1989, S. 18
13: Schlunk, Andreas/Giersch, Robert: Die Ritter. Geschichte Kultur Alltagsleben. Begleitbuch zur Ausstellung „Die Ritter" im Historischen Museum der Pfalz Speyer, März - Oktober 2003. Stuttgart 2003, S. 16
15: Bumke, Joachim: Höfische Kultur. Literatur und Gesellschaft im hohen Mittelalter. München 1990, S. 413f.
18: Bertau, Karl (Übersetzer): Des Minnesangs Frühling. Deutsche Literatur im europäischen Mittelalter. München 1972, S. 367
19: Ebd., S. 367
21 - 1: Ebd., S. 704
21 - 2: Ebd., S. 754
22 - 1: Haug, Walter: Deutsche Lyrik des frühen und hohen Mittelalters. Edition der Texte und Kommentare Ingrid Kasten. Übersetzungen von Margherita Kuhn. Deutscher Klassiker Verlag, Frankfurt/Main 1995, S. 442f.
22 - 2: Ebd., S. 443
25: Eschenbach, Wolfram von; Parzival: Band II. Nach der Ausgabe Karl Lachmanns revidiert und kommentiert von Eberhard Nellmann. Übertragen von Dieter Kühn. Frankfurt/Main 1994, S. 409
26: Ebd., Band I, S. 287f.
27: Ebd., Band I, S. 401
28: Ebd., S. 827 und S. 829
29: Boor, Helmut de (Übersetzer und Hg.): Das Nibelungenlied. Zweisprachige Ausgabe. Bremen 1959, S. 7
30 - 1: Ebd., S. 191
30 - 2: Ebd., S. 691f.
42: Luther, Martin: Sendbrief vom Dolmetschen: Stuttgart 1962
45 - 1: Fleming, Paul; In: Maché, Ulrich/Maid, Volker (Hg.): Gedichte des Barock. Stuttgart 1980, S. 62f
45 - 2: Fleming, Paul; In: Heise, Ursula u.a. (Bearbeiterin): Gedichte. Von den Anfängen bis in die Gegenwart. Stuttgart 1985, S. 66
47: Hofmann von Hofmannswaldau, Christian; In: Best, Otto F./Schmitt, Hans-Jürgen (Hg.): Die deutsche Literatur in Text und Darstellung. Band 4 Barock. Stuttgart 1979, S. 71
49 - 1: Zesen, Philipp von; In: Grabert, Willi-Arno u.a.: Geschichte der deutschen Literatur. München 1990, S. 75
49 - 2: Gryphius, Andreas; In: Best, Otto F./Schmitt, Hans-Jürgen (Hg.): Die deutsche Literatur in Text und Darstellung. Band 4 Barock. Stuttgart 1979, S. 69
50: Greiflinger, Georg; ebd., S. 91f.
51 - 1: Logau, Friedrich von; ebd., S. 135
51 - 2: Silesius, Angelus; ebd., S. 140f.
54: Grimmelshausen, Hans Jacob Christoffel von; In: Müller, Ulrich u.a. (Bearbeiter): Lesebuch. Vom Barock bis zur Gegenwart. Stuttgart 1985, S. 33
59 - 1: Birken, Sigmund von; In: Dencker, Klaus Peter: Textbilder - visuelle Poesie - inter-national. DuMont Verlag, Köln 1972
59 - 2: Harsdörffer, Georg Philipp; In: Reichartz, Peter (Hg.): Experimentelle und Konkrete Poesie. Vom Barock zur Gegenwart. Stuttgart 1981
59 - 3: Novalis; ebd.
59 - 4: Ebd.
60 - 1: Heißenbüttel, Helmut; In: Theater heute 6/1965, S. 23f
60 - 2: Dencker, Klaus Peter: Textbilder - visuelle Poesie - international. DuMont Verlag, Köln 1972
60 - 3: Ebd.
61 - 1: Morgenstern, Christian; In: Morgenstern, Margareta / Morgenstern, Christian: Gesammelte Werke. Piper Verlag, München, 1965
61 - 2: Christian Morgenstern; ebd.
61 - 3: Bremer, Claus; In: Dencker, Klaus Peter: Textbilder - visuelle Poesie - international. DuMont Verlag, Köln 1972
61 - 4: Kornfeld, Theodor; ebd.
61 - 5: Bremer, Claus; ebd.
62: Ernst Jandl; In: Gomringer, Eugen: konkrete poesie. Reclam Verlag, Stuttgart, 1972
63: Bremer, Claus; In: Kopfermann, Thomas (Hg): Theoretische Positionen zur konkreten Poesie. Tübingen 1974, S. 7
65 - 1: Arnold, Heinz Ludwig (Hg.): Kritisches Lexikon der Gegenwartsliteratur. München 1978 ff. S. 5
65 - 2: Ebd., S. 2
65 - 3: Gomringer, Eugen; In: Zur Sache der konkreten I. konkrete poesie. St. Gallen 1988, S. 11
66 - 1: Gomringer Eugen; ebd.
66 - 2: Gomringer Eugen; ebd.
66 - 3: Ernst Jandl; ebd.
68: Kant, Immanuel; In: Königlich Preußische Akademie der Wissenschaften, Erste Abteilung (Hg.): Kants gesammelte Schriften. Werke, Band 8. Berlin 1912, S. 35f.
71: Gottsched, Johann Christoph; In: Versuch einer Critischen Dichtkunst. Leipzig 1751, Nachdruck Darmstadt 1962, S. 161
72: Gottsched, Johann Christoph; In: Zmegač Christian, Viktor (Hg.): Geschichte der deutschen Literatur vom 18. Jahrhundert bis zur Gegenwart. Band 1/2. Frankfurt/Main, 1978, S. 62f.
73: Wieland, Christoph Martin; In: Grimminger, Rolf (Hg.): Sozialgeschichte der deutschen Literatur. Band 3: Deutsche Aufklärung bis zur Französischen Revolution 1680-1789, Wien - München 1987, S. 170
76: Lessing/Mendelssohn/Nicolai; In: Schulte-Sasse, Jochen (Hg): Briefwechsel über das Trauerspiel. München 1972, S. 80
77 - 1: Lessing, Gotthold Ephraim; In: Grimminger, Rolf (Hg.): Sozialgeschichte der deutschen Literatur. Band 3: Deutsche Aufklärung bis zur Französischen Revolution 1680-1789, Wien - München 1987, S. 319
77 - 2: Lessing, Gotthold Ephraim: Nathan, der Weise. Stuttgart 1979, S. 75
81: Lessing, Gotthold Ephraim: Emilia Galotti, Stuttgart 1981, S. 22ff
83: Schiller, Friedrich von: Kabale und Liebe. Stuttgart 1978, S. 29f
85: Hebbel, Friedrich: Maria Magdalene. Stuttgart 1986, S. 29
88: Schnitzler, Arthur: Ausgewählte Werke. Liebelei und andere Bühnenwerke. Frankfurt/Main 1962, S. 144ff

89: Goethe, Johann Wolfgang von; In: Reinoß, Herbert (Hg.): Johann Wolfgang Goethe. Werke in 4 Bänden, Band 3. München - Wien 1982, S. 10f. und 106f.
92: Herder, Johann Gottfried; In: Grabert, Willi-Arno u.a.: Geschichte der deutschen Literatur. München 1990, S. 102
94 - 1: Wieland, Christoph Martin; In: Saalfeld, Lerke von u.a.: Geschichte der deutschen Literatur. München 1989, S. 200
94 - 2: Goethe, Johann Wolfgang; In: Best, Otto F./ Schmitt, Hans-Jürgen: Die deutsche Literatur in Text und Darstellung. Band 6, Sturm und Drang und Empfindsamkeit. Stuttgart 1976, S. 45
95: Lavater, Johann Caspar; In: Müller, Ulrich u.a. (Bearbeiter): Lesebuch. Vom Barock bis zur Gegenwart. Stuttgart 1985, S. 55
99 - 1: Schubart, Christian Friedrich Daniel; In: Saalfeld, Lerke von u.a.: Geschichte der deutschen Literatur. München 1989, S. 214
99 - 2: Lenz, Jakob Michael Reinhold; ebd., S. 205
101: Goethe, Johann Wolfgang von: Götz von Berlichingen. Stuttgart 1974, S. 110
102: Unbekannter Verfasser
103: Schiller, Friedrich von: Die Räuber. Stuttgart 1965, S. 138
105: Goethe, Johann Wolfgang von; In: Trunz, Erich (Hg.): Goethes Werke. Hamburger Ausgabe in 14 Bänden, Band 1: Gedichte und Epen 1. 16. Aufl., München 1966, S. 271
106: Goethe, Johann Wolfgang von; In: Goethes sämtliche Werke. Jubiläumsausgabe Band 2. Gedichte (zweiter Teil). Stuttgart - Berlin o. J., S. 59f.
107: Goethe, Johann Wolfgang von; In: Segebrecht, Wulf (Hg.): Gedichte und Interpretationen. Bd. 3. Klassik und Romantik Stuttgart 1984, S. 23 f.
108: Bürger, Gottfried August; In: Best, Otto F./ Schmitt, Hans-Jürgen: Die deutsche Literatur in Text und Darstellung. Band 6. Stuttgart 1976, S. 150
112: Herder, Johann Gottfried; In: Bark, Joachim u.a. (Hg.): Epochen der deutschen Literatur. Stuttgart 1989, S. 165
114: Goethe, Johann Wolfgang von: Iphigenie. Stuttgart 1988, S. 50f
116: Schiller, Friedrich von: Don Carlos. Stuttgart 1977, S. 103ff
117: Goethe, Johann Wolfgang von: Werke. Hamburger Ausgabe. Band 1. München 1978, S. 242f.
118 - 1: Goethe, Johann Wolfgang von; ebd., Band 1, S. 391
118 - 2: Killy, Walter: Wandlungen des lyrischen Bildes. Göttingen 1958, S. 11f.
124: Henning, H. (Hg.): Historia von D. Johann Fausten dem weitbeschreiten Zauberer und Schwarzkünstler. Textfassung von Elvira Pradel nach dem Neudruck des Faustbuches von 1587. Wiesbaden 1981, S. 130f.
125: Goethe, Johann Wolfgang von: Faust. Der Tragödie erster Teil. Stuttgart 1974
130: Goethe, Johann Wolfgang von: Sämtliche Werke. Band 10. München - Zürich 1977, S. 183ff.
131: Leben und Sterben der Kindesmörderin Susanna Margaretha Brandt. Frankfurt/Main 1973, S. 38ff.
134: Kleist, Heinrich von; In: Günzel, Klaus: Kleist. Ein Lebensbild in Briefen und zeitgenössischen Berichten. Stuttgart 1986, S. 399
135: Kleist, Heinrich von; ebd., S. 131f.
136: Kleist, Heinrich von; In: Sembdner, Helmut (Hg.): Werke in zwei Bänden, Band I/II. München - Wien 1977, 176ff.
139: Ebd., S. 186f.
140: Sembdner, Helmut (Hg): Heinrich von Kleists Lebensspuren. Dokumente und Berichte der Zeitgenossen. Neuausgabe. Frankfurt/Main 1977, S. 185 und 187.
141: Kleist, Heinrich von; In: Sembdner, Helmut (Hg.): Werke in zwei Bänden, Band II/II. München - Wien 1977, S. 9
143: Hölderlin, Friedrich; In: Zmegač, Viktor (Hg.): Geschichte der deutschen Literatur vom 18. Jahrhundert bis zur Gegenwart. Band 1/2. Frankfurt/Main, 1978ff., S. 80
144 - 1: Hölderlin, Friedrich; In: Beißner, Friedrich (Hg.): Sämtliche Werke. Zweiter Band, zweites Buch. Stuttgart 1957, S. 253f.
144 - 2: Hölderlin, Friedrich; In: Mieth, Günter (Hg.): Werke in zwei Bänden. Band I/II. München - Wien 1978. S. 345
145: Jandl, Ernst; In: Frankfurter Allgemeine Zeitung vom 12.1.1991
147: Eichendorff, Joseph von; In: Bark, Joachim u.a. (Hg.): Epochen der deutschen Literatur. Stuttgart 1989, S. 207
151: Novalis; In: Mähl, Hans-Joachim/Samuel, Richard (Hg.): Novalis: Werke, Tagebücher und Briefe Friedrich von Hardenbergs. Zwei Bände. München 1978, Band 1, S. 153
152: Hoffmann, E.T.A; Der goldene Topf: Ein Märchen aus der neuen Zeit. Wien 1949, S. 142f
153: Hoffmann, E.T.A: Der Sandmann: Das öde Haus. Stuttgart 1969, S. 9f.
154 - 1: Hoffmann, E.T.A; ebd.; S. 20f
154 - 2: Hoffmann, E.T.A; ebd., S. 36
156 - 1: Chamisso, Adelbert von: Peter Schlemihls wundersame Geschichte. Stuttgart 1975, S. 104f
156 - 2: Ebd., S. 57
157: Eichendorff, Joseph von: Aus dem Leben eines Taugenichts. Stuttgart 1970, S. 24
158: Ebd., S. 10f
160: Günderode, Karoline von; In: Müller, Ulrich u.a. (Bearbeiter); Lesebuch. Vom Barock bis zur Gegenwart. Stuttgart 1985, S. 128
166 - 1: Wolf, Christa; Kassandra. Darmstadt, o. J., S. 121f.
166 - 2: Ebd., S. 158
167 - 1: Wolf, Christa; In: Sauer, Klaus (Hg.): Christa Wolf. Materialienbuch. Darmstadt 1983, S. 63
167 - 2: Kleist, Heinrich von: Marquise von O... Carl Hanser Verlag Verlag, München - Wien 1977, S. 125f.
169 - 1: Flaubert, Gustave: Madame Bovary. Haffmanns Verlag, Zürich 2001, S. 68
169 - 2: Ebd., S. 91f.
169 – 3: Ebd., S. 444
170: Fontane, Theodor: Effi Briest. Reclam, Stuttgart 1996, S. 289f.
171: Fontane, Theodor; ebd., S. 312f.
172: Keun Irmgard: Das kunstseidene Mädchen. List Taschenbuch in den Ullstein Buchverlagen, Berlin 8. Auflage 2007, S. 143 und 144

173: Haushofer, Marlen: Die Wand. claassen Verlag, Düsseldorf 1983, S. 7f
174 - 1: Ebd., S. 275
174 - 2: Brasme, Anne-Sophie: Dich schlafen sehen. Goldmann, München 2. Auflage 2003, S. 18f. Aus dem Französischen von Reiner Pfleiderer ©2001 by Librairie Arthème Fayard, Paris.
175 - 1: Ebd., S. 107
175 - 2: Ebd., S. 191f.
176 - 1: Grän, Christine: Hurenkind. Bertelsmann, München 2001, S. 71 und 177
176 - 2: Ebd., S. 160 und S. 189
177 - 1: Jenny, Zoe: Das Blütenstaubzimmer. Frankfurter Verlagsanstalt, Frankfurt/Main 1997, S. 15ff.
177 - 2: Ebd., S. 25ff.
179 - 1: Naters, Elke: Königinnen. Kiepenheuer & Witsch, Köln 2000, S. 52
179 - 2: Ebd., S. 18f.
179 - 3: Ebd., S. 27
179 - 4: Ebd., S.151
180: Duve, Karen: Regenroman. Eichborn Verlag, Frankfurt 1999, S. 8
181: Ebd., S. 36f.
182: Moser, Milena: Blondinenträume. Reinbek 1994, S. 242
183: Immermann, Karl; In: Müller, Ulrich u.a. (Bearbeiter): Lesebuch. Vom Barock bis zur Gegenwart. Stuttgart 1985, S. 172
186: Droste-Hülshoff, Annette von; In: Heise, Ursula u.a. (Bearbeiterin): Gedichte. Von den Anfängen bis in die Gegenwart. Stuttgart 1985, S. 158
187: Mörike, Eduard; ebd., S. 149
188: Heine, Heinrich; ebd., S. 142
189: Heine, Heinrich; Deutschland. Ein Wintermärchen. Stuttgart 1977, S. 7f.
190: Heine, Heinrich; In: Heilbronn, Dieter: Heinrich Heine. Ein Land im Winter. Berlin 1980, S. 182
193: Büchner, Georg; Dichtungen. Wiesbaden 1953, S. 171ff.
197 - 1: Dronke, Ernst; In: Hermes, Eberhard: Abiturwissen Lyrik. Stuttgart 1988, S. 98
197 - 2: Weerth, Georg; ebd.
197 - 3: Riha, Karl; ebd.
198: Grillparzer, Franz; In: Häntzschel, Günter (Hg.): Gedichte und Interpretationen. Band 4. Vom Biedermeier zum Bürgerlichen Realismus. Stuttgart 1983, S. 108
199: Roth, Joseph; Das neue Tage-Buch. In: Burgtheater. Programmbuch Nr. 70: Franz Grillparzer, König Ottokars Glück und Ende. Wien 1991, S. 3f.
200: Grillparzer, Franz; In: Burgtheater. Programmbuch Nr. 70: Franz Grillparzer, König Ottokars Glück und Ende. Wien 1991, S. 37f.
201: Grillparzer, Franz. Der Traum ein Leben. Stuttgart 1982, S. 13f.
202: Grillparzer, Franz: ebd., S. 90f.
204: Stifter, Adalbert; Müller, Ulrich u.a. (Bearbeiter): Lesebuch. Vom Barock bis zur Gegenwart. Stuttgart 1985, S. 159f.
205: Lenau, Nikolaus; In: Grabert, Willi-Arno u.a.: Geschichte der deutschen Literatur. München 1990, S. 193
211 - 1: Raimund, Ferdinand: Der Verschwender. Stuttgart 1981, S. 76
211 - 2: Grillparzer, Franz: Der Traum ein Leben. Stuttgart 1982, S. 91
212: Nestroy, Johann Nepomuk: Der Talisman.
213: Nestroy, Johann Nepomuk: Der Talisman.
216: Kroetz, Franz Xaver; In: Ein Lesebuch. Hamburg 1982, S. 11f.
218 - 1: Turrini, Peter: Die Minderleister. Burgtheater Wien, Programmbuch Nr. 32, Wien 1988, S. 29f. u. S. 42f.
218 - 2: Turrini, Peter: Theater-Phönix-Zeitung Nr. 31. Linz 1990
221 - 1: Brecht, Bertolt; In: Lecke, Bodo (Hg.): Projekt Deutschunterricht. Band 8. Politische Lyrik. Stuttgart 1974
221 - 2: Törne, Volker von; ebd.
221 - 3: Kunert, Günter: Erinnerungen an einen Planeten. München 1963, S 23
221 - 4: Astel, Arnfried; In: Lecke, Bodo (Hg.): Projekt Deutschunterricht. Band 8. Politische Lyrik. Stuttgart 1974
222 - 1: Heine, Heinrich; ebd., S. 9
222 - 2: Brentano, Clemens; ebd., S. 4
222 - 3: Abbe, Ernst; ebd., S. 8
224: Dehmel, Richard; ebd., S. 18
225: Brecht, Bertolt: Gesammelte Werke. Band 9. Frankfurt/M 1967, S. 743f.
226 - 1: Brecht, Bertolt; In: Neis, Edgar: Politsch-soziale Zeitgedichte. Hollfeld 1978, S. 59
226 - 2: Holzapfel, Carl Maria; Einer baut einen Dom. Berlin 1934, S. 48
227: Himmler, Heinrich; In: Hofer, Walter: Der Nationalsozialismus. Dokumente 1933-1945. Frankfurt am Main, o. J., S. 113
228: Paul Celan: Ausgewählte Gedichte. Stuttgart 1982, S. 18
229: Kramer, Theodor; In: Chvojka, Erwin (Hg.); Theodor Kramer. Gesammelte Gedichte 1. Wien - München - Zürich 1984, S. 294
231: Enzensberger, Hans Magnus; In: Lecke, Bodo (Hg.): Projekt Deutschunterricht. Band 8. Politische Lyrik. Stuttgart 1974, S. 31
235: Fontane, Theodor; In: Best, Otto F./Schmitt, Hans-Jürgen (Hg.): Die deutsche Literatur in Text und Darstellung. Band 11. Stuttgart 1976, S. 56
237 - 1: Haida, Peter; Stundenblätter Keller. Romeo und Julia auf dem Dorfe. Stuttgart 1989, S. 7
237 - 2: Keller, Gottfried: Romeo und Julia auf dem Dorfe. Stuttgart 1949, S. 3
239: Storm, Theodor: Der Schimmelreiter
242: Storm, Theodor; In: Müller, Ulrich u.a. (Bearbeiter): Lesebuch. Vom Barock bis zur Gegenwart. Stuttgart 1985, S. 178
243: Storm, Theodor; In: Best, Otto F./Schmitt, Hans-Jürgen (Hg.): Die deutsche Literatur in Text und Darstellung. Band 11. Stuttgart 1976, S. 284
244: Keller, Gottfried; In: Heselhaus, Clemens (Hg.): Keller, Gottfried: Sämtliche Werke und ausgewählte Briefe. 3 Bände. München 1963, S. 251
245: Ebner-Eschenbach, Marie von; In: Klein, Johannes (Hg.): Erzählungen, autobiographische Schriften. München o. J., S. 113
247: Saar, Ferdinand von; In: Brandstetter, Alois (Hg.): Österreichische Erzählungen des 19. Jahrhunderts. Salzburg, Wien 1986, S. 256f.
247 - 2: Saar, Ferdinand von; ebd., S. 290

250 - 1: Fried, Erich: Es ist, was es ist. Liebesgedichte, Angstgedichte, Zorngedichte. Berlin 1986, S. 43
250 - 2: Kiwus, Karin; In: Binneberg, Kurt: Liebeslyrik. Stuttgart 1989, S. 24
251 - 1: Pfennig, Jörn: Grundlos zärtlich. Gedichte. München 1979, S. 32
251 - 2: Hahn, Ulla: Herz über Kopf. Stuttgart 1981, S. 23
252: Bachmann, Ingeborg; In: Wagener, Hans (Hg.): Deutsche Liebeslyrik. Stuttgart 1982, S. 303f.
253: Kästner, Erich; ebd., S. 271
254: Hofmannsthal, Hugo von; ebd., S. 237
256 - 1: Liliencron, Detlev von; In: Wagener, Hans (Hg.): Deutsche Liebeslyrik. Stuttgart 1982, S. 226
256 - 2: Kiwus, Karin: Angenommen später. Gedichte. Frankfurt/Main 1979, S. 46
256 - 3: Meyer, Conrad Ferdinand; ebd., S. 223
257: Eichendorff, Joseph von; ebd., S. 183
258 - 1: Brentano, Clemens; ebd., S. 161f.
258 - 2: Goethe, Johann Wolfgang; ebd. S. 127f.
259: Goethe, Johann Wolfgang; In: Bark, Joachim u. a. (Hg.): Epochen der deutschen Literatur (Gesamtausgabe). Stuttgart 1990, S. 119
260: Opitz, Martin; In: Wagener, Hans (Hg.): Deutsche Liebeslyrik. Stuttgart 1982, S. 62f.
262: Harden, Maximilian; In: Saalfeld, Lerke von u.a.: Geschichte der deutschen Literatur. München 1989, S. 471
263: Holz, Arno; ebd., S. 475
265 - 1: Henckell, Karl; In: Best, Otto F./Schmitt, Hans-Jürgen (Hg.): Die deutsche Literatur in Text und Darstellung. Band 12. Naturalismus. Stuttgart 1976, S. 193
265 - 2: Holz, Arno; In: Rothmann, Kurt: Kleine Geschichte der deutschen Literatur. Stuttgart 1985, S. 207
266: Holz, Arno; In: Hartung, Harald (Hg.): Gedichte und Interpretationen. Band 5. Stuttgart 1983, S. 81
267: Holz, Arno/Schlaf, Johannes; Papa Hamlet. Ein Tod. Stuttgart 1972, S. 61f.
268: Hauptmann, Gerhart: Bahnwärter Thiel. Stuttgart 1955. S. 18f.
270: Hauptmann, Gerhart: Vor Sonnenaufgang. Frankfurt/Main 1959, S. 7f.
275: Baudelaire, Charles; In: Sahlberg, Oskar (Hg.): Gedichte der Revolution 1848. Verlag Klaus Wagenbach, Berlin 1977, S. 32
277: Rilke, Rainer Maria; In: Kranz, Friedrich: Wege zum Abituraufsatz 1. Gedichtinterpretationen. München 1972, S. 82
280: Schnitzler, Arthur; In: Scheible, Hartmut; Schnitzler. Reinbek 1976, S. 65
282: Wunbarg, Gotthart: Die Wiener Moderne. Literatur, Kunst und Musik zwischen 1890 und 1910. Stuttgart 1981, S. 137
283: Schnitzler, Arthur: Ausgewählte Werke. Leutnant Gustl und andere Erzählungen. Frankfurt/Main 1961, S. 115ff.
286: Hesse, Hermann: Der Steppenwolf. Frankfurt/Main 1972, S. 47f.
289: Hoddis, Jakob van; In: Glaser, Horst Albert (Hg): Deutsche Literatur. Eine Sozialgeschichte. Band 8: Reinbek 1987, S. 315
290: Pinthus, Kurt; In: Jahrbuch "Die Erhebung" 1919
291: Marinetti, Filippo Tommaso; In: Zmegač, Viktor (Hg.): Geschichte der deutschen Literatur vom 18. Jahrhundert bis zur Gegenwart. Band II/2. Frankfurt/Main, S. 420
296: Trakl, Georg: Das dichterische Werk. München 1974, S. 94f.
297 - 1: Lasker-Schüler, Else: Gesammelte Werke. 3 Bände. Band 1: Gedichte. München 1984, S. 164
297 - 2: Lasker-Schüler, Else; ebd., S. 337
299: Heym, Georg: Gedichte und Prosa. Frankfurt/Main - Hamburg 1962, S. 14
300: Benn, Gottfried; In: Schünemann, Peter: Gottfried Benn. München 1977, S. 39
301: Strindberg, August; In: Zmegač, Viktor (Hg.): Geschichte der deutschen Literatur vom 18. Jahrhundert bis zur Gegenwart. Band II/2. Frankfurt/Main, S. 467
305: Kaiser Wilhelm II.; In: Glaser, Horst Albert (Hg): Deutsche Literatur. Eine Sozialgeschichte. Band 8. Reinbek 1987, S. 8
307: Mann, Thomas; In: Kurzke, Hermann: Thomas Mann. Epoche-Werk-Wirkung. München 1985, S. 24
309 - 1: Mann, Thomas: Die Buddenbrooks. Verfall einer Familie. Frankfurt/Main 1974, S. 409
309 - 2: Mann, Thomas; ebd., S. 8
310: Mann, Thomas; ebd., S. 339
311: Mann, Thomas; ebd., S. 511 und 443
312: Mann, Heinrich: Der Untertan. München 1974
318: Ossietzky, Carl von; In: Beutin, Wolfgang u.a.; Deutsche Literaturgeschichte. Von den Anfängen bis zur Gegenwart. Stuttgart 1989, S. 346
319: Döblin, Alfred; In: Zmegač, Viktor (Hg.): Geschichte der deutschen Literatur vom 18. Jahrhundert bis zur Gegenwart. Band III/1. Frankfurt/Main, S. 20
322 - 1: Bronnen, Arnolt; In: Glaser, Horst Albert (Hg.): Deutsche Literatur. Eine Sozialgeschichte. Band 9. Reinbek 1987, S. 176
322 - 2: Kracauer, Siegfried; In: Beutin, Wolfgang u.a.; Deutsche Literaturgeschichte. Von den Anfängen bis zur Gegenwart. Stuttgart 1989, S. 370
322 - 3: Döblin, Alfred: Berlin Alexanderplatz. Frankfurt /Main 1975, S. 9f.
323: Döblin, Alfred; ebd., S. 501
324: Benjamin, Walter: Krisis des Romans. 1930
325: Remarque, Erich Maria: Im Westen nichts Neues. Frankfurt/Main - Berlin 1989, S. 15 und 203f.
326 - 1: Zöberlein, Hans; In: Müller, Hans: Der Krieg und die Schriftsteller. Der Kriegsroman der Weimarer Republik. Stuttgart 1986, S. 68f.
326 - 2: Zuckmayer, Carl; ebd., S. 76
327 - 1: Jünger, Ernst: In Stahlgewittern. Stuttgart 1986, S. 58f.
327 - 2: Ebd., S. 158f.
328: Ebd., S. 79f.
329: Kästner, Erich: Gesang zwischen den Stühlen. München o. J.
330: Tucholsky, Kurt: Gesammelte Werke 1925-1926. Band 4. Reinbek 1975, S. 199
334: Brecht, Bert; In: Heise, Ursula u.a.; (Bearbeiter); Gedichte. Von den Anfängen bis zur Gegenwart. Stuttgart, S. 226
335: Brecht, Bert; In: Heise, Ursula u.a. (Bearbeiter); Gedichte. Von den Anfängen bis zur Gegenwart. Lehrerheft. Stuttgart 1986, S. 96
337: Brecht, Bertolt: Gesammelte Werke in 20 Bänden, Bd. 17. Frankfurt/Main 1973, S. 1009f.

341: Brecht, Bertolt; In: Heise, Ursula u.a.; (Bearbeiter); Gedichte. Von den Anfängen bis zur Gegenwart. Stuttgart, S. 238
342: Ebd., S. 244
344: Brecht, Bertolt: Leben des Galilei. Frankfurt/Main 1970, S. 11
347: Fassbinder, Rainer Werner; Literatur und Leben. Rainer Werner Fassbinder zu seinem letzten Film „Querelle". In: Die Zeit Nr. 26, 1982
348: Schlöndorff, Volker; In: Böll, Viktor: Böll und Schlöndorff zur Verfilmung der „Katharina Blum". Praxis Deutsch 57/1983, S. 66
352: Matras, Silvia; „Ein Vorheizer der Hölle" oder ein Erfolgsautor. Zum Werfel Symposium in Wien. Lesezirkel Literaturmagazin. 45, 6. Jg. S. 29
354 - 1: Kraus, Karl; In: Die Fackel, Nr. 98
354 - 2: Kraus, Karl: Die letzten Tage der Menschheit. 2 Bände, München 1969, S. 5
355: Ebd., S. 140ff.
357 - 1: Musil, Robert: Der Mann ohne Eigenschaften. Reinbek 1952
357 - 2: Ebd., S. 9
357 - 3: Ebd., S. 10
360 - 1: Roth, Joseph: Radetzkymarsch. München 1982, S. 154f.
360 - 2: Binder, Hartmut: Motiv und Gestaltung bei Kafka. Bonn 1966, S. 17
361: Kafka, Franz; Sämtliche Erzählungen. Frankfurt/Main 1970, S. 410f.
362 - 1: Ebd., S. 64
362 - 2: Ebd., S. 327
362 - 3: Kafka, Franz: Brief an den Vater. Frankfurt/Main 1975, S. 5ff.
364: Canetti, Elias: Die Blendung. München - Wien 1973, S. 88f.
368 - 1: Zmegač, Viktor (Hg.): Geschichte der deutschen Literatur vom 18. Jahrhundert bis zur Gegenwart. Band III/1. Frankfurt/Main, S. 322
368 - 2: Fricke, Gerhard; In: Göttinger Zeitung vom 11.5.1933/Buck, Theo; Steinbach, Dietrich (Hg.): Tendenzen der deutschen Literatur zwischen 1918 und 1945. Weimarer Republik. Drittes Reich. Exil. München 1985, S. 66
368 - 3: Schnell, Ralf: Literarische Innere Emigration 1933 - 1945. Stuttgart 1976, S. 21
369 - 1: Hitler, Adolf; In: Schnell, Ralf: Kunst und Kultur im deutschen Faschismus. Stuttgart 1978, S. 45
371 - 1: Reichel, Peter: Der schöne Schein des dritten Reiches. Faszination und Gewalt des Faschismus. München - Wien 1991, S. 335
371 - 2: Hohlbaum, Robert; Der Mann aus Chaos (1933). In: Glaser, Horst Albert (Hg): Deutsche Literatur. Eine Sozialgeschichte. Band 9. Reinbek 1987, S. 147
372 - 1: Johst, Hanns; In: Zmegač, Viktor (Hg.): Geschichte der deutschen Literatur vom 18. Jahrhundert bis zur Gegenwart. Band III/1. Frankfurt/Main, S. 327
372 - 2: Bark, Joachim u. a. (Hg.): Epochen der deutschen Literatur (Gesamtausgabe). Stuttgart 1990, S. 483f.
373: Unger, Hellmuth: Opferstunde. Schauspiel in drei Akten. Berlin 1934, S. 35f.
374: Schlosser, J. G: Ich rief das Volk! (Befreiung). Ein chorisches Spiel von der deutschen Schicksalsgemeinschaft. 1935, S. 141
375: Zöberlein, Hans: Der Befehl des Gewissens. Ein Roman von den Wirren der Nachkriegszeit und der ersten Erhebung. München 1938, S. 296f.
376 - 1: Mann, Thomas; In: Arnold, Heinz Ludwig (Hg.): Deutsche Literatur im Exil 1933-1945, 2 Bände. München 1974, S. 253
376 - 2: Grimm, Reinhold/Hermand, Jost (Hg.): Exil und Innere Emigration. Frankfurt/Main 1972, S. 49
377: Wiechert, Ernst: Das einfache Leben. München 1939, S. 76 und S. 390
378: In: Das Wort, Heft 4/5. In: Schnell, Ralf: Literarische Innere Emigration 1933 - 1945. Stuttgart 1976, S. 156
379: Petersen, Jan; In: Beutin, Wolfgang u.a.; Deutsche Literaturgeschichte. Von den Anfängen bis zur Gegenwart. Stuttgart 1989, S. 399
381: Brecht, Bertolt: Gesammelte Gedichte. 4 Bände. Frankfurt/Main 1981, S. 718
383 - 1: Döblin, Alfred; Die deutsche Literatur (im Ausland seit 1933). Ein Dialog zwischen Politik und Kunst. 1938. In: Arnold, Heinz Ludwig (Hg.): Deutsche Literatur im Exil. S. 211
383 - 2: Zoff, Otto: Deutsche Exilliteratur. Band 3. Internierung, Flucht und Lebensbedingungen im Zweiten Weltkrieg. Stuttgart 1978, S. 312
384 - 1: Hermann-Neiße, Max; In: Stephan, Alexander: Die deutsche Exilliteratur 1933-1945. München 1979, S. 146
384 - 2: vgl. Koepke, Wulf; Winkler, Michael (Hg.): Exilliteratur 1933 - 1945. Darmstadt 1989, S. 257f.
385 - 1: Roth, Joseph; ebd.
385 - 2: Brecht, Bertolt: Gesammelte Gedichte. 4 Bände. Frankfurt/Main 1981, S. 663
386: Bloch, Ernst; In: Stephan, Alexander (Hg.): Die deutsche Exilliteratur 1933 - 1945. München 1979, S. 145
391 - 1: Richter, Hans Werner: Deine Söhne Europa - Gedichte deutscher Kriegsgefangener. München 1947, S. 21
391 - 2: Richter, Hans Werner; Die Literatur im Interregnum. In: Der Ruf 1/15, S. 12
391 - 3: Eich, Günter: Gesammelte Werke, Band 1. Frankfurt/Main 1973, S. 35
392: Richter, Hans Werner; In: Zmegač, Viktor (Hg.): Geschichte der deutschen Literatur vom 18. Jahrhundert bis zur Gegenwart. Band III/2. Frankfurt/Main, S. 429
393 - 1: Böll, Heinrich; In: Balzer, Bernd (Hg.): Werke. Essayistische Schriften und Reden 1. 1952-1963, Köln 1978, S. 31ff
393 - 2: Borchert, Wolfgang: Das Gesamtwerk. Reinbek 1985, S. 228f.
394: Ebd., S. 310
395: Schnell, Ralf: Die Literatur der Bundesrepublik. Stuttgart, S. 109
396: Ebd., S. 109
397 - 1: Koeppen, Wolfgang; In: Wehdeking, Volker/Blamberger, Günter: Erzählliteratur der frühen Nachkriegszeit (1945-1952). München 1990, S. 132f.
397 - 2: Grass, Günter: Die Blechtrommel. Danziger Trilogie1. Darmstadt, Neuwied 1981, S. 9
397 - 3: Ebd., S. 10f.
398: Ebd., S. 47
399 - 1: Ebd., S. 209
399 - 2: Enzensberger, Hans Magnus; In: Neuhaus, Volker: Günter Grass „Die Blechtrommel". München 1988, S. 64f.

399 - 3: Grass, Günter: Die Blechtrommel. Danziger Trilogie1. Darmstadt, Neuwied 1981, S. 217f., 261 und 291
400 - 1: Höllerer, Walter; In: Balzer, Bernd u.a.; Die deutschsprachige Literatur in der Bundesrepublik Deutschland. München 1988, S. 181
400 - 2: Benn, Gottfried; In: Schuster, Gerhard (Hg.): Benn, Gottfried: Sämtliche Werke. Stuttgarter Ausgabe, Band 1. Stuttgart 1986, S. 198
401: Eich, Günter: Gedichte. Ausgewählt von Ilse Aichinger, Frankfurt/Main, 1978, S. 56
403: Enzensberger, Hans Magnus: Palaver. Politische Überlegungen (1967 - 1973). Frankfurt/Main 1974, S. 51f.
404 - 1: Schnell, Ralf: Die Literatur der Bundesrepublik. Stuttgart, S. 176
404 - 2: Weiss, Peter: Werke in sechs Bänden, 5. Band. Frankfurt/Main 1991, S. 464-472
406: Weiss, Peter; ebd.; S. 117-120
408: Enzensberger, Hans Magnus: Blindenschrift. Frankfurt/Main 1975, S. 7
409: Brinkmann, Rolf Dieter; In: Balzer, Bernd u.a.; Die deutschsprachige Literatur. S. 399
411: Lenz, Siegfried: Deutschstunde. München 1974, S. 93f. und 154
413: Böll, Heinrich: Ansichten eines Clowns. München 1973, S. 128f., 94 und 31f.
414 - 1: Grass, Günter; In: Balzer, Bernd u.a.; Die deutschsprachige Literatur. S. 399
414 - 2: Chotjewitz, Peter O.; ebd., S. 350
415 - 1: Schmidt, Arno; In: Schnell, Ralf: Die Literatur der Bundesrepublik. Stuttgart, S. 207
415 - 2: Ebd., S. 252
417 - 1: Theobaldy, Jürgen; In: Literaturmagazin, 1975
417 - 2: Theobaldy, Jürgen; In: Bark, Joachim u. a. (Hg.): Epochen der deutschen Literatur (Gesamtausgabe). Stuttgart 1990, S. 659
418 - 1: Vesper, Guntram: Die Inseln im Landmeer. Gedichte. Frankfurt/Main 1984, S. 16
418 - 2: Hahn, Ulla; In: Balzer, Bernd u.a.; Die deutschsprachige Literatur. S. 539
419: Strauß, Botho: Triologie des Wiedersehens. Groß und klein. Berlin 1984, S. 206f.
420: Meckel, Christoph: Suchbild. Über meinen Vater. claassen Verlag, Düsseldorf 1980, S. 55
421 - 1: Novak, Helga, M.: Die Eisheiligen. Frankfurt/Main 1989, S. 5 und 184
421 - 2: Andersch, Alfred: Der Vater eines Mörders. Eine Schulgeschichte. Zürich 1982, S. 65f. und 72f.
422: Novak, Helga M.:Die Eisheiligen. Frankfurt/ Main 1989, S. 194f.
423: Ebd., S. 16
425: Bahr, Erhard (Hg.): Geschichte der deutschen Literatur. Kontinuität und Veränderung. Vom Mittelalter bis zur Gegenwart, Band 3. Tübingen - Basel 1998, S. 502f.
426 - 1: Arnold, Heinz Ludwig (Hg): Die deutsche Literatur seit 1945. Seelenarbeiten 1978 - 1983. München 1998, S. 11f.
426 - 2: Hein, Christoph: Die Ritter der Tafelrunde. Eine Komödie. Frankfurt/Main 1989, S. 64ff.
437: Kirsch, Sarah; Landaufenthalt. Ebenhausen 1977, S. 14
438: Biermann, Wolf: Nachlaß. Köln 1977, S. 75f.
439 - 1: Biermann, Wolf; In: Die Zeit vom 17.11.1989
439 - 2: Biermann, Wolf
439 - 3: Biermann, Wolf; In: Die Zeit vom 07.06.1991
440 - 1: Seghers, Anna: Das siebte Kreuz. Aufbau Verlag, Berlin und Weimar 1971, S. 411
440 – 2: Ebd., S. 306f.
442: Wolf, Christa; Nachdenken über Christa T.; Darmstadt - Neuwied 1981, S. 169f.
443: Becker, Jurek: Jakob der Lügner. Frankfurt/ Main 1976, S. 257f.
444: Wolf, Christa: Kindheitsmuster. Darmstadt - Neuwied 1981, S. 361f.
445: Hein, Christoph: Drachenblut. Frankfurt/Main 1985, S. 172 und S. 174
448 - 1: Conrady, Karl Otto: Von einem Land und vom andern. Gedichte zur deutschen Wende 1989/1990. Suhrkamp, Frankfurt/Main 1993, S. 201
448 - 2: Schnell, Ralf: Geschichte der deutschsprachigen Literatur seit 1945. Metzler, Stuttgart 2003, S. 517
448 - 3: Müller, Heiner: Gedichte. Gesammelte Werke, Band 1. 1997
449 - 1: Kammler, Clemens/Pflugmacher, Torsten (Hg.): Deutschsprachige Gegenwartsliteratur seit 1989. Wissenschaftsverlag der Autoren, Heidelberg 2004, S. 13f.
449 - 2: Der Spiegel. März 1999
450: Treichel, Hans-Ulrich: Seit Tagen kein Wunder. Gedichte. Frankfurt/Main 1990, S. 70
451 - 1: de Bruyn, Günter
451 - 2: Becker, Jurek
451 - 3: Biermann, Wolf
451 - 4: Radisch, Iris; In: Die Zeit. 1999
452: Schnell, Ralf: Geschichte der deutschsprachigen Literatur seit 1945. Metzler, Stuttgart 2003, S. 553
453: Strauß, Botho; Ithaka. Schauspiel nach den Heimkehr-Gesängen der Odyssee. Carl Hanser Verlag, München 1996, S. 80ff
455: Schlingensief, Christof; „Inszenierung Schlingensiefs“: Van der Horst, Jörg: Theater als Medienphänomen. Die „Mediendemokratiekunst“ des Film- und Theaterregisseurs Christoph Schlingensief. Eine Untersuchung unter besonderer Beachtung der Container-Aktion BITTE LIEBT ÖSTERREICH – ERSTE ÖSTERREICHISCHE KOALITIONSWOCHE, Wien, 11.–17.06.2000. Unveröffentlichte Magisterarbeit zur Erlangung des Magistergrades im Fach Kommunikationswissenschaft an der Philosophischen Fakultät der WWU Münster 2002.
456 - 1: Maron, Monika: Stille Zeile sechs. Frankfurt/Main, 1991, S. 18
456 - 2: Ebd., S. 154
456 - 3: Ebd., S. 207ff.
457 - 1: Ebd., S. 213
457 - 2: Ebd., S. 219
458: Brussig, Thomas: Am kürzeren Ende der Sonnenallee. Fischer Taschenbuch Verlag, Frankfurt/ Main 2001, S. 20f. Lizenzausgabe des Verlags Volk und Welt, Berlin 1999
459 – 1: Ebd., S. 137
459 – 2: Ebd., S. 11
459 – 3: Ebd., S. 153
459 - 4: Schulze, Ingo: Simple Storys. Ein Roman aus der ostdeutschen Provinz. Berlin Verlag, Berlin 1998, S. 30f
461: Zaimoglu, Feridun: Kanak Sprak. 24 Mißtöne vom Rande der Gesellschaft. Rotbuch Verlag, Berlin 2007, 7. Aufl., S. 13 u. 25f.

462 - 1: Trojanow, Ilija: Der Weltensammler. Carl Hanser Verlag, München - Wien 2006, S. 8
462 - 2: Buch, Hans Christoph: Blut im Schuh. Schlächter und Voyeure an den Fronten des Weltbürgerkriegs. Eichborn Verlag, Frankfurt/Main 2001, S. 16f.
463 - 1: Kracht, Christian; In: Bessing, Joachim u.a.; Tristesse Royale. Das popkulturelle Quintett. List Taschenbuch im Ullstein Buchverlag, Berlin 1999, S. 30
463 - 2: Ebd., S. 42
464: Illies, Florian: Generation Golf. Eine Inspektion. Argon, Berlin 9. Aufl. 2000, S. 145f. und S. 147f.
465 - 1: Kracht, Christian: Faserland. Kiepenheuer & Witsch, Köln 6. Aufl. 2001, S. 145f.
465 - 2: Ebd., S. 160f.
466 - 1: Ebd., S. 165
466 - 2: Stuckrad-Barre, Benjamin von: Soloalbum. Kiepenheuer & Witsch, Köln 2005, S. 93
467 - 1: Hage, Volker; In: Der Spiegel Nr. 12 vom 22.03.1999
467 - 2: Hennig von Lange, Alexa: Relax. Rowohlt Taschenbuch Verlag, Reinbek 9. Auflage 2005, S. 242f.
468 - 1: Ebd., S. 23
468 - 2: Winkels, Hubert; In: Gute Zeichen. Deutsche Literatur 1995 - 2005. Kiepenheuer & Witsch 2005, S. 145f.
468 - 3: Bogdal, Klaus Michael; In: Kammler, Clemens/Pflugmacher, Torsten (Hg.): Deutschprachige Gegenwartsliteratur seit 1989. Zwischenbilanz - Analysen – Vermittlungsperspektiven. Synchron Wissenschaftsverlag der Autoren, Heidelberg 2004, S. 91
469 - 1: Siemes, Isabella; ebd., S. 175
470: Politicky, Matthias: Weiberroman. Historisch-kritische Gesamtausgabe. S. Luchterhand Verlag, München 1997, S. 65f.
471: Zeh, Juli: Spieltrieb. Schöffling & Co., Frankfurt/Main 2004, S. 544
473: Timm, Uwe: Am Beispiel meines Bruders. Kiepenheuer & Witsch, Köln 2003, S. 10ff.
474: Grass, Günter: Im Krebsgang. Eine Novelle. Steidl, Göttingen 2002, S. 174f.
475 - 1: Grass, Günter: Beim Häuten der Zwiebel. Steidl, Göttingen 2. Aufl. 2006, S. 8ff.
475 - 2: Der Spiegel. 2003, Nr. 35
476 - 1: Kempowski, Walter: Das Echolot. Abgesang. ´45. Ein kollektives Tagebuch. Albrecht Knaus, München 2005, S. 5
476 - 2: Ebd., S. 5f.
477: Walser, Martin: Ein springender Brunnen. Suhrkamp, Frankfurt/Main 2. Aufl. 1998, S. 9
478: Jirgl, Reinhard: Die Unvollendeten. Carl Hanser Verlag, München 2003, S. 33
479 - 1: Parei, Inka: Was Dunkelheit war. Schöffling & Co., Frankfurt/Main 2005, S. 43 und S. 168
479 - 2: Hein, Christoph: Landnahme. Suhrkamp, Frankfurt/Main 2004, S. 348 u. 349f.
482: Bichsel, Peter; In: Tintenfisch. Berlin 1968, S. 32
483 - 1: Dürrenmatt, Friedrich; In: Theater-Schriften und Reden. Zürich 1966, S. 32
484: Nizon, Paul; Ich rase durch Paris. In: Text und Kritik. Heft 110. 1991, S. 51
485: Frisch, Max: Tagebuch 1946 - 1949. Frankfurt/Main 1950, S. 20
486: Frisch, Max: Stiller. Suhrkamp Taschenbuch, Frankfurt/Main 1996, S. 181f.
487: Frisch, Max; Homo Faber. Suhrkamp Taschenbuch, Frankfurt/Main 1977, S. 22
489: Dürrenmatt, Friedrich; In: Theater-Schriften und Reden. Zürich 1966, S. 122
491: Glauser, Friedrich: Der Chinese. Arche, Zürich 1989, S. 153ff.
492 - 1: Zollinger, Albin; In: Gesammelte Werke. Band 1. Zürich 1961/62, S. 446
492 - 2: Marti, Kurt; In: Die Schweiz und ihre Schriftsteller. Zürich 1966, S. 78
492 - 3: Werner, Markus: Zündels Abgang. Residenz Verlag, Salzburg und Wien 1984, S. 29
493: Henneberg, Nicole; Don Juan im freien Fall. In: Frankfurter Rundschau vom 9.2.2005
494 - 1: Werner, Markus: Am Hang. Fischer Verlag, Frankfurt/Main 2004, S. 55
494 - 2: Mercier, Pascal: Nachtzug nach Lissabon. Carl Hanser Verlag, München - Wien 2004, S. 42f.
496: Widmer, Urs; Werkstattgespräch mit Urs Widmer. In: Torso 9, o. J., S. 53
497 - 1: Ebd., S. 53
497 - 2: Widmer, Urs: Top Dogs. Verlag der Autoren, Frankfurt/Main 1997, S. 35
498 - 1: Widmer, Urs: Der Geliebte der Mutter. Diogenes Verlag, Zürich 2000, S. 91
498 - 2: Ebd., S. 121
498 - 3: Ebd., S. 122
499: Widmer, Urs: Das Buch des Vaters. Diogenes, Zürich 2005, S. 31f.
500: Ebd., S. 205ff.
503: Kruntorad, Paul; In: Grimminger, Rolf (Hg.): Sozialgeschichte der deutschen Literatur. Band 10: Literatur in der BRD bis 1967, Wien - München 1986, S. 629f.
504 - 1: Weiss, Walter; In: Weiss, Walter/Schmid, Sigrid (Hg.): Zwischenbilanz. Salzburg 1976, S. 15
504 - 2: Aichinger, Ilse; In: Breicha, Otto/Fritsch, Gerhard (Hg.): Aufforderung zum Mißtrauen. Salzburg 1967, S. 10
505 - 1: Celan, Paul; In: Zmegac, Viktor (Hg.): Geschichte der deutschen Literatur vom 18. Jahrhundert bis zur Gegenwart. Band III/3. Frankfurt/Main, S. 720
505 - 2: Celan, Paul; In: Weiss, Walter/Schmid, Sigrid (Hg.): Zwischenbilanz. Salzburg 1976, S. 128
506: Fried, Erich; ebd., S. 80
507: Bachmann, Ingeborg; In: Beicken, Peter: Ingeborg Bachmann. München 1988, S. 189f.
508 - 1: Ebd., S. 28f.
508 - 2: Bachmann, Ingeborg: Anrufung des Großen Bären. Gedichte. München 1983, S. 22
509 - 1: Bachmann, Ingeborg: Der Fall Franza. Requiem für Fanny Goldmann. Deutscher Taschenbuch Verlag, München 1982, S. 9f.
509 - 2: Bachmann, Ingeborg:. Malina. Suhrkamp Taschenbuch, Frankfurt/Main 1980, S. 233
511: Artmann, H.C.; In: Reichert Klaus (Hg.): The Best of H.C. Artmann.Suhrkamp Taschenbuch, Frankfurt/Main 1975, S. 7
512 - 1: Ebd. S. 11
512 - 2: Ebd., S. 38f.
513: Jandl, Ernst; In: Rothmann, Kurt: Deutschsprachige Schriftsteller seit 1945 in Einzeldarstellungen. Stuttgart 1986, S. 196f.

514 - 1: Jandl, Ernst; In: Hinck, Walter (Hg.): Gedichte und Interpretationen. Bd. 6 Gegenwart. Stuttgart 1984, S. 188
514 - 2: Jandl, Ernst; In: Weiss, Walter/Schmid, Sigrid (Hg.): Zwischenbilanz . Salzburg 1976, S. 190
515 - 1: Hanisch, Ernst; In: Weiss, Walter/Hanisch, Ernst: Vermittlungen. Salzburg 1990, S. 9
515 - 2: Jandl, Ernst: laut und luise. Neuwied - Berlin 1971, S. 45
518 - 1: Lebert, Hans: Die Wolfshaut. Europaverlag Wien - Zürich 1991, S. 7
518 – 2: Ebd., S. 185f.
519: Ebd., S. 355
520 - 1: Handke, Peter: Prosa, Gedichte, Theaterstücke, Hörspiel, Aufsätze. Frankfurt/Main 1969, S. 189
520 - 2: Handke, Peter: Kaspar. Frankfurt/Main 1967, S. 7 und S. 101
521 - 1: Handke, Peter: Die Angst des Tormanns beim Elfmeter. Suhrkamp, Frankfurt/Main 1981, S. 7
521 - 2: Handke, Peter: Wunschloses Unglück. Suhrkamp Taschenbuch, Frankfurt/Main 1980, S. 7, S. 10f.
522: Ebd., S. 12f., 17ff.
523: Bernhard, Thomas: Die Ursache. Deutscher Taschenbuch Verlag, München 15. Aufl. 1995, S. 81f.
524: Bernhard, Thomas: Der Theatermacher. Burgtheater Wien, Programmbuch Nr. 1. Wien 1986, S. 83f., S. 102 und S. 119f.
526: Jelinek, Elfriede: wir sind lockvögel baby! Rowohlt, Reinbek 1970
527 - 1: Jelinek, Elfriede: Michael. Ein Jugendbuch für die Infantilgesellschaft. Rowohlt Taschenbuch Verlag, Reinbek 1987, S. 62f.
527 - 2: Jelinek, Elfriede: Die Liebhaberinnen. Rowohlt Taschenbuch Verlag, Reinbek 1975, S. 90
528: Jelinek, Elfriede: Die Klavierspielerin. Reinbek 1983, S. 5ff.
529: Ebd., S. 9f.
531: Innerhofer, Franz: Schattseite. Suhrkamp Taschenbuch, Frankfurt/Main 1980, S. 206f.
532 - 1: Wolfgruber, Gernot: Herrenjahre. Residenz Verlag, Salzburg 1976, S. 355
532 - 2: Ebd., S. 282f.
533: Hackl, Erich: Auroras Anlaß. Diogenes, Zürich 1989, S. 7
534: Ebd., S. 39
535 - 1: Schirrmacher, Frank; Lautlos und ohne Tränen. In: Frankfurter Allgemeine Zeitung vom 1.7.1989
535 - 2: Ransmayr, Christoph: Der Schrecken des Eises und der Finsternis. Wien 1984, S. 252
536 - 1: Ransmayr, Christoph: Die letzte Welt. Greno, Nördlingen 1988, S. 286f.
536 - 2: Bortenschlager, Wilhelm; In: Deutsche Literaturgeschichte 3. Wien 1996, S. 13
536 - 3: Zeyringer, Klaus; „Die schematischen Einteilungen“: Österreichische Literatur 1945 - 1989. Innsbruck 1999, S. 213
537 - 1: Turrini, Peter; ebd., S. 294
537 - 2: Turrini, Peter; ebd., S. 308
538: Mayröcker, Friederike; In: Kastberger, K./ Schmidt-Dengler, W. (Hg.): In Böen wechselt mein Sinn. Zu Friederikes Mayröckers Literatur. Wien 1996, S. 88
540: Droemer Knaur Theaterlexikon
541 - 1: Die Zeit
541 - 2: Franzobel: Luna Park. Vergnügungsgedichte. Zsolnay, Wien 2003
542: Franzobel: www.hausrucktheater.at
544: Handke, Peter: Don Juan (erzählt von ihm selbst). Suhrkamp, Frankfurt/Main 2004, S. 7f.
545: Radisch, Iris; In: Die Zeit Nr. 34 vom 12.8.2004
546 Bormann, Alexander von; In: Literatur und Kritik, 293/294. 1995
547: Haslinger, Josef: Opernball. S. Fischer Verlag, Frankfurt/Main 1995, S.9f.
548: Haslinger, Josef: Das Vaterspiel. Fischer Taschenbuch Verlag, Frankfurt/Main 2002, S. 471f.
549 - 1: Ransmayr, Christoph; In: Wittstock, Uwe (Hg.): Die Erfindung der Welt . Zum Werk von Christoph Ransmayr. Fischer Taschenbuch Verlag, Frankfurt/Main 1997, S. 214
549 - 1: Das Vaterspiel. S. Fischer Verlag, Frankfurt/ Main 2000. Klappentext
549 - 2: Morbus Kitahara. S. Fischer Verlag., Frankfurt/Main, 1997. Klappentext
550: Ransmayr, Christoph: Morbus Kitahara. Fischer Taschenbuch Verlag, Frankfurt/Main 4. Aufl. 2004, S. 9f.
551 - 1: Rainer, Eva und Gerald: Zeitgenössische Prosa. Unterrichtsvorschläge und Materialien zu 14 Romanen. Veritas, Linz 2006, S. 212
552: Ransmayr, Christoph: Der fliegende Berg. S. Fischer Verlag, Frankfurt/Main 3. Auflage 2006, S. 9 u. 11ff.
553: Streeruwitz, Marlene: Verführungen. Fischer Taschenbuch Verlag, Frankfurt/Main 2002, S. 296
554: Ebd., S. 212f.
555: Streeruwitz, Marlene: Jessica, 30. S. Fischer Verlag, Frankfurt/Main 2004, S. 5ff.
556 - 1: Die englischen Jahre. Suhrkamp, Frankfurt/ Main 1999. Klappentext
557 - 1: Winkels, Hubert; In: Das Literatur-Magazin im DeutschlandRadio. 3. Oktober 1999
557 - 2: Gstrein, Norbert: Die englischen Jahre. Suhrkamp, Frankfurt/Main 1999, S. 10f.
557 - 3: Klüger, Ruth: weiter leben. Eine Jugend. Deutscher Taschenbuch Verlag, München 14. Auflage 2007, S. 9
558: Schnell, Ralf: Geschichte der deutschsprachigen Literatur seit 1945. Metzler, Stuttgart 2003, S. 517
559: Gollner, Helmut: Die Wahrheit lügen. Die Renaissance des Erzählens in der jungen österreichischen Literatur. Studienverlag, Innsbruck 2005, S. 12
560: Glavinic, Thomas: Der Kameramörder. Deutscher Taschenbuch Verlag, München 2003, S. 5ff.
562: Rühle, Alex; In: Süddeutsche Zeitung vom 6.9.2006
563: Glavinic, Thomas: Das bin doch ich. Carl Hanser Verlag, München 2007, S. 7f.
564: Rainer, Eva und Gerald: Zeitgenössische Prosa. Unterrichtsvorschläg und Materialien zu 14 Romanen. Veritas, Linz 2006, S. 186
565: Geiger, Arno: Es geht uns gut. Carl Hanser Verlag, München - Wien 2005, S. 7f.
566: Kehlmann, Daniel: Ich und Kaminski. Suhrkamp Taschenbuch Nr. 3653. Suhrkamp, Frankfurt/Main 2004, S. 19ff.
568: Lovenberg, Felicitas von; Interview mit Daniel Kehlmann. In: FAZ Nr. 34 vom 09.2.2006

569: Kehlmann, Daniel: Die Vermessung der Welt. Rowohlt, Reinbek 13. Auflage 2005, S.7ff.
571: Röggla, Kathrin: wir schlafen nicht. S. Fischer Verlag, Frankfurt/Main 2004, S. 34ff.
572: Hochgatterer, Paulus; Die Süße des Lebens. Deuticke im Zsolnay Verlag, Wien 2006. Klappentext.
573: Simonsen, Beatrice; Literaturhaus Wien
574 - 1: Glattauer, Daniel; http://www.danielglattauer.com/index.php?page=darum. ©Daniel Glattauer über Deuticke im Paul Zsolnay Verlag, Wien
574 - 2: Glattauer, Daniel: Gut gegen Nordwind. Deuticke im Paul Zsolnay Verlag, Wien 2006, S. 19f.
575: Gilde, Dorothea; In: www.poetenladen.de

Verwendete Sekundärliteratur

Allgemeine Literaturhinweise

Arnold, Heinz Ludwig (Hg.): Kritisches Lexikon zur deutschsprachigen Gegenwartsliteratur (Loseblattsammlung). München 1978ff.
Bahr, Ehrhard (Hg.): Geschichte der deutschen Literatur. 3 Bände. Tübingen 1988
Balzer, Bernd / Mertens, Volker (Hg.): Deutsche Literatur in Schlaglichtern. Mannheim–Wien–Zürich 1990
Bark, Joachim u. a. (Hg.): Epochen der deutschen Literatur (Gesamtausgabe). Stuttgart 1990
Berg, Jan u. a.: Sozialgeschichte der deutschen Literatur von 1918 bis zur Gegenwart. Frankfurt/M. 1981
Best, Otto F. / Schmitt, Hans-Jürgen: Die deutsche Literatur in Text und Darstellung. 16 Bände. Stuttgart 1979
Beutin, Wolfgang u. a.: Deutsche Literaturgeschichte. Von den Anfängen bis zur Gegenwart. 6. verb. und erw. Auflage. Stuttgart 2001
Borries, Ernst / Borries, Erika: Deutsche Literaturgeschichte. 3 Bände. München 1991
Brauneck, Manfred (Hg.): Autorenlexikon deutschsprachiger Literatur des 20. Jahrhunderts. Reinbek 1995 (Rowohlt Tb.)
Brinkler-Gabler, Gisela (Hg.): Deutsche Literatur von Frauen. 1. Band: Vom Mittelalter bis zum Ende des 18. Jahrhunderts. 2. Band: 19. und 20. Jahrhundert. München 1988
Daemmrich, Horst S. / Daemmrich, Ingrid: Themen und Motive in der Literatur. Ein Handbuch. Stuttgart 1987
Durzak, Manfred: Deutsche Gegenwartsliteratur. Ausgangspositionen und aktuelle Entwicklungen. Stuttgart 1981
Emmerich, Wolfgang: Kleine Geschichte der DDR Literatur. Erweiterte Ausgabe. Darmstadt–Neuwied 1989
Frey, Winfried u. a.: Einführung in die Literatur des 12. bis 16. Jahrhunderts.
Band 1: Adel und Hof – 12. bis 13. Jahrhundert. Opladen 1979
Band 2: Patriziat und Landesherrschaft – 13. bis 15. Jahrhundert. Opladen 1982
Band 3: Bürgertum und Fürstenstaat – 15. bis 16. Jahrundert. Opladen 1981
Glaser, Horst Albert (Hg.): Deutsche Literatur. Eine Sozialgeschichte. 9 Bde. Reinbek 1982ff
Gnüg, Hiltrud / Möhrmann, Renate (Hg.): Frauen Literatur Geschichte. Schreibende Frauen vom Mittelalter bis zur Gegenwart. 2. vollst. neu bearb. und erw. Auflage. Stuttgart, Weimar 1999
Grabert, Willy u. a. (Hg.): Geschichte der deutschen Literatur. 23. Auflage. München 1990
Grimm, Gunter E. / Max, Frank Rainer (Hg.): Deutsche Dichter. 8 Bände. Stuttgart 1989
Grimminger, Rolf (Hg.): Sozialgeschichte der deutschen Literatur. 11 Bde. 1983ff
Gsteiger, Manfred (Hg.): Kindlers Literaturgeschichte der Gegenwart. Autoren, Werke, Themen, Tendenzen seit 1945. Die zeitgenössischen Literaturen der Schweiz. 2 Bände. Frankfurt/M. 1980
Haas Gerhard (Hg.): Literatur im Unterricht. Stuttgart 1982
Heise, Ursula u. a.: Gedichte. Von den Anfängen bis zur Gegenwart. Stuttgart 1985
Hinck, Walter (Hg.): Gedichte und Interpretationen. 6 Bände. Stuttgart 1982
Ide, Heinz / Lecke, Bodo: Projekt Deutschunterricht. Band 1–10. Stuttgart 1975
Kaiser, Gerhard: Geschichte der deutschen Lyrik von Goethe bis zur Gegenwart. 2 Bände. Frankfurt/M. 1991
Kartschoke, Dieter / Bumke, Joachim / Cramer, Thomas: Geschichte der deutschen Literatur im Mittelalter in 3 Bänden. München 1990
Kißling, Walter (Hg.): Deutsche Dichtung in Epochen. Ein literaturgeschichtliches Lesebuch. Stuttgart 1989
Kluge, Manfred / Radler, Rudolf (Hg.): Hauptwerke der deutschen Literatur. München 1974
Krywalski, Dieter (Hg.): Handlexikon zur Literaturwissenschaft. 2 Bände. Hamburg 1978
Lattmann, Dieter (Hg.): Kindlers Literaturgeschichte der Gegenwart. Autoren, Werke, Themen, Tendenzen seit 1945. Band 1.2: Die Literatur der Bundesrepublik Deutschland. Frankfurt/M. 1980
Lutz, Bernd: Metzler Autoren Lexikon. Deutschsprachige Schriftsteller vom Mittelalter bis zur Gegenwart. Stuttgart 1986
Max, Frank Rainer / Ruhrberg, Christine: Reclams Romanlexikon. Deutschsprachige erzählende Literatur vom Mittelalter bis zur Gegenwart. Stuttgart 2000
Meid, Volker (Hg.): Gedichte und Interpretationen. 6 Bände. Stuttgart 1982 Sachwörterbuch zur deutschen Literatur. Stuttgart 1999
Rothmann, Kurt: Kleine Geschichte der deutschen Literatur. 7. Auflage. Stuttgart 1989

Rothmann, Kurt: Deutschsprachige Schriftsteller seit 1945 in Einzeldarstellungen. Stuttgart 1986
Saalfeld, Lerke von u. a.: Geschichte der Deutschen Literatur. München 1989
Schlaffer, Heinz: Die kurze Geschichte der deutschen Literatur. München 2002
Schnell, Ralf: Die Literatur der Bundesrepublik. Autoren, Geschichte, Literaturbetrieb. Stuttgart 2003 (2. überarb. u. erw. Aufl.)
Schütz, Erhard u. a.: Einführung in die deutsche Literatur des 20. Jahrhunderts.
Bd. 1: Kaiserreich. Wiesbaden 1977
Bd. 2: Bundesrepublik und DDR. Wiesbaden 1980
Bd. 3: Weimarer Republik, Faschismus und Exil. Wiesbaden 1977
Schutte, Jürgen: Einführung in die Literaturinterpretation. Stuttgart 1990
Schweikle, Günther / Schweikle, Irmgard: Metzler Literatur Lexikon. Stuttgart 1989
Waldmann, Günter: Produktiver Umgang mit Lyrik. Baltmannsweiler 1988
Wetzel, Christoph: Lexikon der Autoren und Werke. Stuttgart 1989
Wilpert, Gero von: Sachwörterbuch der Literatur. 4. Auflage. Stuttgart 1964
Wucherpfenning, Wolf: Geschichte der deutschen Literatur. Von den Anfängen bis zur Gegenwart. 2. Auflage. Stuttgart 1990
Žmegač, Viktor (Hg.): Geschichte der deutschen Literatur vom 18. Jahrhundert bis zur Gegenwart. 3 Bände. Frankfurt/M. 1978ff.

Mittelalter

Bertau, Karl: Deutsche Literatur im europäischen Mittelalter. 2 Bände. München 1972
Borst, Otto: Alltagsleben im Mittelalter. Frankfurt/M. 1983
Brogsitter, Karl O.: Artusepik. Stuttgart 1971
Bumke, Joachim: Höfische Kultur. Literatur und Gesellschaft im hohen Mittelalter. 2 Bände. 5. Auflage. München 1990
Bumke, Joachim: Mäzene im Mittelalter. München 1979
Dronke, P.: Die Lyrik des Mittelalters. Eine Einführung. München 1973
Duby, Georges: Europa im Mittelalter. Stuttgart 1986
Fleckenstein, Josef / Zotz, Thomas: Rittertum und ritterliche Welt. Berlin 2002
Goheen, Jutta: Mittelalterliche Liebeslyrik von Neidhart von Reuental bis zu Oswald von Wolkenstein. Berlin 1984
Gottzmann, Carola L.: Artusdichtung. Stuttgart 1989
Grimminger, Rolf: Poetik des frühen Minnesangs. München 1969
Heinzle, J. / Waldschmidt, A.: Die Nibelungen – ein deutscher Wahn. Frankfurt/M. 1991
Kühn, Dieter: Herr Neidhart. Frankfurt/M. 1981
Lexikon des Mittelalters. Studienausgabe in neun Bänden. Stuttgart, Weimar 1999
Lexikon des Mittelalters. Band 1: Themen und Gattungen. Stuttgart, Weimar 2002
Lexikon des Mittelalters. Band 2: Autoren und Werke. Stuttgart, Weimar 2002
Schlunk, Andreas / Giersch, Robert: Die Ritter. Geschichte Kultur Alltagsleben. Begleitbuch zur Ausstellung „Die Ritter" im Historischen Museum der Pfalz Speyer 30. März 2003 – 16. Oktober 2003. Stuttgart 2003
Schweikle, Günther: Minnesang. Stuttgart 1988
Schweikle, Günther: Neidhart. Stuttgart 1990
Simm, Hans Joachim (Hg.): Literarische Klassik. Frankfurt/M. 1988
Wapnewski, Peter: Deutsche Literatur des Mittelalters. 3. Auflage. Göttingen 1975
Wentzlaff-Eggebert, Friedrich-W. / Wentzlaff-Eggebert, Erika: Deutsche Literatur im späten Mittelalter 1250–1450. 3 Bände. Reinbek 1971

Renaissance – Humanismus – Reformation

Arnold, Heinz Ludwig (Hg.): Martin Luther. München 1983
Berger, A. E.: Die Sturmtruppen der Reformation. Ausgewählte Flugschriften der Jahre 1520–25. Darmstadt 1964,
Bernstein, Eckhard: Die Literatur des deutschen Frühhumanismus. Stuttgart 1978
Bischoff, K. (Hg.): Sendbrief vom Dolmetschen. Tübingen 1965
Brackert, Helmut: Bauernkrieg und Literatur. Frankfurt/M. 1975
Junghans, Helmar (Hg.): Die Reformation in Augenzeugenberichten. Düsseldorf 1967
Kaczerowsky, K.: Flugschriften des Bauernkriegs. Reinbek 1970
Könneker, Barbara: Die deutsche Literatur der Reformationszeit. München 1975
Laube, A. (Hg.): Flugschriften der frühen Reformationsbewegung. Stuttgart 1980
Simon, K. (Hg.): Deutsche Flugschriften zur Reformation. Stuttgart 1980
Ukena, P. (Hg.): Ulrich von Hutten. Deutsche Schriften in Auswahl. München 1970
Wehr, Gerhard: Thomas Müntzer in Selbstzeugnissen und Bilddokumenten. Reinbek 1972
Wohlfeil, R. (Hg.): Reformation oder frühbürgerliche Revolution? München 1972
Wolf, Herbert: Martin Luther. Stuttgart 1980

Literatur des Barock

Barner, Wilfried (Hg.): Der literarische Barockbegriff. Darmstadt 1975
Emrich, Wilhelm: Deutsche Literatur der Barockzeit. Königstein/Ts. 1981
Meid, Volker: Barocklyrik. Stuttgart 1986
Meid, Volker: Grimmelshausen. Epoche – Werk – Wirkung. München 1984
Reichartz, Peter (Hg.): Barock-Lyrik mit Materialien. Editionen für den Literaturunterricht. Stuttgart 1987

Rötzer, Hans G.: Der Roman des Barock 1600–1700. München 1972
Schöne, Albrecht: Emblematik und Drama im Zeitalter des Barock. 2. Auflage. München 1968
Steinbach, Dietrich (Hg.): Barock Lyrik mit Materialien. Stuttgart 1984
Szyrocki, Marian: Die deutsche Literatur des Barock. Stuttgart 1979

Das Jahrhundert der Aufklärung

Barner, Wilfried u. a.: Lessing. Epoche, Werk, Wirkung. München 1987
Bauer, Gerhard / Bauer, Sybille (Hg.): Gotthold Ephraim Lessing. 2. Auflage. Darmstadt 1986
Engelsing, Rolf: Analphabetentum und Lektüre. Zur Sozialgeschichte des Lesers in Deutschland zwischen feudaler und industrieller Gesellschaft. Stuttgart 1973
Guthke, Karl S.: Gotthold Ephraim Lessing. 3. Auflage. Stuttgart 1979
Kaiser, Gerhard: Aufklärung Empfindsamkeit Sturm und Drang. 3. Auflage. München 1979
Kiesel, Helmuth / Münch, Paul: Gesellschaft und Literatur im 18. Jahrhundert. München 1977
Martens, Wolfgang: Die Botschaft der Tugend. Die Aufklärung im Spiegel der deutschen Moralischen Wochenschriften. Stuttgart 1971
Sauder, Gerhard: Empfindsamkeit. 3 Bände. Stuttgart 1974
Scherpe, Klaus R.: Gattungspoetik im 18. Jahrhundert. Historische Entwicklung von Gottsched bis Herder. Stuttgart 1968
Schings, H.-J.: Melancholie und Aufklärung. Melancholiker und ihre Kritiker in Erfahrungsseelenkunde und Literatur des 18. Jahrhundert. München 1977
Schön, Erich: Der Verlust der Sinnlichkeit oder Die Verwandlungen des Lesers. Mentalitätswandel um 1800. Stuttgart 1987
Stenzel, Jürgen (Hg.): Deutsche Schriftsteller im Porträt 2. Das Zeitalter der Aufklärung. München 1980

Bürgerliches Trauerspiel

Kafitz, Dieter: Grundzüge einer Geschichte des deutschen Dramas von Lessing bis zum Naturalismus. Königstein/Ts. 1982
Guthke, Karl S.: Das deutsche bürgerliche Trauerspiel. Stuttgart 1976
Mayer, Hans: Das unglückliche Bewußtsein. Zur deutschen Literaturgeschichte von Lessing bis Heine. Frankfurt/M. 1989
Liebenstein-Kurtz, Ruth von: Stundenblätter Hebbel „Maria Magdalene". Kroetz „Maria Magdalena". Stuttgart 1985
Perlmann, Michaela L.: Arthur Schnitzler. Stuttgart 1987
Szondi, Peter: Theorie des bürgerlichen Trauerspiels im 18. Jahrhundert. Frankfurt/M. 1973
Sprengel, Peter: Gerhart Hauptmann. München 1984
Hildebrandt, Klaus: Naturalistische Dramen Gerhart Hauptmanns. „Die Weber" – „Rose Bernd" – „Die Ratten". Thematik – Entstehung – Gestaltungsprinzipien – Struktur. München 1983
Müller, Udo: Stundenblätter Lenz/Brecht: „Der Hofmeister". Lenz/Kipphardt: „Die Soldaten". 2. korrigierte Auflage. Stuttgart 1981

Sturm und Drang

Burkhardt, Friedrich (Hg.): Sturm und Drang. Lyrik. Stuttgart 1979
Elschenbroich, Adalbert (Hg.): Deutsche Dichtung im 18. Jahrhundert. 3. Auflage. München 1968
Hinck, Walter (Hg.): Sturm und Drang. Ein literaturwissenschaftliches Studienbuch. Frankfurt/M. 1978
Neis, Edgar: Johann Wolfgang von Goethe: Die Leiden des jungen Werthers. Ulrich Plenzdorf: Die neuen Leiden des jungen W. Ein Vergleich. Hollfeld 1985.
Pascal, Roy: Der Sturm und Drang. Stuttgart 1963

Klassik

Bürger, Christa: Leben schreiben. Die Klassik, die Romantik und der Ort der Frauen. Stuttgart 1990
Jakobs, Jürgen / Krause, Markus: Der deutsche Bildungsroman vom 18. bis zum 20. Jahrhundert. München 1989
Kafitz, Dieter: Grundzüge einer Geschichte des deutschen Dramas von Lessing bis zum Naturalismus. Königstein/Ts. 1982
Kiesel, Helmuth / Münch, Paul: Gesellschaft und Literatur im 18. Jahrhundert. München 1977
Mahoney, Dennis F.: Der Roman der Goethezeit (1774–1829). Stuttgart 1988
Mayer, Hans: Das unglückliche Bewußtsein. Zur deutschen Literaturgeschichte von Lessing bis Heine. Frankfurt/M. 1989
Petruschke, Adelheid: Stundenblätter. Lyrik von der Klassik bis zur Moderne. Sekundarstufe II. 2. Auflage. Stuttgart 1985
Schlaffer, Hannelore: Epochen der deutschen Literatur in Bildern. Klassik und Romantik 1770–1830. Stuttgart 1986
Simm, Hans Joachim (Hg.): Literarische Klassik. Frankfurt/M. 1988

Goethes *Faust*

Birkner, S. (Hg.): Leben und Sterben der Kindsmörderin Susanna Margaretha Brandt. Frankfurt/M. 1973
Hennig, H. (Hg.): Historia von D. Johann Fausten dem weitbeschreiten Zauberer und Schwarzkünstler (1587). Wiesbaden 1981

Nawrath, Klaus: Stundenblätter „Faust". Erster und zweiter Teil. Stuttgart 1986

Abseits der literarischen Strömungen: Heinrich von Kleist und Friedrich Hölderlin

Bertaux, Pierre: Hölderlin und die Französische Revolution. Frankfurt/M. 1969
Binder, Wolfgang: Friedrich Hölderlin. Frankfurt/M. 1987
Földényi, László: Heinrich von Kleist. Im Netz der Wörter. München 1999
Gönner, Gerhard: Von „Zerspaltenen Herzen" und der „gebrechlichen Einrichtung der Welt". Versuch einer Phänomenologie der Gewalt bei Kleist. Stuttgart 1989
Günzel, Klaus: Kleist. Ein Lebensbild in Briefen und zeitgenössischen Berichten. Stuttgart 1985
Reuß, Roland / Staengle, Peter (Hg.): Brandenburger Kleist-Blätter 8. Erschienen mit dem Band I/3 der Brandenburger Kleist-Ausgabe. Basel, Frankfurt 1995.
Reuß, Roland / Staengle, Peter (Hg.): Heinrich von Kleist. Sämtliche Werke. Band II/2: „Die Marquise von O…". Frankfurt/M.–Berlin 1989
Sack, Volker: Identitätskrisen. Heinrich von Kleist: „Die Marquise von O…". Arthur Schnitzler: „Flucht in die Finsternis". Stuttgart 1989
Sembdner, Helmut (Hg.): Heinrich von Kleists Lebensspuren. Dokumente und Berichte der Zeitgenossen. Neuausgabe. Frankfurt/M. 1977
Sembdner, Helmut (Hg.): Heinrich von Kleists Nachruhm. Eine Wirkungsgeschichte in Dokumenten. Neuausgabe. Bremen 1967
Siebert, Eberhard: Kleist. Leben und Werk im Bild. Frankfurt/M. 1980
Wackwitz, Stephan: Friedrich Hölderlin. Stuttgart 1985
Wichmann, Thomas: Heinrich von Kleist. Stuttgart 1988
Zimmermann, Hans Dieter: Kleist, die Liebe und der Tod. Frankfurt/M. 1989

Romantik

Arnim, Bettina von: Die Günderode. Mit einem Essay von Christa Wolf. Frankfurt/M. 1982
Bürger, Christa: Leben schreiben. Die Klassik, die Romantik und der Ort der Frauen. Stuttgart 1990
Cowen, Roy C.: Das deutsche Drama im 19. Jahrhundert. Stuttgart 1988
Hoffmann, E. T. A.: Der Goldene Topf. Ein Märchen aus der neuen Zeit mit Materialien. Stuttgart 1987
Hoffmeister, Gerhard: Deutsche und europäische Romantik. 2. Auflage. Stuttgart 1990
Kaiser, Gerhard R.: E. T. A. Hoffmann. Stuttgart 1988
Killy, Walther: Wandlungen des lyrischen Bildes. 2. Auflage. Göttingen 1958
Pikulik, Lothar: E. T. A. Hoffmann als Erzähler. Ein Kommentar zu den „Serapions-Brüdern". Göttingen 1987
Prang, Helmut: Die romantische Ironie. 3. Auflage. Darmstadt 1989
Schlaffer, Hannelore: Epochen der deutschen Literatur in Bildern. Klassik und Romantik 1770–1830. Stuttgart 1986
Segebrecht, Wulf: Autobiographie und Dichtung. Eine Studie zum Werk E. T. A. Hoffmanns. Stuttgart 1967
Wolf, Christa (Hg.): Karoline von Günderode. Der Schatten eines Traumes. Gedichte, Prosa, Briefe, Zeugnisse von Zeitgenossen. Darmstadt, Neuwied 1979

Frauenliteratur?

Bartsch, Kurt: Ingeborg Bachmann. Stuttgart 1988
Beicken, Peter: Ingeborg Bachmann. München 1988
Brinkler-Gabler, Gisela (Hg.): Deutsche Literatur von Frauen. Band 1: Vom Mittelalter bis zum Ende des 18. Jahrhunderts. Band 2: 19. und 20. Jahrhundert. München 1988
Gnüg, Hiltrud / Möhrmann, Renate (Hg.): Frauen, Literatur, Geschichte. Schreibende Frauen vom Mittelalter bis zur Gegenwart. Frankfurt/M. 1985
Hörnigk, Therese: Christa Wolf. 2. Auflage. Göttingen 1989
Jurgensen, Manfred: Deutsche Frauenautoren der Gegenwart. Bachmann, Reinig, Wolf, Wohmann, Struck, Leutenegger, Schwaiger. Bern 1983
Keitel, Evelyne: Kriminalromane von Frauen für Frauen. Darmstadt 1998
Möhrmann, Renate: Die andere Frau. Emanzipationsansätze deutscher Schriftstellerinnen im Vorfeld der 48er Revolution. Stuttgart 1977
Puknus, Heinz (Hg.): Neue Literatur der Frauen. Deutschsprachige Autorinnen der Gegenwart. München 1980
Serke, Jürgen: Frauen schreiben. Ein neues Kapitel deutschsprachiger Literatur. Frankfurt/M. 1982

Biedermeier und Vormärz

Arnold, Heinz Ludwig (Hg.): Georg Büchner. 2. Auflage. München 1975
Burgtheater. Programmbuch Nr. 70: Franz Grillparzer, König Ottokars Glück und Ende. Wien 1991
Fenske, Hans (Hg.): Vormärz und Revolution. 1840–1848. Darmstadt 1976
Georg Büchner: 1813–1837. Revolutionär, Dichter, Wissenschaftler. Katalog der Ausstellung Mathildenhöhe, Darmstadt, 2. August – 27. September 1987. Basel, Frankfurt 1987
Große, Wilhelm: Georg Büchner. „Der Hessische Landbote" – „Woyzeck". München 1988

Hauschild, J.-C.: Georg Büchner. Studien und neue Quellen zu Leben, Werk und Wirkung. Königstein/Ts. 1985

Heilbronn, Dieter: Heinrich Heine. Ein Land im Winter. Berlin 1980

Hermes, Eberhard: Abiturwissen Drama. Stuttgart 1989

Hermes, Eberhard: Abiturwissen Lyrik. Stuttgart 1989

Poppe, Reiner: Georg Büchner. Dantons Tod. Lenz. Woyzeck. Darstellungen und Interpretationen. Hollfeld 1976

Rinsum van, Annemarie und Wolfgang (Hg.): Deutsche Literaturgeschichte. Band 6. Frührealismus. München 2001

Scholz, Ingeborg: Heinrich Heine. Deutschland. Ein Wintermärchen. Reisebilder. Interpretationen und methodisch-didaktische Überlegungen zur Unterrichtsgestaltung. Hollfeld 1983

Scholz, Ingeborg: Heinrich Heine. Lyrik. Erläuterungen und methodisch-didaktische Hinweise. Hollfeld 1983

Sengle, Friedrich: Biedermeierzeit. Deutsche Literatur im Spannungsfeld zwischen Restauration und Revolution 1815–1848. 3 Bände. Stuttgart 1971–1980.

Stein, Peter: Epochenproblem Vormärz (1815–1848). Stuttgart 1977

Das Volksstück von Raimund bis Turrini

Arnold, Heinz Ludwig (Hg.): Franz Xaver Kroetz. Text und Kritik 57. München 1978

Aust, Hugo u. a. (Hg.): Volksstück. Vom Hanswurstspiel zum sozialen Drama der Gegenwart. München 1989

Hein, Jürgen: Das Wiener Volkstheater. Raimund und Nestroy. Darmstadt 1978

Hinck, Walter: Das moderne Drama in Deutschland. Göttingen 1973

Kroetz, Franz Xaver: Ein Lesebuch. Hamburg 1982

Müller, Gerd: Das Volksstück von Raimund bis Kroetz. München 1979

Schmitz, Thomas: Das Volksstück. Sammlung Metzler 257. Stuttgart 1990

Theater-Phönix-Zeitung. Nr. 31. Linz 1990

Politische Lyrik

Arnold, Heinz Ludwig: Politische Lyrik. Text und Kritik 9/9a. München 1984.

Bauer, Johann (Hg.): Lyrik interpretiert. Hannover 1972.

Hippe, Robert: Deutsche politische Gedichte. Interpretationen motivgleicher Gedichte in Themengruppen. Band 7. Hollfeld o. J.

Lecke, Bodo (Hg.): Projekt Deutschunterricht. Band 8. Politische Lyrik. Stuttgart 1974

Neis, Edgar: Politisch-soziale Zeitgedichte. Interpretationen motivgleicher Gedichte in Themengruppen. Band 2. Hollfeld 1978

Bürgerlicher Realismus

Cowen, Roy C.: Der poetische Realismus. Kommentar zu einer Epoche. München 1985

Denkler, Horst (Hg.): Romane und Erzählungen des bürgerlichen Realismus. Neue Interpretationen. Stuttgart 1980

Haida, Peter: Stundenblätter Keller, Romeo und Julia auf dem Dorfe. Stuttgart 1989

Martini, Fritz: Deutsche Literatur im bürgerlichen Realismus 1848–1898. Stuttgart 1981

Müller, Klaus-Detlev (Hg.): Bürgerlicher Realismus. Grundlagen und Interpretationen. Stuttgart 1981

Preisendanz, Wolfgang: Wege des Realismus. Zur Poetik und Erzählkunst im 19. Jahrhundert. München 1977

Reisner, Hanns-Peter / Siegle, Rainer: Stundenblätter Effie Briest. Stuttgart 1990

Storm, Theodor: Der Schimmelreiter. Interpretation von Klaus Hildebrandt. Oldenbourg, München 1999

Beispiele deutscher Liebeslyrik

Binneberg, Kurt: Lektürehilfen Liebeslyrik. Stuttgart 1989

Schütz, Günter (Hg.): Liebeslyrik vom Barock bis zur Gegenwart. Editionen für den Literaturunterricht. Stuttgart 1991

Wagener, Hans (Hg.): Deutsche Liebeslyrik. Stuttgart 1982

Naturalismus

Cowen, Roy C.: Der Naturalismus. Kommentar zu einer Epoche. München 1973

Hoefert, Sigfrid: Das Drama des Naturalismus. Stuttgart 1979

Mahal, Günther: Naturalismus. München 1975

Meyer, Theo (Hg.): Theorie des Naturalismus. Stuttgart 1973

Scheuer, Helmut (Hg.): Naturalismus. Bürgerliche Dichtung und soziales Engagement. Stuttgart 1974

Gegenströmungen zum Naturalismus

Hermand, Jost (Hg.): Jugendstil. Darmstadt 1971

Hoffmann, Paul: Symbolismus. Stuttgart 1987

Johnston, William M.: Österreichische Kultur- und Geistesgeschichte. Gesellschaft und Ideen im Donauraum 1848–1938. Graz 1974

Jost, Dominik: Literarischer Jugendstil. 2. Auflage. Stuttgart 1980

Koch, Hans-Albrecht: Hugo von Hofmannsthal. Darmstadt 1989

Rainer, Werner: Stundenblätter Psychoanalyse und Literatur. Exemplarische Analysen für die Sekundarstufe II. Stuttgart 1986

Schnitzler, Heinrich u. a. (Hg.): Arthur Schnitzler. Sein Leben, sein Werke, seine Zeit. Frankfurt/M. 1981

Schorske, Carl E.: Wien. Geist und Gesellschaft im fin de siècle. Frankfurt/M. 1982
Schünemann, Peter: Georg Trakl. München 1988
Urlinger, Josef: Stundenblätter. Einführung in die Lyrik für die Sekundarstufe I. 2. Auflage. Stuttgart 1981
Worbs, Michael: Nervenkunst. Literatur und Psychoanalyse im Wien der Jahrhundertwende. Frankfurt/M. 1983
Wunberg, Gotthart: Die Wiener Moderne. Literatur, Kunst und Musik zwischen 1890 und 1910. Stuttgart 1981

Expressionismus

Anz, Thomas / Stark, Michael: Expressionismus. Manifeste und Dokumente zur deutschen Literatur 1910–1920. Stuttgart 1982
Basil, Otto: Georg Trakl in Selbstzeugnissen und Bilddokumenten. Reinbek 1978
Bauschinger, Sigrid: Else Lasker-Schüler. Ihr Werk und ihre Zeit. Heidelberg 1980
Huder, Walther (Hg.): Georg Kaiser. Werke in 2 Bänden. Frankfurt/M. 1971
Klüsener, Erika: Else Lasker-Schüler in Selbstzeugnissen und Bilddokumenten. Reinbek 1980
Schünemann, Peter: Georg Trakl. München 1988
Tetzlaff, Dominque / Guindon, Jeanpierre (Hg.): An die Verstummten. Expressionismus im Unterricht. Frankfurt/M. 1988

Bürgerliche Literatur vor dem Ersten Weltkrieg / Die Literatur der Weimarer Republik (1918–1933)

Deutsche Schillergesellschaft Marbach am Neckar (Hg.): „Diese Frau ist ein Besitz". Marieluise Fleißer aus Ingolstadt. Zum 100. Geburtstag. Bearbeitet von Hiltrud Häntzschel. Marbacher Magazin Sonderheft 96/2001
Geissler, Rolf (Hg.): Möglichkeiten des modernen deutschen Romans. 7. Auflage. Frankfurt/M.–Berlin–München 1979
Habersetzer, Karl-Heinz (Hg.): Deutsche Schriftsteller im Porträt 2. Expressionismus und Weimarer Republik. München 1984
Hansen, Volkmar: Thomas Mann. Stuttgart 1984
Haupt, Jürgen: Heinrich Mann. Stuttgart 1980
Kaes, Anton (Hg.): Weimarer Republik. Manifeste und Dokumente zur deutschen Literatur 1918–1933. Stuttgart 1983
Klotz, Volker: Die erzählte Stadt. Ein Sujet als Herausforderung des Romans von Lesage bis Döblin. München 1969
Kurzke, Hermann: Thomas Mann. Epoche – Werk – Wirkung. München 1985
Kurzke, Hermann: Thomas Mann: Das Leben als Kunstwerk. Eine Biographie. München 2000
Müller, Hans: Der Krieg und die Schriftsteller. Der Kriegsroman der Weimarer Republik. Stuttgart 1986
Schütz, Eberhard: Romane der Weimarer Republik. München 1986
Wolff, Jürgen: Stundenblätter „Der Untertan". Interpretationsmethoden – Arbeitstechniken – Sozialformen. 4. Auflage. Stuttgart 1985

Bertolt Brecht und das epische Theater

Brecht, Bertolt: Gesammelte Werke in 20 Bänden. Frankfurt/M. 1973
Buck, Theo (Hg.): Zu Bertolt Brecht. Stuttgart 1979
Eversberg, Gerd: Bertolt Brecht, Mutter Courage und ihre Kinder. Analysen und Reflexionen 19. Hollfeld 1988
Hinderer, Walter (Hg.): Brechts Dramen. Neue Interpretationen. Stuttgart 1984
Kesting, Marianne: Bertolt Brecht in Selbstzeugnissen und Bilddokumenten. Hamburg 1981
Knopf, Jan: Brecht-Handbuch. Lyrik, Prosa, Schriften. Stuttgart 1984
Knopf, Jan: Brecht-Handbuch. Theater. Stuttgart 1980
Lattmann, Dieter (Hg.): Kennen Sie Brecht? Stationen seines Lebens. Stuttgart 1988

Literatur in den Medien

Albersmeier, F.-J. / Roloff, Volker (Hg.): Literaturverfilmungen. Frankfurt/M. 1989
Faulstich, Werner: Die Filminterpretation. Göttingen 1988
Hickethier, Knut: Das Fernsehspiel der Bundesrepublik. Themen, Form, Struktur, Theorie und Geschichte. München 1980
Kulturfiliale Gillner und Conrad, Vera Conrad (Hg.): Das Parfum. Die Geschichte eines Mörders. Filmheft-Marterialien zum Unterricht 2006
Lange, Günter u. a. (Hg.): Taschenbuch des Deutschunterrichts. Band 2: Literaturdidaktik: klassische Form, Trivialliteratur, Gebrauchstexte. 4. Auflage. Baltmannsweiler 1986
Paech, Joachim: Literatur und Film. Stuttgart 1988
Silbermann, Alphons u. a.: Filmanalyse. Grundlagen – Methoden – Didaktik. München 1980

Österreichische Literatur zwischen 1918 und 1938

Arnold, Heinz Ludwig (Hg.): Elias Canetti. 2. Auflage. München 1972
Arnold, Heinz Ludwig (Hg.): Robert Musil. 3. Auflage. München 1983
Böning, Hansjürgen: Joseph Roths „Radetzkymarsch". Thematik, Struktur, Sprache. München 1968
Bronsen, David: Joseph Roth. Eine Biographie. Köln 1974

Corino, Karl: Robert Musil. Leben und Werk in Bildern und Texten. Reinbek 1988

Deutsche Schillergesellschaft Marbach am Neckar (Hg.): Hermann Broch 1886–1951. Eine Chronik. Bearbeitet von Paul Michael Lützeler. Marbacher Magazin 94/2001

Deutsche Schillergesellschaft Marbach am Neckar (Hg.): Kafkas Fabriken. Bearbeitet von Hans Gerd Koch und Klaus Wagenbach. Marbacher Magazin 100/2002

Dietz, Ludwig: Franz Kafka. 2. Auflage. Stuttgart 1990

Koester, Rudolf: Joseph Roth. Berlin 1982

Lunzer, Heinz / Lunzer, Talos Victoria: Horváth. Einem Schriftsteller auf der Spur. Salzburg, Wien, Frankfurt 2001

Lützeler, Paul Michael (Hg): Deutsche Romane des 20. Jahrhunderts. Königstein/Ts. 1983

Müller-Funk, Wolfgang: Joseph Roth. München 1989

Nürnberger, Helmuth: Joseph Roth. Reinbek 1981

Robertson, Ritchie: Kafka. Judentum – Gesellschaft – Literatur. Stuttgart 1988

Stach, Reiner: Kafka: Die Jahre der Entscheidungen. Frankfurt 2002

Stamer, Uwe: Stundenblätter „Die Verwandlung" – „Das Urteil". Eine Einführung in das erzählerische Werk Kafkas. Stuttgart 1981

Wagenbach, Klaus: Kafka. Reinbek 1972

Wagenbach, Klaus: Franz Kafka. Bilder aus einem Leben. Berlin 1983

Literatur im deutschen Faschismus

Bremer, Thomas: Europäische Literatur gegen den Faschismus. München 1986

Ketelsen, Uwe K.: Völkisch-nationale und nationalsozialistische Literatur in Deutschland 1890–1945. 2. Auflage. Stuttgart 1987

Ketelsen, Uwe K.: Von heroischem Sein und völkischem Tod. Zur Dramatik des Dritten Reiches. Stuttgart 1977

Loewy, Ernst: Literatur unterm Hakenkreuz. Das Dritte Reich und seine Dichtung. Frankfurt/M. 1987

Reichel, Peter: Der schöne Schein des Dritten Reiches. Faszination und Gewalt des Faschismus. München 1991

Sarkowicz, Hans / Mentzer, Alf: Literatur in Nazi-Deutschland. Ein biografisches Lexikon. Erweiterte und überarbeitete Neuausgabe. Hamburg 2002

Schnell, Ralf: Dichtung in finsteren Zeiten. Deutsche Literatur und Faschismus. Reinbek 1998

Schnell, Ralf: Kunst und Kultur im deutschen Faschismus. Stuttgart 1978

Walberer, Ulrich (Hg.): 10. Mai 1933. Bücherverbrennung in Deutschland und die Folgen. Frankfurt/M. 1983

Literatur des Exils

Arnold, Heinz Ludwig (Hg.): Deutsche Literatur im Exil 1933–1945. 2 Bände. 3. Auflage. München 1974

Buck, Theo / Steinbach, Dietrich (Hg.): Tendenzen der deutschen Literatur zwischen 1918 und 1945. Weimarer Republik. Drittes Reich. Exil. Stuttgart 1985

Grimm, Reinhold / Hermand, Jost (Hg.): Exil und Innere Emigration. Frankfurt/M. 1972

Hohendahl, Peter U. / Schwarz, E. (Hg.): Exil und Innere Emigration. Frankfurt/M. 1973

Huß-Michel, Angela: Literarische und politische Zeitschriften des Exils 1933–1945. Stuttgart 1987

Koepke, Wulf / Winkler, Michael (Hg.): Exilliteratur 1933-1945. Darmstadt 1989

Loewy, Ernst u. a. (Hg.): Exil. Literarische und politische Texte aus dem deutschen Exil 1933–1945. Stuttgart 1979

Riegel, Paul / van Risnum, Wolfgang: Deutsche Literaturgeschichte 10: Drittes Reich und Exil 1933–1945. München 2000

Schnell, Ralf: Literarische Innere Emigration 1933–1945. Stuttgart 1976

Schütz, Hans J.: „Ein deutscher Dichter bin ich einst gewesen". Vergessene und verkannte Dichter des 20. Jahrhunderts. München 1988

Serke, Jürgen: Die verbrannten Dichter. Frankfurt/M. 1980

Stephan, Alexander: Die deutsche Exilliteratur 1933–1945. München 1979

Walter, Hans A.: Bedrohung und Verfolgung bis 1933. Deutsche Exilliteratur 1933–1950. 2 Bände. Darmstadt, Neuwied 1972

Walter, Hans A.: Deutsche Exilliteratur 1933–1950. 7 Bände, davon 3 bereits erschienen. Stuttgart 1978

Weinzierl, Ulrich (Hg.): Österreichs Fall. Schriftsteller berichten vom „Anschluß". Wien, München 1987

Winckler, L. (Hg.): Antifaschistische Literatur. 2 Bände. Kronberg/Ts. 1977

Winkler, Michael (Hg.): Deutsche Literatur im Exil 1933 bis 1945. Texte und Dokumente. Stuttgart 1977

Literatur der BRD nach 1945

Arnold, Heinz Ludwig (Hg.): Bestandsaufnahme Gegenwartsliteratur. BRD – DDR – Österreich – Schweiz. München 1988

Arnold, Heinz Ludwig (Hg.): Die deutsche Literatur seit 1945. Seelenarbeiten 1978–1983. München 1998

Arnold, Heinz Ludwig (Hg.): Günter Grass. Neuauflage. München 1981

Arnold, Heinz Ludwig (Hg.): Heinrich Böll. 3. Auflage. München 1982

Balzer, Bernd u. a.: Die deutschsprachige Literatur in der Bundesrepublik Deutschland. Vorgeschichte und Entwicklungstendenzen. München 1988

Blamberger, Günter: Versuch über den deutschen Gegenwartsroman. Krisenbewußtsein und Neubegründung im Zeichen der Melancholie. Stuttgart 1985
Dörfler, Heinz: Moderne Romane im Unterricht. Modelle und Materialien zu: „Tauben im Gras" von Wolfgang Koeppen, „Horns Ende" von Christoph Hein, „Das Parfum" von Patrick Süskind, „Kassandra" von Christa Wolf, „Das Treffen in Telgte" von Günter Grass, „Brandung" von Martin Walser. Frankfurt/M. 1988
Endres, Elisabeth: Die Literatur der Adenauerzeit. Steinhausen, München 1983
Fischbach, Peter u. a. (Hg.): Zehn Jahre Werkkreis Literatur der Arbeitswelt. Dokumente, Analysen, Hintergründe. Frankfurt/M. 1979
Glaser, Horst A. (Hg.): Deutsche Literatur zwischen 1945 und 1995. Eine Sozialgeschichte. Bern, Stuttgart, Wien 1997
Götze, Karl-Heinz: Heinrich Böll „Ansichten eines Clowns". Text und Geschichte. Stuttgart 1985
Götze, Karl-Heinz: Wolfgang Koeppen „Das Treibhaus". Text und Geschichte. Stuttgart 1985
Hage, Volker: Die Wiederkehr des Erzählers. Neue deutsche Literatur der 70er Jahre. Frankfurt/M., Berlin, Wien 1982
Hermand, Jost u. a. (Hg.): Nachkriegsliteratur in Westdeutschland 1945–49. Schreibweisen, Gattungen, Institutionen. Berlin 1982
Hielscher, Martin: Wolfgang Koeppen. München 1988
Kaiser, Gerhard: Geschichte der deutschen Lyrik von Heine bis zur Gegenwart. 2 Bände. Frankfurt/M. 1991
Kröll, Friedhelm: Die Gruppe 47. Soziale Lage und gesellschaftliches Bewußtsein literarischer Intelligenz in der Bundesrepublik. Stuttgart 1977
Lattmann, Dieter (Hg.): Die Literatur der Bundesrepublik. Autoren, Werke, Tendenzen seit 1945. Frankfurt/M. 1986
Letsch, Felicia: Auseinandersetzung mit der Vergangenheit als Moment der Gegenwartskritik. Die Romane „Billard um halbzehn" von H. Böll, „Hundejahre" von G. Grass, „Der Tod in Rom" von W. Koeppen und „Deutschstunde" von S. Lenz. Köln 1982
Lüdke, W. Martin (Hg.): Nach dem Protest. Literatur im Umbruch. Frankfurt/M. 1979
Mennemeier, Franz Norbert: Modernes deutsches Drama. Band 2. München 1975
Neuhaus, Volker: Günter Grass. Stuttgart 1979
Neuhaus, Volker: Günter Grass „Die Blechtrommel". München 1988
Schnell, Ralf: Die Literatur der Bundesrepublik. Autoren, Geschichte, Literaturbetrieb. Stuttgart 2003 (2. überarb. u. erw. Aufl.)
Vogt, Jochen: Heinrich Böll. München 1978
Wehdeking, Volker: Anfänge westdeutscher Nachkriegsliteratur. Aufsätze, Interviews, Materialien. Aachen 1989
Wehdeking, Volker / Blamberger, Günter: Erzählliteratur der frühen Nachkriegszeit. München 1990

Literatur in der ehemaligen DDR

Blumensath, Christel / Blumensath, Heinz: Einführung in die DDR-Literatur. Mit Unterrichtsvorschlägen für die Sekundarstufen I und II. 2. Auflage. Stuttgart 1983
Emmerich, Wolfgang: Kleine Geschichte der DDR-Literatur. Erweiterte Ausgabe. Frankfurt/M. 1989
Lermen, Birgit / Loewen, Matthias: Lyrik aus der DDR. Exemplarische Analysen. München 1987
Praxis Deutsch 62/1983
Praxis Deutsch 89/1988
Schuhmann, Klaus: Lyrik des 20. Jahrhunderts. Materialien zu einer Poetik. Reinbek 1995
Arnold, Heinz Ludwig (Hg.): Text + Kritik. Zeitschrift für Literatur. Sonderband Pop-Literatur. München, edition text + kritik 2003
Baßler, Moritz: Der deutsche Pop-Roman. Die neuen Archivisten. München 2002
Beutin, Wolfgang u.a.: Deutsche Literaturgeschichte von den Anfängen bis zur Gegenwart. 6., verb. u. erw. Aufl. Stuttgart, Metzler 2001
Breuer, Ulrich / Sandberg, Beatrice (Hg.): Autobiographisches Schreiben in der deutschsprachigen Gegenwartsliteratur. Band 1: Grenzen der Identität und der Fiktionalität. München, Iudicium 2006
Conrady, Karl Otto: Deutsche Wendezeit. In: Ders.: Von einem Land und vom andern. Gedichte zur deutschen Wende. Frankfurt, Suhrkamp 1993, S. 173–248
Kammler, Clemens/ Pflugmacher, Torsten (Hg.): Deutschsprachige Gegenwartsliteratur seit 1989. Zwischenbilanzen - Analysen – Vermittlungsperspektiven Heidelberg, Synchron Wissenschaftsverlag der Autoren 2004
Kammler, Clemens: Uwe Timm „Am Beispiel meines Bruders. München, Düsseldorf, Stuttgart, Oldenbourg 2006
Köhler, Andrea/ Moritz, Rainer (Hg.): Maulhelden und Königskinder. Zur Debatte über deutschsprachige Gegenwartsliteratur. Leipzig, Reclam 1998
Mein, Georg: Erzählungen der Gegenwart: von Judith Hermann bis Bernhard Schlink. München, Düsseldorf, Stuttgart, Oldenbourg 2005
Müller, Heidelinde: Das „literarische Fräuleinwunder. Inspektion eines Phänomens der deutschen Gegenwartsliteratur in Einzelfallstudien. Frankfurt, Peter Lang 2004
Platen, Edgar / Todtenhaupt, Martin (Hg.): Grenzen Grenzüberschreitungen Grenzauflösungen. Zur Darstellung von Zeitgeschichte in deutschsprachiger Gegenwartsliteratur. München, Iudicium 2004

Platen, Edgar (Hg.): Perspektivensuche. Zur Darstellung von Zeitgeschichte in deutschsprachiger Gegenwartsliteratur. München, Iudicium2002

Schnell, Ralf: Geschichte der deutschsprachigen Literatur seit 1945. 2., überarb. u. erw. Aufl. Stuttgart, Metzler2003

Ullmaier, Johannes: Von Acis nach Adlon: Eine Reise durch die deutschsprachige Popliteratur. Mainz 2001

Winkels, Hubert: Gute Zeichen. Deutsche Literatur 1995–2005. Köln, Kiepenheur & Witsch 2005

Die deutschsprachige Literatur der Schweiz

Gsteiger, Manfred (Hg.): Die zeitgenössischen Literaturen der Schweiz. München 1974

Heidenreich, Sybille: Max Frisch „Mein Name sei Gantenbein", „Montauk", „Stiller". Hollfeld 1978

Lubich, Frederick Alfred: Max Frisch „Stiller", „Homo faber", „Mein Name sei Gantenbein". Stuttgart 1990

Winkels, Hubert: Einschnitte. Zur Literatur der 80er Jahre. Frankfurt/M. 1991

Österreichische Literatur nach 1945

Aspetsberger, Friedbert (Hg.): Neues. Trends und Motive in der (österreichischen) Gegenwartsliteratur. Innsbruck, Studien-Verlag 2003

Aspetsberger, Friedbert / Mose, Gerda E. (Hg.): Leiden......Genießen. Zu Lebensformen und -kulissen in der Gegenwartsliteratur. Innsbruck, Studien Verlag 2006

Barner, Wilfried: Geschichte der deutschen Literatur von 1945 bis zur Gegenwart: Bd 12. München, C. H. Beck. 2006

Bortenschlager, Wilhelm: Deutsche Literaturgeschichte 3. Wien 1996

Breicha, Otto / Urban Reinhard (Hg.): Österreich zum Beispiel. Literatur, Bildende Kunst, Film und Musik seit 1968. Salzburg, Wien 1982.

Fuchs, Gerhard / Höfler, Günther (Hg.): Hans Lebert.. Graz, Droschl 1998

Glaser, Horst A. (Hg.): Deutsche Literatur zwischen 1945 und 1995. Eine Sozialgeschichte. Bern, Stuttgart, Wien 1997

Gollner, Helmut: Die Wahrheit lügen. Die Renaissance des Erzählens in der jungen österreichischen Literatur. Innsbruck, Studienverlag 2005.

Goltschnigg, Dieter u. a.: Die österreichische Gegenwartsliteratur. In: Viktor Žmegač (Hg.): Geschichte der deutschen Literatur vom 18. Jahrhundert bis zur Gegenwart. Band III/3. Frankfurt/M. 1978ff. S. 695–825

Huber, Martin u. a.: Thomas Bernhard und seine Lebensmenschen. Der Nachlass. Wien, Linz 2001

Kastberger, K./W. Schmidt-Dengler (Hg.): In Böen wechselt mein Sinn. Zu Friederike Mayröckers Literatur. Wien 1996

König, Hartmut: Peter Handke, Sprachkritik und Sprachverwendung. Hollfeld 1978

Kruntorad, Paul: Charakteristika der Literaturentwicklung in Österreich 1945–1967. In: Rolf Grimminger (Hg.): Sozialgeschichte der deutschen Literatur. Band 10. Literatur der BRD bis 1967. Wien, München 1986. S. 629–650

Magris, Claudio: Der habsburgische Mythos in der österreichischen Literatur. Salzburg 1966

Mittermayer, Manfred / Veits-Falk, Sabine (Hg.): Thomas Bernhard und Salzburg. Salzburg 2001

Neis, Edgar: Erläuterungen zu Peter Handke. Die Angst des Tormanns beim Elfmeter. Der kurze Brief zum langen Abschied. Wunschloses Unglück. Hollfeld 1978

Rainer, Eva und Gerald: Zeitgenössische Prosa. Unterrichtsvorschläge und Materialien zu 14 Romanen. Linz, Veritas 2006

Reinhardt, Stefan: Handkes Tormann, Handkes Skrupel. Text und Kritik 24/24a. München 1971

Rühm, Gerhard (Hg.): Die Wiener Gruppe. Texte, Gemeinschaftsarbeiten, Aktionen. Reinbek 1969

Schmidt-Dengler, Wendelin (Hg.): Formen der Lyrik in der österreichischen Literatur der Gegenwart. Wien 1981

Schmidt-Dengler, Wendelin (Hg.): Literatur in Österreich. Berlin 1995

Schnell, Ralf: Geschichte der deutschsprachigen Literatur seit 1945. 2. überarbeitete und erweiterte Auflage. Stuttgart, Metzler 2003

Weiss, Walter / Schmid Sigrid (Hg.): Zwischenbilanz. Eine Anthologie österreichischer Gegenwartsliteratur. Salzburg 1976

Wittstock, Uwe (Hg.): *Die Erfindung der Welt*. Zum Werk von Christoph Ransmayr. Frankfurt/M. Fischer Taschenbuch Verlag 1997. (= Fischer Taschenbücher. 13433. Kultur & Medien.)

Zeman, Herbert (Hg.): Literaturgeschichte Österreichs. Von den Anfängen im Mittelalter bis zur Gegenwart. Graz 1996

Zeyringer Klaus: Österreichische Literatur 1945–1998. Überblicke, Einschnitte, Wegmarken. Innsbruck. 1999

Bildnachweis

akg-images: 17/1, 52/1, 74/1 (Philippe de la Guepiere/R. Benard), 82/1 (Carl Mayer nach Zeichnung von Johann Georg Buchner), 93/2, 97/1 (Johann Leonhard Raab), 113/2 (Johann Heinrich Wilhelm Tischbein), 115/2 (Gerd Hartung), 118/1 (Johann Wolfgang von Goethe), 127/1 (Johann Wolfgang von Goethe), 130/1 (Eugène Delacroix), 147/1 (Caspar David Friedrich), 152/1 (Theodor Hosemann), 157/1 (Adolf Neumann), 159/1 (Johann Friedrich August Tischbein), 233/1 (Carl Schleicher), 247/2 (Erich Lessing), 270/1, 271/2, 310/1, 314/1, 314/2, 316/1 (George Grosz), 337/1, 387/1

Arche Verlag, Raabe + Vitali, Zürich, 1989: Glauser/Der Chinese: 490/1 (Hannes Binder)

Aufbau-Verlag, Berlin, 1971: Seghers/Das siebte Kreuz: 440/1

bpk, Berlin: 69/1 (Wilhelm Amberg/Reinhard Saczewski/Nationalgalerie, SMB), 136/1 (Jean Jacques André Le Veau/Jörg P. Anders/Kupferstichkabinett, SMB), 142/1 (J. G. Nast), 191/1, 239/1 (Otto Ubbelohde), 271/1, 307/2 (Karl Prühäußer), 316/2 (Otto Dix/Hermann Buresch), 316/3 (Otto Dix/Jochen Remmer), 316/4 (Otto Dix/Hermann Buresch)

Claassen Verlag, Düsseldorf, 1980: Meckel/Suchbild: 420/1 (Christoph Meckel)

Deutsche Buch-Gemeinschaft, Darmstadt, 1966: Hensel/Spielplan: 128/1 (Carl Spitzweg)

Dokumentationsstelle für neuere österreichische Literatur, Wien: 518/1

Getty Images: 216/1 (Paul Mazurek)

Insel Verlag, Frankfurt, 1983: Borst/Alltagsleben im Mittelalter: 16/1 (Ghotan Bartholomäus, Lübeck)

Luchterhand Verlag, Darmstadt und Neuwied, 1984: Grass/Die Blechtrommel: 398/2 (Günter Grass)

Peter Peitsch/peitschphoto.com: 421/1, 532/1 (Sielecki), 554/1

picturedesk.com: 9/1 (ullstein bild), 11/1 (Interfoto), 15/1 (Charles Walker/Topfoto), 18/1 (Archiv Gerstenberg/ullstein bild), 20/1 (Interfoto), 22/1 (Interfoto), 25/1 (Interfoto), 30/1 (Julius Schnorr von Carolsfeld/Archiv Gerstenberg/ullstein bild), 33/1 (Hans Brosamer/Interfoto), 33/2 (Interfoto), 37/1 (Sebastiano del Piombo/ullstein bild), 38/1 (Nach Hans Holbein dem Jüngeren/Archiv Gerstenberg/ullstein bild), 39/1 (Hans Baldung gen. Grien/Interfoto), 42/1 (Lukas Cranach der Ältere/Interfoto), 48/1 (Jacob van der Heyden/Interfoto), 48/2 (ullstein bild), 49/1 (ullstein bild), 54/1 (Interfoto), 56/1 (Nach Stich von Kilian/Interfoto), 64/1 (Franz Hubmann/Imagno), 65/1 (B. Friedrich/ullstein bild), 68/1 (Johann Wilhelm Becker/ullstein bild), 72/1 (Friedrich Georg Kersting/Interfoto), 75/1 (ullstein bild), 76/1 (Keystone/Iba-Archiv/Str), 78/1 (Interfoto), 83/1 (Daniel Chodowiecki/Interfoto), 84/1 (Daniel Chodowiecki/Interfoto), 85/1 (Schweißinger/Interfoto), 88/1 (Interfoto), 90/1 (Moenkebild/ullstein bild), 90/2 (Kujath/ullstein bild), 92/1 (Johann Friedrich August Tischbein/Archiv Gerstenberg/ullstein bild), 93/1 (Archiv Gerstenberg/ullstein bild), 96/1 (Interfoto), 97/2 (Interfoto), 100/1 (Interfoto), 103/1 (Interfoto), 111/1 (ullstein bild), 113/1 (ullstein bild), 115/1 (Interfoto), 117/1 (Johann Heinrich Wilhelm Tischbein/ullstein bild), 119/1 (Interfoto), 119/2 (Interfoto), 120/1 (Johann Schmeller/Interfoto), 121/1 (Carl August Schwerdgeburth/ullstein bild), 122/1 (Interfoto), 122/2 (Samuel Gränicher/Interfoto), 134/1 (ullstein bild), 134/2 (Interfoto), 143/1 (Interfoto), 148/1 (Heinrich Plühr/ullstein bild), 149/1 (Friedrich Tieck/Interfoto), 150/1 (Interfoto), 150/2 (Eduard Eichens/ullstein bild), 151/1 (E. T. A. Hoffmann/ullstein bild), 153/1 (ÖNB Bildarchiv), 155/1 (Interfoto), 159/2 (V. Schertle/ullstein bild), 163/1 (Zentralbild/dpa/ADN), 163/2 (Tim Brakemeier), 164/1 (KPA/ullstein bild), 166/1 (Peter Endig), 169/1 (Nadar/Interfoto), 170/1 (C. Breitbach/ullstein bild), 172/1 (ullstein bild), 173/1 (Imagno/NB), 174/1 (Demange Francis/Gamma/eyedea), 176/1 (Teutopress/ullstein bild), 177/1 (Schleyer/ullstein bild), 178/1 (Klaus Franke), 180/1 (Horst Galuschka), 185/1 (J. Allgeyer nach R. Leemann/Interfoto), 185/2 (ullstein bild), 186/1 (Brandseph/ÖNB Bildarchiv), 188/1 (Gottlieb Gassen/Interfoto), 188/2 (Interfoto), 191/2 (Interfoto), 192/1 (Interfoto), 198/1 (Archiv Gerstenberg/ullstein bild), 198/2 (Moritz Michael Daffinger/Interfoto), 203/1 (Bartholomäus Székelyi/Imagno/Austrian Archives), 204/1 (Peter Johann Nepomuk Geiger/Interfoto), 205/1 (ÖNB Bildarchiv), 208/1 (Imagno/Austrian Archives), 210/1 (Imagno/Austrian Archives), 210/2 (ÖNB Bildarchiv), 211/1 (Joseph Kriehhuber der Ältere/Interfoto), 213/1 (Robert Jäger), 214/1 (ullstein bild), 217/1 (Robert Iger), 219/1 (Peter Manninger), 221/1 (Kay Nietfeld), 223/1 (Käthe Kollwitz/Interfoto), 229/1 (ÖNB Bildarchiv), 230/1 (Interfoto), 235/1 (R. Perscheid/R. E. Kepler/Interfoto), 237/1 (Interfoto), 242/1 (ÖNB Bildarchiv), 245/1 (Gyorgy Szekely/Imagno), 247/1 (Interfoto), 251/1 (Teutopress/ullstein bild), 251/2, 253/1 (Meller Marcovicz/ullstein bild), 255/1 (ÖNB Bildarchiv), 255/2 (ullstein bild), 258/1 (ullstein bild), 258/2 (ullstein bild), 260/1 (Jacob van Loo/Interfoto), 263/1 (ullstein bild), 264/1 (Nadar/ullstein bild), 266/1 (Interfoto), 266/2 (Interfoto), 268/1 (Imagno/Austrian Archives), 269/1 (ÖNB Bildarchiv), 274/1 (Ferdinand Schmutzer/ÖNB Bildarchiv), 275/1 (Etienne

SUPERFOOD SUPPEN

100 REZEPTE FÜR VEGANE POWERSUPPEN

SUPERFOOD SUPPEN

JULIE MORRIS

Bestseller-Autorin von *Superfood Küche*

und *Superfood Smoothies*

Deutsche Übersetzung Johanna Iwers

KÖNIGSFURT-URANIA

Die in diesem Buch enthaltenen Informationen und Ratschläge wurden von der Autorin sorgfältig recherchiert und geprüft. Eine Garantie kann dennoch nicht übernommen werden. Die Informationen und Ratschläge sind außerdem nicht dazu gedacht, die Beratung durch einen Arzt oder Therapeuten zu ersetzen, sofern dies angezeigt ist. Eine Haftung der Autorin oder des Verlags ist ausgeschlossen.

Zur freundlichen Beachtung
Die Angaben und Tipps in diesem Buch beruhen auf Erfahrungswerten, sie müssen jedoch nicht für jede/n und nicht unter allen Umständen in gleicher Weise wirksam sein. Für Kleinkinder und Schwangere, für sehr geschwächte Personen und für Menschen in besonderen Krisen- und Wandlungsphasen können besondere Regeln gelten, die hier nicht angesprochen werden.

Bibliografische Information der Deutschen Nationalbibliothek
Die Deutsche Nationalbibliothek verzeichnet diese Publikation in der Deutschen Nationalbibliografie; detaillierte bibliografische Daten sind im Internet über http://dnb.d-nb.de abrufbar.

Sonderausgabe
Krummwisch bei Kiel 2017

Umschlagdesign: Julie Morris und Sterling Publishing, Antje Betken
Fotos: © Oliver Barth, mit Ausnahme der Fotos auf den S. 23: Gemüse © fabiomax, Fotolia.com,S. 29: Maitake © vitals, Fotolia.com, S. 36: Granatapfel © zb89v, Fotolia.com, S. 50: Blumenkohl © Esin Deniz, Fotolia.com, S. 52 und 54: Frisches Gemüse © Maksim Shebeko, Fotolia.com
Herausgegeben von Johannes Fiebig
Übersetzung aus dem Amerikanischen: Johanna Iwers
Lektorat: Nicola von Otto
Satz und Layout: Antje Betken, Oldenbüttel
Druck und Bindung: Finidr s.r.o.
Printed in EU 2017

ISBN 978-3-86826-150-9

INHALT

EINLEITUNG 6

TEIL EINS RENAISSANCE DER SUPPEN 8

SUPPE – EIN TOPF VOLLER MÖGLICHKEITEN 10

GRUNDSÄTZE VON SUPERFOOD-SUPPEN 11

KLEINES 1X1 DER SUPPEN 15

SUPPENKOMPOSITION 22

KOCHUTENSILIEN 24

DIE GRUNDLAGEN FÜR SUPERFOOD-SUPPEN 25

BESSER GEKOCHT ODER ROH – EIN TABELLARISCHER ÜBERBLICK 48

DAS KOSTEN DIE ZUTATEN WIRKLICH 50

AUFBEWAHRUNG VON SUPPEN 51

DIE TOP-FÜNF-SUPERFOODS FÜR SUPPEN 53

GESUNDHEITLICHE VORTEILE VON SUPERFOOD-SUPPEN 54

TEIL ZWEI DIE SUPPEN 58

BEVOR SIE BEGINNEN 60

VERJÜNGENDE BRÜHEN 64

GEKÜHLTE SUPPEN 83

CREMIG-FEINE SUPPEN 102

KLARE SUPPEN UND NUDELSUPPEN 136

DICKE SUPPEN 164

EINTÖPFE UND CHILIS 184

BUNTES BEIWERK FÜR SUPPEN 208

TEIL DREI EXTRAS 224

SUPERFOOD-ERSATZ 225

UMRECHNUNGSTABELLEN 226

BEZUGSQUELLENVERZEICHNIS 227

VERWENDETE LITERATUR 228

DANKSAGUNG 230

SUPPEN UND IHRE NUTZEN VON A BIS Z 231

SUPERFOODS VON A BIS Z 234

EINLEITUNG

„Ich liebe Suppen."
Jedermann

Meine lebenslange Liebe zum Kochen hat stets neue kulinarische Bücher in mein Leben gebracht, seit ich lesen kann. Mein erstes kleines Kochbuch, das ich noch immer habe, erzählte von magischen Weihnachtssüßigkeiten mit Namen wie „Engelskuchen" und zeigte Bilder von unglaublich pausbäckigen kleinen Mädchen. Noch heute schnappe ich mir jedes neue Kochbuch sofort, und das mit der Geschwindigkeit eines Eichhörnchens beim Erhaschen seiner Lieblingsnuss. Ich lese es als Bettlektüre und träume dann von den leckersten Dingen. (Kein Wunder, dass ich morgens immer hungrig aufwache.)

Ich liebe Rezepte für Pfannengerichte, aromatische Saucen, cremige Toppings und Desserts, die mich jede Kleidergröße vergessen lassen. Und immer wieder bleibe ich am längsten bei den Suppenrezepten hängen. Sogar Klassiker wie Tomate-Basilikum-Suppe hören sich wieder und wieder unfassbar lecker an – und so schmecken sie auch.

Suppen bringen eine gewisse Sentimentalität mit sich. Für mich fühlt sie sich an wie Heimat, wie umsorgt, gewärmt und beruhigt zu werden. Ein Teller Suppe erfüllt und nährt mich zu jeder Jahreszeit gleichermaßen. Damit stehe ich nicht alleine da. Eines habe ich sicher in meinen Jahren als Küchenchefin gelernt: *Jeder liebt Suppen.*

Amüsanterweise wurde mir die zentrale Rolle von Suppen für eine gesunde Lebensweise an einem kühlen Samstag während eines Smoothie-Workshops in San Francisco bewusst. Eine Kursteilnehmerin räusperte sich und fragte mich etwas fröstelnd: „Kann man eigentlich auch heiße Smoothies machen?" Ich war gerade dabei, eine Tasse Eiswürfel in den Mixer zu kippen, musste unwillkürlich schmunzeln bei dem Gedanken an heiße, matschige Bananen mit Mandelmilch und klumpigem Spinat und sagte lakonisch: „Tja, ich glaube, das nennt man dann Suppe." Spaß beiseite: In der Tat hat ein Smoothie viel von einer Suppe, wenn man ihn warm serviert: liebevoll zerkleinerte oder pürierte, für den Körper leicht verwertbare Zutaten.

Innerhalb einer Woche begegnete mir die Idee von warmen Smoothies erneut. Ein Freund aus Deutschland, der sich bei den kalten Wintertemperaturen nicht einmal traute, seine Gefriertruhe für gefrorene Beeren zu öffnen, schlug sie mir vor. Dann kam zudem noch die Bitte eines Lesers per Mail, herzhafte Smoothies zu kreieren. Ich antwortete zwar erneut mit meinem „Das nennt man Suppe"-Witz, aber hängen blieb der Gedanke dennoch: Entwickelte sich hier etwa ein neuer Trend?

Natürlich nicht. Wenn es auch nur einen Rezepte-„Trend" gibt, der so alt ist wie die Entdeckung des Feuers, so sind es Suppen. Sie waren (und sind) einfach ein genialer Weg, Lebensmittel länger haltbar zu machen, indem man sie lange kocht und mithilfe von Wasser streckt, sodass gleich mehrere hungrige Mägen satt werden können. Suppen haben meines Wissens seit Menschengedenken nie an Beliebtheit eingebüßt, weder beim Bettelmann noch beim König.

Mit der Zugabe von Superfoods werden Suppen nun ungleich wertvoller, leckerer und sorgen für noch mehr Befriedigung. Das Ergebnis ist definitiv anders als Großmutters Suppe. (Auch wenn ich sicher bin, dass diese sehr gut ist!) In diesem Buch werden altbewährte Kochkünste mit dem Wissen über Ernährungsphysiologie aus aller Welt kombiniert.

Als ich anfing, dieses Buch zu schreiben, hatte ich bereits jede Menge gute Ideen für Suppenrezepte. Aber mir stand auch eine lange Rezepttestphase bevor. Ich begann mit einer Umfrage im Bekanntenkreis nach der jeweiligen Lieblingssuppe. Ich befragte meine Mutter, den Postboten und so ziemlich jeden, der mir über den Weg lief. Ihre Antworten waren sehr unterschiedlich, allerdings reagierten alle ähnlich: Mit einem breiten Grinsen im Gesicht erzählten sie mir ganze Suppengeschichten: Zutaten, Zubereitung, Herkunft des Rezepts und kulinarische Details. „Die Zwiebel musst du reiben, nicht klein schneiden. Mein Großvater aus Russland – was für ein Charakterkopf! – verriet mir diese traditionelle Zubereitungsart. Ich selbst füge ja noch etwas Fenchelsamen und Knoblauch hinzu, aber das ist nur meine ganz persönliche Vorliebe." Eine Geschichte nach der anderen hörte ich und war herzerwärmt: Allein der Gedanke an Suppe hat einen erstaunlichen Effekt auf alle Menschen, ganz gleich, wer sie sind und woher sie kommen. Suppen bedeuten für uns viel mehr als bloße Nahrung. Familienrezepte werden gehütet und durch die Generationen weitergetragen wie heilige Erbstücke. Sie vermögen uns zu verbinden in einem Gefühl des gemeinsamen Wissens über „Köstlich!".

Und ich habe noch etwas gelernt – das absolut beste Thema, um auf einer Party das Eis zu brechen und ins Gespräch zu kommen, ist: Suppe!

Denn jeder, wirklich jeder liebt Suppen.

Ich wünsche Ihnen glückliches Löffeln,
Julie

TEIL EINS

RENAISSANCE DER SUPPEN

Eine warme Suppe befriedigt rundum wohlig das Bedürfnis nach gutem Essen. Es umschmeichelt uns von innen, wenn wir einen Teller Suppe genießen. Mit jedem Löffel wird uns die wärmende, beruhigende Wirkung in ihrer ganzen Köstlichkeit bewusst, vor der selbst ein frischer, hausgemachter Schokoladen-Cookie vor Neid erblasst.

SUPPE – EIN TOPF VOLLER MÖGLICHKEITEN

Seit der Mensch wasser- und feuerresistente Töpfe entwickelt hat, kocht er Suppen und Eintöpfe aller Art – unser erster kulinarischer Durchbruch im Vergleich zu den vorigen Gerichten aus einer einzigen Zutat. Archäologen datieren diese revolutionäre Erfindung auf ca. 25 000 Jahre zurück. Vielleicht kommt unsere tiefe innere Überzeugung, Suppen seien per se etwas sehr, sehr Gutes, ja daher: Es ist seit jeher in unsere Gene eingeschrieben. Suppen sind günstig und einfach herzustellen, reich an Geschmack, sehr befriedigend und vor allem auch ein tolle Möglichkeit, Reste zu verwerten.

Dies sind nur einige Vorteile von Suppen, und nicht erst unsere Generation ist sich dessen bewusst. Alte Heilrezepte wurden weltweit über Jahrtausende weitergegeben, und beispielsweise der Grabfund eines Topfes in China bezeugt eine 24 000 Jahre alte Suppenkultur, die wertvoll genug war, um ins Leben nach dem Tod mitgeführt zu werden. Auch ein traditionelles französisches Restaurant (der Inbegriff der Haute Cuisine) hatte seine Anfänge im Kreieren von heißen Suppen („Restaurant" bedeutet wörtlich übersetzt „regenerieren"). In der Tat ist nichts so regenerierend und zudem kulturell hoch geehrt wie ein Teller Suppe.

Da unsere Kultur kreativer Natur ist, hat sich einiges getan, seitdem wir Maden in heißem Wasser als Suppe verspeist haben. Ein Blick in die Kochtöpfe einer Molekularküche (eine Küche, die sich mit den biochemischen und physikalisch-chemischen Prozessen bei der Zubereitung von Speisen beschäftigt; Anm. d. Ü.) oder in ein Supermarktregal bestätigt dies sofort. Auf der Jagd nach den köstlichsten Geschmacksrichtungen und Konsistenzen mixen wir alle nur erdenklichen Zutaten in jeder Kombination zusammen. Das Ergebnis erinnert oft mehr an ein Laborexperiment als an irgendetwas sonst.

Eine dieser denkwürdigen Kreationen findet sich in Dextrose aus Mais, kombiniert mit Alginsäure aus Braunalgen. Das Ergebnis ist alles andere als ansehnlich oder gar als natürliches Essen erkennbar …

Es gibt durchaus auch gute Entwicklungen im Bereich der Ernährung, doch ist überall dort Vorsicht geboten, wo große Konzerne nur noch auf Masse und hochverarbeitete Lebensmittel setzen. Diese Art von „Nahrung" begegnet uns täglich im Supermarkt!

Eine Reaktion auf diese bedenkliche Entwicklung hat bereits begonnen, indem sich immer mehr Menschen auf ihre Wurzeln besinnen und ursprüngliche Geschmacksnoten sowie unverarbeitete Nahrungsmittel unserer Vorfahren wiederentdecken.

Ich bin über diesen Bewusstseinswandel mehr als glücklich. Die Revolution ist spürbar, liebe Leser, und mag es auch erst ihre Vorhut sein. Smoothies, Säfte, Superfoods, Salate, naturbelassene, vollwertige Lebensmittel mit natürlichen Farben, regionale, biologische oder gar biodynamische Nahrung – all dies ist die unerschütterliche Überzeugung, Echtes und Frisches aus Mutter Natur feiern zu wollen. Unsere Gesellschaft befindet sich am Rande einer Ernährungskatastrophe im Bezug auf unsere Gesundheit – wie gut, dass sich das Stimmungsbild von Verbrauchern und Köchen zu ändern beginnt. Die simple Antwort, wie nachhaltiges Wohlbefinden geschaffen werden kann, liegt auf der Hand: echtes Essen.

Diesen neuartigen, ganzheitlichen Zugang zur Ernährung möchte ich mit diesem Buch zelebrieren.

Die Rezepte sollen Sie auf den verlockenden Weg einer gesunden Alltagsroutine locken.

Dank ihrer unkomplizierten Art können Sie Suppen vollkommen natürlich mit den besten aller Zutaten zubereiten: ohne künstliche Zusätze, raffinierten Zucker oder Ähnliches. Zudem setze ich bei meinem Rezepten auf die Zugabe von Superfoods, die eine enorm hohe Nährstoffdichte aufweisen.

Vereint man diese unglaublich vitalisierenden Nahrungsmittel mit frischen biologischen Zutaten, erreichen die Superfood-Suppen eine neue Ebene der Befriedigung. Ein alter Klassiker wie Kartoffel-Lauch-Suppe erklimmt dadurch ungeahnte Höhen, eine raffinierte neue Kreation wie Schälerbsensuppe mit Hanfsamen wird zum Lieblingsessen. Das Beste daran ist, dass diese unglaublich leckeren Suppen vielseitig und einfach herzustellen sind. Sie werden begeistert sein, wie viel Großartigkeit in einem Topf steckt.

In vielerlei Hinsicht rundet die neue Suppenbewegung schlicht althergebrachtes Wissen ab. Wir kehren zu unseren Wurzeln zurück, indem wir uns unverfälschten Lebensmitteln zuwenden. Nur haben wir jetzt zudem die tolle Möglichkeit, sie durch nährstoffdichte Lebensmittel aus aller Welt zu ergänzen. Wir treten in eine nie dagewesene, neue Ära des Kochens mit dem Verwerten von Lebensmitteln, die das Potenzial haben, uns, unsere Familie und Freunde gesund zu erhalten, und das mit jedem Bissen. Wir haben neuartiges Essen vor uns – Sie werden sehen, wie gut genährt und wohl Sie sich damit fühlen.

Das ist die Renaissance der Suppen.

REGELN FÜR SUPERFOOD-SUPPEN

Für einen geübten Koch ist es ein Leichtes, die Grundsätze einer gelungenen Suppe zu benennen: eine gute Brühe als Basis, ein wenig Fett, frische und aromatische Zutaten und Gewürze nach Belieben. Das Ziel der Superfood-Suppen ist es, diese klassische Methode zu übernehmen und sie durch eine noch sorgfältigere Wahl der Zutaten und die Zugabe von Kraftpaketen aus der Natur zu optimieren. Das Ergebnis ist ein wahrer Strom an wohlig gesunder Nahrung: Leicht verdauliche Aminosäuren, Mineralien, Vitamine, Antioxidanzien und viele andere Nahrungskomponenten lassen unser Wohlbefinden quasi in neuem Glanz erstrahlen.

Bleiben Sie bei der Zubereitung der Superfood-Suppen kulinarisch kreativ, spontan und entspannt! Es gibt nur ein paar Regeln, und wenn Sie diese einhalten, werden Sie aus Ihren Suppen wirklich das Beste herausholen. Zurückbleiben wird ein tiefgreifend wohliges Gefühl der Zufriedenheit, auch wenn Ihr Teller schon lange leergelöffelt ist.

1 Setzen Sie auf vollwertige, pflanzliche Zutaten

Es gibt so viele unterschiedliche Theorien über Ernährung und Diäten, dass man leicht den Überblick verlieren kann. Bei einer Aussage aber sind sich alle einig: Essen Sie mehr Nahrung pflanzlichen Ursprungs. Die köstlichen Suppen in diesem Buch werden Ihnen dabei helfen, persönliche Ziele (und vielleicht auch die Ihres Arztes!) zu erreichen: Sie essen mehr Gemüse, ballaststoffreiche Vollkornkost und Hülsenfrüchte, Samen und Nüsse voller Proteine.

Auf pflanzlicher Basis erreichen diese Rezepte die höchste Nähstoffdichte (Mikronährstoffe pro Kilokalorie), sind ein Hochgenuss, reinigen von innen und halten uns gesund.

2 Bevorzugen Sie frische Lebensmittel

Frische Zutaten sind fast immer die beste Wahl. Kaufen Sie in Ihrem regional sortierten Gemüseladen um die Ecke oder auf Wochenmärkten ein – und Sie finden fast alles, was Sie für meine Rezepte brauchen. Nur bei einigen Zutaten greife ich auf Konserven zurück. Frische Zutaten sind unabdingbar: Sie enthalten keine Zusätze, Konservierungsstoffe, Zucker, haben ihren natürlichen Nährstoffgehalt und schmecken einfach am besten.

3 Halten Sie es praktisch (und lesen Sie die Verpackungsangaben)

Keine Zeit, um Bohnen stundenlang selbst zu kochen? Ich weiß, dass wir in einer hektischen Zeit leben. Lassen Sie sich bitte deshalb nicht davon abhalten, eine eine frisch gekochte Suppe zuzubereiten. Es gibt genügend hochwertige Konserven, die biologisch und vollwertig hergestellt sind und mit denen Ihre Suppe gut wird. Achten Sie beim Einkauf auf die Zutatenliste der Konserve. Wenn Sie dort etwas entdecken, was Sie noch nie in Ihrer Küche hatten, gehört es dort vermutlich auch nicht hin … greifen Sie dann bitte zu einem anderen Produkt. Die Rezepte in diesem Buch stellen einen Mittelweg zwischen zeitaufwendigem Kochen und Fertigessen dar. Sie sind einfach zu kochen, und ihre Zubereitung dauert meist weniger als eine Stunde.

4 Würzen Sie Ihre Suppe bewusst

Jeder Koch weiß es: Fett und Salz machen jede Suppe geschmacksintensiver und unwiderstehlich lecker. Genau das wünschen wir uns, wenn wir kochen, doch ist die gewohnte Menge Salz und Fett meist zu viel des Guten. Moderat benutze auch ich beides, doch in rauen Mengen sind sie stark mitverantwortlich für unsere gesundheitlichen Wohlstandsprobleme (wie Bluthochdruck und Übergewicht). Ich möchte

Sie dazu ermuntern, beim Zubereiten der Superfood-Suppen die Verwendung von Salz und Fetten immer wieder zu kontrollieren: Beginnen Sie mit wenig und fügen Sie lediglich dann noch etwas hinzu, wenn Sie es wirklich brauchen. Die Rezepte in diesem Buch schmecken hervorragend mit nur wenig Salz und Fett.

5 Vertrauen Sie Ihren Instinkten

Wir Menschen sind darauf ausgelegt, dass wir im Gleichklang mit der Natur leben. So ist es auch ganz natürlich, dass unser Innerstes uns eingibt, saisonal zu essen – oder haben Sie im Sommer Lust auf Kürbis? Einige Rezepte in diesem Buch sind nur für eine bestimmte Jahreszeit passend. Vertrauen Sie auf Ihren Körper! Er bittet um genau das, was er braucht. Saisonales Essen bietet vollen Geschmack und spart außerdem Geld. (Im Winter erhältliche Wassermelonen scheinen ja aus Gold zu sein.)

6 Haben Sie Ihre Gesundheit immer im Hinterkopf

Superfoods, unsere Helden der Nährstoffdichte, machen jede Suppe besonders kraftvoll und gesund. Sie werden teils in nur kleinen Mengen verwendet, und eben das entspricht ihrer Natur. Es bedarf nicht viel für einen großen Effekt. Variieren Sie meine Suppen mit Superfoods! Überlegen Sie, was Sie für den Extrakick in Sachen Gesundheit noch hinzufügen könnten.

7 Genießen Sie jeden Löffel

Die Nährstoffdichte der Suppen kann noch so hoch und toll sein – es soll Ihnen vor allem schmecken. Genießen Sie Ihr Essen! Die Rezepte in diesem Buch sind liebevoll komponiert, um geschmacklich das Beste aus ihnen herauszuholen, aber Ihr Wohlbefinden und die Freude am Essen sind genauso wichtig für den positiven Effekt auf Ihre Gesundheit wie die Zutaten selbst. Wenn Sie mögen, machen Sie aus jedem Rezept Ihre Eigenkreation, ganz auf Sie persönlich abgestimmt.

Lassen Sie sich durch Ihren Kräutergarten inspirieren, fügen Sie besondere Gewürze hinzu und verraten Sie Ihrer Suppe Großmutters Geheimnis. Auf dass Sie auf Ihre ureigene und ganz persönliche neue Lebensqualität nicht mehr verzichten wollen.

KLEINES EINMALEINS DER SUPPEN

Obwohl es so viele unterschiedliche Suppen gibt, folgt ihre Zubereitung immer einer ähnlichen Formel: ein bisschen Fett, gute Basiszutaten, Flüssigkeit, Aromaträger und zu guter Letzt der geschmackliche Feinschliff durch moderates Würzen. Wenn Sie diese Formel verinnerlicht haben (wir beginnen damit auf Seite 22), steht Ihren eigenen Suppenkreationen nichts mehr im Wege.

GUTE FETTE

Gute Fette sind kein Widerspruch in sich, es gibt sie wirklich. Diese hochwertigen Fette auf pflanzlicher Basis sind unter anderem die Quelle für Energie und unterstützen sowohl Herzgesundheit als auch Hirnfunktionen.

Ein bisschen Fett ist beim Kochen unabdingbar. In meinen Rezepten greife ich auf Olivenöl und Kokosöl zurück. Kokosöl erinnert mehr an Butter als an Kokos, ist cholesterinfrei und unterstreicht eher deftige Gerichte aus Knollen und Wurzeln geschmacklich. Das herzgesunde Olivenöl besitzt eine leicht fruchtige Note und gibt leichten Rezepten aus Sommergemüse ein mediterranes Flair. Sie können diese Öle je nach Geschmack natürlich auch gegeneinander austauschen. Die Fette werden sowohl zum Anbraten als auch zum Abrunden des Geschmacks verwendet. Neben den beiden erwähnten Ölen sind auch die folgenden Nahrungsmittel Quellen für gute Fette:

- Nüsse (und das Mus aus Nüssen)
- Samen
- Avocados
- Oliven
- aromatisierte Öle (wie Sesam- oder Trüffelöl, am Ende des Kochens hinzugefügt)

AROMATRÄGER

Der aromatische Duft, den eine Zwiebel verströmt, die in der Pfanne brutzelt, verheißt köstliches Essen. Die Basis für Suppen wird immer ähnlich zubereitet: Man nimmt eine Auswahl an Gemüse wie Zwiebeln (zwei Teile), Karotten (ein Teil) und Sellerie (ein Teil) und dünstet diese sorgfältig an. Aber auch hier gibt es unendliche Variationsmöglichkeiten, wie Rezepte aus aller Welt über die Jahrhunderte beweisen.

Aromaträger werden zuerst in den Topf gegeben, weil sie am längsten brauchen, um einzukochen und ihren Geschmack an die Suppe abzugeben. Sie sind die Basis der Suppe, und aus einzelnen Komponenten wird schließlich ein runder Geschmacksteppich, der die Suppe unwiderstehlich macht. Zu den Aromaträgern gehören:

* Zwiebeln aller Farben und Sorten
* Lauch
* Stangensellerie
* Knollensellerie
* Petersilienwurzel
* Karotten
* Pastinaken
* Paprikaschoten
* Knoblauch
* Ingwerwurzel
* Tomaten

GEWÜRZE

Alles, was einen starken Geschmack hat und die Vollkommenheit der Suppe unterstreicht, bezeichnet man als Würze. Diese Zutaten holen auch das letzte Quäntchen Glück aus der Suppe heraus. Die Würze kann ganz simpel aus Salz und Pfeffer bestehen oder aber aus einer ausgefeilten Gewürzmischung. Gewürzt wird meist am Anfang, damit sich während des Kochvorgangs alle Armomen entfalten können, und dann am Ende noch einmal für die perfekt runde Note der Suppe.

Mit diesen Zutaten können Sie Ihre Suppe interessanter und geschmacklich runder machen:

* Salz und Pfeffer
* ganze und gemahlene Gewürze
* frische und getrocknete Kräuter
* Chili und scharfe Saucen (wie Sambal Oelek, Anm. d. Ü.)
* Sojasauce
* Nährhefe

Family
Heirloom
Garlic
1⁰⁰ each

BASISZUTATEN

Basiszutaten sind das Herz eines jeden Rezepts. In diesem Buch sind es die unterschiedlichsten Gemüsesorten und andere vegetarische Zutaten, die die Hauptrolle übernehmen. Hier eine Auswahl der schier unendlichen Möglichkeiten:

* Bohnen
* Hülsenfrüchte
* Körner und Getreide
* Pseudogetreide (wie Quinoa)
* Kürbis und andere stärkehaltige Gemüsesorten
* Wurzeln und Knollen
* Blattgemüse und so ziemlich jedes andere Gemüse
* Früchte
* Nüsse
* Samen

FLÜSSIGKEIT

Ohne Flüssigkeit wäre eine Suppe ein Pfannengericht. Durch Hinzugabe von Flüssigkeit entsteht der Zauber der Suppe. Eine herrliche Verschmelzung der festen Zutaten mit der Flüssigkeit entsteht durch sorgfältiges Köcheln. In den meisten Rezepten wird mit Brühe gearbeitet, doch reicht manchmal auch Wasser für tolle Kreationen. Eine selbst hergestellte Brühe ist das Nonplusultra, aber fertige Biobrühen (bitte ohne Geschmacksverstärker und Hefe!) sind eine einfache und gute Alternative, wenn es mal schnell gehen soll. Seien Sie auch bei der Auswahl der Flüssigkeit kreativ! Für Suppen können Sie zum Beispiel folgende Flüssigkeiten verwenden:

* Wasser (natürlich so rein wie möglich!)
* Brühe/Fond (selbst gemacht, siehe Seite 64ff., oder gekauft)
* Nussmilch oder -creme
* Tee
* Saft (vor allem Gemüsesäfte)
* Wein (rot und weiß)

DAS GEWISSE EXTRA

Eine Suppe herzustellen ist wie die Komposition eines klassischen Musikstücks. Denken wir beispielsweise an Händels „Hallelujah“ aus dem Messias: Nach vier Minuten gesungenen „Hallelujahs“ kommt der langsame Höhepunkt – Hal … le … lu … und dort scheint es zu verweilen, bemüht um Zusammenklang und Abrundung. Dann endlich das finale jaaaaah, was zum harmonischen Abschluss des Stückes führt.
Diesen Abschluss nenne ich beim Kochen das gewisse Extra vor dem Servieren. Die Abrundung, die die Suppe stimmig und harmonisch macht. Das gewisse Extra können Gewürze, etwas Säure in Form von Zitrone oder Essig, etwas Brühe oder

ein Klecks saure Sahne als i-Tüpfelchen sein, um eine Chili in ihrer Schärfe zu mildern. Durch dieses Extra wird die Suppe statt sehr gut ausgezeichnet. Diese Extras können Sie hinzufügen:

* Zitronen- oder Limettensaft
* Essig aller Art
* Salz und Pfeffer
* natürliche Süßungsmittel
* extra Brühe oder Wasser
* Öl
* Nüsse und Samen (und daraus hergestellte Butter oder Cremes)
* Saucen und Würzmischungen
* frische Kräuter
* zartes Blattgemüse
* Garnierungen (für Rezepte und Ideen siehe Seite 208ff.)

BOHNEN: FRISCH VERSUS KONSERVE

Wenn Sie Bohnen zu einer Suppe hinzufügen, wird sie sofort nahrhaft und sättigend. Bohnen enthalten viel pflanzliches Eiweiß und herzgesunde Ballaststoffe.

Es gibt zwar nur wenige Lebensmittel, die selbst gekocht nicht um Längen besser schmecken. Aber Bohnen gehören zu eben solchen, die aus der Konserve ehrlich gesagt sogar teilweise besser schmecken als frisch zubereitet. Konservenbohnen haben einige Vorzüge: Sie reduzieren die Kochzeit der Suppe um viele, viele Stunden. Außerdem haben sie immer die perfekte Konsistenz, um Ihre Suppe cremig zu machen. Sie ersparen sich die Enttäuschung, dass stundenlang gekochte Bohnen am Ende doch zu hart oder gar zu matschig sind. Zu guter Letzt brauchen Sie für die meisten Rezepte nur eine geringe Menge Bohnen – und dafür lohnt sich der ganze Aufwand des Kochens nicht.

EIN PAAR TIPPS FÜR DIE WAHL DER BOHNEN

1. **Kaufen Sie BPA(weichmacher)-freie Konserven**
   Stellen Sie sicher, dass die Konserve BPA-frei ist. BPA steht für Bisphenol-A, ein chemisch-industrielles Produkt, das oft in der Innenbeschichtung von Dosen zu finden ist.
   Häufiger Kontakt mit BPA steht im Zusammenhang mit etlichen Gesundheitsproblemen. Das BPA kann sich aus der Innenbeschichtung lösen und ins Essen übergehen.

2. **Kaufen Sie wenn möglich gesalzene Bohnen**
   Bohnen brauchen eine lange Kochzeit, um Geschmack anzunehmen. Ungesalzene Bohnen bleiben enttäuschend flach im Geschmack, und das kann sich auf das gesamte Kochergebnis auswirken. Gesalzene Bohnen verbinden sich wunderbar leicht mit den anderen Zutaten. Wenn ich sonst auch immer zu salzarmen Produkten rate – das hier ist die Ausnahme!
3. **Vermeiden Sie unnötige Konservierungsstoffe**
   Die Zutatenliste auf der Konserve sollte lauten: „Bohnen, Wasser, Salz". Besser noch: „Bohnen aus kontrolliert biologischem Anbau, Wasser, Salz". Das ist alles, was Bohnen (und Sie!) brauchen.

Für den Fall, dass Sie Ihren Vorrat an getrockneten Bohnen aufbrauchen möchten, gebe ich Ihnen in der folgenden Tabelle Informationen für die Kochzeit.
Augenbohnen, Schälerbsen und Linsen haben eine relativ kurze Kochzeit und müssen nicht eingeweicht werden, daher nutze ich sie in meinen Rezepten in der getrockneten Form.

ANGABEN ZUM KOCHEN VON BOHNEN

Sortieren Sie zuerst schlechte Bohnen aus, dann weichen Sie die Bohnen über Nacht in Wasser ein (1 Teil Bohnen auf 4 Teile Wasser). Oder aber Sie erhitzen das Wasser mit den Bohnen in einem Topf, bis es kocht, Bohnen 2 Minuten köcheln lassen, eine Stunde ohne Hitzezufuhr weichen lassen. Die Bohnen gut abspülen und abtropfen lassen, dann für die angegebene Kochzeit in einem schweren Topf in Wasser und etwas Salz köcheln lassen.

1 Tasse trockene Bohnen = 3 Tassen gekochte Bohnen

Name	Beschreibung	Kochzeit
Schwarze Bohnen	Mittelgroße schwarze Bohne mit hellem, cremigem Inneren	1–1½ Stunden
Cannellini-Bohnen (italienische Kidneybohnen)	Mittelgroße weiße Bohne, nierenförmig, nussig im Geschmack	1–1½ Stunden
Kichererbsen	Mittelgroße beige, runde Bohne, nussig im Geschmack	2–3 Stunden
Kidneybohnen	Große rötliche, nierenförmige Bohne, starker Bohnengeschmack	1–2 Stunden
Weiße Bohnen	Kleine weiße, ovale Bohne, süßlich und cremig im Geschmack	1–2 Stunden
Pintobohnen	Mittelgroße, braun-beige Bohne mit ausgesprochenem Bohnengeschmack	1–2 Stunden
Sojabohnen	Kleine runde Bohne, schwarz, grün, rot oder gelb mit buttrigem Geschmack	3–4 Stunden
Weiße Bohnen (great northern)	Große weiße Bohne, mild im Geschmack	1–2 Stunden

SUPPENKOMPOSITION

Eine Sache finde ich besonders toll an Suppen: Sie müssen kein Kochkünstler sein, um ein fabelhaftes Ergebnis zu erhalten. Ein Chefkoch mag stundenlang mit der Zubereitung einer Suppe beschäftigt sein, und am Ende schmeckt sie genauso wunderbar wie, sagen wir, das altbewährte, grundsolide Familienrezept für Chili con Carne.

Alle Methoden der Suppenzubereitung folgen mit Abweichungen einer bestimmten Formel. Wenn Sie diesen Richtlinien folgen, bekommen Sie herausragende Suppenkreationen!

Fett: Geben Sie zu Beginn bei mittelstarker Hitze etwas Öl in einen Topf, sodass Ihre Zutaten nicht anbrennen und sie stattdessen feinduftend anbraten (anbräunen). Das Öl darf heiß werden, aber nie den Rauchpunkt überschreiten.

Aromaträger: Egal, ob Sie klassisches Suppengrün (Karotten, Lauch, Knollensellerie etc.) oder eine andere Basis verwenden: Diese Zutaten werden als Erstes hinzugefügt, da sie die längste Garzeit benötigen und den Geschmacksteppich der Suppe darstellen. Sie werden 2 bis 10 Minuten lang gekocht.

Gewürze: Dann fügt man Würze hinzu, zum Beispiel Salz und Pfeffer oder getrocknete Kräuter, um sicherzustellen, dass sie genügend Zeit haben, Geschmack an die Suppe abzugeben.

Ein guter Teelöffel Salz reicht vorerst, mehr hinzufügen kann man immer noch.

Basiszutaten: Weiter geht es mit Reis, Bohnen, Hülsenfrüchten, kochintensiven Gemüsesorten (Kartoffeln oder Blumenkohl) und hitzebeständigen Superfoods wie Gojibeeren. Sie werden in der Flüssigkeit, die kurz darauf beigefügt wird, weich gekocht. Die Suppe kocht nun so lange, wie es nötig ist für das Gemüse mit der längsten Garzeit.

Flüssigkeit: Wasser, Fond/Brühe, Wein oder die Garflüssigkeit Ihrer Wahl sorgt dafür, dass das Gemüse weich gekocht wird. Auch wenn der Topf abgedeckt ist, wird viel von der Flüssigkeit aufgesaugt oder sie verdunstet. Die Flüssigkeit wird zum Kochen gebracht und köchelt dann auf niedriger Hitze, bis alle Zutaten gar sind.

Das gewisse Extra: Am Ende der Garzeit werden hitzeempfindliche Zutaten beigefügt, wie zum Beispiel Zitronen-/Limettensaft, Essig, Milch, Blattgrün, konsistenzgebende Superfoods wie Chiasamen, frische Kräuter. Auch nachgewürzt wird jetzt bei Bedarf.

Garnierungen: Saucen wie Pesto, Cremes, geröstete Samen, frisch gehackte Kräuter (wie Schnittlauch, Petersilie und Dill) werden meist hinzugefügt, wenn die Suppe bereit zum Servieren ist.

KOCHUTENSILIEN

Suppen sind sehr anspruchslos zuzubereiten. Sie brauchen einen großen Topf mit schwerem Boden (aus Edelstahl oder Kupfer, ein emaillierter Eisentopf geht auch, ist aber nicht nötig – er ist sehr schwer und bietet für die Rezepte in diesem Buch keine Vorteile), ein gutes Küchenmesser und einen Rührlöffel.

Ein gutes Messer ist unabdingbar und wird Ihnen die Vorbereitung erleichtern. Gemüse schneiden macht Spaß – sofern Ihr Messer gut geschärft ist. Ich besitze neben Edelstahlmessern auch welche aus Keramik. Sie bleiben länger scharf und schneiden hervorragend weichere Zutaten wie Tomaten und Zwiebeln.

Ich weiß nicht mehr, wann und wo ich meinen hölzernen Rührlöffel gekauft habe. Aber allein weil er schon unzählige Suppen gerührt hat, ist er etwas Besonderes für mich. Wenn Sie so sentimental wie ich sind, dann wird Ihnen ein toller Holzlöffel ans Herz wachsen: Ihr bester Freund in der Küche, der Ihre Suppen herrlich cremig rühren wird, ohne dabei Böden zu zerkratzen.

Für einige Rezepte wird ein Mixer benötigt: entweder ein Stabmixer oder ein Standmixer. Ich persönlich bevorzuge einen Standmixer, da ich das Ergebnis cremiger finde. Finden Sie heraus, was Ihnen persönlich mehr entspricht.

DIE GRUNDLAGEN FÜR SUPERFOOD-SUPPEN

Das perfekte Lebensmittel, das ein Rundum-sorglos-Paket für den Körper bietet, existiert nicht. Noch nicht einmal unter den Superfoods. Aber durch Superfoods wird jedes Gericht nährstoffdichter. Sie sorgen somit für ein gesundes inneres Ökosystem und begünstigen einen starken und harmonisch versorgten Körper.

Superfoods helfen dabei, Ihr bestes Selbst zum Strahlen zu bringen.

Diese Liste ist direkt zugeschnitten auf ihre Verwendung in Suppen. Ich habe darauf geachtet, dass die Superfoods geschmacklich gut in Suppen harmonieren, einfach (und relativ günstig) erhältlich und gut erforscht sind.

Es gibt noch viele weitere Superfoods, die hier unerwähnt bleiben, weil sie mit unserem Vorhaben, Suppen zu kochen, nicht zusammenpassen (mehr dazu später).

Alle Superfoods in diesem Buch entstammen einer dieser Arten und sollten bei Ihnen zu Hause immer vorrätig sein.

DIE TOP-SIEBEN-SUPERFOODS

Heilpilze
Meeresgemüse/Algen
Grüne Gemüsesorten
Superbeeren
Superwurzelgemüse
Supersamen
Superkörner

HEILPILZE

Während meiner Highschool-Zeit verbrachte ich ein Jahr in Idaho. Dort lernte ich die Pilze kennen, die einige Schüler meiner Klasse von Kuhfladen sammelten.

Heilpilze werden oft misstrauisch beäugt, da man sie öfter mit giftigen oder halluzinogenen Pilzen (wie den Kuhfladenpilzen) verwechselt. Dann gibt es noch den Mythos aus alten englischen Texten, der besagt, Hexen ließen Pilze entstehen, und diese würden jeden erwürgen, der sie isst.

Aber Heilpilze sind vielmehr phänomenale Wunder der Natur: Sie enthalten viele sekundäre Pflanzenstoffe und unterstützen unser Immunsystem. Auch normale Speisepilze sind sehr gesund. Sie enthalten Proteine (mit allen essenziellen Aminosäuren!) und Mikronährstoffe wie B-Vitamine, Eisen und Vitamin C.

Heilpilze unterscheidet von normalen Speisepilzen die Dichte an Nährstoffen, ähnlich wie der Grünkohl, der zu den Superfoods zählt, sich von seinem Vetter, dem Eisbergsalat, unterscheidet.

Vorteile und Vielfalt Heilpilze haben ihren Namen wirklich verdient. Sie enthalten so viel Kraft und Gutes, dass ich gar nicht alles aufzählen kann. Sie besitzen wirklich faszinierende Stoffe, einige von ihnen werden noch immer erforscht. Der Einfachheit halber haben in dieses Buch nur fünf Pilze Einzug gehalten, von denen Sie Shiitake und Maitake neben der getrockneten Variante auch frisch erhalten können. Die anderen drei Heilpilze bekommen Sie in Pulverform. Sie sind dank ihres milden Geschmacks sehr einfach und unauffällig den Rezepten beizufügen. Ich lege Ihnen sehr ans Herz, sich über Heilpilze zu informieren. Pflegen Sie sie in Ihren Kochalltag mit ein und profitieren Sie von deren Vorteilen für Ihre Gesundheit.

Shiitake

Shiitakes sind ein Allround-Talent: Sie schmecken toll und bieten Heilwirkungen sondergleichen. In der traditionellen chinesischen Medizin werden sie eingesetzt, um Cholesterin zu senken und um Erkältungen und Grippe zu kurieren. Forscher

haben zudem herausgefunden, dass Lentinan, ein in Shiitakes vorkommendes Antioxidans, das Wachstum von Krebszellen hemmen soll.
Diese Entdeckung hat dazu geführt, dass in Japan inzwischen ein Medikament mit diesem Inhaltsstoff auf dem Markt ist, was zur Verbesserung des Immunsystems eingesetzt wird. Auch Antikörper sollen durch Lentinan stimuliert werden, sodass der Einsatz ebenfalls bei HIV- und Hepatitisbehandlungen, bei Lebererkrankungen und bei bakteriell bedingten Beschwerden denkbar ist. Zu guter Letzt besitzt der Shiitakepilz wirklich einen grandios herzhaften Geschmack (Umami) und wird leicht zum abwechslungsreichen Star der Küche.

Reishi

Einige östliche Medizinmänner nannten Reishi den König unter den Heilpilzen und empfanden ihn sogar dem chinesischen Allheilmittel Ginseng überlegen. Reishi enthält wichtige Antioxidanzien und Mikroelemente, wie Beta-Glucane, Ling-zhi-8-Eiweiß (ein Polypeptid) und ganodermische Säuren. Die Namen mögen jetzt nicht so aufregend klingen, vielleicht doch eher ihre positiven Auswirkungen: Reishi wird dazu eingesetzt, das chronische Erschöpfungssyndrom, Diabetes und einen zu hohen Cholesterinspiegel zu behandeln. Daneben unterstützt der Pilz die Leberreinigung und kann Heuschnupfen und Asthma lindern. Einige Heilmittel aus Reishi sorgen für ein ebenmäßiges Hautbild. Das Verzehren des Pilzes bringt den Adrenalinhaushalt ins Gleichgewicht und reduziert Stresssymptome. Er schmeckt ziemlich bitter und ist nicht sehr delikat, doch schon kleinste Mengen sind der Gesundheit zuträglich, sodass der Geschmack durch die meisten anderen Gemüsesorten oder Kräuter überdeckt werden kann.

Cordyceps

Cordyceps ist eine Pilzart mit Hunderten Unterarten und steht für Kraft und Vitalität.
Bei Athleten ist er vor und nach dem Training sehr beliebt, um Ausdauer und Leistung zu verbessern, da durch diesen Pilz mehr Sauerstoff in den Körper gelangen kann. Wo wir gerade von Ausdauer und Leistung sprechen: In China wird

DIE BEDEUTUNG VON UMAMI

Diese vier Geschmacksrichtungen kennt jeder: süß, salzig, bitter und sauer. Vor vielen Jahren entdeckte man eine fünfte: umami, was so viel heißt wie „herzhaft". Unser Körper verlangt nach Umami, weil dieser Geschmack auf die enthaltene Aminosäure Glutamin hinweist. Glutamin findet sich oft in eiweißreicher Nahrung wie Fleisch und auch in Miso, Algen, Pilzen und sogar in einigen Früchten wie Tomaten. Wenn Sie Ihren Gerichten diese Zutaten beifügen, erhalten Sie ein ausgesprochen rundes und harmonisches Ergebnis – unglaublich lecker!

Cordyceps schon lange als Potenzmittel für Mann und Frau eingesetzt. Einige Studien ergaben, dass der Pilz den Cholesterinspiegel senken kann. Auch bei Atemwegserkrankungen, Diabetes, Hepatitis B und sogar bei Leber- oder Nierenproblemen soll Cordyceps Abhilfe schaffen können. Leicht bitter schmeckt auch dieser Pilz, er kann sehr einfach fast jedem Rezept beigemengt werden.

Chaga

Aufgrund seiner entzündungshemmenden, antiviralen, antimykotischen und möglicherweise auch antitumoralen Wirkung sorgt Chaga für Furore in medizinischen Kreisen auf der ganzen Welt. Chaga enthält das wichtige Antioxidationsmittel Superoxiddismutase, Vitamin D, Mineralstoffe wie Zink und Germanium sowie Beta-Glucane. Chaga kann den Blutdruck und die Blutzuckerwerte senken und zudem chronische Magenbeschwerden lindern. Vor allem die möglicherweise antitumorale Wirkung von Chaga (er wird zum Beispiel nach Chemotherapien eingesetzt, um Zellen bei der Regeneration zu helfen) macht ihn so beliebt. In der Tat lässt Chaga hoffen, bestimmte Melanome sowie Krebserkrankungen an Leber, Knochen und Magen zu heilen.
Das alles macht Chaga zu einem Must-have in der Superfood-Küche. Er schmeckt leicht bitter und bleibt sehr unauffällig in den meisten Suppen und Eintöpfen.

Verwendung von Heilpilzen Dank ihres erdigen Geschmacks und ihrer leicht fleischähnlichen Konsistenz passen frische Pilze gut zu fast allen herzhaften Gerichten. Vor allem Shiitakes können als ganze Pilze hervorragend eingesetzt werden. Die anderen Heilpilze, geschmacklich nicht in der ersten Liga spielend, können in Pulverform sehr einfach einem Rezept beigefügt werden, ohne geschmacklich aufzufallen.

Wichtig: Sie können nach Belieben die Pilzsorten in den Rezepten gegeneinander austauschen! Wenn das Rezept Chaga vorgibt, Sie aber mehr Bedarf an Reishi haben, nehmen Sie natürlich letzteren Pilz.

DER GEBRAUCH VON SÜSSUNGSMITTELN IN SUPPEN

Kaum etwas wird kontroverser diskutiert als Zucker. Dabei ist Zucker nicht gleich Zucker: Eine gute Wahl sind Süßungsmittel mit niedrigem glykämischem Index wie Kokoszucker oder Ahornsirup – sie passen toll in jedes Rezept. In manchen herzhaften Rezepten in diesem Buch sorgen Zuckerstoffe für einen ausgeglichenen Geschmack. Es bedarf meist nur ein bisschen feiner Süße für einen großen Effekt.

Besonders erwähnenswert: Maitake

Maitake oder Gemeiner Klapperschwamm ist ein wild wachsender Speisepilz, der heutzutage auch oft kultiviert wird. Er ist bekannt für seinen fleischähnlichen Geschmack. Für kurze Zeit während der Saison können Sie Glück haben und ihn vor Ort beim Gemüsehändler oder im Supermarkt bekommen.

Maitake zählt zu den Heilpilzen und wird in Japan zur Verbesserung des Immunsystems und der allgemeinen Vitalität verwendet. Durch jahrelange Forschung ist nun bekannt, dass Maitake auch bei Diabetes, zu hohem Cholesterinspiegel, Blutdruck- und Gewichtsschwankungen und zur Behandlung von Autoimmunkrankheiten zum Einsatz kommen kann.

Wann immer ich Maitake frisch finde, verwende ich ihn so, weil er einfach toll schmeckt. Außerhalb der Saison tut es auch die Pulverform. Dieses Buch enthält nur wenige Rezepte mit Maitake. Fühlen Sie sich frei, ihn hinzuzufügen oder andere frische Speisepilze durch ihn zu ersetzen.

„Wenn jedes Essen durch die Zugabe von Algen etwas gesünder gemacht werden würde, hätten wir vielleicht eine langfristige Strategie gegen Herzkrankheiten."

So lautete die Abschlussbemerkung von Forschern der Süddänischen Universität in ihrem 2015 veröffentlichten Artikel zum Thema „Essbare Algen und ihre positiven Auswirkungen auf die Gesundheit", nachdem sie 35 verschiedene Arten von Meeresgemüse untersucht hatten.

Aus der Geschichte weiß man, dass jede Küstenkultur eine lange Tradition im Verzehr von Algen besitzt. Sie sind wahre Helden unter den Superfoods für Suppen und Nahrungs- sowie Heilmittel in einem. Verwenden Sie sie so oft wie möglich.

Vorzüge und Varianten Viele Menschen werfen alle Algenarten geschmacklich in einen Topf, weil sie einander in ihrer getrockneten Form sehr ähneln. Aber die verschiedenen Algenarten variieren im Geschmack enorm. Sie sind extrem nährstoffreich und dabei sehr kalorienarm, besitzen Mikronährstoffe, Aminosäuren, Ballaststoffe, eine große Menge Omega-3- und -6-Fettsäuren, Vitamine, Antioxidanzien und Mineralstoffe. Auch Kalzium, Eisen, Magnesium und Natrium (Elektrolyte) finden sich neben einer Fülle von Spurenelementen wie das stoffwechselanregende Molybdän. Meeresgemüse bereichern so ziemlich jedes Essen, machen Bohnen und Hülsenfrüchte leichter verdaulich, sorgen für einen herzhaften Umami-Geschmack und reduzieren den Salzbedarf. (Mineralstoffe schmecken salzig.) Ihre zahlreichen Qualitäten stärken Knochen und Gelenke, das Immunsystem, sollen krebsvorbeugend wirken, entgiften den Körper, bringen den Stoffwechsel in Balance und sorgen für eine strahlende Haut.

Kombu

Kombu ist eine Braunalge und wird in Form von dicken getrockneten Streifen verkauft. In Ostasien wird sie seit Jahrtausenden in Suppen verwendet. Braunalgen enthalten viele Antioxidanzien und zudem einen Farbstoff, bekannt als Fucoxanthin. Dieser Farbstoff soll Magenproblemen, von Infektionen bis hin zu Krebs, so wirkungsvoll wie ein Antibiotikum entgegentreten. Kombu sorgt für einen gesunden Stoffwechsel und wird daher auch oft als Ergänzung bei Diäten eingesetzt.

Kelp

Kelp, auch eine Braunalge, wird schon lange in Suppen verwendet. Sie enthält um die 30 Mineralstoffe. Aufgrund ihres hohen Jodgehalts ist Kelp vorteilhaft für die Gesunderhaltung der Schilddrüse. Kelp schmeckt kräftig-salzig; daher empfehle ich die Pulverform (oder Kelp-Granulat), um den starken Geschmack gut dosieren zu können.

Dulse

Dulse zählt zu den Rotalgen und wächst in großen Meerestiefen. Zu kaufen gibt es sie als getrock-

nete Streifen, Flocken oder Pulver. Aufgrund ihrer Konsistenz und ihres starken Geschmacks empfehle ich Ihnen die Flockenform für den Gebrauch in Suppen.
Sie ist mit das meistverwendete Superfood in diesem Buch. Dulse hat eine gute antivirale Wirkung und versorgt den Körper mit vielen Spurenelementen wie Kalium, Natrium, Magnesium, Kalzium, Zink und Chrom.

Nori

Wir alle kennen Nori von den beliebten Sushi-Rollen. Auch wenn die Farbe der handelsüblichen Blätter eher grün-schwarz erscheint, gehört Nori zu den Rotalgen. Sie enthält viele Aminosäuren (Eiweiß) und ähnliche Mineralstoffe wie Dulse. In Suppen sorgt sie für einen fleischähnlichen Geschmack. Verwenden Sie dafür einfach die gleichen Blätter wie für Sushi.

Wakame

Auch wenn sie grün aussieht, gehört Wakame zu den Braunalgen. In Asien wird sie werdenden und jungen Müttern verabreicht, da sie kalzium- und jodreich ist. Wakame hat einen intensiven, leicht süßlichen Geschmack und wird in getrockneter Form verkauft. Sie quillt bei Kontakt mit Wasser schnell auf. Damit nach dem Quellen nicht zu große Stücke entstehen, empfehle ich, Wakame vor dem Hinzufügen fein zu zerbröseln.

AUFBEWAHRUNG VON MEERESGEMÜSE

Ein großer Vorteil von Meeresgemüse im Gegensatz zu frischem, auf dem Land gewachsenem Gemüse ist, dass es in getrockneter Form verkauft wird und somit viele Jahre lang haltbar ist, ohne dabei an Geschmack oder Nährwert zu verlieren. Ich kann dies bezeugen: Vor zwei Jahren kaufte ich übermütig ein Pfund Kelppulver – ich arbeite immer noch daran, diese enorme Menge aufzubrauchen, und das Pulver ist tatsächlich noch so gut wie am ersten Tag. Lagern Sie das Meeresgemüse einfach dunkel und trocken in einem gut verschließbaren Behältnis.

Verwendung von Algen Intensiv schmeckende Algen wie Kombu und Kelp fügen Sie am Anfang des Kochvorgangs hinzu, damit sie Zeit haben, sich geschmacklich mit der Suppe zu verbinden. Leichtere Algen, wie Nori und Dulse, können jederzeit hinzugefügt werden, oder man verwendet sie als Garnierung. Algen sind sehr vielseitig; am besten schmecken sie meiner Meinung nach in cremigen Meeresfrüchtesuppen oder Eintöpfen mit Bohnen oder Körnern (auch Nudeln).

GRÜNES GEMÜSE

Es ist nichts Neues: Grünes Gemüse ist sehr gesund, es ist der Star unter den gesunden Lebensmitteln und somit das eigentliche Superfood. Wir alle suchen wohl nach einfachen Wegen, diese tollen und wohlschmeckenden Lebensmittel mehr in unserem täglichen Essen zu verwenden. Ein wunderbare Möglichkeit sind die allgegenwärtigen grünen Smoothies.

Suppen sind ein weiteres perfektes Einsatzgebiet für grüne Gemüsesorten: Sie bereichern die Suppen geschmacklich und nährstofftechnisch enorm.

Außerdem wird aus einer großen Menge Grün schnell ein handliches Format in Suppen. Blattgemüse fällt schnell in sich zusammen und ermöglicht so das leckere Genießen von einer Fülle von Gutem.

Vorzüge und Varianten Neben entgiftenden, abwehrstärkenden und entzündungshemmenden Stoffen bieten grüne Gemüsesorten eine breite Palette an Vitamin A, C, E und K, Folsäure, Kalzium, Eisen, Mangan, Protein, Ballaststoffe und und und …

Diese tollen Lebensmittel halten gesund und sind eine wahre Fundgrube für Flavonoide, von basischem Chlorophyll bis hin zu Carotin, und von Antioxidanzien. In allen Fachbereichen für Ernährung herrscht Einigkeit darüber, dass grünes Gemüse mit Fug und Recht den besten Ruf gesunder Nahrungsmittel besitzt.

Es gibt so viele verschiedene grüne Gemüsesorten, aus denen man täglich wählen kann. Unter den besten grünen Blattgemüsesorten für Suppen rangieren **Grünkohl, Spinat, Rucola, Mangold** und **Brunnenkresse**. Für mehr Fülle sorgen andere Kohlsorten wie **Weißkohl, Rosenkohl** und **Brokkoli** (alle bekannt für ihre potenzielle Antitumorwirkung). Frische Kräuter sorgen für noch mehr gesunden Genuss in Ihren Suppen, beispielsweise **Petersilie, Rosmarin, Thymian** und **Koriander**. (Genauso wie sich diese Pflanzen durch ihre chemischen Pflanzenstoffe selbst vor Schädlingen schützen, werden sie auch Ihren Körper von innen beschützen.) Eine weitere, sehr gesunde Art von grünem Gemüse sind Sprossen und Gräser, zum Beispiel **Sonnenblumensprossen** und **Weizengras**. Die zarte, frische und junge Form der Lebensmittel hat eine sehr viel höhere Dichte an Mikronährstoffen als die ausgewachsene Pflanze.

Verwendung von grünen Gemüsesorten Die Inhaltsstoffe der meisten grünen Gemüsesorten reagieren sehr empfindlich auf Hitze. Daher ist es am besten, sie möglichst spät im Kochvorgang hinzuzufügen. Gut eignen sie sich daher auch als Garnierung oder verarbeitet zu einem frischen Pesto. Sogar in kalte Suppen gemixt behalten sie ihre volle Gesundheitswirkung. Kocht man sie lange mit, verlieren sie natürlich nicht an Geschmack, sehr wohl aber an ihren Superfood-Kräften.

Besonders erwähnenswert: Spirulina und Chlorella

Auch wenn sie nicht wirklich zu grünem Gemüse zählen, sind diese Algen deutlich hervorzuheben.

Sie sind weit oben in der Liste der besten Superfoods einzuordnen. Ihre Nährstoffe sind in einer so hohen Konzentration zu finden, dass man mit drei Gramm Spirulina auf die gleiche Menge Nährstoffe kommt wie mit 500 Gramm Gemüse und Obst. Vitalisierend, entgiftend, abwehrstärkend … die Liste ihrer Qualitäten geht ins schier Unendliche.

Ihr Haupteinsatzbereich ist Smoothies, Dressings und Dips. In heißen Suppen verlieren sie schnell ihre wertvollen Inhaltsstoffe. Ich empfehle Ihnen daher die Verwendung in kalten Suppen (Achtung: Sie werden Ihre Suppe damit grünlich färben!) oder aber in Saucen, die dann kurz vor dem Servieren auf eine heiße Suppe kommen. Ich bin eine große Liebhaberin dieser beiden Superfoods, daher habe ich sie auch in diesem Buch in ein paar Rezepten mit eingebracht – allerdings sind Suppen zugegebenermaßen nicht der perfekte Einsatzbereich für diese tollen Algen.

SUPERBEEREN

Die meisten Menschen haben wohl keine Früchte im Sinn, wenn sie an Suppen denken. Doch einige unter ihnen erstrahlen in Suppen in ganz neuem Glanz. Neben der natürlich superhohen Nährstoffdichte sorgen sie für einen einzigartigen Geschmack in Suppen – manchmal sogar für genau die Süße, die ein Rezept für seine Perfektion noch braucht, und ersetzen damit oft raffinierten Zucker. Ganz richtig, ich spreche von Süßen mit Superfoods – was will man mehr?

Vorzüge und Varianten Früchte – die Süßigkeiten der Natur. Ach, wären unsere alltäglichen Süßigkeiten doch nur einen Bruchteil so gesund wie diese Früchte! Jede Frucht besitzt ihren eigenen Cocktail aus Vitaminen und Antioxidanzien. „Superfrüchte", zum Beispiel Beeren, besitzen diese positiven Eigenschaften und packen sie in kleinere, kalorienärmere Portionen. Es sind kleine Nährstoffwunder. Alle Beeren in diesem Buch unterscheiden sich sehr. Sehr schön für ihre Handhabung: Eine lange Haltbarkeit besitzen sie alle in der getrockneten Form.

Camubeeren

Die Camubeere, die der Cranberry ähnelt, kommt aus dem Amazonasgebiet und ist normalerweise in Pulverform erhältlich. Ihr Anteil an den Gerichten ist verschwindend gering, da sie sehr bitter ist. Sie besitzt kaum Zucker (erwähnte ich schon, dass sie bitter ist?), aber die Camubeere macht ihren bescheidenen Geschmack mit ihren Nährstoffen wett. Sie besitzt das höchste natürliche Vorkommen an Vitamin C. Eine Prise reicht, um den Tagesbedarf fast zu decken. Sie dürfen das Pulver nicht mitkochen – geben Sie es einfach kalten Suppen oder ungekochten Saucen hinzu.

Gojibeeren

Getrocknete Gojibeeren sind mit die wichtigste Superfood-Zutat für Suppen. Die rote Beere ist getrocknet so groß wie eine Erdnuss und sieht ein bisschen aus wie eine getrocknete Tomate. Sie sind nur leicht süß, ihr Geschmack erinnert an Tomate, Zitrone und Pfeffer und ist auch etwas rauchig. Die Gojibeere ist ein herausragend vollwertiges Lebensmittel, reich an wichtigen Eiweißen, Kohlenhydraten mit niedrigem glykämischem Index, antioxidativ wirkenden Fetten und über 20 wichtigen Mineralstoffen und Vitaminen. Studien haben ergeben, dass in dieser kleinen Beere sagenhafte Heilkräfte für Augen, Gehirn und unser Herz stecken. Sogar unser Erinnerungsvermögen stärkt die Gojibeere (selbst Alzheimer soll durch die Beere in seinem Voranschreiten gezügelt werden können). Sie besitzt echtes Anti-Aging-Potenzial und lässt unsere Haut von innen heraus strahlen.

Man kann die Gojibeere sehr breit gefächert einsetzen – von süß bis herzhaft, in Kombination mit Sommer- und Wintergemüse oder auch in herzhaften Eintöpfen.

Physalis

Die Physalis bietet wahrlich eine süß-saure Geschmacksexplosion. Damit sie geschmacklich nicht die Oberhand gewinnt, sollte sie wohlüberlegt kombiniert werden. Sie ist eng verwandt mit der Tomatillo, eine grüne Art der Blasenkirsche. Die Physalis wird auch Kapstachel- oder Andenbeere genannt. Sie ist reich an Vitamin C und daher entzündungshemmend, lindert Arthrosebeschwerden, senkt den Cholesterinspiegel und kann bei Herzerkrankungen, Asthma sowie viralen Infektionen helfen. Dank ihrer stärkenden Kräfte essen Athleten sie, um ihre Leistungen zu verbessern und Krankheiten schnell auszukurieren.

In sonnengetrockneter Form erhalten Sie Physalis das ganze Jahr über (sie sind preiswerter als frische). Sie passen hervorragen zu sommerlichen Suppen, denen sie eine Fruchtnote verpassen, und zu zitronigen Chutneys, die herzhafte Eintöpfe als Topping veredeln.

Sanddorn

Diese unglaublich wertvollen Beeren gedeihen, wie ihr Name schon verrät, in Sand- und Meeresnähe. Sie wachsen in dichten Büscheln an sehr stacheligen Ästen und sind nicht zu übersehen mit ihrem leuchtenden Orange. Der Saft der Beeren schmeckt zitronig, leicht nach Honig und mehr sauer als süß. Er besitzt eine wunderbare Geschmeidigkeit und cremige Konsistenz. Die Nährstoffe des Sanddorns ähneln denen anderer Beeren (beispielsweise mit reichlich Vitamin A und C). Sehr ungewöhnlich ist, dass diese Beere Fettsäuren enthält. Sie ist nur eine der wenigen Früchte auf der Welt mit diesen Inhaltsstoffen und enthält Omega-3-, Omega-6- und Omega-9-Fette sowie das ausgesprochen seltene Omega-7-Fett. Omega-7 ist die neueste entdeckte positive Fettsäure – sie soll den Cholesterinspiegel in Balance halten, sorgt für eine gesunde Leber und ein gutes Körpergewicht und soll Typ-2-Diabetes vorbeugen.

In der Kosmetikindustrie wird Sanddorn schon lange als Anti-Aging-Mittel eingesetzt. Auch von innen heraus kann uns Sanddorn Schönheit spenden. Zögern Sie daher nicht, diese tolle Frucht in leichten, cremigen Suppen oder aber in zitronigen Fruchtsuppen zu verwenden.

Verwendung von Superbeeren Superbeeren wie die Gojibeere (die so ziemlich allgegenwärtig in diesem Buch ist) und Physalis können fast alle Suppen mit etwas Süße bereichern. Andere Superbeeren wie die Camubeere und Sanddorn sollten Sie eher ausgewählter verwenden: Benutzen Sie sie vor allem für kalte oder kurzgekochte Suppen, um ihre Nährwerte zu schonen.

Besonders erwähnenswert: Granatapfel

Der Granatapfel ist ein wundervolles Superfood: Er schmeckt toll, denn wer kann den kleinen saftigen Kernen, die auf der Zunge zerplatzen, schon widerstehen? Und er hat kraftvolle Wirkstoffe in sich. Die Kerne sind reich an Mikronährstoffen wie Kalium, Vitamin K, Vitamin C, einem Antioxidans, das Punicalagin heißt, und Punicinsäure (eine konjugierte Linolsäure: eine zweifach ungesättigte Fettsäure). Regelmäßiger Verzehr von Granatapfelkernen soll den Blutzuckerspiegel senken und unter anderem Prostata- und Brustkrebszellen bekämpfen, bei Gelenk- und Arthritisschmerzen helfen und das Gedächtnis verbessern. Die Inhaltsstoffe der Granatapfelkerne sind nicht hitzebeständig, sollten also nicht mitgekocht werden. Sie machen sich aber toll als Topping direkt vor dem Servieren auf Wurzel-, Knollen- und Kürbissuppen – und schmecken dazu wirklich fabelhaft. (Auf Seite 134 finden Sie ein entsprechendes Kaki-Suppenrezept zum Verlieben.)

SUPERWURZELN

Wurzeln sind wie umgedrehte Antennen, die all die Feuchtigkeit und Nährstoffe aus dem reichen Erdboden ziehen und diese dann weitergeben an die gedeihende Pflanze über der Erde im Sonnenlicht. Alle essbaren Wurzeln (Karotten, Pastinaken, Rüben, Rettiche usw.) sind sehr gesund, und manche von ihnen haben heilende Wirkungen und eine lange Tradition in altem Medizinwissen, um die unterschiedlichsten Krankheiten zu lindern. Folgende nenne ich Superwurzeln: Kurkuma, Ingwer, Maca und Yacon sind Wurzeln, die Ihr Essen ein Level höher katapultieren – von gut zu einfach grandios. Diese Lebensmittel sind sehr einfach in der Küche einzusetzen, wirken belebend und schmecken köstlich in Suppen.

Vorzüge und Varianten Bei der Aufteilung der Inhaltsstoffe in Pflanzen verhält es sich immer ähnlich: Im Blattwerk sind die Vitamine, in den Wurzeln die Mineralstoffe. Die Antioxidanzien kommen überall vor. Auch in den Superwurzeln stecken tolle Mineralstoffe, wie Eisen und viele andere, mehr aber fallen die besonderen sekundären Pflanzenstoffe ins Gewicht. Diese Komponente in den Superwurzeln besitzt die Kraft, unseren Körper zu stärken und vielleicht auch zu heilen.

Ingwer

Sein einzigartiger Geschmack – süßlich scharf, mit blumiger Note – macht Ingwer auf der ganzen Welt zum meistverwendeten Gewürz. Die Wurzel besitzt noch viel mehr als nur den tollen Geschmack. Ein Blick auf ihre Heilkraft lässt uns staunen – ein Superfood par excellence!

Seit Menschengedenken wird Ingwer bei sehr vielen Krankheiten eingesetzt, und aktuelle Studien belegen seine Wirkkraft. Wie auch bei anderen medizinischen Superfoods (zum Beispiel bei Chaga oder frischen Kräutern) sind die außergewöhnlichen Kräfte auch hier vor allem in den sekundären Pflanzenstoffen (Metaboliten) zu finden. Diese Inhaltsstoffe machen Ingwer entzündungshemmend und wirksam gegen Übelkeit. Er soll auch gegen Krebszellen ankämpfen können. Diese kleine Wurzel ist äußerst heilkräftig und geschmacksintensiv – ihr Einsatzbereich ist schier grenzenlos.

WO LIEGT DER UNTERSCHIED ZWISCHEN WURZEL UND KNOLLE?

Wurzeln sind direkt mit einer Pflanze verbunden und versorgen diese mit Feuchtigkeit und Nährstoffen (beispielsweise Karotten, Rote oder Gelbe Beten, Rettiche).
Knollen hingegen sind über ein Wurzelsystem mit der Erde verbunden und eine Vorratskammer für extra Nährstoffe und Feuchtigkeit (beispielsweise Kartoffeln, Yamswurzel, Yambohne).

Maca

Maca ist eine besondere Art Superfood. Sie wächst in den Hochebenen von Peru, wo nur wenig anderes gedeiht. Maca ist ein sogenanntes „Adaptogen“ (alternativmedizinische Bezeichnung, Anm. d. Ü.), kann den Körper bzw. das Immunsystem des Menschen an Einflüsse wie Stress, Hormone und die Libido anpassen und bringt so den gesamten Energiehaushalt in Einklang. Eine persönliche Randnote aus meiner Geschichte: Maca war mit das erste Superfood, das ich testete, und ich bin mir sicher, dass diese Wurzel mir geholfen hat, mich vom chronischen Erschöpfungssyndrom zu erholen. Maca ist oft in Pulverform erhältlich und schmeckt malzig, leicht süß und erdig. Sie passt meiner Meinung nach sehr gut in Suppen mit anderem Wurzelgemüse.

Kurkuma

Wir kennen die Kurkumawurzel durch die intensiv gelbe Farbe und ihr weites Geschmacksspektrum: satt-bitter-blumig-pfeffrig und an Ingwer erinnernd. Kurkuma wird schon seit langer Zeit sowohl im gastronomischen Bereich als auch in der ayurvedischen Medizin eingesetzt. Ihr wichtigster Inhaltsstoff ist der Farbstoff Curcumin. Aufgrund dieses Farbstoffs wird die Wurzel auch vielversprechend im Kampf gegen Krebs eingesetzt. Kurkuma taucht in asiatischen Suppen auf, oft in Kombination mit Ingwer. Und da sie geschmacklich sehr mild ist, kann man ½ Teelöffel oder auch weniger in fast jede Suppe geben, um sie heilkräftiger zu machen. Man findet frische Kurkumawurzeln inzwischen oft in der Gemüseabteilung, meist neben der Ingwerwurzel, doch auch das Kurkumapulver ist eine gute Alternative: Es ist günstiger und ebenso kraftvoll und heilend.

Yacon

Yacon ist die Knolle einer ganzjährigen Pflanze aus Peru und wurde in Südamerika lange Zeit für ihre Heilwirkung geschätzt. Sie soll bei Diabetes helfen. Yacon wird entweder als ganze Knolle verzehrt – oder aber in Form von Chips oder als eingedickter Sirup als ein natürliches Süßungsmittel. Neben ihrem hohen Anteil an Kalium, Kalzium, Phosphor und Eisen macht sie die hohe Konzentration an Inulin (ein diabetikerfreundlicher Zuckerstoff und ein Präbiotikum) so interessant. Präbiotika, also nicht verdauliche Lebensmittelbestandteile, helfen unserem Körper dabei, Probiotika zu bilden. Diese sind wiederum für die Besiedelung des Darms mit gesunden Bakterien verantwortlich. Getrocknete Yaconstreifen schmecken nach leicht geräuchertem Apfel und sind eine tolle Garnierung für Suppen. Sie können auch zusammen mit anderen Zutaten gekocht werden, um ihren besonderen Geschmack an die Suppe abzugeben. Der Sirup aus Yacon ist auch ein ausgezeichnetes niedrig-glykämisches Süßungsmittel, der Suppen eine süße Note verleiht.

Verwendung von Superwurzeln Alle Superwurzeln bis auf die Yaconwurzel sind sehr speziell im Geschmack und daher nicht wie „normale" Wurzeln als Hauptzutaten zu verwenden. Benutzen Sie sie eher als Gewürz für das gewisse Extra in Ihren Suppen. Besonders gut passen sie zu Getreide, Knollen und gehaltvolleren Suppen. Yacon können Sie einfacher kombinieren. Es passt zu fast jeder Suppe, die noch Süße vertragen kann.

SUPERSAMEN

Nichts macht Sie schneller zu einem Anonymen Abhängigen von gesundem Essen als eine kulinarische Auswahl feiner Samen in Ihrer Küche. In meiner Küche dienen verschiedenste Samen in hübschen Gläsern aufgereiht außerdem als Dekoration. Tauchen Sie ein in die Welt der Samen für einen tagtäglichen Genuss der Superlative.

Vorzüge und Varianten Samen sind bemerkenswerte kleine Dinger. Sie benötigen nur etwas Wasser, um ihre pflanzliche Kraft in Form von Eiweißen, Fetten, Stärke und Mikronährstoffen zu entfalten. Wie hoch die Nährstoffdichte in ihnen sein muss, wird schnell deutlich: Aus ihnen wachsen ganze Pflanzen!

Alle Samen enthalten Eiweiße und Fette, manche von ihnen glänzen zudem noch in Geschmack und Heilkraft.

Quinoa

Sie erscheint wie ein Getreide, doch die glutenfreie Quinoa ist ein kleiner Samen mit großem geschmacklichem Potenzial. Neben dem tollen Geschmack bringt eine Tasse gekochte Quinoa acht Gramm Eiweiß und viele Mineralstoffe wie Magnesium und Zink. Sie ist zudem eine gute Quelle für das Spurenelement Mangan, das unsere Haut zum Strahlen bringt, da es die Kollagenproduktion anregt.

Amaranth

Amaranth toppt den Eiweißgehalt von Quinoa noch um ein Gramm und bietet dabei alle essenziellen Aminosäuren. Dieses antike aztekische Lebensmittel ist eine gute Quelle für Eisen, Kalium, Zink, Kupfer und Vitamin B6. Amaranth ist kleiner als Quinoa und entwickelt gekocht eine breiige Konsistenz. Er eignet sich gut für herzhafte Suppen.

Chia

Chiasamen sind der Inbegriff für Superfoods: klein in der Erscheinung, riesig in der Wirkkraft. Chia besitzt eine große Menge Omega-3-Fettsäuren (die achtfache Menge von Lachs) und Mineralstoffe wie Kalzium. Nur zwei Esslöffel Chia versorgen Sie mit ca. einem Viertel Ihres Tagesbedarfs an Ballaststoffen und mit vier Gramm Eiweiß.

Die sekundären Pflanzenstoffe haben beeindruckende Heilwirkungen: Entzündungshemmend wirkt das Quercetin, die Chlorogensäure sowie die Kaffeesäure sind anregend für den Stoffwechsel. Chiasamen sind sehr geschmacksneutral, können daher fast jedem Essen gut beigefügt werden. Sie dienen als knuspriges Topping oder dicken Suppen gut an, ohne viele Kalorien beizutragen.

Hanfsamen

Wer hätte gedacht, dass Hanfsamen eine so große Fundgrube für Eiweiß sind. Wie in diesem Kapitel schon beschrieben, sind alle Samen sehr gute Eiweißlieferanten. Hanf aber ist der Spitzenreiter unter ihnen: 1 ½ Teelöffel Samen enthalten fünf Gramm Eiweiß mit allen essenziellen Aminosäuren (vollständiges Eiweiß). Zudem ist das Eiweiß auch noch einfach zu verdauen, da es basisch ist. Die Hanfpflanze ist dürreresistent und hat beim Anbau eine gute Ökobilanz.

Hanfsamen sind eine gute Quelle für Omega-3-Fettsäuren und für GLA (Gamma-Linolensäure), eine besondere Form der Omega-6-Fettsäure mit entzündungshemmender Wirkung für Haut, Gelenke und das Gehirn. Außerdem besitzt Hanf eine Reihe wichtiger Mineralstoffe wie Eisen, Magnesium, Kalium und Zink. Die Samen sind gaumenschmeichelnd und schmecken sehr fein, ähnlich wie Sonnenblumenkerne.

Verwendung von Supersamen Quinoa und Amaranth müssen vor dem Verzehr gekocht werden. Also geben Sie diese Zutaten am besten gemeinsam mit dem Fond in die Suppe, damit sie Zeit haben zu garen (ca. 20 Minuten). Sie können ähnlich wie Nudeln verwendet werden. Ihr Vorteil gegenüber Pasta ist, dass sie nicht zu weich werden, wenn man sie länger kocht – ideal also auch für Köche, deren Timing nicht so perfekt ist. Der Einsatzbereich von Chia und Hanf ist grenzenlos – fangen Sie simpel an: Streuen Sie einfach ein paar Samen als Garnierung auf die fertige Suppe! Ausgefallene Kreationen kommen mit der Zeit von ganz allein.

Besonders erwähnenswert: Kakao

Ob Sie es glauben oder nicht: Die Kakaobohne ist ist ein großer Samen, auch wenn er fälschlicherweise „Bohne" genannt wird. Es wird Sie vielleicht ebenso überraschen, dass Sie rohen Kakao wunderbar in Suppen verwenden können. Echte Schokolade, wie ich rohen Kakao gerne nenne, ist eine wahre Fundgrube für Mineralstoffe wie Magnesium und Eisen und besitzt eine Unmenge an Antioxidanzien, die Herz, Haut und unser Gehirn gesund halten.

Schon lange bevor wir Kakao für unsere geliebten Süßigkeiten verwendet haben, kannte man Kakao als Energiequelle in alten zentralamerikanischen Kulturen. Es wurde gemahlen und mit heißem Wasser und Gewürzen getrunken. Kakao kann in kleinen Mengen gut

WO FINDE ICH SUPERFOODS?

Die Verfügbarkeit von Superfoods in normalen Geschäften wird dank ihrer wachsenden Bekanntheit immer größer. Viele Naturkostläden führen inzwischen Superfoods standardmäßig. Wenn Sie Schwierigkeiten haben sollten, Superfoods zu bekommen, können Sie sie auch online bestellen. Eine Liste der deutschen Bezugsquellen finden Sie auf Seite 227.

in Suppen verwendet werden für einen wirklich tollen Geschmack. Besonders gut passt er zu Tomatensuppen, Bohneneintöpfen oder Suppen mit mexikanischem Flair. Trauen Sie sich, mit dieser „geheimen Zutat" einmal Ihre Gäste zu überraschen.

SUPERKÖRNER

Körner und Getreide sind die günstigsten Superfoods. Sie haben die längste Geschichte der Kultivierung durch Menschenhand, und es gibt sie in tausendfacher Ausführung auf der ganzen Welt, von denen nur die wenigsten Sorten in westliche Supermärkte Einzug gehalten haben. Die meisten Sorten, die wir verwenden, sind Hybride. Sie werden durch natürliche Züchtung (ohne Genmanipulation) hergestellt, in der Hoffnung, ungezieferresistent, höher im Ertrag und an den modernen Geschmack der Menschen angepasst zu sein. Mit anderen Worten: Der heutige Weizen ist nicht mehr der gleiche Weizen, den die Ägypter einst sorgfältig mit dem ursprünglichen Nährwertgehalt kultiviert haben. Das macht auch deutlich, warum antike Getreidesorten so wertvoll sind. Sie sind schlicht am natürlichsten, so wie die Natur sie einst vorgesehen hatte, bevor wir sie gekreuzt und ihr natürliches Erscheinungsbild verändert haben.

Alte Sorten haben eine solidere Zusammensetzung und enthalten meist viel mehr Nährstoffe – oft gerade die Nährstoffe, die uns so häufig fehlen in unserer alltäglichen Ernährung. Sie sind inzwischen recht geschätzt und bekannt, daher finden sich auch immer mehr alte Getreidesorten in unseren Einkaufsläden. Der Einfachheit halber habe ich mich auf einige Sorten beschränkt. Seien Sie mutig und lernen Sie auch andere alte Getreidesorten kennen. Das wird eine wahrlich nahrhafte Bereicherung Ihres Speiseplans bedeuten. Sie lassen sich super in Suppen integrieren.

Vorzüge und Varianten Wenn wir an Eiweiße denken, fällt uns nicht unbedingt Getreide als Erstes ein. Sollte uns aber!

Antikes Vollkorn ist eine tolle Quelle für Eiweiß. Mein hausgemachtes Sandwichbrot aus gekeimten Körnern enthält sechs Gramm Eiweiß pro Scheibe. In diesen Sorten gibt es viele Ballaststoffe, B-Vitamine, Folat (Dinkel und Emmer, beides Urahnen des Weizens, enthalten über 50 % mehr Folat als moderner Weizen) und Mineralstoffe wie Selen, Kalium, Phosphor und Kalzium. Sie sind meist reich an Antioxidanzien und als herzgesund bekannt.

Emmer

Emmer ist eine der bekanntesten antiken Supergetreidesorten. Es ist eine alte Form von Weizen und hat einen sanft nussigen Geschmack. Bereits die alten Ägypter verwendeten Emmer – er wurde in den Gräbern von Pharaonen gefunden. Emmer umfasst eigentlich drei Getreidearten: Einkorn, die kleinste, Emmer, die mittelgroße, und Dinkel, die größte Ausführung. Wenn Sie das kompliziert finden, sind Sie nicht allein! Bezeichnungen können auch für Verwirrung sorgen.

Heutzutage ist Emmer gelegentlich in geschälter Form erhältlich, was die Kochzeit enorm reduziert.

Sorgumhirse

Dieses glutenfreie Getreide sieht aus wie Couscous. Es hat einen recht neutralen, leicht süßen Geschmack und wird seit 8000 vor

Christus als Kochzutat verwendet. Umweltschützer halten Sorgumhirse als sehr zukunftsträchtiges Getreide, weil es sehr beständig ist und nur wenig Wasser braucht. Es braucht nur ⅓ im Vergleich zu anderen Getreidesorten. Die Nährwerte sind vergleichbar mit Quinoa: Sorgumhirse enthält viel Eiweiß und entzündungshemmende Stoffe sowie Antioxidanzien.

Man kann alle Getreidesorten durch Sorgumhirse ersetzen, ebenso wie Nudeln, Mais und Reis. Sogar Popcorn lässt sich damit gesundheitlich aufpeppen.

Grünkern

Grünkern wird geerntet, wenn das Getreide noch jung und grün ist; dann wird er gedörrt und geschrotet. Grünkern schmeckt gerstenähnlich und mild im Geschmack. Gerade weil er so jung geerntet wird, sind seine Eiweiße und Mikronährstoffe leichter zu verdauen als aus ausgereiftem Getreide. Am erwähnenswertesten ist wohl der hohe Anteil an Ballaststoffen – er ist doppelt so hoch wie in Quinoa und dreimal so hoch wie in Naturreis. Außerdem treten die Ballaststoffe in Kombination mit magensäureresistenten Kohlenhydraten auf. Daher ist Grünkern besonders gut für eine gesunde Verdauung, für positive Blutwerte und ein lang anhaltendes Sättigungsgefühl. Ideal für jeden, der ein gesundes Körpergewicht erreichen oder halten will.

Verwendung von Supergetreide Supergetreide kann so wie jedes andere Getreide verwendet werden. Tauschen Sie in Ihren Rezepten einfach durch! Einige Rezepte benötigen bereits gekochtes Getreide, in den meisten Rezepten jedoch reicht es völlig aus, das Getreide direkt zu Beginn des Kochens der Suppe beizufügen. Achten Sie nur auf eine ausreichend lange Garzeit in Kombination mit den anderen Zutaten. Sie werden Ihre Suppen geschmacklich sehr bereichern. In anderen Fällen, etwa bei herzhafteren Gerichten, können Sie das Getreide auch als gekochte Beilage servieren.

Besonders erwähnenswert: Buchweizen

Buchweizen ist trotz seines Namens nicht mit Weizen verwandt. Er ist ein Samen, auch wenn er oft dem Getreide zugeordnet wird. Buchweizen ist besonders leicht verdaulich. Er besitzt um die sechs Gramm Eiweiß sowie viele Ballaststoffe und Eisen pro Portion – daher hat Buchweizen in der gesunden Küche viele Liebhaber. Auch wenn er nicht oft in Suppen verwendet wird (er ist etwas stärkehaltiger als beispielsweise Sorgumhirse), macht er sich toll in Getreidegrützen. Sie können auch Nudeln aus Buchweizenmehl herstellen, die sehr nussig im Geschmack sind und gut zu asiatischen Suppen passen.

WEITERE TOLLE SUPERFOODS

Wir sind verliebt in unsere neue Kraft, unsere strahlende Jugend, die uns gesund entgegenblickt. Das alles wird ermöglicht durch eine Vielzahl toller Lebensmittel – im Wortsinn: Mittel, die uns das Leben in uns spüren lassen. Probieren Sie weitere Superfoods, die nicht in meinen Rezepten enthalten sind, an anderer Stelle aus. Dieses Buch ist als Startkapital gedacht in eine Welt der unsagbar genussvoll gesunden Nahrung – für Ihren neuen Lifestyle, Superfood inklusive. Wenn Sie nach den letzten Kapiteln noch mehr wissen wollen, seien hier einige Superfoods, die sich auch toll in Suppen machen, genannt.

* Aloe vera
* Ashwagandha (Schlafbeere)
* Tragant (Astralagus)
* Kletten (Arctium)
* Kaffeebeeren (Kaffeekirschen)
* Leinsamen
* Vielblütiger Knöterich (He shou wu)
* Tulsi (indisches Basilikum)
* Andere Heilpilze wie Yamabushiitake (Löwenmähne) und Schmetterlingssporling
* Moringa
* Juckbohne
* Rosenwurz
* Inka-Erdnuss (Sacha inchi)
* Anderes Meeresgemüse wie Arame und Seepalme
* Reiskleie

WIE KOCHEN DIE NÄHRSTOFFE BEEINFLUSST

Manchmal ist es eine Krux, dass wir so viel über Nährstoffe wissen. Das bedeutet nämlich auch, dass wir uns mehr Gedanken machen über ihre Empfindlichkeit gegenüber Einflüssen von außen: Wie reagieren Ihre teuer erworbenen Superfoods auf Hitze? Wir wollen vermeiden, dass alles Gute im Eifer des Gefechts verpufft. Also schauen wir uns an, was mit verschiedenen Nährstoffen passiert, wenn man sie kocht, und haben damit auch eine Antwort, welche Superfoods gekocht werden dürfen.

Makronährstoffe (Kohlenhydrate, Eiweiße, Fette, Ballaststoffe) Der numerische Anteil bleibt bei jeder Zubereitungsart gleich. Einige Fette oxidieren ab bestimmten Temperaturen. So bleiben zum Beispiel Omega-Fettsäuren gut erhalten, sofern man sie nicht höher als auf ca. 200 °C erhitzt.

Vitamine Diese Mikronähstoffe sind empfindlicher als zum Beispiel Mineralstoffe. Einige fettlösliche Vitamine, wie Vitamin A, können allerdings zeitweise heißem Wasser standhalten. Vitamin C und andere wasserlösliche Vitamine hingegen reagieren sehr sensibel auf Hitze (und Licht und Luft). Wie viel der Nährstoffe verloren gehen, hängt von der Art und Dauer des Kochens ab. Je länger der Kochvorgang, desto mehr Vitamine gehen verloren.

B-Vitamine sind recht standhaft, bis auf Riboflavin, Folat und Pantothensäure.

Mineralstoffe Wie sich diese Gruppe der Mikronährstoffe im Bezug auf Hitze verhält, ist einfach: Sie werden davon zum Glück überhaupt nicht beeinflusst.

Antioxidanzien Mit ihnen verhält es sich etwas komplexer. Einige, wie Polyphenole, zersetzen sich schnell bei mehr als 200 °C. Andere, wie Lycopin, haben sogar gesteigerte Werte, wenn man sie erhitzt. (Deswegen werden gekochte Tomaten zum Beispiel als gesünder betrachtet als rohe.) Halten wir es so: Manche gewinnen, manche zerrinnen.

SCHWARZES SUPERFOOD

Der letzte Schrei zum Thema Nährwert ist: Schwarz. Die meisten natürlichen Lebensmittel gibt es in großer Vielfalt, auch wenn nur ein Bruchteil im Supermarkt verfügbar ist. Zum Glück beginnt sich das durch die Gesundheitswelle im Bereich Ernährung gerade zu ändern. Der Wunsch nach Vielfalt im Einklang mit der Natur steigt: Wir wünschen uns gesunde Abwechslung auf den Tellern.

Manchmal finden sich schwarze Varianten von Lebensmitteln, die nährwerttechnisch ein großes Plus haben: schwarze Quinoa und Reis, schwarze Bohnen und Linsen, schwarzer Sesam und sogar schwarze Karotten und Rettich. Die Farbe Schwarz bedeutet einfach noch eine Stufe besser: viel anthocyane Antioxidanzien, ein bestimmtes Flavonoid oder auch ein Pflanzenfarbstoff. Anthocyanin ist für das Blau der Blaubeere und das Lila von Trauben verantwortlich. Wir erkennen einen hohen Gehalt an diesem Pflanzenfarbstoff schlicht und ergreifend an der Farbe eines vegetarischen Lebensmittels.

Anthocyanine sollen mit die wirkungsvollsten Krebszellenbekämpfer sein. Auch Herz- und Hautgesundheit und athletische Kondition sollen durch den Pflanzenstoff gestärkt werden. Die schwarze Variante schmeckt kaum anders als ihre helleren Artgenossen. Es ist der sichtbare Hinweis der Natur: Hier bietet sich Ihnen noch mehr, greifen Sie zu!

Wenn man verstanden hat, welche Nährstoffe wie mit Hitze reagieren, hat man einen guten Fahrplan für die Superfood-Küche. Ein paar Beispiele: Camupulver ist bekannt für seinen hohen Vitamin-C-Gehalt. Wir wissen: Vitamin C ist hitzeempfindlich – genießen wir es lieber roh! Kakao besitzt eine große Menge an Mineralstoffen und viele Polyphenole. Wie wir oben gelernt haben, bleiben Mineralstoffe auch beim Kochen erhalten, während sich Polyphenol zersetzt – das macht Kakao roh gesünder, er wartet aber auch gekocht noch mit einem hohen Mineralstoffgehalt auf.

Maca glänzt durch seinen Wert an Mineralstoffen – also kann es bedenkenlos mitgekocht werden.

Es gilt also nicht: Roh bzw. gekocht ist immer besser. Vielmehr müssen Sie sich jede Zutat anschauen und neu überlegen. Damit Sie einen guten Überblick bekommen, welches Superfood wie am besten behandelt wird, hier eine Auflistung:

BESSER GEKOCHT ODER ROH – EIN ÜBERBLICK

SUPERFOOD	ART	ZUBEREITUNGSART
Amaranth	Supergetreide	Muss gekocht werden, kann warm und kalt serviert werden
Buchweizen	Supergetreide	Muss gekocht werden, kann warm und kalt serviert werden
Camubeere	Superbeere	Verwendbar in kalten Suppen oder als Garnierung (nicht kochen!)
Chaga	Heilpilz	Verwendbar in kalten oder heißen Suppen
Chia	Supersamen	Verwendbar in kalten und heißen Suppen, als Garnierung. Nicht höher als auf 200 °C erhitzen
Cordyceps	Heilpilz	Verwendbar in kalten oder heißen Suppen
Dulse	Meeresgemüse	Verwendbar in kalten oder heißen Suppen und als Garnierung
Emmer	Supergetreide	Muss gekocht werden, verwendbar in kalten oder heißen Suppen
Gojibeere	Superbeere	Verwendbar in kalten oder heißen Suppen
Granatapfelkerne	Superfrucht	Verwendbar in kalten Suppen oder als Garnierung
Grünes Blattgemüse	Grünes Gemüse	Am besten am Ende der Garzeit oder als Garnierung hinzufügen
Grünkern	Supergetreide	Muss gekocht werden, verwendbar in kalten und heißen Suppen
Hanfsamen	Supersamen	Verwendbar in kalten oder heißen Suppen

SUPERFOOD	ART	ZUBEREITUNGSART
Ingwer	Superwurzel	Verwendbar in kalten oder heißen Suppen
Kräuter	Grünes Gemüse	Am besten am Ende der Garzeit oder als Garnierung hinzufügen
Kreuzblütler	Grünes Gemüse	Am besten in heißen Suppen oder als Garnierung
Kurkuma	Superwurzel	Verwendbar in kalten oder heißen Suppen
Macapulver	Superwurzel	Am besten in heißen Suppen, auch in Ordnung in kalten Suppen
Nori	Meeresgemüse	Verwendbar in kalten oder heißen Suppen oder als Garnierung
Physalis	Superbeere	Am besten in kalten Suppen oder als Garnierung
Reishi	Heilpilz	Verwendbar in kalten oder heißen Suppen
Sanddorn	Superbeere	Verwendbar in kalten Suppen oder als Garnierung
Shiitake	Heilpilz	Verwendbar in kalten oder heißen Suppen
Sorgumhirse	Supergetreide	Muss gekocht werden, kann warm und kalt serviert werden
Spirulina (oder Chlorella)	Alge	Verwendbar in kalten Suppen oder als Garnierung (nicht kochen!)
Sprossen	Grünes Gemüse	Verwendbar als Garnierung
Weizengraspulver	Grünes Gemüse	Verwendbar in kalten Suppen oder als Garnierung (nicht kochen!)
Yacon	Superwurzel	Verwendbar in heißen und kalten Suppen

DAS KOSTEN DIE ZUTATEN WIRKLICH

„Der größte Reichtum ist die Gesundheit."
Ralph Waldo Emerson

Lassen wir für einen Augenblick den Geschmack und die bewiesenen Vorteile für die Gesundheit außer Acht: Ist es einfacher, einer Konserve zu öffnen und das dann Abendessen zu nennen? Absolut. Aber ist es auch günstiger? Nun, das kommt auf den Preis an, den Sie gewillt sind, dafür zu zahlen. Ich erkläre es Ihnen:

Viele schauen beim Einkauf auf die Etiketten und lesen sich die Nährwerttabelle durch. Dies ist durchaus ein guter Start für bewussteren Konsum, doch es ähnelt dem Betrachten von Symptomen einer Krankheit, ohne ihrer Ursache auf den Grund zu gehen. Die Wahrheit liegt in den Inhaltsstoffen, und im Fall einer Konserve sind die teilweise erschütternd: ein hoher Anteil an Glukose-Fruktose-Sirup. Kaliumdihydrogenphosphat. Teilgehärtetes Sojabohnenöl. Aromastoffe. Es ist erschreckend, wie oft diese Zusätze in Konserven zu finden sind. Auch in einer schlichten Tomatensuppe können sich viele Konservierungsstoffe, Emulgatoren, künstliche Farbstoffe und anderes verbergen. Die Liste ist ebenso lang wie die möglichen Gesundheitsrisiken durch eben diese Zusätze: allergische Reaktionen, Mineralstoffmangel und erhöhtes Krebsrisiko. *Das* nenne ich dann einen hohen Preis.

Natürlich gibt es auch reinere Konserven mit überschaubarer Zutatenliste. Doch der Genuss einer selbst gemachten Suppe ist unbezahlbar und ihre Herstellung dabei sogar durchaus erschwinglich, sogar günstiger als Smoothies. Viele Zutaten sind preiswert, und die hochpreisigen Superfoods halten ewig, da immer nur wenig pro Suppe verwendet wird. So kostet ein Teller Suppe sogar etwas weniger als ein Coffee to go aus dem Lieblingscafé. Eine selbst gemachte Suppe ist ungefähr so teuer wie eine Konserve mit Zutaten aus biologischem Anbau. Jeder Cent fühlt sich richtig investiert an, wenn man sich mit vielen wichtigen Nährstoffen durch eine warme, köstliche, selbst hergestellte Suppe versorgt. Ihr Körper wird es Ihnen danken.

KOSTEN PRO PORTION*: GERÖSTETER-BLUMENKOHL-SUPPE (SEITE 171)

* 1 mittelgroßer Blumenkohl	ca. 3,00 €
* 3 Esslöffel Kokosöl	ca. 0,60 €
* Meersalz und Pfeffer	k. A.
* 1 gelbe Zwiebel	ca. 0,60 €
* 4 Stangen Sellerie	ca. 0,90 €
* 3 Zehen Knoblauch	ca. 1,10 €
* 1 Esslöffel frischer Thymian	ca. 0,40 €
* 2 Lorbeerblätter	ca. 0,20 €
* 1 Pfund mehligkochende Kartoffeln	ca. 0,90 €
* ⅛ Teelöffel Cayennepfeffer	ca. 0,02 €
* 5 Tassen Meeresgemüsebrühe (Seite 72)	ca. 1,10 €
* 2 Esslöffel Tahini	ca. 0,60 €
* 1 Esslöffel frischer Zitronensaft	ca. 0,25 €
* ¼ Tasse frischer gehackter Schnittlauch	ca. 1,99 €
* 1 Esslöffel Dulseflocken	ca. 0,19 €
* ¼ Tasse geröstete Pinienkerne	ca. 2,10 €
Kosten pro Portion (= 1 ⅓ Tassen):	**ca. 2,05 €**
Kosten gesamt:	**ca. 12,30 €**

*Das Rezept ergibt 6 ⅓ Tassen. Die Kosten sind Richtwerte für 100 % biologische, saisonale und regionale Produkte, wo möglich. Daher können die Kosten variieren.

AUFBEWAHRUNG VON SUPPEN

Es spart Arbeit, wenn man gleich die doppelte Menge Suppe zubereitet. Es ist einfach clever, sich am Wochenende mit viel Zeit hingebungsvoll um eine Suppe zu kümmern, die man dann die Woche über als schnelle Mahlzeit immer wieder genießen kann.

Halten Sie sich an ein paar Regeln aus dem gastronomischen Bereich, um Ihre Suppe lange frisch zu halten. Nach dem Kochen lassen Sie die Suppe für gut eine Stunde auf Raumtemperatur abkühlen; dies geht schneller, wenn Sie sie in kleinen Portionen abfüllen. Dann stellen Sie sie in den Kühlschrank. Bitte verwenden Sie kein Plastik für die Aufbewahrung von heißen Suppen, da chemische Stoffe austreten könnten.

Gekühlt halten sich pürierte Suppen zwei bis drei Tage, Eintöpfe ca. vier Tage.

Wenn Sie noch länger etwas von Ihrer Suppe haben möchten, können Sie sie auch einfrieren. Auch in dem Fall müssen Sie sie erst abkühlen lassen. Füllen Sie die Suppe dann in eine gut verschließbare Plastikdose. (In diesem Fall ist Plastik geeignet, da sich Gefrorenes ausdehnt und Glas zerspringen könnte.)

Alle Suppen können problemlos für Monate eingefroren werden. Lassen Sie sie für einen Tag im Kühlschrank auftauen. Unter Umständen können sich Farbe und Konsistenz etwas verändert haben (vor allem Grünes), aber Nährstoffe und Geschmack sind zu 95 % erhalten.

TIPPS FÜR SPARSAME SUPERFOOD-SUPPEN

Kaufen Sie saisonal. Lebensmittel sind während der Saison immer deutlich günstiger als außerhalb. (Oft bekommt man sogar Sonderangebote, da zu viel vorhanden ist.) Auch geschmacklich sind Früchte und Obst frisch geerntet natürlich unübertrefflich. Für jede Saison werden Sie in diesem Buch passende Rezepte finden.

Kaufen Sie größere Mengen. Nutzen Sie etwaige Sonderangebote in Ihrem Supermarkt für größere Mengen. Man kann viele Lebensmittel kühl, dunkel und dicht verschlossen lange Zeit lagern.

Schmeißen Sie nichts weg. Die meisten Rezepte in diesem Buch reichen für vier Portionen. Wenn Sie Reste haben, kühlen Sie diese und frieren Sie sie ein. Schauen Sie sich auch Ihre Vorräte an, um zu überlegen, in welchen Suppen Sie sie verwenden können – bleiben Sie flexibel bei den Rezepten und verbrauchen Sie verwaiste Gemüsereste aus dem Kühlschrank, bevor sie verderben.

Selbst gemacht ist halb gewonnen. Je mehr Sie selbst machen, desto mehr sparen Sie insgesamt: Eine selbst gemachte Brühe ist zum Beispiel günstiger als die gekaufte Variante. Vorgeschnittenes Gemüse aus dem Supermarkt ist teuer als selbst vorbereitetes.

DIE TOP-FÜNF-SUPERFOODS FÜR SUPPEN

Falls Sie gerade erst anfangen, sich mit Superfoods vertraut zu machen, seien Sie unbesorgt! Sie müssen nicht von einen Tag auf den anderen alle Superfoods auf einmal kaufen.
Tasten Sie sich ruhig langsam vor. Mit den folgenden fünf Superfoods sind Sie für den Anfang gut bestückt. Haben Sie sie erst in Ihren Alltag integriert, bekommen Sie bestimmt auch Lust, mit neuen Superfoods zu experimentieren.

Für den Start Ihrer kulinarischen Reise ins Reich der Superfood-Suppen empfehle ich folgende Top-Fünf, die in nahezu jede Suppe passen:

Gojibeeren (Seite 35)

Hanfsamen (Seite 40)

Macapulver (Seite 38)

Heilpilzpulver (verschiedene Sorten auf Seite 26)

Algenflocken (Seite 30)

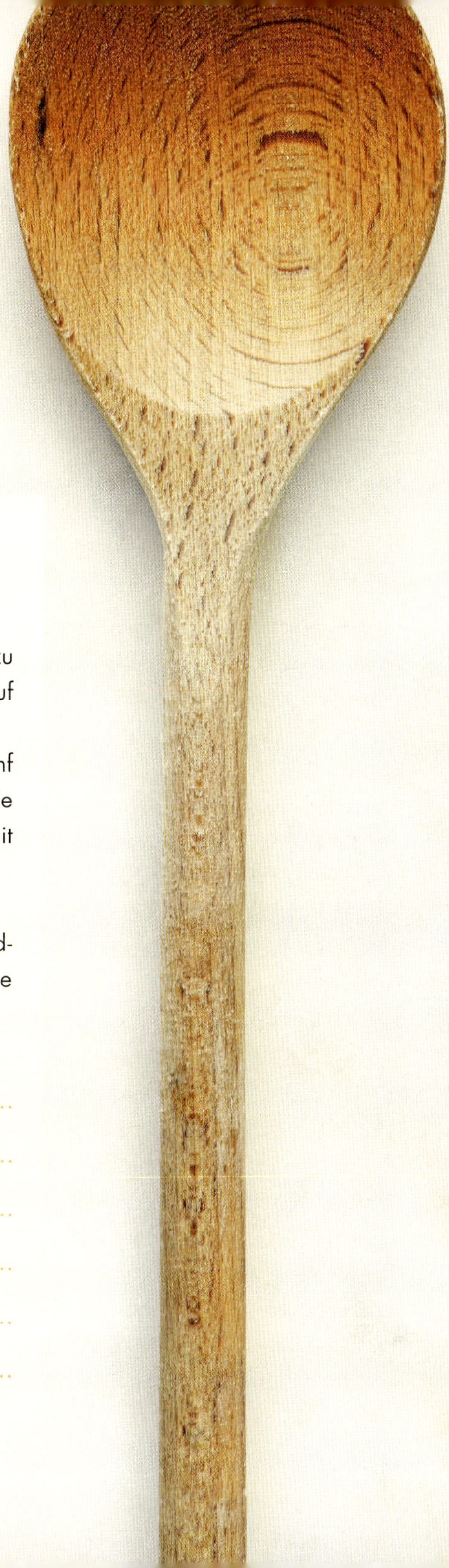

DER GESUNDHEITS-BONUS DER SUPERFOOD-SUPPEN

Unsere Überlegungen zum Thema, was es zu essen geben könnte, enden meist bei „Das hört sich lecker an!". Doch nach dem Essen geht es eigentlich erst richtig los: Wie wird unsere Mahlzeit im Körper verarbeitet, was zieht er sich daraus? Diese Überlegung ist ein Resultat von mehr Bewusstheit beim Essen. Wir wollen Nahrung, die unser Inneres und Äußeres bis in die Zellen unterstützen und gesund erhalten kann. Wir wünschen uns einen Körper voll Energie und gesunder innerer Balance – wir wollen schlicht die bestmögliche Version unseres Selbst kreieren: Wir sehen gut aus und, viel wichtiger, wir *fühlen* uns gut.

DER VORTEIL STECKT IM DETAIL

Wie Sie im Kapitel „Die Grundlagen für Superfood-Suppen" (Seite 25ff.) gelesen haben, besitzt jedes Superfood seine eigenen Qualitäten. Neben diesen einzelnen Vorzügen bietet der regelmäßige Genuss der Suppen auch ganz vordergründige Vorteile.

Energie Wir denken uns nicht bei jeder Mahlzeit, wie gestärkt und belebt wir uns durch das Essen fühlen werden. Bei Superfood-Suppen ist es aber exakt so. Neben den basischen Eiweißen, dem hohen Ballaststoffanteil und der Wasserzufuhr durch die Suppen wird Ihnen alles Gute in einer leicht verdaulichen und zu verstoffwechselnden Variante dargeboten. Denken Sie mal so: Jeden Tag verbrauchen Sie um die 10 % Ihrer Energie dafür, Essen zu verdauen. Wie wäre es nun, wenn Sie ein bisschen von dieser Energie zurückbekämen? Hört sich gut an, oder?

Mineralstoffe und Vitamine Schauen Sie sich „angereicherte" Produkte in den Regalen der Supermärkte an: Was Sie dadurch bekommen, sind hinzugefügte und meist sogar noch künstliche Mineralstoffe und Vitamine. Unglücklicherweise fällt es unserem Körper sehr schwer, dies zu verarbeiten. Vieles davon passiert unseren Magen-Darm-Trakt unverdaut. Warum diese „Anreicherung" überhaupt gebraucht wird, ist der allgemeine Mangel, den die meisten Menschen an natürlichen Mineralien und Vitaminen haben. Der Grund dafür mag in nährstoffarmer Erde auf den Feldern liegen oder aber schlicht und ergreifend in dem Umstand, dass wir Menschen meist zu wenig mineralstoff- und vitaminreiche Nahrung zu uns nehmen. Nährstoffmangel ist ein häufiges Problem.

Mit den leckeren und einfachen Superfood-Suppen können Sie Ihren natürlichen Bedarf an Nährstoffen decken. Sie sind angefüllt mit allen guten Mineralstoffen dieser Erde – mit Wurzeln, Knollen, Meeresgemüse, Samen, Körnern und grünen Gemüsesorten. Auch an Vitaminen bieten die Suppen einiges – das ist nicht immer so. Viele Suppen sind nur auf den Geschmack ausgerichtet. (Nicht umsonst schmeißen Köche oft mit Butter nur so um sich.) Über den Vitaminhaushalt in Suppen wird leider generell nicht viel nachgedacht und dass Vitamine schnell verkochen, bedenkt kaum einer. Superfood-Suppen sind darauf ausgerichtet, das Gegenteil zu erreichen. Feine Blattgemüse werden meist am Ende der Kochzeit hinzugefügt, um alle wichtigen Nährstoffe zu erhalten. Durch Garnierungen erhalten die Suppen den Extrakick an Vitaminen.

Schützende und heilende Antioxidanzien

Keine anderen Nahrungsmittel können mit den Superfoods in Hinblick auf Antioxidanzien mithalten. (Bei einigen Lebensmitteln ist es allein der Gehalt an Antioxidanzien, der sie zu einem Superfood macht.) Antioxidanzien stärken den Körper bei Krankheit und gegen Umwelteinflüsse – und sind grandioserweise in Superfood-Suppen in rauen Mengen enthalten!

Antioxidanzien sollen Krebs verhüten und bekämpfen können, den Körper in allen möglichen anderen Bereichen unterstützen: vom Schutz der Gelenke bis hin zur Verbesserung der Hirnleistung.

Ich bin immer versucht, Superfood-Suppen meine „tägliche Medizin" zu nennen – aber dieser nüchterne Name wird ihrem tollen Geschmack einfach nicht gerecht.

BASISCHE UND SAURE SPEISEN

Die Balance des pH-Werts unseres Körpers bedeutet Lebensqualität pur! Der pH-Wert ist der Kern unserer körpereigenen Biochemie und naturgemäß leicht basisch, dabei stets in feiner Bewegung, beeinflusst durch Körperfunktionen und unser Essen. Essen Sie mehr basische Nahrung (wie pflanzliche Nahrung, vor allem Gemüse), belasten Sie Ihren Körper weniger und helfen ihm dabei, ausgeglichen und effizient seinen Funktionen nachzugehen.

VORTEILE VON SUPERFOOD-SUPPEN

Auch wenn alle Rezepte in diesem Buch vor Nährstoffen geradezu explodieren, hat doch jede Suppe zudem noch ihre eigenen besonderen Vorzüge. Wenn Sie die Superfood-Suppen für eine bestimmte gesundheitliche Unterstützung einsetzen wollen, wie zum Beispiel Knochenstärkung oder Herzgesundheit, können Sie sich an den folgenden Symbolen orientieren, um die richtige Suppe für Ihren Bedarf zu finden. Ab Seite 231 finden Sie eine Liste, in der die Suppen nach gesundheitlichen Vorzügen sortiert aufgezählt werden.

SCHÖNHEIT – Diese Suppen enthalten Schatzkammern wahrer „Schönheitsnährstoffe", wie Vitamin C (für die Kollagenproduktion), wichtige Fette und Antioxidanzien, die die Haut vor Entzündungen schützen.

KNOCHENSTÄRKEND – In diesen Suppen sind viele kalziumreiche Superfoods.

REINIGUNG/ENTGIFTUNG – Diese Suppen enthalten Zutaten, die dem Körper behutsam beim Entgiften helfen und die Zellerneuerung durch ihre wertvollen Mikronährstoffe unterstützen.

HERZGESUNDHEIT – Diese Suppen enthalten Nährstoffe, die laut Studien die kardiovaskuläre Gesundheit erhalten können.

IMMUNSTÄRKEND – Diese Suppen sind durch ihre Nährstoffe, wie Zink und Vitamin C, eine gute Quelle, um Krankheiten zu bekämpfen, und sie enthalten Superfoods mit antiviralen, antibakteriellen und antifungiziden Wirkstoffen.

KALORIENARM – Diese Suppen enthalten pro Portion um die 250 Kilokalorien oder weniger.

PROTEIN – Diese Suppen enthalten 6 Gramm oder mehr Eiweiß pro Portion.

NEUSTART MIT SUPERFOODS – GESUNDES LEBENSGEFÜHL DURCH „SOUPING"

„Nicht schon wieder!", habe ich gedacht. Ich hatte einen *gesunden* Winterurlaub bei meiner angeheirateten Familie in Deutschland geplant – doch meine liebe Familie hatte andere Pläne. Ich reise normalerweise sehr gesund: Ich teste mich durch viele lokale Früchte- und Gemüsesorten und bringe sogar meist noch etwas von meinen getrockneten Superfoods mit, um mich auch im Urlaub gut zu ernähren. Dann aber traf mich ein kulinarischer Schlag: überall zarte, dunkle Schokolade, die tollsten Früchtebrote und kleine Schüsseln mit süßen Verlockungen, wohin ich mich auch drehte. Meine Urlaubswoche dort bestand aus Essen, Ausruhen und nochmal Essen. Es. War. Toll!

Allerdings ist dies natürlich nicht gerade ein nachhaltiger Lebenswandel.

Als ich nach Hause zurückkehrte, wollte ich meinem Körper etwas richtig Gutes tun, ihm einen Neustart bieten nach all den Schlemmereien. Ein Smoothie schien mir da nicht ausreichend zu sein. Es war draußen kalt, also kochte ich eine Suppe. Ich kochte gleich eine größere Menge mit reinigenden Superfoods und aß sie über mehrere Tage. (Dies ist übrigens der Ursprung für die Viel-Grün-Suppe auf Seite 115.) Neben dieser Suppe nahm ich noch einige andere leichte Speisen zu mir, wie Salate, und fühlte mich wie neugeboren. Ich liebe frisch gepresste Säfte, um meinen Körper zu reinigen (ein Blick in mein Buch „Superfood-Säfte" wird Sie überzeugen!), aber während diese Säfte leicht und energiespendend sind, befriedigen mich Suppen für einen langen Zeitraum zutiefst. Eine neue Liebe war geboren: Ich fühlte mich aufgetankt, ohne voll zu sein, und war gleich vernarrt in die Löffelspeisen.

Ich fand heraus, dass es einen Namen für diese Art des Entgiftens gibt: *Souping*. Unser Körper wird durch nährstoffdichte Lebensmittel angereichert mit allem, was er braucht, und ist dabei wohlgesättigt ohne unnötige Belastung.

Normalerweise nehme ich sofort Reißaus, wenn ich von einem neuen Ernährungstrend höre. (Ja, genau: „Limonadendiät", wie bitte?!) Der Trend des *Souping* allerdings ergibt einfach Sinn, da dadurch keine einseitige Ernährung gelebt wird. Das Gegenteil ist der Fall: *Souping* befriedigt Ihren gesamten Körper in einer wohlnährenden und ganzheitlichen Weise.

Natürlich sollte das Ziel sein, seinen gesamten Lebenswandel so auszurichten, dass der Körper sich stets in einem gesunden Gleichgewicht befindet, doch wenn man aus welchem Grund auch immer das Gefühl hat, diese Balance wiederherstellen zu müssen, können ein paar Tage *Souping* Wunder wirken: um Kraft zu tanken, zu heilen und um von innen heraus zu leuchten. Alle Suppen in diesem Buch eignen sich dafür. Die Suppen mit dem entsprechenden Zeichen sind dabei am effektivsten. (Für eine vollständige Liste der reinigenden und entgiftenden Suppen siehe Seite 231f.)

TEIL ZWEI

DIE SUPPEN

Suppen haben etwas Magisches. Suppen bieten eine Bandbreite an Möglichkeiten und Variationen. Sie laden uns ein, jede nur denkbare Zutat auszuprobieren, ob interessante Gemüsesorten oder exotische Gewürze. Jeder Geschmack kommt zu seinem Recht, da es schier unendliche Variationen gibt: Sie können den vollen Geschmack von „Verjüngenden Brühen" auskosten, Ihre Geschmacksnerven mit „Gekühlten Suppen" verwöhnen, dahinschmelzen beim Genuss der „Cremig-feinen Suppen", den Geschmack von „Klaren Suppen und Nudelsuppen" feiern; eintauchen in luxuriöse „Dicke Suppen" oder die Tiefe von ausgefallenen „Eintöpfen und Chilis" genießen.

Wonach Sie sich auch fühlen, Superfood-Suppen werden Ihre inneren Kräfte auftanken – mit jedem Löffel ein delikates Bisschen mehr.

OVEN
LIGHTS

BEVOR SIE BEGINNEN

Es gibt kein Rezept auf der Welt, das nicht ab und zu mal angepasst werden muss. Das Ergebnis ist abhängig vom Geschmack des Kochs, aber auch von der Qualität der Zutaten – nicht immer und zu jeder Jahreszeit schmecken natürliche Lebensmittel gleich. Der Geschmack der Suppe wird sich auch setzen, wenn sie länger zieht und abkühlt. Entweder ist dies dem Geschmacksergebnis zuträglich (wie bei einem Eintopf, der durch eine Stunde Ziehzeit an Fülle gewinnt) oder aber es entzieht der Suppe den besonderen Kick (bei Säure zum Beispiel). Daher gibt es eine Richtlinie: *Schmecken Sie Ihre Suppe ab, bevor Sie sie servieren.* Vertrauen Sie Ihrem eigenen Geschmack und variieren Sie meine Rezepte gern so, wie Sie es sich wünschen – für Ihr perfektes Ergebnis.

TIPPS ZUM ABSCHMECKEN

Zu fad? Fügen Sie Salz und Pfeffer hinzu!
Der häufigste Grund für einen faden Geschmack ist fehlendes Salz. Salzen Sie behutsam, Prise für Prise nach, bis Sie den richtigen Geschmack getroffen haben. Salz und Pfeffer sind wohl die wichtigsten (und unterschätztesten!) Gewürze, die es gibt: Sie bringen lebendigen Geschmack.

Zu flach? Fügen Sie Säure hinzu!
Manchmal kann eine Suppe etwas flach schmecken, vor allem nach längerer Ziehzeit. Ein wenig Säure, wie Zitronen- oder Limettensaft oder etwas Essig, wirken Wunder und geben der Suppe einen leichten, frischen Geschmack.

Zu dick? Fügen Sie Wasser hinzu!
Wenn Suppe länger steht, kann die Flüssigkeit verdampfen. Die Hinzugabe von Wasser bringt eine schöne Konsistenz zurück. Rühren Sie ca. ¼ Tasse ein und erhöhen Sie die Menge vorsichtig, falls nötig. Wichtig: Das wird natürlich den Geschmack der Suppe verändern, da sie dünner wird – also würzen Sie gegebenenfalls nach.

Zu dünn? Kochen Sie die Suppe länger oder fügen Sie Pfeilwurz hinzu!
Einige Heilmittel bei den Zutaten könnten zu dünn für Ihren Geschmack sein. Erste Abhilfe schafft eine längere Kochzeit, um mehr Flüssigkeit verdampfen zu lassen. Wenn Ihnen dazu die Zeit fehlt oder Sie dabei riskieren würden, Zutaten zu zerkochen, geben Sie einfach eine Zutat hinzu, die Flüssigkeit aufsaugt. (Die konventionelle Art wäre, Weizenmehl hinzuzugeben.) Ich bin ein Liebhaber davon, Pfeilwurz einzurühren. Sie sorgt für ein tolles cremiges Ergebnis und verändert den Geschmack der Suppe nicht. 1 Teelöffel oder 1 Esslöffel ist

ausreichend für einen Topf Suppe. Die Pfeilwurz mit etwas Brühe anrühren und dann unter Rühren zur Suppe geben. Ein paar Minuten weiterkochen lassen, damit sie eindicken kann. Sollte das Ergebnis noch nicht dick genug sein, nehmen Sie noch etwas nach. Pfeilwurzpulver hält sich sehr lange, und es ist gut, für „Notfälle" davon im Haus zu haben.

SUPPEN SICHER PÜRIEREN

Heiße Suppen sind mit etwas Vorsicht zu genießen: Viel heißer Dampf bedeutet auch Druck, vor allem, wenn die heiße Suppe in einem dicht verschlossenen Mixer püriert wird. Daher gibt es ein paar Dinge zu beachten, damit nicht der Deckel unter Druck abplatzt und somit die gesamte Suppe in der Küche herumspritzt. Als erste Maßnahme können Sie, wenn vorhanden, die herausnehmbare Mitte des Mixerdeckels entfernen und ein Tuch als Spritzschutz während des Pürierens verwenden. Beginnen Sie auf niedriger Stufe zu mixen, lassen Sie durch Heben des Tuches etwas Luft entweichen und pürieren Sie dann erneut, bis die Suppe cremig ist. Als Zweites achten Sie einfach darauf, den Mixer nicht ganz voll zu machen – ich fülle ihn meist nur zu $^{2}/_{3}$, damit während des Püriervorgangs genug Raum für die heiße Luft da ist.

TIPPS FÜR ERFOLGREICHES SUPPENKOCHEN

Bereiten Sie sorgfältig vor. Alle Zutaten sollten vorbereitet sein: Schneiden Sie die Zwiebeln, mischen Sie die Gewürze, stellen Sie die Gemüsebrühe bereit. Einige Suppenrezepte verlangen ein rasches Verarbeiten und gelingen nur dann, wenn gute Vorarbeit geleistet wurde.

Achten Sie auf die richtige Größe der geschnittenen Zutaten. Größtenteils ist das Zubereiten einer Suppe sehr entspannt. Wenn Sie beim Schneiden darauf achten, dass die Teile mehr oder weniger gleich groß sind, wird Ihr Ergebnis besser, da alle gleichzeitig gar werden. Und auch auf die Gefahr hin, wie eine übervorsichtige Mutter zu klingen, bitte ich Sie darum, beim Schneiden auf Ihre Sicherheit zu achten: Bringen Sie große Gemüsesorten (beispielsweise Kürbis) in handliche Stücke, bevor Sie das akkurate Kleinschneiden/Würfeln beginnen. Gemüse ist einfacher zu schneiden, wenn Sie es durch Halbieren auf eine flache Seite legen können. (So lässt sich zum Beispiel eine halbierte Kartoffel leicht in Streifen und dann in Würfel schneiden.)

Erhitzen Sie den Topf. Achten Sie darauf, dass das Öl im Topf schön heiß ist (aber niemals qualmt), bevor Sie die Zutaten hinzugeben. Um sicherzustellen, dass die richtige Temperatur erreicht ist, einfach ein kleines Stück Zwiebel in den Topf geben: Zischelt sie bei Kontakt mit dem Öl, ist der Topf bereit. Wenn nicht, warten Sie noch eine Minute, bevor Sie es nochmal probieren. Es wird Ihre Suppe geschmacklich noch mal bereichern, wenn Sie den richtigen Hitzepunkt des Topfes abwarten.

Würzen Sie ein bisschen während des Kochens – aber größtenteils am Ende. Suppen benötigen etwas Salz und Pfeffer während des Kochens, um den Zutaten ihre Aromen zu entlocken. Die beste Zeit für das Würzen ist allerdings am Ende, wenn Sie den runden Geschmack Ihrer Suppe bereits auf Ihren Geschmacksnerven schmecken – dann erkennen Sie am besten, was vielleicht noch fehlt für ein perfektes Ergebnis.

Seien Sie kreativ bei der Garnierung. Lassen Sie Ihrer Fantasie freien Lauf und spielen Sie mit Farbe, Form, Konsistenz der Superfood-Toppings. So wird Ihre Suppe zu einem Kunstwerk.

Superfood-Ersatzmöglichkeiten finden Sie auf Seite 225, Bezugsquellen auf Seite 227.

VERJÜNGENDE BRÜHEN

Ich garantiere Ihnen: Sie werden zum „Brühentum“ konvertieren, wenn Sie sich von den hausgemachten Brühen mit ihren durch und durch wärmenden Eigenschaften verzaubern lassen. Diese tollen Gebräue, sorgfältig aus feinem Gemüse und Superfoods hergestellt, sind kleine Helfer im Alltag. Eine Misobrühe zum Beispiel ist mit ihrem vollen, herzhaften Geschmack das Rückgrat vieler anderer Suppen. Weitere Rezepte, wie zum Beispiel die Schönheitsbrühe, sind Heilsuppen, die einen von innen heraus strahlenden Körper schaffen. Jedes dieser Rezepte, ganz gleich, ob es eine Variation eines klassischen Rezepts ist oder ein ganz exotisch-ausgefallenes, sorgt für eine besondere Bereicherung Ihrer gesunden Superfood-Küche.

= SUPERFOODS

SCHÖNHEIT KNOCHENSTÄRKEND REINIGUNG/ENTGIFTUNG

HERZGESUNDHEIT IMMUNSTÄRKEND KALORIENARM PROTEIN

WOZU ÜBERHAUPT BRÜHEN?

Sollten wir uns treffen – ich glaube, wir würden uns gut verstehen: Denn jeder, der den Teil über Brühen in meinem Buch liest, scheint mir ein Gleichgesinnter zu sein. Die meisten halten Brühen für gewöhnlich – für verherrlichtes aromatisiertes Wasser. Dabei sind Brühen und Fonds hart erarbeitet und liebevoll hergestellt. Man stellt ihr Licht unter den Scheffel, wenn man nicht sieht, dass sie den Unterschied zwischen einer guten und einer exzellenten Suppe machen.

Es gab Zeiten, da habe selbst ich den Ratschlag eines Kochs ignoriert, für eine Suppe erst eine Brühe herzustellen. („Ernsthaft? Ich soll zwei Suppen machen für ein Ergebnis?!") Ich habe damals einfach auf Wasser oder Brühwürfel zurückgegriffen. Es ist natürlich in Ordnung, wenn Sie eine gute Fertigbrühe verwenden für die Rezepte in diesem Buch, aber vielleicht überzeugt Sie ja dieses Argument: Selbst gemachte Brühen schenken Ihnen eine Extraportion Superfood.

Richtig, Sie finden hier Rezepte für Superfood-Brühen, und jede leistet Großartiges.

TIPP: Frieren Sie frische Brühen ein! Die meisten Brühen halten sich im Kühlschrank eine Woche lang, in einem verschlossenen Behälter im Tiefkühler bleiben sie monatelang frisch. Verwenden Sie flache Glasbehälter, da die Brühen dann schneller auftauen als in hohen (Marmeladen-) Gläsern.

Diese wundervollen Brühen sind der Inbegriff von „leicht herzustellen" und nicht viel komplizierter, als einen (lange köchelnden) Tee zu kochen. Jedes Rezept ergibt acht bis zwölf Tassen Brühe; wenn Sie einen großen Topf haben, empfehle ich Ihnen, gleich eine größere Menge zu machen.

VERWENDUNG VON SUPERFOOD-BRÜHEN

Meine Brühen sind alle sehr nährstoffdicht und vegetarisch, Sie können sie vielseitig einsetzen. Auch bei Rezepten, die Hühnerbrühe oder andere tierische Fonds in den Zutaten angeben. Hier eine kleine Liste für Brühenersatz:

STANDARD-BRÜHE		SUPERFOOD-ERSATZ
Wasser	→	Gemüsebrühe
Hühnerbrühe	→	Misobrühe
Rinderbrühe/-fond	→	Pilzbrühe
Fischbrühe	→	Meeresgemüsebrühe

FEINE KULINARISCHE BRÜHEN

Diese Brühen haben zwei Verwendungszwecke: Zum einen können Sie sie einfach pur als kleine wärmende Stärkung zwischendurch genießen, zum anderen sind sie die Basis für viele Suppen in diesem Buch.

GEMÜSEBRÜHE

Dies ist eine helle Brühe mit einem Geschmack zwischen herzhaft und leicht süß, gepaart mit einem Energiekick aus der Macawurzel. Oft mache ich diese Brühe und erwische mich dabei, wie ich sie schon zur Hälfte austrinke, bevor sie überhaupt die Bekanntschaft mit einem Suppenrezept machen konnte! Ich verwende hier meine Lieblingsgemüsesorten nach meinem persönlichen Geschmack – tauschen Sie die Sorten gern gegen Ihre Favoriten aus. Für mehr Ideen für Gemüsebrühen schauen Sie auf die nächste Seite.

ERGIBT CA. 12 TASSEN

- 4 große gelbe Zwiebeln
- 2 TL Olivenöl
- 3 EL Rotweinessig
- 2 mittelgroße Porreestangen, fein geschnitten
- 1 mittelgroßer Knollensellerie, geschält und geschnitten
- 1 große (oder 2 kleine) Fenchenknollen, geschnitten
- 4 Karotten, geschnitten
- 2 EL Macapulver
- ¼ Tasse Thymian (Blätter und Stiele)
- 1 EL ganze schwarze Pfefferkörner
- 5 Liter Wasser

Halbieren Sie 2 Zwiebeln und entfernen Sie die Haut. Vierteln Sie dann beide Hälften – die Hälften bleiben dabei aber an einem Ende zusammen. Zur Seite stellen. Die restlichen Zwiebeln fein schneiden und zum restlichen geschnittenen Gemüse stellen.

In einem großen Topf* das Olivenöl auf mittlere Hitze bringen. Die halbierten Zwiebeln vorsichtig in den Topf geben, für 10 Minuten anbraten und bräunen lassen. Währenddessen die Zwiebeln nicht bewegen. Löschen Sie die Zwiebeln mit dem Essig ab, dabei gut umrühren. Alle Zutaten in der Reihenfolge, wie sie in der Zutatenliste aufgeführt sind, hinzufügen und die Hitzezufuhr erhöhen. Wenn die Brühe kocht, Hitze reduzieren und für 45 Minuten bis 1 Stunde köcheln lassen. Die Brühe abseihen, abkühlen und gekühlt aufbewahren.

Brühen halten sich im Kühlschrank bis zu einer Woche lang, im Tiefkühler mehrere Monate.

* Der Topf muss mindestens 8 Liter fassen, 10 Liter oder mehr ist noch besser. Falls Sie keinen so großen Topf haben, verteilen Sie das Rezept auf zwei Töpfe.

DAS KLEINE 1 x 1 DER GEMÜSEBRÜHEN

Gemüsebrühen gibt es in tausendfacher Ausführung. Mit diesen Tipps gelingen Ihnen viele Variationen.

Verwenden Sie (fast) alle Gemüsesorten! Für einen ausgewogenen Geschmack ist es ratsam, mit Suppengemüse (Zwiebeln, Sellerie, Karotten oder Ähnlichem) zu beginnen. Dann aber ist so ziemlich jede Kombination an Gemüse denkbar – alle Sorten Wurzeln und Knollen, wie Rübe oder Pastinake, und tolle Aromaträger, wie Fenchel und Knoblauch. Die Ausnahmen sind Kreuzblütler wie Kohl und Blumenkohl, da ihr Geschmack zu stark ist, und zartes Blattgrün, da ihre Nährstoffe beim Kochen verloren gehen.

Verwenden Sie Gewürze! Die meisten Brühen sind wenig gewürzt, um sie als Basis breitgefächert einsetzen zu können. Wenn Sie allerdings genau wissen, welche Suppe Sie damit herstellen oder Sie sie einfach nur pur genießen wollen, sind ein paar Gewürze sehr bereichernd: frische Kräuter, Lorbeerblätter, Pfeffer und getrocknete Gewürze. Einige Brühen enthalten zusätzlich Ingwer, Zitronengras, Kurkuma und/oder Heilpilzpulver.

Schneiden Sie gröbere Stücke! Das Tolle an Brühen ist, dass Sie die Zutaten nicht sehr sorgfältig klein schneiden müssen – fast könnte man eine ganze Karotte in den Topf schmeißen. Einfach das Gemüse grob zerkleinern, sodass die Kochzeit kurz gehalten wird und der Geschmack in die Suppe übergehen kann.

Verwenden Sie auch „Abfälle“ vom Gemüseschnippeln! Brühen sind eine tolle Möglichkeit, Reste zu verwerten. Ob nun leicht pappige Zwiebelschichten, welkes Grünzeug, Schnittenden oder die Schale von Gemüse: Alles, was sonst weggeschmissen wird, bietet noch eine Menge Geschmack. Ca. $1/3$ der Brühe darf gern aus Resten bestehen, die Sie bitte sorgfältig gereinigt und auf schlechte Stellen untersucht haben.

Fügen Sie Salz hinzu! Warten Sie bitte mit dem Nachsalzen bis nach dem Abseihen. So vermeiden Sie versalzene Brühen – eine Brühe kocht in einer Stunde stark ein und ist dann geschmacklich komprimierter.

PILZBRÜHE

Pilzbrühen sorgen für einen sehr erdigen Geschmack in kräftigen Suppen und Eintöpfen. Sie bekommen Fertigbrühen im Supermarkt, doch es ist wirklich toll, sie selbst herzustellen, und das mit den besten Pilzen, die Sie finden können. Dieses Rezept ist wie das für die Gemüsebrühe (Seite 68) sehr variabel: Nehmen Sie getrocknete Pilze Ihrer Wahl, gerne auch frische und getrocknete gemischte (wilde Pilze schmecken übrigens umwerfend!) und ergänzen Sie sie durch ein Heilpilzpulver Ihrer Wahl. Getrocknete Pilze sind nicht nur günstiger als frische, sie besitzen auch mehr Aroma, das herrlich intensiv in die Brühe übergeht. Ich halte es mit dieser Brühe gern simpel ohne ausgefallene Kräuter und Gewürze, um sie als schlichte Basis für viele Suppen verwenden zu können. Auch hier gilt: Es liegt in Ihrer Hand, das Rezept zu variieren – vielleicht durch etwas Thymian, Rosmarin, Lorbeerblätter oder aber durch Gemüse wie Lauchgewächse, Fenchel oder Knollensellerie.

ERGIBT CA. 10 TASSEN

- 1 große gelbe Zwiebel, geschält und geviertelt
- 4 Knoblauchzehen, zerstoßen und geschält
- 1 Karotte, geviertelt
- 1 Stangensellerie, geviertelt
- 30 g getrocknete Pilze (Sorte nach Wahl)
- 1 EL Heilpilzpulver (Sorte nach Wahl, z. B. Cordyceps, Reishi, Chaga oder gemischt)
- ½ TL Meersalz
- 16 Tassen Wasser

Erhitzen Sie einen mittelgroßen, schweren Topf. Braten Sie die Zwiebelviertel ohne Öl für 5 Minuten an (währenddessen nicht rühren), um sie zu karamellisieren.

Fügen Sie die restlichen Zutaten hinzu und bringen Sie sie zum Kochen, Hitzezufuhr reduzieren und alles für ca. 1 Stunde köcheln lassen oder so lange, bis sich die Brühe auf die Hälfte reduziert hat. Brühe vom Herd nehmen und für 30 Minuten ziehen und abkühlen lassen. Die Brühe abgießen und im Kühlschrank aufbewahren. Sie hält sich dort bis zu einer Woche, im Tiefkühler mehrere Monate.

MISOBRÜHE

Hier präsentiere ich Ihnen meine absolute Lieblingsbrühe, die Sie unbedingt in Erinnerung behalten sollten! Sie ist unglaublich vielseitig, leicht herzustellen und sie holt das Beste aus allen Suppen heraus. Gewöhnlich wird eine Misobrühe nur vorsichtig erwärmt und am Ende der Garzeit hinzugefügt, um die empfindlichen Enzyme zu schützen. Ich verwende sie wie jede andere Brühe, indem ich sie schon früh der Suppe beifüge. Ich weiß, es ist sehr frevelhaft, ein paar unschuldige Enzyme zu zerstören, aber in diesem Fall geht es mir um den Geschmack.

Es gibt unzählige Wege, eine Misobrühe herzustellen, aber dieses Rezept ist ein sehr guter Einstieg. Ich verwende gelbe Misopaste, da sie sehr vielseitig einsetzbar ist. Sie dürfen gern auch auf andere Sorten zurückgreifen – weißes Miso hat einen schwachen Geschmack, rotes und braunes hingegen einen sehr starken. Sollten Sie auf Soja verzichten, können Sie auf Kichererbsenmiso zurückgreifen.

ERGIBT CA. 8 TASSEN

- 4 EL gelbe Misopaste
- 1 TL Kelp, granuliert
- 8 Tassen Wasser

Verrühren Sie alle Zutaten in einem Mixer, bis das Miso komplett aufgelöst ist. Verwenden Sie die Brühe weiter wie angegeben oder genießen Sie sie pur als Trinkbrühe.
Diese Brühe hält sich im Kühlschrank bis zu einer Woche, im Tiefkühler mehrere Monate.

WOHLFÜHLWISSEN: Brühen, die Meeresgemüse wie Kelp oder Kombu enthalten, haben naturgemäß viele Elektrolyte und Mineralstoffe. Aufgewärmt eignen sie sich toll als Getränk nach Ausdauersport, um den Körper wieder aufzutanken.

MEERESGEMÜSEBRÜHE

Von dieser Brühe allein könnte ich mich ernähren! Sie zu genießen lässt mich denken: Alles richtig gemacht! Sie können auch anderes Meeresgemüse wählen, auch eine Kombination von mehreren ist möglich. Die geschmacklich stärkeren Algen wie Kombu werden den salzigen Geschmack am besten herausbringen, ohne zu stark zu dominieren. Ich empfinde Kombu als vielseitigstes Meeresgemüse für den Gebrauch in Suppen – deshalb ist es auch in japanischen Gerichten sehr oft als Basis zu finden.

ERGIBT CA. 10 TASSEN

- 12 Tassen gefiltertes Wasser
- 1 Blatt Kombu, getrocknet (ca. 5 x 10 cm)
- 2 EL Tamarisauce

Bringen Sie das Wasser in einem großen, schwerbödigen Topf zum Kochen. Fügen Sie Kombu hinzu, Kochstelle auf mittlere Hitze reduzieren. Die Suppe halb abdecken und 30 Minuten köcheln lassen. Kombu entfernen (Sie können es für eine weitere Verwendung aufheben) und die Tamarisauce einrühren. Lassen Sie die Brühe etwas abkühlen, bevor Sie sie in ein geschlossenes Behältnis füllen. Die Brühe hält sich im Kühlschrank bis zu einer Woche, im Tiefkühler mehrere Monate.

Superfood-Tipp: *Bewahren Sie das Meeresgemüse auf! Wenn die Brühe fertig gekocht ist, nehmen Sie das Stück heraus, lassen es abkühlen und zerkleinern es. Sie können es dann herzhaften Suppen, Salaten, Getreidesalaten und anderem als köstliche und gesunde Zutat beifügen. Zwar hat die Alge dann nicht mehr so viel Geschmack, allerdings werden noch einige Nährstoffe enthalten sein. Ansonsten wird sich auch Ihr Hund über den kleinen Snack freuen – meiner liebt diese kleine Leckerei.*

WARUM KNOCHENBRÜHE KEIN SUPERFOOD IST

Knochenbrühe ist eine kompakte Brühe aus Tierknochen (und teilweise anderen Teilen, wie Füßen und Sehnen), die sehr lange Zeit gekocht werden. Auch wenn sie sich in den letzten Jahren großer Beliebtheit erfreut, wurde sie natürlich nicht erst vor Kurzem erfunden. Seit Jahrhunderten bereits werden Reste von Tieren so verwertet – und der Körper in Heilung und Gesunderhaltung unterstützt. Nun ist diese Knochenbrühe also wieder en vogue, und ihre Befürworter sprechen ihr viele positive Aspekte für die Gesundheit zu: Immunstärkung, Leberentgiftung, bessere Verdauung, jüngeres Hautbild, gesündere Gelenke – sogar Sportler verwenden sie als Fitnessgetränk.

Diese Aspekte kommen nicht nur aus dem Nichts. In einer Knochenbrühe ist in der Tat viel Kollagen (ein Eiweiß, das Aminosäuren enthält, die das Bindegewebe in Gelenken, Sehnen, Knochen und der Haut stärken und reparieren). Noch genauer: Die Brühe enthält die Aminosäure Glutamin, die das Gewebe repariert und besonders hilfreich dabei ist, Verdauungsprobleme zu regulieren. Außerdem enthält eine Knochenbrühe Elektrolyte, die nach dem Sport wichtig sind, um wieder zu Kräften zu kommen.

Der Nährwert ist also nicht von der Hand zu weisen, allerdings gibt es da so einige Fehlinformationen. Das enthaltene Kollagen kann vom Körper nicht einfach verwertet werden. Stattdessen spaltet er es in einzelne Aminosäuren auf, so wie es es auch mit anderem Essen machen würde, und verwendet sie, wo auch immer er sie im Organismus gerade benötigt. (Und Kollagenproduktion ist nicht die oberste Priorität des Körpers.) Diese einzelnen Aminosäuren sind auch in den uns bekannten Superfoods zur Genüge enthalten. Der Körper stellt Kollagen selbst her, und damit er das tun kann, nehmen wir besser die dafür benötigten Mikronährstoffe und Antioxidanzien wie Vitamin C und Lycopin (Stoffe, die nicht in Knochenbrühe enthalten sind) zu uns. In einer Knochenbrühe ist kein Stoff enthalten, den man nicht durch eine ganzheitliche, vegetarische Ernährung, im besten Fall angereichert mit Superfoods, zu sich nehmen kann.

Meine größte Sorge im Bezug auf die Knochenbrühe richtet sich auf die Qualität der Brühe. Es ist schwer nachzuvollziehen, woher die Tierreste kommen, die dort Verwendung finden. Man weiß auch nicht, womit die Tiere gefüttert wurden, unter welchen Bedingungen sie gelebt haben und ob sie chemischen Hormonen ausgesetzt waren. Außerdem befinden sich Schwermetalle in Knochen, Bändern und der Haut von Tieren, die durch stundenlanges Kochen in die Brühe übergehen. Ein Blindtest aus dem Jahr 2013, veröffentlicht in *Medical Hypotheses,* zeigte, dass Biohühnchenbrühe viel Blei (ein sehr gefährliches Nervengift) enthielt. Keine einzige Studie konnte die angeblichen positiven Auswirkungen auf den Körper bestätigen.

Anstelle einer Knochenbrühe plädiere ich stark für eine vegetarische Alternative aus diesem Buch. Alle Nährstoffe der Knochenbrühe finden sich auch in den gesünderen und sicheren Brühen aus vegetarischen Zutaten; von kollagenbildenden Nährstoffen (beispielsweise in grünem Blattgemüse und Meeresgemüse) bis hin zu Elektrolyten (wie in Chiasamen und Sellerie).

Superfood-Brühen sind wahrhaft gut – sie versorgen Sie risikolos mit allem, was Ihr Körper braucht.

BRÜHE VERSUS FONDS

Auch wenn man die Begriffe gern synonym verwendet, gibt es einen kleinen Unterschied. Eine Brühe wird sowohl pur genossen als auch als Zutat für ein Rezept verwendet, während ein Fond ausschließlich für die Herstellung eines anderen Gerichts (beispielsweise einer Suppe) verwendet wird.

FUNKTIONALE BRÜHEN

Seit Jahrhunderten werden dem Körper durch den Genuss von Brühen wichtige Nährstoffe zugeführt. Man kann sehr leicht große Mengen dieser funktionalen Brühen zubereiten, die, wie der Name schon verrät, Ihren Körper mit genau dem versorgen, was er gerade benötigt: sei es Energie, Entgiftung, Schönheit oder Heilung. Sie können diese Brühen auch als Basis für andere Suppen verwenden, allerdings sind sie pur genossen am besten. Manchmal erwische ich mich dabei, wie ich bereits nach meinem dritten Becher über den Tag verteilt greife, vor allem dann, wenn die Brühe frisch und duftend bereitsteht – und schon fühle ich mich fantastisch!

ENERGIEBRÜHE

Begegnen Sie einem wahrlich stärkenden Getränk, dessen Wirkung viel länger und umfassender anhält als die einer Tasse Kaffee: lang anhaltende Stärkung durch nährende Versorgung, nicht durch Stimulation. Diese Brühe liefert Elektrolyte für die Zellerneuerung, B-Vitamine für mehr Energie, sekundäre Pflanzenstoffe für die Unterstützung der Nebennierendrüse (gut gegen Stress) und Wirkstoffe wie Cordyceps und Cayenne, die dabei helfen, die Nährstoffe gut aufzunehmen.

ERGIBT CA. 10 TASSEN / 8 PORTIONEN

- 2 Zwiebeln
- 2 EL Kokosöl
- 4 Karotten, grob geschnitten
- 4 Stangen Sellerie, grob geschnitten
- 2 EL Apfelessig
- 2 Beutel grüner Tee
- 2 EL Macapulver
- 2 EL Cordycepspulver
- 1 TL Pfefferkörner
- ½ TL Cayennepfeffer
- ¾ TL Salz
- 16 Tassen gefiltertes Wasser
- 1 EL Nährhefe

Waschen und halbieren Sie die Zwiebeln, dabei die Haut nicht entfernen.

In einem großen Topf Kokosöl erwärmen (mittlere Hitze) und die Zwiebelhälften mit der geschnittenen Seite nach unten in den Topf legen. Die Karotten und den Sellerie zugeben, für 10 Minuten ohne zu rühren anbräunen lassen. Mit Apfelessig ablöschen, dabei den Inhalt gut verrühren. Alle Zutaten bis auf die Nährhefe hinzufügen und für 45 Minuten bis 1 Stunde kochen lassen (je nach gewünschter Konzentration). Abseihen und die Nährhefe einrühren. Die Mischung in kleineren Portionen in einen Mixer geben und eine schöne Emulsion herstellen. Als warme Brühe pur genießen.

Die Brühe hält sich im Kühlschrank bis zu einer Woche, im Tiefkühler mehrere Monate.

Anmerkung: Dieses Rezept kann auch anstelle einer normalen Gemüsebrühe in anderen Rezepten verwendet werden.

ENTGIFTUNGSBRÜHE

Der Begriff „Entgiftung" wird dieser Tage zugegebenermaßen etwas inflationär verwendet. Dabei hat er durchaus seine Berechtigung, genauer betrachtet zu werden: Wir helfen (mit dieser Brühe) unserem Körper dabei, effektiv Gifte auszuscheiden, die sich durch unser tägliches Leben im Körper anreichern. Durch diese harntreibende Brühe wird die Zellerneuerung angekurbelt. Enthalten ist das Wunderwerk für Entgiftung: Braunalgen (Kelp). Versuchen Sie, nicht nur Reinigungskuren durchzuführen, sondern Ihren gesamten Lebenswandel umzustellen mit kleinen Alltagsgewohnheiten, wie dem regelmäßigen Trinken dieser zitronengrasfrischen Brühe.

ERGIBT CA. 8 TASSEN / 6 PORTIONEN

- 2 Stangen Porree
- 3 Stängel Zitronengras
- 4 Stangen Sellerie, grob geschnitten
- 2 Karotten, grob geschnitten
- 2 Knoblauchzehen, zerstoßen und gehäutet
- 5 cm frischer Ingwer, dünn geschnitten
- 1 Tasse Pilze nach Wahl, halbiert
- 2 TL Kelppulver
- 2 Beutel Reinigungstee *
- ½ Bund Petersilie
- 1 Handvoll frische Minze
- 12 Tassen Wasser
- 2 EL gelbe Misopaste
- 2 TL Kokosöl

Entfernen Sie trockene und schlechte Stellen vom Porree. Trennen Sie das Weiße vom Grünen des Porrees. Halbieren Sie beide Seiten des Porrees und waschen Sie ihn gründlich. Die Enden des Zitronengrases anschneiden und die gröbere Außenschicht entfernen. Die inneren Schichten mit der flachen Seite eines Messers zerstoßen (wie die Knoblauchzehe).

Alle Zutaten bis auf die Misopaste und das Kokosöl in einen großen Topf geben und unter großer Hitze zum Kochen bringen. Bei mittlerer bis kleiner Hitze für 45 bis 50 Minuten köcheln lassen, bis die gewünschte Konzentration erreicht ist. Abseihen, Misopaste und Kokosöl einrühren. Die Brühe portionsweise in einen Mixer füllen und eine schöne Emulsion herstellen. Die warme Brühe pur genießen. Die Brühe hält sich im Kühlschrank bis zu einer Woche, im Tiefkühler mehrere Monate.

* Es gibt viele Sorten Reinigungstee. Sie können Brennnessel- oder Löwenzahntee bzw. auch eine Mischung verwenden (beispielsweise Brennnessel, Fenchel und Minze für dieses Rezept). Achten Sie nur darauf, dass der Tee nicht mit süßen Gewürzen wie Zimt aromatisiert ist, da dies den Geschmack der Brühe beeinflussen würde.

SCHÖNHEITSBRÜHE

Diese Suppe schmeckt nicht nur gut, sie lässt uns auch von innen heraus strahlen: Sie ist dank des grünen Tees, der Gojibeeren, der Karotten und der Tomaten voller Antioxidanzien – gut fürs Anti-Aging. Sie wirkt durch den Knoblauch und das Basilikum antibakteriell (gut für reine Haut), das Hanföl ist voller Zink und Alpha-Liponsäure, was uns jung hält. Diese Brühe ist ein kraftvolles Getränk, das den Körper mit Elektrolyten versorgt und ihn wieder auftanken lässt. Eine wunderbare Möglichkeit, sich die besten Schönheitsnährstoffe der Natur einzuverleiben.

ERGIBT CA. 10 TASSEN / 8 PORTIONEN

- 2 Zwiebeln
- 1 TL Olivenöl
- 3 Stangen Sellerie, grob geschnitten
- 2 Karotten, grob geschnitten
- 3 EL Apfelessig
- 1 EL Tomatenmark
- 3 Knoblauchzehen, zerstoßen und gehäutet
- 16 Tassen Wasser
- 2 Beutel grüner Tee
- 1 große Handvoll Basilikum
- ¼ Tasse Gojibeeren
- 2 EL Hanföl
- 4 EL gelbe Misopaste

Waschen und halbieren Sie die Zwiebeln, dabei die Haut nicht entfernen.

In einem großen Topf das Olivenöl erwärmen (mittlere Hitze) und die Zwiebelhälften mit der geschnittenen Seite nach unten in den Topf legen. Die Karotten und den Sellerie zugeben, für 10 Minuten ohne zu rühren anbräunen lassen. Mit Apfelessig ablöschen, dabei den Inhalt gut verrühren. Das Tomatenmark und den Knoblauch hinzugeben, mit Wasser auffüllen und die Teebeutel und das Basilikum zufügen. Die Brühe zum Kochen bringen und für 45 Minuten bis 1 Stunde kochen lassen (je nach gewünschter Konzentration). Seihen Sie die Brühe ab. Gojibeeren, Hanföl und Misopaste einrühren. Portionsweise in einen Mixer geben und eine schöne Emulsion herstellen. Die warme Brühe pur genießen. Sie hält sich im Kühlschrank bis zu einer Woche, im Tiefkühler mehrere Monate.

HEILBRÜHE

Eigentlich könnte man diese leicht scharfe Brühe mit Kurkuma einfach nur als Erkältungs- und Grippebekämpfer sehen. (In der Naturheilkunde werden die Inhaltsstoffe zur Immunstärkung eingesetzt.) Doch dieses Rezept kann noch viel mehr: Dank der Vielzahl an entzündungshemmenden Stoffen und Antioxidanzien (aus Kurkuma, Reishi und Gojibeeren) ist diese Brühe ein wahrer Alleskönner. Sie kann Stress mindern, Krankheiten und Verletzungen kurieren. Trinken Sie sie regelmäßig oder wann immer Sie sich etwas Gutes tun wollen.

ERGIBT CA. 10 TASSEN / 8 PORTIONEN

- 2 gelbe Zwiebeln
- 2 EL Kokosöl
- 2 Stangen Sellerie, geviertelt
- 2 Karotten, geviertelt
- 3 EL Apfelessig
- 16 Tassen Wasser
- 4 Knoblauchzehen, zerstoßen und gehäutet
- 5 cm frischer Ingwer, dünn geschnitten
- 1 TL Kurkuma, gemahlen
- 1 EL Reishipulver
- 1 TL schwarze Pfefferkörner
- 1/8 TL Cayennepfeffer (wenn gewünscht mehr)
- 1/3 Tasse getrocknete Gojibeeren
- 3 EL gelbe Misopaste

Waschen und halbieren Sie die Zwiebeln, dabei die Haut nicht entfernen.

In einem großen Topf 1 Esslöffel des Kokosöls erwärmen (mittlere Hitze) und die Zwiebelhälften mit der geschnittenen Seite nach unten in den Topf legen. Die Karotten und den Sellerie zugeben, für 10 Minuten ohne zu rühren anbräunen lassen. Mit Apfelessig ablöschen, dabei den Inhalt gut verrühren. Wasser, Knoblauch, Ingwer, Kurkuma, Reishi, Pfefferkörner und den Cayennepfeffer hinzufügen. Zum Kochen bringen, Hitze reduzieren und alles für 1 Stunde köcheln lassen. Abseihen und Gojibeeren, Misopaste und das restliche Kokosöl einrühren. Portionsweise in einen Mixer geben und eine schöne weiche Konsistenz herstellen. Als warme Brühe pur genießen. Sie hält sich im Kühlschrank bis zu einer Woche, im Tiefkühler mehrere Monate.

GEKÜHLTE SUPPEN

Gekühlte Suppen sind einfach wundervoll. Diese Rezepte, meist als Vorspeise serviert (auch wenn sie herzhaft genug sind, um als Hauptspeise zu dienen), eignen sich ideal, um Superfood-Suppen auch in der wärmeren Jahreszeit zu genießen. Um die warme Jahreszeit Löffel für Löffel förmlich zu schmecken, probieren Sie doch einmal die Physalis-Pfirsich-Gazpacho (Seite 90) voll Vitamin C von den Camubeeren oder entspannen Sie mit einer leichten, pfeffrigen Brunnenkresse-Vichyssoise (Seite 83) – eine Suppentasse voller Köstlichkeit.

= SUPERFOODS

SCHÖNHEIT KNOCHENSTÄRKEND REINIGUNG/ENTGIFTUNG

HERZGESUNDHEIT IMMUNSTÄRKEND KALORIENARM PROTEIN

BRUNNENKRESSE-VICHYSSOISE

Vichyssoise ist eine traditionelle französische Suppe, die aus püriertem Porree, Zwiebeln, Kartoffeln, Hühnerbrühe und Sahne besteht. Diese pflanzliche Variante wartet mit Brunnenkresse und ein wenig Fenchel für eine köstlich-frische und leicht pfeffrige Note auf.

ERGIBT 8 TASSEN / 6 PORTIONEN

- 1 EL Olivenöl, etwas mehr für die Garnierung
- 1 großer Porree, weiße und hellgrüne Teile, fein geschnitten
- ½ gelbe Zwiebel, fein gehackt
- 1 mittelgroße Fenchelknolle (ca. 250 g), gewürfelt, ein bisschen Fenchelgrün als Garnierung
- 500 g mehligkochende Kartoffeln, geschält und in 1 cm große Würfel geschnitten
- 1 TL Fenchelsamen
- 1 TL frischer Thymian, gehackt
- 5 Tassen Gemüsebrühe (Seite 68 oder gekauft)
- Meersalz und gemahlener schwarzer Pfeffer
- ¼ Tasse rohe Cashewkerne
- 1 Bund Brunnenkresse (ca. 3 volle Tassen), abgezupft

In einem großen Topf mit schwerem Boden Olivenöl auf mittlerer Hitze erwärmen. Porree, Zwiebeln und Fenchel für 3 bis 4 Minuten glasig anschwitzen. Kartoffeln, Fenchelsamen, Thymian, Brühe, 1 Prise Salz und ½ Teelöffel Pfeffer hinzufügen. Hitze erhöhen und die Brühe zum Kochen bringen. Hitze minimieren und für 25 bis 30 Minuten, bis die Kartoffeln weich sind, köcheln lassen. Vom Herd nehmen, Cashewkerne und Brunnenkresse hinzugeben. Portionsweise in einen Mixer geben und cremig mixen. Salz und Pfeffer nach Belieben dazugeben. Für 2 Stunden kühlen und mit etwas Olivenöl und Fenchelgrün servieren.

Variante: *Auch wenn die Vichyssoise traditionell kalt serviert wird, schmeckt sie warm genauso. Vorsichtig bei niedriger Hitzezufuhr erwärmen. Sie können auch 2 bis 3 Tassen gekochte Quinoa als Sättigungsbeilage zugeben.*

ZITRONEN-HONIGMELONEN-GAZPACHO MIT SPIRULINAÖL

Diese Suppe mache ich, wenn ich Eindruck schinden will. Unter uns: Sie ist überraschend leicht herzustellen, aber ihr Geschmack ist umwerfend: Die Suppe bewegt sich irgendwo zwischen süß, scharf, salzig und erfrischend. Als wäre das noch nicht genug, wartet sie mit der Fähigkeit auf, unsere Haut zum Strahlen zu bringen. Die Nährstoffbalance in diesem Rezept beruht vor allem auf der Garnierung. Also bitte nichts weglassen – es geht in diesem Fall mehr als nur ums Aussehen.

ERGIBT 5 TASSEN / 4 PORTIONEN

- 6 Tassen Honigmelone, gewürfelt (Kerne und Schale entfernen)
- ¼ Tasse Orangensaft, frisch gepresst
- 1 EL Sanddornsaft
- ¼ TL Camupulver
- ¼ TL Ancho-Chilipulver
- 1 Prise Cayennepfeffer
- ½ TL Meersalz
- ½ TL Pfeffer, gemahlen
- 2 TL Zitronenschale, frisch gerieben, plus etwas für die Garnierung
- 2 ½ EL frischer Zitronensaft
- 12 schwarze Oliven in Öl eingelegt, fein gehackt
- 2 EL Fenchelknolle, fein gehackt
- 1 EL Olivenöl
- ¼ TL Spirulinapulver
- 2 EL Fenchelgrün als Garnierung

Die Honigmelone, Orangensaft, Sanddornsaft, Camupulver, Ancho-Chilipulver, Cayennepfeffer, Salz, Pfeffer, 2 TL Zitronenschale und 2 EL Zitronensaft in einen Mixer geben. Schön cremig pürieren. Vor dem Servieren für 30 Minuten in den Kühlschrank stellen.

In der Zwischenzeit Olivenöl, Fenchel und den restlichen Zitronensaft in einer Tasse mischen. Kühl stellen, bis die Suppe fertig ist.

Direkt vor dem Servieren das Olivenöl mit Spirulina in einem Glas zusammenrühren. Die Suppe in gekühlte Teller füllen und mit dem Spirulinaöl beträufeln. Die Oliven-Fenchel-Salsa hinzugeben und mit Zitronenschale und Fenchelgrün garnieren.

Auch gekühlt hält diese Suppe nur kurze Zeit, also *carpe diem* – am besten noch am Tag der Herstellung genießen!

Variante: *Geschmacklich kommt die Suppe auch ohne den Sanddornsaft, das Camupulver und/oder die Spirulina gut zurecht. Bedenken Sie aber, dass das die kraftvollsten Zutaten mit enormer Heilwirkung sind. Die Honigmelone kann durch eine Cantaloupemelone ersetzt werden.*

AVOCADO-ERBSEN-SUPPE

Kermit der Frosch hatte Unrecht: Es ist einfach, grün zu sein. Diese bescheidene, cremige Suppe ist leicht herzustellen. Und köstlich genug, um sogar einen Superfood-Smoothie neidisch zu machen.

ERGIBT 6 TASSEN / 4 PORTIONEN

- 1 Tasse zerdrückte Avocado
- 2 Tassen gefrorene Erbsen
- ¼ Tasse ungesüßter Kokosmilchjoghurt oder ein anderer pflanzlicher Joghurt
- 3 ½ Tassen Wasser
- 4 EL Umeboshi-Essig
- 2 Tassen Babyspinat
- ½ Tasse Minze, gehackt, plus etwas für die Garnierung
- 1 TL Spirulinapulver
- Olivenöl für die Garnierung
- Gewürz-Sumachpulver für die Garnierung

Die Avocado, Erbsen, Joghurt, Wasser und den Essig in einem Mixer cremig pürieren. Den Spinat, Minze, Spirulina hinzufügen und erneut pürieren. Vor dem Servieren für 30 Minuten kühlen. Kalt servieren und mit einem Klecks Joghurt, etwas Olivenöl, einer großzügigen Prise Gewürz-Sumach und Minze garnieren.

SUPERFOOD-EXTRA: Fügen Sie ¼ bis ½ TL Camupulver für extra Vitamin C hinzu. Es hilft, das Eisen aus dem Spinat besser zu verwerten.

WAS IST UMEBOSHI-ESSIG?

Dieser Essig wird aus Umeboshi-Pflaumen gewonnen, eine japanische Delikatesse, die salzig und sauer ist. Sie ist bekannt für ihre verdauungsanregende und entgiftende Wirkung. Falls Sie diesen Essig nicht bekommen sollten, können Sie ihn durch Rotweinessig ersetzen und etwas mehr Salz in die Suppe geben.

PHYSALIS-PFIRSICH-GAZPACHO

Knallig, laut und scharf – diese Suppe ist eine wahrlich verlockende Möglichkeit, den Körper zu reinigen und den Gaumen zu erfreuen. Ich rate zu frischen, saftigen Pfirsichen. Sollten diese keine Saison haben, können Sie zuckerfreie Pfirsiche aus der Dose nehmen.

ERGIBT 4 TASSEN / 4 PORTIONEN

- 4 mittelgroße, sehr reife Pfirsiche, geschält, entsteint und geschnitten (ca. 3 Tassen)
- 1/3 Tasse getrocknete Physalis
- ½ Tasse gelbe Paprikaschote, geschnitten
- 3 EL Weißweinessig
- 1 EL frischer Zitronensaft
- ½ TL Meersalz
- ¼ TL weißer oder schwarzer Pfeffer, gemahlen
- 1 EL Agavendicksaft oder flüssiges Süßungsmittel nach Wahl
- 1 TL Olivenöl
- 1 ½ Tassen Kokoswasser
- 1 Prise Cayennepfeffer
- ½ Tasse ungesüßter Kokosmilchjoghurt oder ein anderer pflanzlicher Joghurt nach Wahl, für die Garnierung
- ¼ Tasse Pistazien, gehackt, für die Garnierung

Alle Zutaten zusammenfügen, bis auf den Joghurt und die Pistazien. In einem Mixer sehr cremig pürieren. Abschmecken, falls nötig nachwürzen und die Suppe bis zum Servieren mindestens 30 Minuten kühlen. In Schalen füllen und großzügig mit Joghurt garnieren, etwas Pistazien hinzugeben.

SUPERFOOD-EXTRA: Eine Handvoll Gojibeeren mitpürieren für die Extraportion Antioxidanzien – z. B. Lycopin.

GEKÜHLTE KAROTTEN-INGWER-SUPPE

Süß und cremig mit einem Hauch Schärfe kommt diese ungekochte Suppe daher und beweist erneut, dass grandiose Rezepte nicht kompliziert sein müssen. Ein bisschen Olivenöl macht die Suppe traumhaft geschmeidig. Aufgrund der Menge an Antioxidanzien aus den Gojibeeren und den Karotten ist die Suppe gut für Ihre Augen und Ihre Haut.

ERGIBT CA. 5 TASSEN / 4 PORTIONEN

- 4 Tassen frischer Karottensaft
- ⅓ Tasse Gojibeeren, getrocknet
- 2 EL Pinienkerne
- ½ Tasse zerdrückte Avocado
- 1 EL frischer Ingwer, geschält und fein gerieben
- 2 EL frischer Zitronensaft
- 2 EL Olivenöl (optional)
- ¼ TL Camupulver
- ¼ TL Cayennepfeffer
- ½ TL Meersalz

Alle Zutaten in einen Mixer geben und geschmeidig pürieren. Vor dem Servieren mindestens 30 Minuten kühlen, damit sich die Aromen entfalten können.

Optionales Topping: *1 EL Pinienkerne, 1 TL getrocknete Gojibeeren, 1 EL gehackte Estragonblätter und 1 EL ungesüßter Kokosmilchjoghurt pro Portion.*

WASSERMELONEN-GOJI-GAZPACHO

Ich kann mich nur schwer für eine Lieblingsfrucht des Sommers entscheiden, aber die süße und saftige Wassermelone steht bei mir auf jeden Fall sehr hoch im Kurs. Sie ist in Form dieser fruchtigen Gazpacho der ideale Begleiter für faule, barfüßige Sommertage im Schatten oder für laue Abende. Hier treffen sich die Verwandten Gurke und Wassermelone und ergeben zusammen mit Gojibeeren eine einzigartig erfrischende Suppe.

ERGIBT 5 TASSEN / 4 PORTIONEN

- 5 Tassen Wassermelone, geschnitten
- 2 Tassen Gurke, geschält und geschnitten
- ¼ TL schwarzer Pfeffer, gemahlen
- ½ Tasse getrocknete Gojibeeren
- ¼ Tasse frisches Basilikum, gehackt
- 1 rote Peperoni, entkernt und gehackt
- ¼ Tasse frischer Zitronensaft
- ¼ TL Meersalz

Je 1 Tasse Wassermelone und Gurke fein würfeln. Zusammen mit dem Pfeffer in eine Schüssel geben. Abdecken und bis zum Servieren kühl stellen.

Den Rest der Zutaten in einem Mixer pürieren. Die Suppe für mindestens 30 Minuten kühlen. Zum Servieren in Schalen füllen und die Wassermelonen-Gurken-Salsa hinzugeben.

GRÜNE SUPPE MIT GURKENNUDELN UND REIS

Diese Suppe mag merkwürdig anmuten, aber die hauptsächliche rohe Warmwettersuppe könnte befriedigender nicht sein … und ist auch noch gesund. Sie können durch Tofu und Servieren der doppelten Menge eine Hauptmahlzeit mit ihr gestalten oder sie als leichtes Mittagessen unterwegs genießen.

ERGIBT CA. 6 TASSEN / 4 PORTIONEN

- 1 große Gurke
- ½ TL Meersalz
- 2 Tassen grüner Saft*, gekühlt
- 1 El gelbe Misopaste
- ¼ TL Kelp, granuliert
- ⅛ TL Cayennepfeffer
- 1 Tasse Rundkorn-Naturreis, gekocht und abgekühlt
- 1 große Avocado, in Zentimeterstücke gewürfelt
- ½ Tasse weicher Tofu, in Zentimeterstücke gewürfelt
- ½ Tasse rohe Cashewkerne, gehackt
- 2 Frühlingszwiebeln, weiße und grüne Teile, dünn geschnitten
- 1 TL Dulseflocken
- ½ TL schwarzer Sesam für die Garnierung
- frische Korianderblätter für die Garnierung
- essbare Blüten für die Garnierung (optional)

Die Enden der Gurke abschneiden. Mit einem Spiralschneider spaghettiförmige Nudeln schneiden. (Alternativ können Sie einen Sparschäler für breitere Nudeln verwenden.) Schneiden Sie die Nudeln auf handliche Größe (ca. 15 cm lang). In ein Sieb geben und mit Salz bestreuen. Das Sieb auf eine Schüssel stellen und die Gurken für 15 Minuten entwässern. Sorgfältig abspülen, überschüssige Flüssigkeit vorsichtig ausdrücken. Bis zum Servieren kalt stellen.

In einem Mixer den Saft, die Misopaste, Kelp und Cayennepfeffer cremig pürieren. Abschmecken: Die Suppe soll frisch herzhaft schmecken. Wenn nötig, mit etwas Miso für salzigeren oder mit etwas Zitrone für frischeren Geschmack nachwürzen. Geben Sie etwas Wasser hinzu, falls Sie die Mischung flüssiger wünschen.

Pro Portion ¼ Tasse Reis in eine flache Schale füllen. ¼ der Gurkennudeln und ¼ der Avocado und etwas Tofu auf den Reis geben. Gießen Sie ½ Tasse der Suppe aus grünem Saft dazu und garnieren Sie mit Cashews, Frühlingszwiebeln, Dulse, schwarzem Sesam, etwas Koriander und, wenn Sie mögen, mit frischen Blüten. Gekühlt servieren. Die Suppe hält sich für 2 Tage im Kühlschrank.

* Für ein optimales Ergebnis verwenden Sie ungesüßten grünen Saft (hausgemacht oder gekauft). Wenn Sie Saft kaufen, achten Sie darauf, dass viel Gurke und Sellerie enthalten ist und wenig bis kein süßer Fruchtanteil. (Der Zuckergehalt sollte weniger als 12 g pro Portion sein.) Ingwer und Zitrone/Limette sind von Vorteil. Wenn Sie keinen grünen Saft bekommen, können Sie ihn leicht selbst herstellen. Pürieren Sie eine Gurke mit 1 Tasse Wasser und seihen Sie sie durch ein sehr feines Sieb oder eine Gaze ab.

GEKÜHLTE KURKUMA-KOKOSNUSS-SUPPE

Diese einfache Cremesuppe liefert jede Menge Geschmack – und kommt dank etwas Kelp mit einer Umami-Note daher. Stellen Sie sicher, dass Sie frische Thai-Kokosnüsse verwenden: Es sind die geschälten weißen und nicht die braunen („haarigen") Kokosnüsse. Letztere würden die Suppe viel zu schwer machen.

ERGIBT 5 TASSEN / 4 PORTIONEN

- 2 junge weiße Thai-Kokosnüsse
- ¼ Tasse frischer Orangensaft
- ½ Tasse orange Paprikaschote, gehackt
- 1 TL Schalotten, gehackt
- 1 Serrano-Chili, entkernt und gehackt
- ½ TL Kurkuma, gemahlen, plus etwas für die Garnierung
- 1 ½ TL Kelp, granuliert
- 2 TL frisch geriebener Ingwer
- 1 EL frischer Zitronensaft
- ½ TL Meersalz
- ¾ Tasse Eiswürfel
- Thai-Basilikum, als Garnierung (optional)

Öffnen Sie die Kokosnüsse und geben Sie 2½ Tassen Kokoswasser und das Fleisch aus den Nüssen in einen Mixer. Cremig und geschmeidig pürieren. Orangensaft, Paprika, Schalotten, Serrano-Chili, Kurkuma, Kelp, Ingwer, Zitronensaft und Salz hinzufügen. Erneut mixen. Das Eis einrühren und die Suppe für 30 Minuten kalt stellen. Vor dem Servieren pürieren, mit etwas Kurkuma und ein paar Basilikumblättern garnieren.

SUPERFOOD-TIPP: Falls Sie keine jungen Kokosnüsse bekommen, können Sie 1 Dose normale Kokosmilch (bitte nicht die fettreduzierte Variante) mit 1 Tasse Kokoswasser und 2 EL zerdrückter Avocado verwenden.

GEKÜHLTE WEIZENGRAS-MANDEL-SUPPE MIT FENCHEL UND TRAUBEN

Das ist meine Superfood-Antwort auf eine Ajo Blanco – eine bekannte spanische Suppe, die traditionell mit blanchierten Mandeln hergestellt wird. Keine Suppe schafft es so gut wie diese, Sie von innen heraus leuchten zu lassen – dank ihrer einfach ungesättigten Fettsäuren aus den Mandeln. Das Olivenöl hilft, die Hautfeuchtigkeit in Balance zu halten, und durch die Kraft der Sonne in Pulverform (à la Weizengraspulver) fühlen Sie sich frisch und sauber. Servieren Sie diese köstliche Suppe zusammen mit einem überbordenden Salat für ein unglaublich tolles Essen.

ERGIBT CA. 6 TASSEN / 4 PORTIONEN

- 2 große Fenchelknollen
- 1 Tasse rohe Mandeln
- ¼ Tasse Olivenöl, plus etwas für die Garnierung
- 5 Tassen Wasser
- 1 EL frischer Zitronensaft
- 1 TL Apfelessig
- ¾ TL Meersalz
- ½ Tasse Eiswürfel
- 2 TL Weizengraspulver
- ⅔ Tasse knackige, kernlose rote Trauben, halbiert

Die Fenchelknollen vom Grün befreien. Das Grün für die Garnierung zur Seite legen. Mit einem Gemüsehobel papierdünne Scheiben aus einer der beiden Knollen herstellen (ungefähr ¼ Tasse).

Die Scheiben in Eiswasser geben, für die Garnierung zurückbehalten. Den restlichen Fenchel würfeln.

In einem kleinen Topf 3 Tassen Wasser aufkochen. Die Mandeln in eine Schüssel geben und mit kochendem Wasser übergießen. Nach 3 bis 4 Minuten abgießen und die Mandeln von ihrer Haut befreien.

Mandeln, Fenchel, Olivenöl, Zitronensaft, Apfelessig, Meersalz und 2 Tassen kaltes Wasser in einen Mixer geben. Cremig pürieren, eventuell etwas Wasser zugeben – die Suppe sollte dick, aber gut zu pürieren sein. Eis hinzufügen und alles zu einer homogenen Masse mixen.

3 Tassen Suppe in ein Einweckglas füllen. Zur restlichen Suppe das Weizengraspulver hinzugeben, zum Verrühren kurz mixen, in ein separates Glas füllen. Beide Portionen für 30 Minuten kühlen. Zum Servieren abwechselnd die weiße und die grüne Suppe in eine Schüssel gießen. Mit einem Messer zur Dekoration über die Oberfläche schwingen. Mit ein paar Traubenhälften, ein paar Fenchelscheiben, etwas Fenchelgrün und ein paar Tropfen Olivenöl garnieren.

EARL-GREY-RUCOLA-SUPPE

Earl-Grey-Tee erhält seinen ausgeprägten Geschmack durch eine Kombination aus schwarzem Tee und Bergamotte – eine Blume, die an Lavendel und Orangenblüten erinnert. (Mit anderen Worten: an den Himmel!) Ihr Geschmack ergänzt eine Reihe von fabelhaften Köstlichkeiten, zum Beispiel Fenchel, Äpfel und Rucola. Dieses Rezept ist ein tolles Beispiel, dass man Tee anstelle einer Brühe verwenden kann, um in der gesündesten Art und Weise einen unerwartet verführerischen Geschmack zu erhalten.

ERGIBT 6 TASSEN / 4 PORTIONEN

- 5 ½ Tassen Wasser
- 4 Beutel Earl Grey
- 2 EL Olivenöl
- ½ gelbe Zwiebel, fein geschnitten
- 1 große Fenchelknolle, fein geschnitten (ca. 2 Tassen)
- 2 große Fuji-Äpfel, entkernt und fein geschnitten
- 1 Stange Sellerie, fein geschnitten
- Meersalz und schwarzer Pfeffer, gemahlen
- 3 volle Tassen junge Rucola
- 1 EL Kokosblütenzucker
- ¼ rohe Cashewkerne
- 2 EL frischer Zitronensaft

Das Wasser in einer mittelgroßen Kasserolle zum Kochen bringen. Vom Herd nehmen und die Teebeutel einlegen. Für 10 Minuten ziehen lassen oder bis Sie den Sud für die Suppe brauchen.

In einem schweren Topf das Olivenöl auf mittlerer Hitze erwärmen.

Die Zwiebel, Fenchel, Äpfel, Sellerie, ½ TL Salz und ein bisschen Pfeffer in den Topf geben.

Für 6 bis 7 Minuten anbraten, gelegentlich umrühren. Die Teebeutel aus den Wasser nehmen und den Tee zum Gemüse geben. Bei hoher Hitzezufuhr zum Kochen bringen, abdecken und bei mittlerer Hitze für 10 Minuten köcheln lassen. Die Suppe vom Herd nehmen und Rucola, Kokoszucker, Cashewkerne und den Zitronensaft einrühren. Portionsweise in einen Mixer geben und cremig und geschmeidig pürieren. Nachwürzen, falls gewünscht. In ein Behältnis füllen und dicht verschließen. Im Kühlschrank für mindestens 2 Stunden kühlen. Kalt servieren.

SUPERFOOD-KICK: Um Ihren Körper mit mehr als 70 Vitaminen und Mineralstoffen zu verwöhnen, rühren Sie 1 TL Weizengraspulver in die erkaltete Suppe ein.

GEKÜHLTE SCHOKOLADEN-DESSERTSUPPE

Richtig gelesen: Suppe als Dessert! Diese seidig weiche Suppe ist elegant und kommt köstlich unerwartet am Ende eines Essens. Kakao und Maca lassen in uns neue Kräfte wachsen. Ich empfehle Ihnen Grad-B-Ahornsirup für dieses Rezept. Er ist geschmackvoller und bringt die tiefen Geschmacksnoten des Kakaos zur Geltung.

ERGIBT 5 TASSEN / 4 PORTIONEN

- 2 mittelgroße Avocados (Sorte Hass), geschält und entsteint
- ½ Tasse Kakaopulver, plus etwas für die Garnierung
- 2 TL Macapulver
- 1 TL Vanilleextrakt
- 1 Prise Meersalz
- 3 Tassen ungesüßte Mandelmilch, plus etwas für die Garnierung
- ⅓ Tasse Ahornsirup (bevorzugt Grad B)
- 1 Dose Kokosmilch, gut gekühlt

Avocado, Kakaopulver, Macapulver, Vanille, Meersalz, Mandelmilch und Ahornsirup in einen Mixer geben. Geschmeidig pürieren. Die Suppe sollte leicht und cremig sein – falls sie zu dick ist, fügen Sie noch etwas Mandelmilch hinzu. Vor dem Servieren 1 Stunde kalt stellen. Auch die Servierschalen und eine kleine Rührschale vor dem Servieren kühlen.

Direkt vor dem Servieren die Kokosmilch aus dem Kühlschrank nehmen, nur die feste Creme aus der Dose in die gekühlte Rührschüssel geben (das Wasser wird nicht gebraucht) und zu einer geschmeidigen Sahne rühren. Zum Servieren die Suppe in die gekühlten Servierschalen füllen und mit einem Klecks Kokossahne und etwas Kakaopulver dekorierer.

Varianten: *Durch etwas Zimtpulver und eine Prise Cayennepfeffer können Sie aus dieser Suppe ein süß-scharfes Schokoladengericht zaubern – fabelhaft! Alternativ können Sie etwas Minzextrakt unterrühren, um eine minzige Schokoladenversion zu bekommen.*

CREMIG-FEINE SUPPEN

Bei der bloßen Erwähnung einer cremigen Suppe lassen wir uns wohl alle zu einem enthusiastischen „Ja, bitte!" hinreißen. Und nur weil die Suppen in diesem Kapitel traumhaft cremig sind, heißt das nicht, dass sie ungesünder wären, weniger wertvolle Inhaltsstoffe besäßen oder geschmacklich nicht mithalten könnten. Auch mit ihnen können Sie Ihren Körper kraftvoll reinigen – wie zum Beispiel mit der Viel-Grün-Suppe von Seite 115 –, in Klassikern wie der Kartoffel-Lauch-Suppe schwelgen (Seite 118) oder sich abenteuerlustig an Neues wagen wie die geschmeidige Ingwer-Yamswurzel-Cremesuppe mit Sanddorn (Seite 105). Von diesen Suppen werden Sie keinen Tropfen vergeuden wollen.

= SUPERFOODS

SCHÖNHEIT · KNOCHENSTÄRKEND · REINIGUNG/ENTGIFTUNG

HERZGESUNDHEIT · IMMUNSTÄRKEND · KALORIENARM · PROTEIN

FRISCHE MAISSUPPE

Das (nicht ganz so geheime) Geheimnis einer richtig guten Maissuppe liegt darin, auch die Kolben mitzukochen. Ich werde regelrecht traurig, wenn ich Rezepte für Maissuppen sehe, die die Kolben nicht enthalten, da sich ihr geschmackliches Potenzial hierdurch erst richtig entfaltet. Diese Suppe schmeckt wunderbar rund (Sie werden das energetisierende Reishi nicht schmecken) und macht sich toll als spätsommerlicher kulinarischer Begleiter Richtung Frühherbst – zu der Zeit also, in der Mais frisch, knackig und süß zu bekommen ist.

ERGIBT CA. 7 TASSEN / 4 PORTIONEN

- 6 Maiskolben, Blätter entfernt
- 8 Tassen Wasser
- Meersalz und zerstoßener schwarzer Pfeffer
- 1 EL Kokosöl
- 1 süßliche Zwiebel, gewürfelt
- knapp 1/8 TL Cayennepfeffer
- 2 TL Reishipulver
- 2 EL frischer Zitronensaft
- 2 EL frischer Schnittlauch, gehackt
- Olivenöl zum Servieren

Schneiden Sie die Maiskörner von den Kolben und stellen Sie sie in einer Schale zur Seite (das sollte ca. 4 ½ Tassen ergeben.) Legen Sie die Kolben in eine große Kasserolle, mit Wasser bedecken und ½ TL Salz hinzugeben. Für 1 Stunde bei mittlerer Hitze köcheln lassen oder so lange, bis sich die Flüssigkeit auf ca. 2 Tassen reduziert hat. Entfernen Sie die Kolben und seihen Sie die Brühe durch ein feines Sieb ab. Die Brühe für einen Moment zur Seite stellen (nicht kühlen!).

Die Kasserolle abspülen und auf den Herd stellen. Das Kokosöl sanft erwärmen und die Zwiebel glasig anbraten – ca. 3 bis 4 Minuten. Die Maiskörner, Cayennepfeffer und je 1 große Prise Salz und Pfeffer dazugeben. Für 12 bis 15 Minuten anbraten – bis die Maiskörner weich sind. Vom Herd nehmen und Maiskolbenbrühe, Reishipulver und Zitronensaft zugeben. Portionsweise in einem Mixer cremig pürieren. Abschmecken und nachwürzen, falls gewünscht. Zum Servieren mit etwas Schnittlauch und ein paar Tropfen Olivenöl garnieren.

SUPERFOOD-TIPP: Verwenden Sie bitte biologisch angebauten Mais, um sich vor genmanipuliertem zu schützen.

CREMIGE GRÜNKOHLSUPPE

Diese Suppe schmeckt so, als müsste man hinterher auf jeden Fall einen langen Verdauungsschlaf machen (sie wäre es auch wert!). Ein Blick auf die Zutaten verrät allerdings, wie gesund sie ist – sie könnte glatt für eine Reinigungskur herhalten. Die Suppe ist kalorienarm und besitzt eine beachtliche Menge Mikronährstoffe. Pürierter Blumenkohl wird sehr reichhaltig und cremig, und kombiniert mit jungem Grünkohl wird diese Suppe zu einer Vitaminbombe. Sie können den Grünkohl komplett pürieren oder nur einen Teil, um noch etwas Struktur der zarten Blätter in der Suppe zu behalten.

ERGIBT 6 TASSEN / 4 PORTIONEN

- 1 EL Kokosöl
- ½ weiße Zwiebel, fein geschnitten
- 2 Stangen Sellerie, fein geschnitten
- 2 Knoblauchzehen, gehackt
- 4 Tassen Blumenkohl (Blüte und Stiele), fein gehackt
- 4 Tassen Misobrühe (Seite 71) oder gekauft)
- 2 EL Nährhefeflocken
- 1 EL frischer Zitronensaft
- 1 Spritzer scharfe Sauce nach Wahl (optional)
- 4 sehr volle Tassen junger Grünkohl
- Meersalz und schwarzer Pfeffer, gemahlen

Das Kokosöl in einem schweren Topf auf mittlerer Hitze erwärmen. Zwiebel, Sellerie und Knoblauch für 3 bis 4 Minuten abraten, bis die Zwiebeln leicht glasig werden. Den Blumenkohl hinzufügen und für eine Minute weiterbraten. Dann die Misobrühe zugießen und die Hitzezufuhr erhöhen. Zum Kochen bringen, abdecken, Hitze reduzieren und für 15 Minuten oder bis der Blumenkohl sehr weich ist köcheln lassen. Vom Herd nehmen und die Nährhefe, Zitronensaft und die scharfe Sauce (falls gewünscht) einrühren. In einen Mixer geben und geschmeidig pürieren. Dann den Grünkohl dazugeben und erneut kurz pürieren – entweder komplett cremig oder nur so lange, dass noch etwas Struktur des Kohls erhalten ist. Mit Salz und Pfeffer abschmecken.

Variante: *Um eine vollwertige, ausgewogene Mahlzeit zu kreieren, rühren Sie 1 ½ Tassen eiweißreiche gekochte Quinoa oder gekochte weiße Bohnen ein, nachdem Sie den Grünkohl püriert haben.*

INGWER-YAMSWURZEL-CREMESUPPE MIT SANDDORN

Diese Suppe besitzt einen kräftigen Geschmack und ist eine ideale Vorspeise. Aber wenn Sie überzeugt sind von ihr, können Sie auch gerne die Menge verdoppeln und einen Hauptgang daraus machen. Wenn Sie weniger Sanddorn verwenden möchten (er ist recht teuer), können Sie ihn durch ½ TL Zitronensaft je EL Sanddornsaft ersetzen. (Wenn Sie mehr über Sanddorn erfahren möchten – ein erstaunliches Superfood –, blättern Sie bitte auf Seite 35f.)

ERGIBT 4 TASSEN / 4 PORTIONEN

- 2 EL Kokosöl
- ½ gelbe Zwiebel, gewürfelt
- 1 große Karotte, fein geschnitten
- 1 kleine Knoblauchzehe, fein geschnitten
- 1 EL frischer Ingwer, gerieben
- 1 TL Kurkuma, gemahlen
- 1 Prise Cayennepfeffer
- 250 g Yamswurzel, geschält und in 2,5 cm große Würfel geschnitten
- 2 Tassen Gemüsebrühe (Seite 68 oder gekauft)
- ½ Tasse Kokosmilch (aus der Dose, fettreduziert)
- ⅓ Tasse Sanddornsaft
- ½ TL frischer Zitronensaft
- 1 EL Yacon- oder Ahornsirup, plus etwas für die Garnierung
- Meersalz und schwarzer Pfeffer, gemahlen

Das Kokosöl in einem schweren Topf auf mittlerer Hitze erwärmen. Zwiebel, Karotten und Knoblauch für 5 Minuten unter gelegentlichem Rühren anbraten. Ingwer, Kurkuma und Cayennepfeffer hinzufügen und eine Minute mitbraten. Die Yamswurzel und die Brühe dazugeben und mit großer Hitzezufuhr zum Kochen bringen. Die Hitze reduzieren, abdecken und für 15 Minuten köcheln lassen, bis die Yamswurzel schön weich ist.

Zusammen mit Kokosmilch, Sanddorn- und Zitronensaft und 1 EL Sirup in einen Mixer füllen und sehr cremig pürieren. Mit Salz und Pfeffer abschmecken. Zum Servieren in kleine Schalen füllen und mit etwas Sirup beträufeln.

SUPERFOOD-TIPP: Eine Idee für Ihre nächste Party: Reichen Sie Ihren Gästen diese saisonale Suppe als „Aperitif" in dekorativen Espressotassen – was lässt Ihre Gäste sich mehr willkommen fühlen als ein warmer Gruß in Suppenform?

TOMATEN-GOJI-SUPPE MIT FRISCHEM BASILIKUM

Getrocknete Gojibeeren veredeln die Aromen der Tomate mit koketter Süße und einem wohltuenden Hauch von Basilikum.

ERGIBT 10 TASSEN / 6 PORTIONEN

- 1 ½ kg Tomaten (vorzugsweise eine alte Tomatensorte)
- ¼ Tasse Kokosöl
- 4 große Knoblauchzehen, gehackt
- 1 ½ Tassen gelbe Zwiebeln, gewürfelt
- 2/3 Tasse Stangensellerie, gewürfelt
- Meersalz und frisch gemahlener schwarzer Pfeffer
- ½ Tasse getrocknete Gojibeeren
- 4 Tassen Gemüsebrühe (Seite 68 oder gekauft)
- 1/3 Tasse frisches Basilikum, gehackt, plus ein paar Blätter als Garnierung
- gefiltertes Wasser
- 2 EL Hanfsamen-Parmesan (Seite 221) als Garnierung (optional)

Die Tomaten halbieren. Die Samen und den Saft entfernen, in einer Schale sammeln und zur Seite stellen. Die Tomaten würfeln und ebenfalls zur Seite stellen. Das Innere der Tomaten mit der Rückseite eines Esslöffels durch ein sehr feines Sieb (oder durch zwei Gazen übereinander) streichen. Den Saft auffangen und zur Seite stellen.

Das Kokosöl in einer großen Kasserolle auf mittlerer Hitze erwärmen. Knoblauch, Zwiebeln, Sellerie und ½ TL Salz hinzufügen. Unter ständigem Rühren braten, bis das Gemüse weich wird – ca. 4 bis 5 Minuten. Dann die Tomaten für 4 bis 5 Minuten mitbraten, bis sie anfangen, in sich zusammenzufallen. Die Gojibeeren und die Brühe dazugeben. Zum Kochen bringen, dann die Hitze reduzieren und alles für 15 Minuten köcheln lassen. Vom Herd nehmen und den ausgestrichenen Tomatensaft und Basilikum hinzufügen. Portionsweise in einem Mixer geschmeidig pürieren. Dabei ca. ½ bis 1 Tasse Wasser zugießen, bis die gewünschte Konsistenz erreicht ist. Mit Salz und Pfeffer abschmecken, wenn nötig. Servieren Sie die Suppe warm, garniert mit ein paar Basilikumblättern und Hanfsamen-Parmesan (Seite 221), falls gewünscht. Gekühlt ist die Suppe für einige Tage haltbar.

SUPERFOOD-EXTRA: Geben Sie ¼ TL getrockneten Indischen Basilikum hinzu – ein adaptogenes Kraut, das für gute Stimmung und einen klaren Geist sorgen kann.

GERÖSTETE ROTE-PAPRIKA-SUPPE MIT SANDDORN-CRÈME-FRAÎCHE

Reichen Sie einen eiweißreichen Salat zu dieser Suppe, vielleicht eine Scheibe Brot – und nennen Sie es Abendessen!

ERGIBT 8 TASSEN / 6 PORTIONEN

- 4 rote Paprikaschoten
- ⅓ Tasse rohe Cashewkerne
- 4 EL Sanddornsaft
- 3 Tassen und 3 EL Wasser
- geräuchertes Salz oder Meersalz
- 2 EL Olivenöl
- 1 rote Zwiebel, gewürfelt
- 1 Tasse Fenchelknolle, fein gewürfelt
- 2 Knoblauchzehen, fein geschnitten
- 2 mittelgroße Tomaten, entkernt und gewürfelt
- ¼ Tasse getrocknete Gojibeeren
- ½ Tasse Weiswein
- 1 Prise Cayennepfeffer
- 2 EL dünn geschnittene Basilikumblätter als Garnierung

Legen Sie die Paprika auf ein mit Backpapier belegtes Backblech. Im Ofen auf der Röststufe backen, dabei die Paprika oft wenden, bis die Haut der Paprika von allen Seiten schwarz ist (ca. 15 bis 20 Minuten). Die Paprikas in eine Papiertüte geben und etwas abkühlen lassen.

In der Zwischenzeit die Sanddorn-Crème-fraîche zubereiten. Die Cashewkerne und den Sanddornsaft mit 3 EL Wasser und ¼ TL Salz in einem Mixer geschmeidig pürieren. In ein Glas füllen und kalt stellen. Den Mixer nicht ausspülen, sondern in den Resten der Crème fraîche die Suppe pürieren. Um die Paprika zuzubereiten, entfernen Sie über einer Schüssel (um heruntertropfende Flüssigkeit aufzufangen) die Stiele und die Kerne und befreien Sie sie von der schwarzen Haut. In grobe Stücke zerreißen und zur Seite stellen. Das Öl in einer großen Kasserolle erwärmen. Zwiebel, Fenchel und Knoblauch zufügen und für 5 Minuten braten, ab und zu umrühren. Die Paprika, Tomaten, Gojibeeren und den Weißwein mit dem Cayennepfeffer und ½ TL Salz hinzugeben und für 5 bis 6 Minuten braten. Dabei gelegentlich umrühren. Braten Sie so lange, bis die meiste Flüssigkeit verdampft ist. Die 3 Tassen Wasser und ¼ TL Salz zugeben und zum Köcheln bringen. Dann die Suppe vom Herd nehmen. Portionsweise in einen Mixer geben und geschmeidig pürieren. Füllen Sie die Suppe erneut in den Topf und erwärmen Sie sie vorsichtig wieder. Mit Salz abschmecken. Zum Servieren in Schalen füllen, mit Sanddorn-Crème-fraîche beträufeln und etwas Basilikum obenauf streuen.

HARISSA-KAROTTEN-SUPPE

Harissa, das scharfe, in Nordafrika sehr beliebte Gewürz, macht aus einer sehr ordentlichen Karottensuppe eine geradezu umwerfende Variante. Das Goji-Harissa-Gewürz ist nicht allzu scharf – wenn Sie es schärfer mögen, greifen Sie zu einer Prise Cayennepfeffer.

ERGIBT 6 TASSEN / 4 PORTIONEN

- 2 EL Olivenöl
- 1 EL Kümmelsamen
- ½ gelbe Zwiebel, gewürfelt
- 500 g Karotten, in 0,5 cm große Scheiben geschnitten
- 500 g mehligkochende Kartoffeln (Yukon), in zentimetergroße Würfel geschnitten
- 1 EL Macapulver
- 5 Tassen Misobrühe (Seite 71 oder gekauft)
- ½ Tasse frischer Karottensaft
- 1 TL Apfelessig
- 1 EL Goji-Harissa-Gewürz (Seite 214) oder gekauftes rotes Harissa, plus etwas als Garnierung
- Meersalz und schwarzer Pfeffer, gemahlen
- ¼ Tasse rohe Cashewkerne, gehackt

In einem schweren Topf das Olivenöl vorsichtig erwärmen. Wenn das Öl heiß ist, die Kümmelsamen zugeben und sie so lange braten, bis sie ihren Duft verströmen und zu knacken beginnen – ca. 1 Minute. Schnell die Zwiebel und Karotten hinzufügen, sodass der Kümmel nicht verbrennt, für 10 Minuten anbraten und regelmäßig umrühren. Die Hitzezufuhr erhöhen und Kartoffeln, Macapulver und die Brühe beimengen. Zum Kochen bringen, dann die Hitze reduzieren und köcheln lassen, bis die Kartoffeln weich sind – ca. 20 bis 25 Minuten.

In einen Mixer geben und mit Karottensaft, Apfelessig, 1 EL Harissa und 1 großzügigen Prise Pfeffer cremig pürieren. Erneut in den Topf füllen und für 1 bis 2 Minuten erwärmen. Mit Salz und Pfeffer abschmecken, wenn gewünscht. Mit etwas Harissa besprenkelt servieren, falls Sie die Suppe noch etwas schärfer mögen. Mit etwas gehackten Cashewkernen dekoriert servieren.

SUPERFOOD-EXTRA: Fügen Sie ½ TL Kurkuma beim Angießen der Misobrühe hinzu.

FENCHELCREMESUPPE MIT PHYSALIS-CHUTNEY

Auch ohne das Physalis-Chutney schmeckt diese Suppe schon ganz fabelhaft. Garnieren Sie sie einfach mit etwas Fenchelgrün, und der Tag ist gerettet. Aber ähnlich, wie Sie sich manchmal gern etwas Schönes anziehen wollen, um jemanden zu beeindrucken, sorgt das Sanddorn-Chutney für den extra glanzvollen Auftritt. (Ganz zu schweigen vom netten Nebeneffekt der entzündungshemmenden Wirkstoffe!) Und: Das Chutney lässt sich ganz leicht nebenbei zubereiten – also warum eigentlich nicht?

ERGIBT 6 TASSEN / 4 PORTIONEN

- 2 EL Kokosöl
- 1 mittelgroße gelbe Zwiebel, dünn geschnitten
- 2 mittelgroße Fenchelknollen, vom Grün befreit und dünn geschnitten
- ½ Tasse trockener Weißwein
- 1 TL Fenchelsamen
- 4 Tassen Gemüsebrühe (Seite 68 oder gekauft)
- ¼ Tasse Hanfsamen
- Meersalz und schwarzer Pfeffer, gemahlen
- ½ Tasse Physalis-Chutney (Seite 220), optional

Das Kokosöl in einem schweren Topf auf mittlerer Hitze erwärmen. Zwiebel und Fenchel zugeben und für 10 Minuten unter gelegentlichem Rühren anbraten, bis das Gemüse leicht karamellisiert ist. Wein und Fenchelsamen zugeben und 2 bis 3 Minuten mitkochen, bis der Wein verdampft ist. Gießen Sie die Gemüsebrühe dazu und erhöhen Sie die Hitzezufuhr. Zum Kochen bringen, Hitze reduzieren und einen Deckel auf den Topf legen. Für 20 Minuten köcheln lassen. Dann die Hanfsamen einrühren. Portionsweise in einem Mixer cremig pürieren. Mit Salz und Pfeffer abschmecken.

Falls Sie das Rezept mit dem Physalis-Chutney kombinieren möchten, geben Sie zum Servieren einen Klecks des Chutneys auf die in Schalen gefüllte Suppe und dekorieren Sie sie mit einem Hauch schwarzem Pfeffer.

SÜSSKARTOFFEL-MACA-SUPPE MIT GRÜNEM HARISSA

Anders als bei anderen Superfoods müssen Sie den Geschmack von Maca nicht verstecken. Wenn Maca von Wurzeln oder Knollen begleitet wird, können Sie die Superwurzel eigentlich wie ein Gewürz behandeln und ihren Geschmack in den Vordergrund bringen. Genießen Sie diese aufregende Suppe: eine runde, cremige Basis, aus der das grüne Harissa verlockend hervorleuchtet. Und wenn Sie dann noch einmal genauer nachspüren, werden Sie eine weiche, leicht süßliche, fast karamellartige Note schmecken – das ist Maca!

ERGIBT 6 TASSEN / 4 PORTIONEN

- ½ TL Chilipulver
- ¼ TL Zimtpulver
- ¼ TL Muskatnuss, gerieben
- ¼ TL Kreuzkümmel, gemahlen
- ¼ TL Koriandersamen, gemahlen
- 1 EL Kokosöl
- 1 gelbe Zwiebel, gewürfelt
- 4 Knoblauchzehen, geschnitten
- 500 g Süßkartoffeln, geschält und gerieben
- 2 EL Macapulver
- 4 Tassen Gemüsebrühe (Seite 68 oder gekauft)
- ¼ Tasse Mandelmus
- Meersalz und schwarzer Pfeffer, gemahlen
- ¼ Tasse grünes Harissa (Seite 213 oder gekauft) oder mehr, wenn gewünscht
- Chiasamen als Garnierung
- Korianderblätter als Garnierung

In einer kleinen Schale die Gewürze Chili, Zimt, Muskat, Kreuzkümmel und Koriandersamen mischen. Zur Seite stellen.

Das Kokosöl in einem schweren Topf auf mittlerer Hitze erwärmen. Die Zwiebel unter gelegentlichem Rühren ca. 7 bis 8 Minuten anbraten, bis sie weich wird. Knoblauch und die vorbereitete Gewürzmischung hinzufügen und 1 Minute unter Rühren mitbraten. Süßkartoffeln und Macapulver und dann die Brühe und das Mandelmus hinzugeben. Zum Kochen bringen und auf niedriger Hitze für 15 Minuten köcheln lassen. In einen Mixer geben und cremig pürieren. Mit Salz und Pfeffer abschmecken und vielleicht etwas Wasser hinzufügen, falls die Suppe zu dick ist. (Für eine geschmeidigere Konsistenz streichen Sie die Suppe durch ein feines Sieb und erwärmen Sie sie dann vorsichtig erneut.) Die Suppe in Servierschalen füllen und 1 EL grünes Harissa (oder mehr, falls gewünscht) in einem Wirbel darauf anrichten. Abschließend mit Chiasamen und Korianderblättern garnieren.

VIEL-GRÜN-SUPPE

So. Viel. Grün. Einfach toll! Es ist zu kalt für einen Salat? Hier gibt es eine Alternative zum Löffeln. Sie brauchen nur zehn Minuten für diese Suppe, und sogar Gemüsemuffel konvertieren hier zum Team Grün. Sie können jede Art junges Blattgemüse verwenden – Spinat, Brunnenkresse, sogar eine gekaufte junge Blattmischung. Achten Sie nur darauf, keinen Salat zu nehmen, da er der Hitze nicht standhalten würde.

ERGIBT 6 TASSEN / 4 PORTIONEN

- 4 Tassen Misobrühe (Seite 71 oder gekauft)
- ½ Tasse rohe Cashewkerne
- 1 EL Olivenöl
- 2 mittelgroße Stangen Porree, weiße und hellgrüne Teile, dünn geschnitten
- 3 Knoblauchzehen, gehackt
- 1 EL frischer Thymian, gehackt
- 250 g Brokkoli, Stiel geschält und fein geschnitten, Blüten geschnitten (ca. 4 Tassen)
- 1 Tasse frische oder gefrorene Erbsen
- ca. 6 volle Tassen dunkles, junges Blattgemüse (Spinat, Rucola, Grünkohl o. Ä.)
- ½ Tasse Petersilie, geschnitten
- 2 EL frischer Zitronensaft
- Meersalz und schwarzer Pfeffer, gemahlen
- frischer Schnittlauch als Garnierung (optional)
- dünn gehobelte Radieschen als Garnierung (optional)

In einem Mixer die Brühe mit den Cashewkernen geschmeidig pürieren. Zur Seite stellen.

Das Olivenöl in einem schweren Topf auf mittlerer Hitze erwärmen. Porree unter gelegentlichem Rühren für 3 bis 4 Minuten anbraten. Den Knoblauch 1 Minute mitbraten. Die Cashew-Misobrühe, Thymian, Brokkoli und Erbsen hinzufügen und auf mittlerer Hitze zum Köcheln bringen. Halb abdecken und die Hitzezufuhr reduzieren. So lange, bis der Brokkoli hellgrün und weich ist, kochen lassen. Blattgemüse und Petersilie hinzugeben. Unter ständigem Rühren kurz kochen lassen, bis das Blattgrün gerade in sich zusammenfällt. Suppe in einen Mixer geben. Zitronensaft, ¼ TL Meersalz und ½ TL Pfeffer zugeben und sehr geschmeidig pürieren. Abschmecken und nachwürzen, falls gewünscht. In Servierschalen füllen und (falls gewünscht) mit Schnittlauch und Radieschen dekorieren.

WOHLFÜHLWISSEN: Molekularbiologisch betrachtet ist das Chlorophyll aus Pflanzen dem Hämoglobin sehr ähnlich, das in unserem Blut für den reibungslosen Sauerstofftransport sorgt. Das erklärt, warum chlorophyllreiche Gemüsesorten unsere roten Blutkörperchen sehr effektiv auffüllen, unseren Körper reinigen und ihn mit Sauerstoff und Energie versorgen.

APFEL-BUTTERNUSSKÜRBIS-SUPPE MIT CURRY

Äpfel und Kürbis sind ein echtes Traumpaar … und Curry macht diese Liebesbeziehung sogar noch ein bisschen besser. Diese Suppe ist eine wunderbare Komposition, und Sie werden sie garantiert gerne wieder und wieder zubereiten.

ERGIBT CA. 6 TASSEN / 4 PORTIONEN

- 1 EL Kokosöl
- 1 gelbe Zwiebel, gewürfelt
- 1 großer süßer Apfel (z.B. Fuji), gewürfelt (ca. 1 ½ Tassen)
- 1 EL frischer Ingwer, gehackt
- 1 Kg Butternusskürbis, geschält, entkernt und in 2 cm große Stücke geschnitten
- 4 Tassen Misobrühe (Seite 71 oder gekauft)
- 1 EL rote Thai-Currypaste
- 1 EL Dulseflocken
- ¼ Tasse getrocknete Gojibeeren
- 1 TL Kurkuma, gemahlen
- 2 EL frischer Zitronensaft
- 2/3 Tasse Kokosmilch, plus etwas für die Garnierung
- Salz und Pfeffer (optional)
- ½ süßer Apfel, dünn gehobelt, für die Garnierung

Das Kokosöl in einem schweren Topf auf mittlerer Hitze erwärmen. Zwiebel für ca. 5 Minuten glasig anbraten. Apfel und Ingwer einrühren und 1 Minute mitbraten. Kürbis, Brühe, Currypaste, Dulseflocken, Gojibeeren, Kurkuma und Zitronensaft hinzufügen. Unter starker Hitzezufuhr zum Kochen bringen. Die Hitze reduzieren, den Topf abdecken und für 30 bis 40 Minuten kochen (bis der Kürbis weich ist).

Portionsweise in einen Mixer geben und geschmeidig pürieren. Die Suppe in den Topf geben und die Kokosmilch einrühren. Erneut für 1 bis 2 Minuten vorsichtig erwärmen. Mit Salz und Pfeffer abschmecken, wenn gewünscht. Zum Servieren mit etwas Kokosmilch besprenkeln und mit ein paar Apfelscheiben garnieren.

KARTOFFEL-LAUCH-SUPPE

Diese Suppe ist der Inbegriff von „cremig“ – und das, obwohl keine Milchprodukte enthalten sind. Hanfsamen und Tahini sorgen für eine anziehend-köstliche Geschmeidigkeit und reichern sie gleichzeitig mit Eiweiß und Mineralstoffen wie Eisen und Kalzium an.

ERGIBT 8 TASSEN / 6 PORTIONEN

- 2 EL Kokosöl
- 2 Stangen Porree, weiße und hellgrüne Teile, halbiert und dünn geschnitten
- 1 mittelgroße weiße Zwiebel, gewürfelt
- 3 Knoblauchzehen, gehackt
- 2 Lorbeerblätter
- Meersalz und weißer (oder schwarzer) Pfeffer
- 6 Tassen Misobrühe (Seite 71 oder gekauft)
- 700 g mehligkochende Kartoffeln, geschält und geschnitten
- ¼ Tasse Hanfsamen
- 1 EL Tahini
- 1 TL frischer Thymian, geschnitten
- 1 TL Nährhefe
- ¼ Tasse frischer Schnittlauch, gehackt

Das Kokosöl in einem schweren Topf auf mittlerer Hitze erwärmen. Porree, Zwiebel und Knoblauch für 5 Minuten anbraten. Die Hitze reduzieren und die Lorbeerblätter und ½ TL Meersalz hinzufügen. Abdecken und unter gelegentlichem Rühren 20 bis 25 Minuten braten. Die Hitzezufuhr erhöhen und Brühe und Kartoffeln dazugeben. Zum Kochen bringen. Die Hitze wieder reduzieren und für 10 bis 15 Minuten kochen lassen, bis die Kartoffeln sehr weich sind. Vom Herd nehmen und die Lorbeerblätter entfernen. Hanfsamen, Tahini, Thymian und die Nährhefe einrühren.

Portionsweise in einen Mixer geben und und geschmeidig pürieren. Mit Salz und Pfeffer abschmecken. Erneut in den Topf gießen, um die Suppe warm zu halten. Zum Servieren in Servierschalen füllen und großzügig mit Schnittlauch und gemahlenem Pfeffer garnieren.

SUPPE MIT GERÖSTETEM BROKKOLI

Die meisten Gemüsesorten werden geschmacklich aufgewertet, wenn man sie kurz anröstet. So auch der Brokkoli. Dadurch bekommt die Suppe einen sehr runden, leicht rauchigen Geschmack. Mit ein bisschen Zitronensaft entsteht eine höchst aromatische Suppe, die uns wärmt und mit wichtigen Nährstoffen wie Eiweiß und Eisen versorgt.

ERGIBT 5 TASSEN / 4 PORTIONEN

- 250 g Brokkoliröschen, in ca. 2 cm kleine Stücke geschnitten (ca. 3 ½ Tassen)
- 2 EL Olivenöl, plus etwas für die Garnierung
- Meersalz und schwarzer Pfeffer, gemahlen
- 2 Knoblauchzehen, gehackt
- ¼ TL rote Chiliflocken
- 4 Tassen Misobrühe (Seite 71 oder gekauft)
- 3 EL rohe Cashewkerne
- 2 EL Hanfsamen, plus etwas für die Garnierung
- 1 EL Dulseflocken
- 1 EL Nährhefe
- 2 EL und 1 TL frischer Zitronensaft

Den Ofen auf 200 °C vorheizen. Die Brokkoliröschen zusammen mit 1 ½ EL Olivenöl auf ein Backblech geben und mit Meersalz und Pfeffer würzen. Für 20 Minuten im Ofen rösten, bis sie zart weich und angebräunt sind. Aus dem Ofen nehmen und zur Seite stellen. 5 bis 6 Röschen für die Garnierung separat legen.

Das restliche Olivenöl in einem schweren Topf auf mittlerer Hitze erwärmen. Knoblauch und Chiliflocken für 1 Minute unter Rühren anbraten. Brokkoli und Brühe hinzufügen. Zum Köcheln bringen und für 5 Minuten kochen lassen. Die Suppe in einen Mixer geben, Cashewkerne, Hanfsamen, Dulseflocken, Nährhefe und 2 EL Zitronensaft beimengen und cremig pürieren. Abschmecken und gegebenenfalls nachwürzen. Zum Servieren die zur Seite gelegten Brokkoliröschen in kleine Blüten schneiden. Mit dem verbliebenen TL Zitronensaft verrühren. Die Suppe in Servierschalen füllen, mit etwas Olivenöl beträufeln und mit der Rückseite eines Löffels das Öl dekorativ auf der Oberfläche verstreichen. Mit dem geschnittenen Brokkoli und etwas Hanfsamen garnieren und warm servieren.

SECHS-PILZE-SUPPE

Diese Suppe steckt voller Geheimnisse. Geheimnis Nr. 1 sind die immensen Heilkräfte der Pilze. (Siehe Seite 26ff. für all die erstaunlichen Gesundheitsvorteile dieser besonderen Lebensmittel.) Geheimnis Nr. 2: Das Rezept ist viel flexibler, als es aussieht! Falls Ihnen eine Pilzsorte fehlt, können Sie sie leicht austauschen, solange Sie die vorgegebene Balance zwischen frischen Pilzen und gemahlenen einhalten. Geheimnis Nr. 3 lautet, dass die Suppe wohl die beste Sache auf Erden ist – danken Sie nicht mir für ihren Geschmack, danken Sie den Pilzen!

ERGIBT CA. 6 TASSEN / 4 PORTIONEN

- 4 ½ Tassen Misobrühe (Seite 71)
- ¼ Tasse rohe Cashewkerne
- 1 TL Chagapulver
- 1 TL Reishipulver
- 1 TL Cordycepspulver
- 2 EL Kokosöl
- 1/3 Tasse Schalotten, fein geschnitten
- 1 Knoblauchzehe, gehackt
- 220 g Champignons
- 220 g Shiitakes, geschnitten
- 170 g Maitakes (oder Champignons), geschnitten
- 1 EL frischer Thymian, geschnitten
- Meersalz und schwarzer Pfeffer, gemahlen
- frische Petersilie, geschnitten, als Garnierung

In einem Mixer Brühe, Cashewkerne und alle drei Heilpilzpulver pürieren.

Das Kokosöl in einem schweren Topf auf mittlerer Hitze erwärmen. Schalotten und Knoblauch für 2 Minuten anbraten. Die frischen Pilze, Thymian und ¼ Tasse der Cashew-Heilpilz-Brühe hinzufügen und 3 bis 4 Minuten unter Rühren kochen lassen, bis die Pilze beginnen, in sich zusammenzufallen. Den Rest der Brühe zugießen und mit ½ TL Meersalz und etwas Pfeffer zum Kochen bringen. Die Hitze reduzieren und die Suppe ohne Deckel für 20 Minuten kochen lassen.

Die Hälfte der Suppe in den Mixer geben und cremig pürieren. Die andere Hälfte zufüllen und nur kurz anpürieren, um sie mit dem Rest zu verbinden und dabei noch etwas von der Konsistenz der Pilze zu erhalten. Fügen Sie bei Bedarf Wasser hinzu, um die Suppe etwas dünner zu machen, dann abschmecken. Mit etwas frischer Petersilie garniert servieren.

KNOLLENSELLERIESUPPE MIT APFELMUS UND BRUNNENKRESSE

Falls Sie nicht sowieso regelmäßig mit Knollensellerie kochen, machen Sie sich auf ein neues Lieblingsgemüse gefasst! Die kartoffelähnliche Knolle besitzt einen reichen wurzeligen Geschmack und braucht nur wenig Würze, um sich in eine umwerfend leckere Suppe zu verwandeln. Ich verwende dazu gerne Macapulver, um einen leicht süßlichen Geschmack zu erhalten. Das Pulver füge ich am Ende des Kochens hinzu, da sich der Geschmack von Maca intensiviert, je länger sie mitkocht. Pfeffrige frische Brunnenkresse und ein wenig Apfelmus ergeben einen schönen Kontrast zur cremigen Basis der Suppe.

ERGIBT 8 TASSEN / 6 PORTIONEN

- 1 EL Kokosöl
- ¼ gelbe Zwiebel, fein geschnitten
- 1 Stange Sellerie, fein geschnitten
- 1 mittelgroße Karotte, fein geschnitten
- 500 g Knollensellerie, geschält und in zentimetergroße Stücke geschnitten (ca. 5 Tassen)
- 1 große mehligkochende Kartoffel, geschält und in zentimetergroße Stücke geschnitten (ca. 3 Tassen)
- 6 Tassen Misobrühe (Seite 71 oder gekauft)
- Meersalz und schwarzer Pfeffer, gemahlen
- 1 TL Apfelessig
- 1 EL Macapulver
- 2 EL Hanfsamen
- ½ Tasse ungesüßtes Apfelmus, zum Servieren
- 1 ½ Tassen Brunnenkresse, zum Servieren

Das Kokosöl in einem schweren Topf auf mittlerer Hitze erwärmen. Zwiebel, Sellerie und Karotten und unter häufigem Rühren 8 bis 10 Minuten anbraten. Knollensellerie, Kartoffel, Brühe, ¼ TL Meersalz und etwas frisch gemahlenen Pfeffer hinzufügen. Mit starker Hitze zum Kochen bringen. Abdecken und die Hitzezufuhr reduzieren. Für 30 Minuten köcheln lassen, bis die Kartoffel und der Knollensellerie gar sind. Vom Herd nehmen und Apfelessig, Macapulver und die Hanfsamen einrühren. Portionsweise in einen Mixer geben und geschmeidig pürieren. Falls nötig, können Sie die Suppe erneut erwärmen und mit Salz und Pfeffer abschmecken. Zum Servieren in Schüsseln füllen und mit einem großzügigen Klecks Apfelmus, einem Nest aus Brunnenkresse und etwas schwarzem Pfeffer garnieren.

PÜRIERTE STECKRÜBENSUPPE

Als ich diese Suppe vor Jahren das erste Mal gemacht habe, war ich so begeistert von der Rübe, dass ich einen Artikel auf meiner Homepage veröffentlichte mit dem Titel „Steckrübe. Die vergessene Knolle." Seitdem habe ich das Rezept noch weiterentwickelt und mit Yacon und Maca verfeinert. Diese beiden Wurzeln verstärken sowohl den Geschmack als auch die kräftigenden Qualitäten der Suppe. Vielleicht sollte ich den Titel des Artikels überarbeiten: „Steckrübe, Maca und Yacon: Die vergessene Kollektion der Knollen."

ERGIBT 6 TASSEN / 4 PORTIONEN

- 2 EL Kokosöl
- 1 mittelgroße gelbe Zwiebel, geschnitten
- 2 große Knoblauchzehen, gehackt
- 500 g Steckrüben, in zentimetergroße Würfel geschnitten (3 Tassen)
- 500 g Süßkartoffeln, geschält und in zentimetergroße Würfel geschnitten (2 Tassen)
- 2 ½ Tassen Gemüsebrühe (Seite 68 oder gekauft)
- 1 Tasse ungesüßter Mandeldrink
- 1 EL Macapulver
- ¼ Tasse getrocknete Yaconscheiben, plus ein paar als Garnierung
- Meersalz und schwarzer Pfeffer, gemahlen

Das Kokosöl in einem schweren Topf auf mittlerer Hitze erwärmen. Zwiebel und Knoblauch unter gelegentlichem Rühren für 5 Minuten anbraten. Die Steckrübe und die Süßkartoffeln hinzufügen und die Brühe und den Mandeldrink dazugießen. Maca und Yacon, je ¼ TL Salz und Pfeffer einrühren. Auf starker Hitze zum Kochen bringen. Abdecken, Hitzezufuhr reduzieren und für 15 bis 20 Minuten köcheln lassen, bis die Süßkartoffeln und die Steckrüben gar sind.

In einen Mixer füllen und geschmeidig pürieren (gern portionsweise, falls nötig). Abschmecken, die Suppe in Schalen füllen und mit etwas Pfeffer und ein paar Scheiben Yacon servieren.

SUPERFOOD-EXTRA: Vor dem Servieren mit ein wenig grünem Harissa (Seite 213) oder Goji-Harissa (Seite 214) besprenkeln.

SPARGELSUPPE MIT TRÜFFELÖL

Herrlich moschusartig verleiht das Trüffelöl diesem Gericht einen Hauch Erhabenheit – es ist eine Investition in Ihre Kochkunst, die Suppen von gut in einfach umwerfend verwandelt. In Verbindung mit dem salzigen Geschmack von Dulse bringt das Trüffelöl ungeahnte Geschmacksnuancen aus dem oft unterschätzten Spargel hervor.

ERGIBT 6 TASSEN / 4 PORTIONEN

- 500 g frischer grüner Spargel
- 4 mittelgroße Stangen Porree, weiße Teile halbiert und dünn geschnitten, grüne Teile halbiert und zur Seite gestellt*
- 6 Tassen gefiltertes Wasser
- Meersalz und schwarzer Pfeffer, gemahlen
- 2 EL Olivenöl
- 3 große Knoblauchzehen, gehackt
- 2 TL Dulseflocken, plus etwas für die Garnierung
- ¼ Tasse Hanfsamen
- 2 EL frischer Zitronensaft
- 1/16 TL Cayennepfeffer
- 1 EL weißes Trüffelöl, plus etwas für die Garnierung

* Stellen Sie sicher, dass Sie allen Sand gründlich abgewaschen haben.

Die Spargelspitzen (ca. 2 cm lang) von den Stangen abschneiden und zur Seite stellen. Die holzigen Enden des Spargels abschneiden und aufbewahren, den Spargel in zentimetergroße Stücke schneiden und parat halten. Das Grün des Porrees und die Enden des Spargels in einen Topf mit schwerem Boden geben und das Wasser mit ½ TL Salz angießen. Zum Kochen bringen, die Hitze reduzieren und für 20 Minuten köcheln lassen. Mit einem Schaumlöffel Spargel und Porree aus der Brühe entfernen. In der köchelnden Brühe die Spargelspitzen für 1 bis 2 Minuten blanchieren, bis sie hellgrün sind. Herausnehmen und als Garnierung zur Seite stellen. Die Brühe in eine Schüssel füllen. Säubern Sie den Topf und wärmen Sie das Olivenöl auf mittlerer Hitze an. Fügen Sie Knoblauch und Lauch hinzu und braten Sie sie für 3 bis 4 Minuten an. Die rohen Spargelstangen hinzufügen und die Hitze reduzieren, den Topf abdecken und alles unter gelegentlichem Rühren für 10 Minuten garen. Dann die zurückgestellte Spargelbrühe und die Dulseflocken hinzufügen. Bringen Sie die Suppe zum Kochen und lassen Sie sie für 15 Minuten abgedeckt auf niedriger Hitze köcheln. Zusammen mit Hanfsamen, Zitronensaft, Cayennepfeffer, ¼ TL gemahlenem schwarzem Pfeffer und 1 EL Trüffelöl geschmeidig pürieren. Abschmecken und gegebenenfalls mit etwas Wasser verdünnen. Mit den Spargelspitzen in Bündeln servieren. Mit ein paar Tropfen Trüffelöl, etwas Dulseflocken und frischem Pfeffer garnieren.

ROTE-BETEN-KREUZKÜMMEL-SUPPE

Was für eine Farbenpracht: Dieses Gemüse stiehlt allen anderen die Show! Der Geschmack von Maca sorgt für eine Extraportion süßen, erdigen Geschmack, und der Kreuzkümmel hebt diese Suppe zusammen mit dem Chili auf eine höhere Ebene der Köstlichkeit. Auch wenn Sie vielleicht versucht sind, die fettreduzierte Variante der Kokosmilch zu wählen, empfehle ich Ihnen, vollfett zu nehmen: Die Suppe wird um ein Vielfaches leckerer und runder.

ERGIBT 6 TASSEN / 4 PORTIONEN

- 500 g Rote Beten (3 – 4 mittelgroße), vom Grün befreit und gewaschen
- 1 EL Kokosöl
- ½ TL Kreuzkümmelsamen
- 2 Knoblauchzehen, gehackt
- 1 große gelbe Zwiebel, gewürfelt
- 1 EL Macapulver
- ½ TL Kurkuma, gemahlen
- ¼ TL Chilipulver
- ½ TL Meersalz
- 2 Tassen gefiltertes Wasser
- 1 Dose Kokosmilch (ca. 400 ml)
- 2 TL Dulseflocken
- 1 EL frischer Zitronensaft
- gemahlener Gerber-Sumach, als Garnierung (optional)
- Rote-Beten-Sprossen, als Garnierung (optional)

Den Ofen auf 190 °C vorheizen. Jede Rote Bete einzeln in Aluminiumfolie einschlagen und auf ein Backblech legen. Für 60 bis 90 Minuten rösten, bis sie weich sind. Aus dem Ofen nehmen und auf Handtemperatur abkühlen lassen. Die Schale entfernen und die Roten Beten in Würfel schneiden. Zur Seite stellen.

Das Kokosöl in einer Kasserolle auf mittlerer Hitze erwärmen. Die Kreuzkümmelsamen für 1 Minute leicht anrösten. Knoblauch und Zwiebel unter gelegentlichem Rühren für 3 bis 4 Minuten anbraten. Maca, Kurkuma, Chili, Salz und Wasser zufügen. Zum Kochen bringen und bei niedriger Hitze für 15 Minuten köcheln lassen. 1½ Tassen Kokosmilch einrühren und für 1 Minute mitkochen lassen. In einen Mixer füllen und mit Dulseflocken und Zitronensaft cremig pürieren, dabei ausdauernd sein, damit die Konsistenz schön seidig wird. Warm mit etwas Kokosmilch, etwas Gerber-Sumach und ein paar Sprossen servieren.

CREMIGE ZUCCHINISUPPE

Zucchini sind eine angenehme Täuschung. Wer würde vermuten, dass dieses eher wässrige, unscheinbare Gemüse durch etwas Pürieren zu einer cremigen, wohltuenden Suppe wird? In diesem Rezept wird ihr subtiler Geschmack mit einer Note Umami durch die Hinzugabe von Kelp und durch frischen Basilikum gesteigert. Für eine einfachere Variante tauschen Sie die angegebene Garnierung mit etwas Tapenade (eine französische Olivencreme) aus.

ERGIBT CA. 9 TASSEN / 6 PORTIONEN

- 2 EL Olivenöl, plus etwas für die Garnierung
- 2 große Knoblauchzehen, gehackt
- 1 große gelbe Zwiebel, gewürfelt
- ½ TL frischer Thymian
- 2 Lorbeerblätter
- 1 ½ kg Zucchini, die Enden entfernt, dünn geschnitten
- 2 TL Kelp, granuliert
- 4 Tassen Gemüsebrühe (Seite 68 oder gekauft)
- Meersalz und schwarzer Pfeffer, gemahlen
- ¼ Tasse frisches Basilikum, dünn geschnitten, plus etwas als Garnierung
- ¼ Tasse Hanfsamen, plus etwas als Garnierung

Das Olivenöl in einer großen Kasserolle erwärmen. Knoblauch, Zwiebel und Thymianblätter für 5 Minuten unter gelegentlichem Rühren anbraten. Lorbeerblätter, Zucchini, Kelp, die Brühe und je ½ TL Salz und Pfeffer hinzufügen. Mit starker Hitze zum Kochen bringen, dann die Hitze reduzieren und für 10 Minuten köcheln lassen. Vom Herd nehmen und Basilikum und Hanfsamen zugeben. Portionsweise in einem Mixer geschmeidig pürieren. In den Topf zurückgießen und auf niedrigster Stufe bis zum Servieren warm halten – bei Bedarf nachwürzen. Zum Servieren ein paar Tropfen Olivenöl, ein paar Hanfsamen, frisch gemahlenen Pfeffer und ein paar Basilikumblätter auf die Suppe geben.

WOHLFÜHLWISSEN: Kelp hat einen sehr hohen Anteil Jod – es besitzt die dreifache Menge im Vergleich zu Dulse. Dieser Inhaltsstoff macht ihn so wertvoll für die Gesundheit der Schilddrüse und für eine gesunde Gewichtsbalance. Da es oft als Nahrungsergänzungsmittel für die Anregung des Stoffwechsels verkauft wird, warum nicht gleich noch im kulinarischen Bereich von seinem tollen Geschmack profitieren?

PASTINAKEN-BIRNEN-SUPPE

Als ich diese Suppe als einen Teil eines Thanksgiving-Festes für „Vegetarian Times" entwickelte, ahnte ich nicht, welch großen Stellenwert sie in meiner eigenen Küche einnehmen würde! Meine Familie liebt diese leicht süße Suppe, die, wie viele Rezepte, ein paar Superfood-Zugaben über die Jahre erfahren hat. Verwenden Sie für dieses Rezept die reifsten und süßesten Birnen, die Sie finden können, um von deren natürlicher Süße zu profitieren.

ERGIBT 10 TASSEN / 6 PORTIONEN

- 1 EL Kokosöl
- 2 Stangen Porree, weiße und hellgrüne Teile, gesäubert und dünn geschnitten
- 750 g Pastinaken, geschält und in zentimetergroße Scheiben geschnitten
- 2 sehr reife Birnen, entkernt und gewürfelt
- ¼ TL Muskatnuss, gerieben
- ⅛ TL Cayennepfeffer
- 2 EL Gojibeeren, getrocknet
- 4 Tassen Gemüsebrühe (Seite 68 oder gekauft)
- 3 Tassen Wasser
- 2 EL Mandelmus
- 2 EL Hanfsamen
- 1 EL Yaconsirup oder Ahornsirup, plus etwas als Garnierung
- 2 EL glatte Petersilienblätter
- Meersalz und schwarzer Pfeffer, gemahlen

In einer großen Kasserolle das Kokosöl erwärmen. Den Lauch für 4 Minuten anbraten. Pastinaken, Birnen, Muskatnuss und Cayennepfeffer hinzufügen und für 2 Minuten unter häufigem Rühren mitbraten. Dann die Gojibeeren, die Brühe und das Wasser beimengen und mit etwas Salz und Pfeffer würzen. Auf starker Hitze zum Kochen bringen. Auf mittlere Hitze reduzieren, halb abdecken und für 25 Minuten – oder bis die Pastinaken gar sind – köcheln lassen. Vom Herd nehmen und Mandelmus, Hanfsamen und Sirup einrühren.

In einen Mixer geben, wenn nötig portionsweise, und cremig pürieren. Die Suppe zurück in den Topf füllen, abschmecken und falls nötig etwas Wasser zugeben, um die Suppe zu verdünnen.

Zum Servieren in Schalen füllen, mit frischer Petersilie und gemahlenem Pfeffer bestreuen und mit ein paar Tropfen Sirup beträufeln.

GOLDENE BLUMENKOHLSUPPE MIT ANGEBRATENEN PILZEN

Der Blumenkohl und das Kurkuma in dieser Suppe sollen laut Studien Entzündungen und Krebszellenwachstum hemmen und lassen Sie von innen heraus strahlen.

ERGIBT 6 TASSEN/ 4 PORTIONEN

- 2 EL geschälte, rohe Pistazien
- ¼ TL Weizengraspulver
- Meersalz
- 1 EL Kokosöl
- 2 Stangen Lauch, weiße und hellgrüne Teile, dünn geschnitten
- 2 Knoblauchzehen, gehackt
- 750 g Blumenkohl, in 2 cm große Stücke geschnitten (4 Tassen)
- 1 TL frischer Thymian, gehackt
- ½ TL Kurkuma, gemahlen
- ¼ TL Cayennepfeffer
- 4 Tassen Misobrühe (Seite 71)
- ½ Tasse rohe Cashewkerne
- 1 Tasse wilde Pilze, wie Maitakes, Shiitakes und/oder Pfifferlinge
- 1 EL Traubenkernöl
- 2 EL frische Petersilie, gehackt
- ¼ Tasse Keimpflanzen und essbare Blüten als Garnierung

Die Pistazien sehr fein hacken und in einer Schale mit dem Weizengraspulver und ¼ TL Meersalz mischen. Zur Seite stellen.

Das Kokosöl in einem schweren Topf auf mittlerer Hitze erwärmen. Porree und Knoblauch für 2 bis 3 Minuten anbraten. Blumenkohl und Thymian einrühren und für 1 Minute mitbraten. Kurkuma, Cayennepfeffer und Misobrühe hinzufügen und bei starker Hitzezufuhr aufkochen lassen. Für 20 Minuten kochen, bis der Blumenkohl sehr weich ist. Vom Herd nehmen und die Cashewkerne beimengen. In einen Mixer geben und (falls nötig portionsweise) geschmeidig pürieren. Die Suppe in den Topf zurückgießen und warm halten.

Abhängig von den Pilzsorten, die Sie verwenden, zerpflücken Sie die Pilze in mundgerechte oder in ½ cm große Stücke. Das Traubenkernöl in einer großen Pfanne erhitzen und die Pilze gut in der Pfanne verteilt scharf auf einer Seite anbraten. Nach 1 bis 2 Minuten die Pilze einmal wenden und auch die andere Seite 1 bis 2 Minuten braten. In eine Schale geben und mit Petersilie und Salz bestreuen – gut auf alle Pilze verteilen!

Die Suppe in Schalen füllen, mit der Pistazien-Weizengras-Mischung bestreuen und ein paar Pilze auf der Suppe verteilen. Mit Keimpflanzen und Blüten garnieren.

GERÄUCHERTE KÜRBISSUPPE MIT KANDIERTEN SAATENHÄUFCHEN

Es war einmal ein magischer Oktober, ich verbrachte ihn in Salem, Massachusetts, als der Herbst sich von seiner schönsten Seite zeigte. Am letzten Abend dort aß ich in einem kleinen Café eine herrliche geräucherte Kürbissuppe, die ich nie wieder vergessen werde. Seither mache ich jedes Jahr meine Variante dieser Suppe, sobald es draußen kühler wird …

ERGIBT 8 TASSEN / 4–6 PORTIONEN

- 1 mittelgroßer Speisekürbis, ca. 2 kg
- 3 EL Kokosöl
- Meersalz und schwarzer Pfeffer, gemahlen
- 2 Zweige Rosmarin
- 2 kleine Stangen Porree, weiße und hellgrüne Teile, dünn geschnitten
- 4 Tassen Gemüsebrühe (Seite 68 oder gekauft)
- ½ Tasse frischer Orangensaft
- 2 große Datteln, entsteint
- ⅓ Tasse Gojibeeren, getrocknet
- 2 EL Chagapulver
- ½ TL Flüssigrauch (Hickory Liquid Smoke)
- ¼ TL Piment
- ¼ Tasse kandierte Saatenhäufchen (Seite 219)

Den Ofen auf 190 °C vorheizen. Den Stiel des Kürbis entfernen. Den Kürbis halbieren und die Kerne und das faserige Gewebe entfernen. Die Innenseiten mit ½ EL Kokosöl einreiben, mit Salz und Pfeffer würzen und je 1 Zweig Rosmarin in das Kürbisfleisch stecken. Mit der geschnittenen Seite auf ein Backblech legen und ein paar EL Wasser auf das Blech geben. Für 60 bis 90 Minuten rösten, bis der Kürbis weich ist. Aus dem Ofen nehmen und etwas abkühlen lassen. Dann die Schale und die Rosmarinzweige entfernen.

Das restliche Kokosöl in einem schweren Topf auf mittlerer Hitze erwärmen. Porree für 3 bis 4 Minuten anbraten. Kürbis, Brühe, Orangensaft, Datteln, Gojibeeren, Chaga, Flüssigrauch und Piment hinzufügen und zum Kochen bringen. Die Hitzezufuhr reduzieren und für 10 Minuten köcheln lassen. Portionsweise in einen Mixer geben und geschmeidig pürieren. Die Suppe zurück in den Topf füllen, mit Salz und Pfeffer abschmecken und warm halten. Mit kandierten Saatenhäufchen servieren.

Variante: *Knapp in der Zeit? Verwenden Sie zwei 400-g-Dosen Kürbispürree anstelle des selbst gerösteten Kürbis und servieren Sie die Suppe mit gerösteten Kürbiskernen und ein paar Tropfen Yacon- oder Ahornsirup anstelle der Saatenhäufchen.*

KAKAO-MARONEN-SUPPE

Die bloße Erwähnung von Maronen befördert mich sofort in die belebten Straßen von New York City im Winter. Der Central Park ist voller Essensstände, wo einem das Aroma von warmen, frisch gerösteten Maronen entgegenströmt und einem zuflüstert, doch zumindest eine kleine Tüte zu probieren. (Ich sage Ihnen, ich konnte nicht ein einziges Mal widerstehen!) Wenn ich zu Hause in Kalifornien einen großen Topf Maronensuppe zubereite, bringt mich der Geruch direkt wieder zurück in diese Stimmung. Diese Suppe ist wohlbalanciert zwischen leicht und reichhaltig – wie Satinbettwäsche für Ihren Gaumen. Kakao und Maca verstärken den erdig-süßen, nussähnlichen Geschmack der herzhaften (richtig gelesen, herzhafter Kakao!) Suppe und steuern einen Superfood-Kick bei. Hinweis: Möchten Sie keinen Brandy verwenden, nehmen Sie stattdessen Gemüsebrühe.

ERGIBT 5 TASSEN / 4 PORTIONEN

- 2 EL Kokosöl
- ½ kleine rote Zwiebel, fein geschnitten
- 1 Karotte, fein geschnitten
- 1 Stange Sellerie, fein geschnitten
- ca. 300 g Maronen (ca. 2 Packungen vakuumierte Maronen)
- 1 Lorbeerblatt
- ¼ Tasse Brandy
- 4 Tassen Gemüsebrühe (Seite 68 oder gekauft)
- 2 EL Kakaopulver, plus etwas für die Garnierung
- 1 EL Macapulver
- ½ Tasse rohe Cashewkerne
- ¼ TL Muskatnuss, gerieben
- 2/3 Tasse Wasser, ggf. etwas mehr
- Meersalz und schwarzer Pfeffer, gemahlen

Das Kokosöl in einem schweren Topf auf mittlerer Hitze erwärmen. Zwiebel, Karotten und Sellerie 8 bis 10 Minuten anbraten. Mit Salz und Pfeffer leicht würzen. Maronen, Lorbeerblatt und Brandy hinzufügen. Unter Rühren ca. 2 bis 3 Minuten kochen, bis der Brandy fast komplett verdampft ist. Brühe mit Kakao- und Macapulver zugeben und auf starker Hitze zum Kochen bringen. Hitze reduzieren und die Suppe ohne Deckel für 20 Minuten köcheln lassen.

Während sie köchelt, die Cashewkerne mit Muskatnuss, Wasser und ¼ TL Salz in einem Mixer cremig pürieren. ⅓ Tasse dieser Mischung in ein Glas füllen und für die Garnierung zur Seite stellen. Den Rest der Creme verbleibt im Mixer.

Die fertig gekochte Suppe (Lorbeerblatt entfernen!) in den Mixer mit der restlichen Creme füllen und geschmeidig pürieren. Falls nötig, fügen Sie etwas extra Wasser hinzu, um die Suppe dünner zu machen. Abschmecken. Zum Servieren in kleine Schalen füllen und mit einem Klecks Cashewcreme und etwas Kakaopulver dekorieren. Warm servieren.

KAKI-WEIHNACHTSSUPPE

Kakis sind mit die beglückendsten Früchte auf Erden und erinnern mich immer an den frühen Herbst, wenn sie süß und saftig wie vergnügliche orange Dekoration an den Bäumen hängen. Kaki verleiht Suppen einen herrlich cremig-süßen Geschmack. Diese Suppe besitzt viel wärmendes Aroma, das Ihr nächstes Winterfest bereichern wird. Tipp: Wenn Sie die Sorte Hachiya verwenden, sollten die Früchte sehr weich und reif sein (sie fühlen sich an wie eine kleine Wasserbombe). Die Sorte Fuyu wiederum sollte hart und knackig sein.

ERGIBT 12 TASSEN / 8 PORTIONEN

- 2 EL Kokosöl
- ½ rote Zwiebel, fein geschnitten
- 1 kg Pastinaken, geschält und in zentimetergroße Würfel geschnitten
- 750 g sehr weiche Hachiya-Kakis, geschnitten
- 2 EL Gojibeeren, getrocknet
- 2 EL Macapulver
- 1 Zimtstange
- 6 Tassen Gemüsebrühe (Seite 68 oder gekauft)
- 2 Tassen ungesüßter Vanille-Mandel-Drink
- Meersalz und schwarzer Pfeffer, gemahlen
- 1 Fuyu-Kaki, in sehr dünne Scheiben geschnitten, als Garnierung (optional)
- 1 Tasse frische Granatapfelkerne
- ½ Tasse geröstete Haselnüsse, gehackt

Das Kokosöl in einem schweren Topf auf mittlerer Hitze erwärmen. Zwiebel und Pastinaken für 6 bis 7 Minuten oder bis die Pastinaken golden werden anbraten. Hachiya-Kakis, Gojibeeren, Macapulver, Zimtstange und die Brühe hinzufügen. Die Hitzezufuhr erhöhen und alles zum Kochen bringen. Auf mittlerer Hitze für 20 Minuten köcheln lassen. Vom Herd nehmen und den Mandeldrink und etwas Pfeffer einrühren. Die Zimtstange entfernen. Portionsweise in einen Mixer füllen und geschmeidig pürieren. Erneut in den Topf gießen und warm halten. Falls die Suppe zu dick sein sollte, noch etwas Wasser zufügen. Mit Salz abschmecken. Zum Servieren in Schüsseln füllen und mit den Kakischeiben, Granatapfelkernen und gehackten Haselnusskernen garnieren und mit etwas Pfeffer besprenkeln.

GERÖSTETE HASELNÜSSE: Am einfachsten lassen sich Haselnüsse in einer Pfanne auf mittlerer Hitze für 5 bis 10 Minuten anrösten, dabei gelegentlich wenden. Sie sind fertig, wenn sie gebräunt sind und aromatisch riechen. Abkühlen lassen und klein hacken. Alternativ können Sie sie auch über offenem Feuer in einer feuerfesten Pfanne rösten: Dafür 2 bis 4 Minuten über die Flamme halten und die Pfanne gelegentlich schütteln, damit die Nüsse von allen Seiten rösten.

KLARE SUPPEN & NUDELSUPPEN

Wen wundert es, dass klare Suppen und Nudelsuppen bekannte Heilmittel für die Gesundung von Kranken sind und gerne zur Verjüngung gegessen werden. Diese tollen Suppen vereinen eine immense Vielfalt an natürlichen Nahrungsmitteln mit gesunden, aromatischen Brühen, sodass man gleich nach noch einer Portion fragen möchte. Ob Sie eine Suppe voller Gemüse wählen, wie die Frühlingsminestrone (Seite 159), oder aber eine lecker nährende Nudelsuppe, wie die Miso-Nudelsuppe (Seite 147) – eins ist sicher: Jeder Löffel hat es in sich!

= SUPERFOODS

SCHÖNHEIT KNOCHENSTÄRKEND REINIGUNG/ENTGIFTUNG

HERZGESUNDHEIT IMMUNSTÄRKEND KALORIENARM PROTEIN

ROSENKOHLSPIRALENSUPPE MIT PIKANTEN KOKOSHAPPEN

Diese Suppe kommt mit ziemlichem Selbstbewusstsein daher – ungefähr so, als ginge man in alten Jeans und T-Shirt zu einer Party, weil man schlicht ok ist, wie man ist. Stellen Sie die Cashew-Sour-Creme und die Kokoshappen her, während die Suppe köchelt. Dann haben Sie innerhalb von einer halben Stunde ein herzhaft sättigendes Gericht. Ich mag es, wenn etwas Konsistenz in der Suppe erhalten ist. Sie können sie aber auch pürieren.

ERGIBT 10 TASSEN / 6 PORTIONEN

- 750 g Rosenkohl
- 3 EL Kokosöl
- 2 Stangen Porree, weiße und hellgrüne Teile, dünn geschnitten
- 2 mittelgroße Kartoffeln, geschält und in zentimetergroße Stücke geschnitten
- 2 TL frischer Thymian
- 8 Tassen Gemüsebrühe (Seite 68 oder gekauft)
- Meersalz und schwarzer Pfeffer, gemahlen
- ¾ Tasse Cashew-Sour-Cream (Seite 218 oder gekaufte Sour-Cream)
- ½ Tasse Kokoshappen (Seite 217)

Verwenden Sie einen Spiralschneider, um den Rosenkohl in feine Spiralen zu schneiden. Verwenden Sie alternativ ein Messer und schneiden Sie ihn in sehr feine Scheiben. Das Kokosöl in einem schweren Topf auf mittlerer Hitze erwärmen. Porree und Kartoffeln für 2 Minuten unter Rühren anbraten. Rosenkohl und Thymian für 1 Minute mitbraten. Die Brühe angießen – wenn Sie gesalzene Brühe verwenden, warten Sie mit dem Würzen der Suppe bis zum Ende der Kochzeit. Bei ungesalzener Brühe fügen Sie ein paar Prisen Salz hinzu. Zum Kochen bringen, den Topf abdecken und die Hitze reduzieren. Für 15 bis 20 Minuten köcheln lassen, bis die Kartoffeln sehr weich sind. Vom Herd nehmen und 4 EL Cashew-Sour-Cream einrühren. Mit Salz und Pfeffer abschmecken. Zum Servieren mit einem Klecks Cashew-Sour-Cream und Kokoshappen garnieren.

SUPERFOOD-EXTRA: Um der Suppe noch mehr abwehrstärkende Kräfte zu verleihen, geben Sie 2 EL Heilpilzpulver Ihrer Wahl dazu, wenn Sie die Brühe angegossen haben. Eine halbe Tasse Hanfsamen sorgt für eine eiweißreiche Garnierung.

GOJIBEEREN-SAFRAN-SUPPE MIT SORGUMHIRSE

Ich liebe den leicht süß-sauren Geschmack der Gojibeeren in Kombination mit dem blumigen Aroma von Safran und der zarten eiweißreichen Sorgumhirse in dieser tollen Suppe.

ERGIBT 7 TASSEN / 4 PORTIONEN

- 6 Tassen Gemüsebrühe (Seite 68 oder gekauft)
- 1 Prise Safran
- 2 EL Olivenöl
- 1 mittelgroße gelbe Zwiebel, fein gewürfelt
- 1 mittelgroße Fenchelknolle, fein gewürfelt
- 3 Knoblauchzehen, gehackt
- 2 Lorbeerblätter
- ½ Tasse Gojibeeren, getrocknet
- 1 Tasse gekochte Sorgumhirse (siehe Infotext unten)
- 1 Tasse trockener Weißwein
- ½ TL Meersalz
- 2 EL frische Petersilie, gehackt

*Sorgumhirse saugt beim Kochen nicht viel Wasser auf. Aber da sie eine lange Garzeit hat, verdampft viel Wasser während des Kochvorgangs. Die meisten Rezepte geben ein 1:3-Verhältnis von Hirse zu Wasser an. Ich empfehle Ihnen, etwas mehr Wasser zu nehmen, sodass die feinen Körner nicht austrocknen. Hirse kann kaum zu weich gekocht werden. Überschüssiges Wasser kann notfalls abgegossen werden. 1 Tasse Sorgumhirse = 2 Tassen gekochte Sorgumhirse.

Die Gemüsebrühe in einem kleinen Topf zum Köcheln bringen. Vom Herd nehmen. Safranfäden fein zerkrümeln (oder mit einem Mörser zerkleinern – je feiner sie werden, desto intensiver ist ihr Geschmack) und in die Brühe einrühren. Die Brühe zur Seite stellen.

Das Olivenöl in einem schweren Topf auf mittlerer Hitze erwärmen. Zwiebel und Fenchel für 5 Minuten anbraten, gelegentlich umrühren. Den Knoblauch hinzugeben und ein paar Minuten weiterbraten, bis das Gemüse leicht karamellisiert. Lorbeerblätter, Gojibeeren und die gekochte Hirse einrühren, dann den Weißwein, die Safranbrühe und den Rest der Gemüsebrühe zugießen. Zum Kochen bringen, die Hitze reduzieren, den Topf abdecken und alles für 30 Minuten köcheln lassen. Die Lorbeerblätter entfernen und 1 EL Petersilie einrühren. Vorsichtig mit Salz abschmecken. Zum Servieren in Schalen füllen und mit etwas Petersilie dekorieren.

SORGUMHIRSE KOCHEN: 1 Tasse Sorgumhirse* in einen mittelgroßen Topf geben und mit Wasser bedecken (bis ca. 5 cm oberhalb der Hirse). Zum Kochen bringen und die Hitze reduzieren. 45 bis 75 Minuten köcheln lassen (die Zeit hängt stark von der Frische des Korns ab – richten Sie sich auf ca. 1 Stunde ein). Die Hirse ist gar, wenn sie weich ist und noch etwas Biss hat. Überschüssiges Wasser abgießen.

CHIA-TORTILLA-SUPPE MIT SCHWARZEN BOHNEN

Es gäbe genug Rezepte für Tortillasuppen, um das gesamte Buch damit zu füllen. Aber das hier hat einfach einen Platz verdient. Mein Rezept kommt nah an die Urvariante heran und wartet mit vielen Gesundheitsvorteilen durch Chia und schwarze Bohnen auf. Ich verwende stets gebackene und nicht frittierte Tortillas. Der geschmackliche Unterschied ist nicht nennenswert, und es ist um ein Vielfaches gesünder. Und ich verdopple das Rezept gern, wenn ich es für Freunde mache, da immer jemand nach einem Nachschlag (und dem Rezept!) fragt.

ERGIBT 4 PORTIONEN

- 1 getrocknete Pasilla- oder Ancho-Chili
- 3 Rispentomaten (ca. 340 g)
- ¼ weiße Zwiebel, halbiert, geschält und die Enden entfernt
- 1 Knoblauchzehe, ungeschält
- 1 EL Olivenöl
- 4 Tassen Gemüsebrühe (Seite 68 oder gekauft)
- 1 ½ Tassen gekochte schwarze Bohnen (Seite 21 oder eine 400-g-Dose, abgetropft)
- Meersalz
- 2 EL Chiasamen, als Garnierung
- 1 Tasse zerbröselte gebackene Tortillachips (Seite 210 oder gekauft), als Garnierung
- 2 Tassen fein geschnittene grüne Kohlblätter, als Garnierung
- 1 große Avocado, in Scheiben geschnitten, als Garnierung
- ¼ Tasse Cashew-Sour-Cream (Seite 218 oder gekaufte Sour-Cream), als Garnierung
- 1 Limette, geviertelt, als Garnierung

Eine große Pfanne auf mittlere Hitze erwärmen. Die Chili trocken rösten, indem Sie die Chili mit einem Pfannenwender aus Metall auf die heiße Oberfläche pressen – je Seite mehrere Minuten. Die Chili sollte schwarz werden und leicht aufpuffen. Aus der Pfanne nehmen und abkühlen lassen. In derselben Pfanne die Tomaten, Zwiebel und den Knolauch für 10 Minuten rösten, alle paar Minuten wenden, bis das Gemüse angeschwärzt ist und die Tomaten weich geworden sind. Den Knoblauch bereits entfernen, wenn er braun ist, und dann die Schale entfernen. Tomaten, Zwiebel und den geschälten Knoblauch in einen Mixer füllen und mit der Chili (vorher Stängel und Kerne entfernen) geschmeidig pürieren.

Das Olivenöl in einem schweren Topf auf mittlerer Hitze erwärmen. Das pürierte Gemüse für ca. 5 Minuten braten, bis es sich dunkler färbt. Mit der Gemüsebrühe angießen und auf hoher Hitze zum Kochen bringen. Die Hitze reduzieren und für 30 Minuten köcheln lassen. Die gekochten Bohnen hinzufügen und für 10 Minuten mitkochen. Vom Herd nehmen und mit Salz abschmecken.

Servieren Sie die heiße Suppe mit Chiasamen, Tortillachips, Kohlblättern, Avocado und einem Klecks Cashew-Sour-Cream. Reichen Sie dazu die geviertelten Limetten, damit sich jeder selbst etwas über die Suppe träufeln kann.

KÜMMEL-KOHL-SUPPE MIT GRÜNKERNBÄLLCHEN

Obwohl die Grünkernbällchen etwas Arbeit erfordern (es hält sich aber in Grenzen), sind sie es absolut wert, beachtet zu werden, da sie die sonst recht schlichte Kohlsuppe in neuem Glanz erstrahlen lassen.

ERGIBT 4 PORTIONEN

- 1 große Backkartoffel, geschält und in zentimetergroße Stücke geschnitten
- 1 Tasse Grünkern
- Bratölspray
- 2 EL Olivenöl
- 1 große gelbe Zwiebel, sehr fein geschnitten
- 1 TL frischer Rosmarin, gehackt
- 85 g Shiitakes, geschnitten (ca. 2 Tassen)
- 1 EL Rotweinessig
- 2 EL Chiasamenpulver*
- 2 EL gelbe Misopaste
- ¾ Tasse rohe Walnüsse, gehackt
- ¼ Tasse Hanfsamen
- 1 große Karotte, fein geschnitten
- 1 Stange Sellerie, dünn geschnitten
- 2 TL Kümmelsamen, frisch gemahlen
- ½ mittelgroßer Weißkohl, halbiert und dünn geschnitten
- 6 Tassen Gemüsebrühe (Seite 68 oder gekauft)
- Meersalz und schwarzer Pfeffer, gemahlen
- gehackte Petersilie, zum Servieren

Kochen Sie gleichzeitig die Kartoffel und den Grünkern. Dafür in einen kleinen Topf Wasser füllen und mit einer Prise Salz zum Kochen bringen. Füllen Sie einen zweiten Topf mit 2 ½ Tassen Wasser und bringen Sie auch den mit etwas Salz zum Kochen. ¾ Tasse der gewürfelten Kartoffel in den ersten Topf geben und weich kochen – ca. 10 bis 15 Minuten. Im zweiten Topf den Grünkern auf mittlerer Hitze und abgedeckt für ca. 20 Minuten kochen, bis das Wasser verdampft ist. Vom Herd nehmen und 5 Minuten quellen lassen.

Heizen Sie den Ofen auf 190 °C vor. Zwei Backbleche mit Backpapier auslegen und mit Bratölspray einfetten.

1 EL Olivenöl in einem schweren Topf auf mittlerer Hitze erwärmen. 1 ½ Tassen Zwiebel mit dem Knoblauch für 3 Minuten unter Rühren anbraten. Rosmarin, Pilze und Essig hinzugeben und ca. 3 Minuten unter ständigem Rühren weiterbraten. In einen Mixer geben und die Kartoffeln, das Chiasamenpulver und die Misopaste dazugeben. Die Masse so gut wie komplett pürieren. Grünkern, Walnüsse und Hanfsamen ebenso in den Mixer geben und zum Vermengen kurz mixen. Die Masse mithilfe eines Esslöffels zu Kugeln formen und auf das Backblech legen (ergibt ca. 36 Stück). Auf der mittleren Schiene für ca. 35 Minuten backen, mit einem Pfannenwender in der Hälfte der Backzeit einmal wenden. Die Bällchen sollen von beiden Seiten goldbraun sein. Den Ofen ausmachen und die Bälle zum Warm-

halten und Aushärten im Ofen liegen lassen, solange Sie die Suppe zubereiten.

Im selben schwerbödigen Topf den Rest des Olivenöls erwärmen und die verbleibende Zwiebel, Karotten und Sellerie für ca. 5 Minuten anbraten. Gelegentlich umrühren. Den Kümmel, den Rest der Kartoffel und den Kohl hinzufügen und für 5 Minuten weiterbraten, bis der Kohl beginnt, in sich zusammenzufallen. Die Brühe dazugießen und auf hoher Hitze zum Kochen bringen. Abdecken und die Hitze reduzieren. Für 20 Minuten köcheln lassen. Vom Herd nehmen und 5 bis 10 Minunten ruhen lassen. Nach Bedarf abschmecken. Zum Servieren einige Grünkernbällchen in die Mitte einer flachen Schale legen und mit der Kohlsuppe einrahmen. Mit etwas Petersilie garniert servieren.

* Chiasamenpulver gibt es zu kaufen. Oder man zerreibt Chiasamen in einem Mörser.

SCHWARZER-REIS-SUPPE MIT GRÜNEM TEE

Für sehr lange Zeit dachte ich tatsächlich, diese so einfache wie brillante Suppe mit schwarzem Reis und grünem Tee wäre meiner Genialität entsprungen. (Nota bene: Nicht mal im Ansatz ist das wahr!) Nachdem ich in einer japanischen Speisekarte ähnliche Rezepte entdeckt hatte, begann ich zu recherchieren. Ich fand schnell heraus, dass das, was ich so unendlich toll fand und meine Eigenkreation nannte, Ochazuke genannt wird, was so viel heißt wie „grüner Tee auf Reis", und dass dies bereits seit Jahrtausenden ein traditionelles Gericht ist. Meine Version ist durchaus simpler als viele der traditionsreichen japanischen Varianten, aber sie ist allemal köstlich. Wenn Sie den Reis im Voraus kochen, dauert das Zubereiten dieser Suppe nur 10 Minuten.

ERGIBT 4 PORTIONEN

- 2 Tassen schwarzer Reis
- 7 ½ Tassen gefiltertes Wasser
- 4 Beutel Genmaicha (Grünteezubereitung mit geröstetem Reis)
- 1 EL Umeboshi-Essig
- 4 Blätter Nori, fein zerbröselt
- ½ Tasse fester Tofu, in kleine Würfel geschnitten
- 4 Lauchzwiebeln, weiße und hellgrüne Teile, dünn geschnitten
- 1 mittelgroße Avocado, gewürfelt

Um den Reis zu kochen, geben Sie ihn zusammen mit 3 ½ Tassen Wasser in eine Kasserolle. Zum Kochen bringen, abdecken und die Hitze sehr klein stellen, sodass das Wasser gerade noch köchelt. Für 30 Minuten kochen, dann vom Herd nehmen. Lassen Sie den Reis für ein paar Minuten quellen und lockern Sie ihn dann mit einer Gabel auf.

Ein paar Minuten, bevor der Reis fertig ist, bringen Sie die restlichen 4 Tassen Wasser in einem mittelgroßen Topf zum Kochen. Vom Herd nehmen. Die Teebeutel hineingeben, den Topf abdecken. Für 5 Minuten ziehen lassen. Die Beutel vor dem Entfernen gut ausdrücken. Den Umeboshi-Essig einrühren. Die Mischung auf kleinster Hitze warm halten. Den Reis auf Servierschalen aufteilen und Nori, Tofu und Lauchzwiebeln dazugeben. Den grünen Tee darübergießen und mit Avocado dekorieren. Sofort servieren.

Hinweis: *Sie können dieses Rezept gut vorbereiten und die Zutaten in verschließbaren Gläsern aufbewahren. Nur die Avocado kurz vor dem Servieren aufschneiden. Diese Suppe kann auch kalt serviert werden.*

WOHLFÜHLWISSEN: Schwarzer Reis klingt wie einem Märchen entsprungen – einem sehr dunklen! Und tatsächlich gibt es einiges an Geschichte zu diesem Reis: Während der Ching- und Ming-Dynastie war das Genießen von schwarzem Reis ein außerordentliches Privileg der Reichen – er stand für Gesundheit und Langlebigkeit. Wie recht sie hatten! Die Menge an Antioxidanzien in schwarzem Reis ist erstaunlich; sie enthalten einige herzgesunde Anthocyane – derselbe Stoff macht Blaubeeren und Acai so gesund. Außerdem wartet der Reis mit beeindruckenden 5 Gramm Eiweiß pro halber Tasse auf – keine Reissorte besitzt mehr.

MISO-NUDELSUPPE

Diese Suppe ist quasi ein Hybrid – meine Kindheitsliebe Hühnersuppe trifft auf eine klassische Misosuppe (zugegeben, der Vergleich hinkt etwas, da ja gar kein Huhn enthalten ist). Bei mir zu Hause nennen wir diese Suppe einfach nur „Schnelle Gesundmach-Suppe" – auch wenn wir nie die Geduld haben, sie erst dann zu machen, wenn jemand wirklich krank ist …

ERGIBT 6 TASSEN / 4 PORTIONEN

- 2 EL Olivenöl
- 1 mittelgroße gelbe Zwiebel, fein gewürfelt
- 1 Stange Sellerie, fein gewürfelt
- 1 große Karotte, geschält und in ½ cm große Stücke geschnitten
- Meersalz und schwarzer Pfeffer, gemahlen
- 1 Tasse Shiitakes, Stiel entfernt, dünn geschnitten
- 1 Lorbeerblatt
- 4 Tassen Misobrühe (Seite 71 oder gekauft), etwas mehr, falls nötig
- 1 Tasse weicher Tofu, in ½ cm große Stücke geschnitten
- 2 EL Wakameflocken, getrocknet
- 3 Tassen Wasser
- 110 g dünne Reisnudeln
- 2 Schalotten, dünn geschnitten, als Garnierung
- frische Petersilie, gehackt, als Garnierung

Olivenöl in einer mittelgroßen Kasserolle auf mittlerer Hitze erwärmen. Zwiebel, Sellerie und Karotte mit ¼ TL Salz und etwas Pfeffer gewürzt für 5 Minuten anbraten, gelegentlich umrühren. Pilze, Lorbeerblatt und 2 Tassen Misobrühe einrühren. Zum Kochen bringen und dann die Hitze reduzieren, für 20 Minuten köcheln lassen. Auf kleinste Hitze reduzieren und und die restlichen 2 Tassen Misobrühe und Tofu hinzufügen. Die Wakameflocken sehr fein in die Suppe krümeln (sie quellen stark auf!) und vorsichtig umrühren. Abdecken und für 5 bis 10 Minuten auf niedrigster Stufe köcheln lassen. Falls Sie eine dünnere Suppe wünschen, fügen Sie noch etwas Brühe hinzu. Das Lorbeerblatt entfernen. Bringen Sie kurz vor dem Servieren 3 Tassen Wasser zum Kochen. Die Reisnudeln in eine Schale geben und mit kochendem Wasser übergießen. Lassen Sie die Nudeln für 3 bis 5 Minuten ziehen, bis sie weich sind. Das restliche Wasser abgießen. Zum Servieren je ¼ der Nudeln in Schalen geben. Großzügig mit Suppe bedecken und ein paar Schalotten und etwas Petersilie auf die Suppe streuen.

SUPERFOOD-TIPP: Falls Sie diese Suppe im Voraus machen wollen, verwenden Sie einfach 2 Tassen einer anderen Nudelsorte oder Naturreis. Die Reisnudeln werden zu zäh, wenn man sie nicht gleich verwendet.

MINESTRONE MIT EMMER UND CHIAPESTO

Statt Nudeln verwende ich in diesem Rezept gern Emmer (nehmen Sie das ganze Korn) – es verleiht der Suppe 21 Gramm Eiweiß extra! Was diese Suppe aber aber so lebenserweckend macht, ist das frische Chiapesto, also bitte diese essenzielle Zutat nicht weglassen!

ERGIBT 10 TASSEN / 6 PORTIONEN

- 1 große Tomate, geschnitten
- ¼ Tasse Gojibeeren, getrocknet
- 1 TL Kelp, granuliert
- 8 Tassen Misobrühe (Seite 71 oder gekauft)
- 1 EL Olivenöl
- 1 Zwiebel, klein geschnitten
- 2 Karotten, fein geschnitten
- 2 Stangen Sellerie, klein geschnitten
- ¾ Tasse Emmer
- 1 mittelgroße Zucchini, klein geschnitten
- 2 Knoblauchzehen, gehackt
- 1 EL frischer Thymian, gehackt
- 1 Lorbeerblatt
- 1 Dose gewürfelte Tomaten mit Saft
- 1 TL schwarzer Pfeffer, gemahlen
- 1 ½ Tassen gekochte Kichererbsen (Seite 21 oder 400-g-Dose, abgetropft)
- 250 g Brokkoliröschen, klein geschnitten (ca. 3 Tassen)
- 3 Grünkohlblätter, klein geschnitten
- Meersalz
- 1 Portion Chiapesto (Seite 212) oder ½ Tasse gekauftes Pesto

In einen Mixer Tomaten, Gojibeeren und das granulierte Kelp mit ½ Tasse Brühe füllen und geschmeidig pürieren.

Das Olivenöl in einem schweren Topf auf mittlerer Hitze erwärmen. Zwiebel, Karotten, Sellerie und Emmer hinzufügen und unter häufigem Rühren für 6 bis 7 Minuten kochen oder bis das Gemüse gar ist. Zucchini, Knoblauch, Thymian und das Lorbeerblatt zugeben und für weitere 2 Minuten garen, dabei ständig rühren. Die pürierte Tomatenmischung, die restlichen 7 ½ Tassen Brühe, die Dosentomaten inklusive Saft und den schwarzen Pfeffer einrühren. Auf hoher Hitze zum Kochen bringen und dann halb abdecken. Die Hitze reduzieren und für 20 Minuten köcheln lassen. Die Hitze auf mittlere Stufe erhöhen und die Kichererbsen und den Brokkoli für 10 Minuten mitkochen. Vom Herd nehmen und den Grünkohl hinzugeben. Die Suppe für 5 bis 10 Minuten ruhen lassen, damit der Grünkohl in sich zusammenfallen kann. Das Lorbeerblatt entfernen und alles mit etwas Salz abschmecken. Zum Servieren in Schalen füllen und das Chiapesto dekorativ auf der Oberfläche verteilen.

SUPERFOOD-RAMEN-TERRINE

Ramen-Nudeln haben nicht gerade den gesündesten Ruf (dank der vielen Instantnudeln mit Zusätzen und Geschmacksverstärkern, die definitiv nicht gut für unseren Körper sind). Dieses Gericht voller Superfoods ist das glatte Gegenteil und zieht einige Asse aus dem Ärmel. Die Basis, eine mineralstoffreiche Brühe mit Antioxidanzien, ist gespickt mit eiweißreichen schwarzen Sojabohnen – ein Superfood-Held sondergleichen. Dann sind da noch die Ramen-Nudeln, für die es so viele tolle, auch glutenfreie, Möglichkeiten gibt (u. a. Hirse oder Naturreis). Die Terrine beschließt ihre Vollkommenheit mit knusprigen Grünkohlchips, die auf der Suppe serviert von knusprig zu saftig werden. Sie könnten am Ende ein paar Grünkohlchips übrig haben … sollte das Ihr größtes Problem sein: Schätzen Sie sich glücklich!

ERGIBT 2 PORTIONEN

- 1 Bund Grünkohl
- ¼ TL Knoblauchpulver
- 1 EL Olivenöl
- 3 EL Tamarisauce
- 2 Tassen Pilzbrühe (Seite 70 oder gekauft)
- 1 Tasse gefiltertes Wasser
- ⅛ TL Flüssigrauch (Hickory Liquid Smoke)
- 1 Beutel grüner Tee
- 2 EL Gojibeeren, getrocknet
- 2 EL Yaconscheiben, getrocknet (optional)
- ¾ Tasse gekochte Sojabohnen (Seite 21 oder ½ 400-g-Dose, abgetropft)
- 1 EL Wakameflocken
- 2 TL Kokosöl
- 2 Quadrate Ramen-Nudeln
- 2 Frühlingszwiebeln, weiße und hellgrüne Teile, dünn geschnitten

Heizen Sie den Ofen auf 135 °C vor. Legen Sie zwei Backbleche mit Backpapier aus. Waschen und trocknen Sie die Grünkohlblätter gründlich und entfernen Sie die Stiele. Die Blätter in eine Schale geben und zu große Teile halbieren. Knoblauchpulver, Olivenöl und 1 EL Tamarisauce auf die Blätter geben und diese Marinade gut auf allen Blättern verteilen. Auf die Backbleche verteilen, ohne dass sich die Blätter überlappen. Auf der mittleren Schiene für 20 bis 30 Minuten backen. Nach der Hälfte der Backzeit die Kohlblätter einmal umdrehen. Aus dem Herd nehmen und für die weitere Verwendung abkühlen lassen.

Während der Grünkohl gebacken wird, geben Sie 2 EL Tamarisauce zusammen mit Brühe, Wasser, Flüssigrauch, dem Teebeutel, Gojibeeren, Yaconscheiben (falls Sie sie verwenden) und den schwarzen Sojabohnen in eine mittelgroße Kasserolle. Zum Kochen bringen, die Hitze reduzieren und vorsichtig bei niedriger Temperatur für 15 Minuten köcheln lassen. Vom Herd nehmen und den Teebeutel entfernen. Die Wakameflocken und das Kokosöl einrühren, die Kasserolle abdecken und die Suppe für 15 Minuten ziehen lassen. Halten Sie die Suppe bis zum Servieren warm.

Kochen Sie die Ramen-Nudeln wie auf der Verpackung angegeben.

Zum Servieren teilen Sie die Nudeln in Servierschalen auf und füllen eine Kelle Suppe auf die Nudeln. Darauf die Grünkohlchips geben und mit Frühlingszwiebeln garnieren. Sowohl die Chips als auch die Suppe können Sie gut vorbereiten. Wenn Sie sie dann servieren wollen, wärmen Sie die Suppe auf und geben die Grünkohlblätter kurz vor dem Servieren auf die Suppe.

Hinweis: Schwarze Sojabohnen sind reicher an Antioxidanzien als ihre grünen Artgenossen und schmecken wie eine Mischung aus normalen Sojabohnen und Kichererbsen. Es gibt sie in gut sortierten Naturkostläden und im Internet. Falls Sie keine finden, verwenden Sie stattdessen Kichererbsen.

PAD-THAI-NUDELSUPPE

Meine Familie hatte eines Abends großes Verlangen nach einer thailändischen Nudelsuppe, aber schlechtes Wetter hielt uns im Haus. Ich versuchte, ihren Heißhunger mit einer Pad-Thai-Suppe aus vorhandenen Essensvorräten zu stillen – diese Version ist ihr optimierter Nachfahre und ausgesprochen köstlich.

ERGIBT 4 PORTIONEN

- 1 EL Kokosöl
- ½ gelbe Zwiebel, fein geschnitten
- 2 Knoblauchzehen, gehackt
- 3 Karotten, geraspelt
- 250 g Brokkoli, Stiele in schmale Stücke geschnitten, Röschen fein geschnitten
- 1 EL Ingwerwurzel, gerieben
- 8 Tassen Meeresgemüsebrühe (Seite 72)
- 1 EL gelbe Misopaste
- 3 EL Tamarisauce
- 3 EL Kokosblütenzucker
- 1 TL Sriracha-Sauce, etwas mehr zum Abschmecken
- 400 g fester Tofu, abgetropft und gewürfelt
- 200 g flache Reisnudeln, getrocknet
- 4 Tassen Bohnensprossen
- ¼ Tasse frischer Zitronensaft
- 2 TL Dulseflocken
- 4 Frühlingszwiebeln, weiße und hellgrüne Teile, dünn geschnitten
- ¼ Tasse Korianderblätter
- ¼ Tasse gespaltene Mandeln
- 1 Limette, geviertelt

Das Kokosöl in einem schweren Topf auf mittlerer Hitze erwärmen. Zwiebel und Knoblauch für 2 Minuten unter Rühren anbraten. Die Karotten und den Brokkoli hinzufügen und für ca. 3 Minuten unter häufigem Umrühren mitbraten, bis der Brokkoli hellgrün ist. Den Ingwer und die Brühe dazugeben.

In einer kleinen Schüssel Misopaste, Tamarisauce, Kokosblütenzucker und Sriracha-Sauce mischen und dabei darauf achten, dass die Misopaste sich ganz auflöst. Geben Sie die Mischung in die Suppe. Mit starker Hitze zum Kochen bringen und dann den Tofu, die Nudeln, die Bohnensprossen, den Zitronensaft und 1 TL Dulseflocken einrühren. Vom Herd nehmen und abdecken. Für 10 Minuten ziehen lassen oder so lange, bis die Nudeln gar sind. Einmal nach fünf Minuten umrühren. Zum Servieren in Schalen füllen und mit Frühlingszwiebeln, Korianderblättern, Mandeln, den restlichen Dulseflocken und den Limettenvierteln garnieren.

Hinweis: *Die Limette ist nicht nur Dekoration! Ein Spritzer über der Suppe direkt vor dem Essen bringt die Aromen sehr gut hervor.*

SUPERFOOD-EXTRA: Fügen Sie 1 EL Chiasamen zusammen mit den Nudeln dazu, um Ihrem Gehirn etwas Gutes zu tun.

KIMCHI-DASHI-TERRINE MIT BUCHWEIZENNUDELN

Dashi ist eine Meeresgemüsebrühe, die mit Fischflocken gekocht wird. Eine andere Note erhält das Rezept, wenn man die Fischflocken durch eine belebende Mischung aus Pilzen, Ingwer und etwas scharfem Kimchi (fermentierter Chinakohl, der besonders leicht zu verdauen ist) ersetzt. Die Buchweizennudeln allein kommen mit 6 Gramm Eiweiß pro Portion daher. Der Chicorée und die Sesamsamen sind hervorragende Quellen für Kalzium. Dashi ist ein sehr flexibles Gericht. Sie können es gern variieren und ein anderes Topping, zum Beispiel gebackenen Tofu, Radieschen oder extra Meeresgemüse wählen, um der Suppe einen individuellen Geschmack zu verleihen.

ERGIBT 4 PORTIONEN

- 4 Tassen Meeresgemüsebrühe (Seite 72)
- 4 cm Ingwerwurzel, geschält und halbiert
- 1 EL Kokosblütenzucker
- 1½ Tassen dünn geschnittene Shiitakes
- 220 g Buchweizennudeln
- 2 Kolben Chicorée, der Länge nach halbiert
- 1 ½ Tassen Zuckerschoten, die Enden entfernt
- 2 Frühlingszwiebeln, weiße und hellgrüne Teile, dünn geschnitten
- 1 EL Umeboshi-Essig
- 1 TL Sesamöl
- ¼ Tasse Kimchi, als Garnierung
- ¼ Tasse Kimchi-Saft (aus der Dose), als Garnierung
- 2 EL gerösteter Sesam, als Garnierung

Die Meeresgemüsebrühe mit Ingwer, Kokosblütenzucker und den Pilzen in einer großen Pfanne zum Kochen bringen. Die Hitze reduzieren und alles für 15 Minuten köcheln lassen.

Während die Brühe köchelt, bereiten Sie die die Buchweizennudeln wie auf der Verpackung angegeben zu.

Entfernen Sie nach dem Kochen die Ingwerstücke aus der Suppe und fügen Sie den Chicorée und die Zuckerschoten hinzu. Für 3 Minuten kochen, bis beides hellgrün leuchtet. Vom Herd nehmen und die Frühlingszwiebeln, den Umeboshi-Essig und das Sesamöl einrühren.

Zum Servieren die Buchweizennudeln in vier Servierschalen füllen. Das Gemüse mit einer Zange auf die Nudeln geben und dann die Brühe darübergießen. Etwas Kimchi auf jede Portion geben und mit dem Kimchi-Saft beträufeln. Ein paar Sesamsamen als Garnierung auf der Suppe verteilen.

Variante: *Sie können statt der Buchweizennudeln auch Quinoa (in Gemüsebrühe gekocht) verwenden.*

ZWIEBELSUPPE MIT HANFSAMEN-PARMESAN

Dank ihrer sehr viel gesünderen Zutaten kann ich diese Suppe nicht als echte französische Zwiebelsuppe bezeichnen, aber sie ist dem Klassiker sehr ähnlich. Der Clou besteht darin, die Zwiebeln lange zu kochen, bis sie komplett karamellisiert sind, und ihnen so auch das letzte Bisschen an Köstlichkeit zu entlocken.

ERGIBT 8 TASSEN / 4 PORTIONEN

- 1,25 kg gelbe Zwiebeln, geschält und geviertelt
- 2 EL Kokosöl
- 1 EL Apfelessig
- ½ Tasse Weißwein
- 8 Tassen Pilzbrühe (Seite 70 oder gekauft)
- 2 Lorbeerblätter
- 2 EL Pfeilwurzmehl
- Meersalz und schwarzer Pfeffer, gemahlen
- 4 Scheiben Keimbrot*, getoastet
- 1 Portion Hanfsamen-Parmesan (Seite 221)
- 2 EL Schnittlauch, gehackt

* **Keimbrot** wird aus gekeimtem Getreide gebacken. Es hat einen höheren Anteil an Eiweiß und ist leichter zu verdauen als ungekeimtes Getreide. Falls Sie kein gekeimtes Brot bekommen, verwenden Sie herkömmliches Baguette für dieses Rezept.

Die geviertelten Zwiebeln anritzen. Das Kokosöl in einem schweren Topf auf mittlerer bis kleiner Hitze erwärmen. Die Zwiebeln hinzufügen. Für 1 Stunde – bis die Zwiebeln gleichmäßig braun und karamellisiert sind – braten und dabei alle paar Minuten umrühren. Wenn die Pfanne beginnt zu qualmen, reduzieren Sie die Hitze weiter. Die Zwiebeln sollen nicht anbrennen, nur bräunen. Wenn die Zwiebeln schön karamellisiert sind, löschen Sie mit Apfelessig und Weißwein ab und lassen die Flüssigkeit verdampfen. Brühe und die Lorbeerblätter hinzufügen und alles zum Kochen bringen. Für 15 Minuten auf mittlerer Hitze köcheln lassen. Die Lorbeerblätter entfernen. ½ Tasse der Brühe in eine kleine Schale füllen, das Pfeilwurzmehl hinzugeben und verrühren. Dann zur Suppe dazugießen und gut verrühren. Mit Salz und Pfeffer abschmecken.

Den Ofen auf der Röststufe vorheizen. Die Suppe in vier ofenfeste Schalen füllen und auf ein Backblech stellen.

Das getoastete Keimbrot in Croûtons schneiden und auf die Suppe geben. Großzügig mit Hanfsamen-Parmesan bestreuen, sodass die gesamte Schale bedeckt ist. Das Backblech in den Ofen stellen und die Garnierung rösten. Bleiben Sie beim Ofen und achten Sie darauf, dass der Parmesan nicht verbrennt, sondern nur leicht anbräunt – das dauert ca. 1 bis 2 Minuten. Suppe aus dem Ofen nehmen und mit frischem Schnittlauch und gemahlenem Pfeffer bestreut servieren.

WOCHENMARKTSUPPE

Man ahnt nie, welche unbekannten, spannenden und alten Sorten an Gemüse einem auf dem Wochenmarkt begegnen: gelbe, orange, lila, bunte Karotten, lila Spinat … die Liste ist endlos. Falls Sie sich auch schon gefragt haben, was Sie mit den bunten Köstlichkeiten anfangen können, ist diese Suppe wie für Sie gemacht. Alles, was Sie tun müssen, ist ein stärkehaltiges Gemüse, etwas Blattgrün und ein Bündel frische Kräuter zu wählen (Empfehlungen stehen unten) und diese schnelle, problemlose Suppe zu genießen.

ERGIBT 10 TASSEN / 6–8 PORTIONEN

- 1 EL Olivenöl
- ½ rote Zwiebel, fein geschnitten
- 2 Knoblauchzehen, gehackt
- 1 Karotte, geraspelt
- 1 400-g-Dose gehackte Tomaten oder 2 Tassen frische geschnittene Tomaten
- ½ Tasse ungekochte Quinoa
- 2 Tassen stärkehaltiges frisches Gemüse*
- 1 EL gehackte frische Kräuter, mehr zum Abschmecken*
- 1 ½ Tassen gekochte weiße Bohnen (Seite 21 oder 400-g-Dose, abgetropft)
- 4 Tassen Gemüsebrühe (Seite 68 oder gekauft)
- 2 Sommerkürbisgewächse, mit dem Spiralschneider in Nudeln geschnitten*
- 2 Dosen Kalamata-Oliven, entsteint und geschnitten
- 3 – 4 Tassen zerkleinertes Blattgrün*
- 1 EL Rotweinessig

Das Olivenöl in einem schweren Topf auf mittlerer Hitze erwärmen. Zwiebel, Knoblauch und Karotte für 6 bis 7 Minuten anbraten. Die Tomaten hinzufügen und weitere 5 Minuten anbraten. Quinoa, das stärkehaltige Gemüse, frische Kräuter, weiße Bohnen und die Brühe dazugeben. Die Hitzezufuhr erhöhen und alles zum Kochen bringen. Dann abdecken, die Hitze reduzieren und die Suppe für 12 Minuten köcheln lassen. Den Deckel entfernen und das Sommerkürbisgewächs und die Oliven einrühren. Für 2 bis 3 Minuten kochen, bis der Sommerkürbis leicht weich wird, dann vom Herd nehmen. Das Blattgemüse zugeben und den Rotweinessig einrühren. Ziehen lassen, bis das Blattgrün in sich zusammenfällt. Abschmecken und falls gewünscht noch einige frische Kräuter hinzugeben. Warm servieren.

*EMPFEHLUNGEN FÜR GEMÜSE VOM MARKT:

Beispiel für Kombination: gelbe Zucchini + Mais + Oregano + Babyrucola

- **Stärkehaltiges frisches Gemüse:** junge Kartoffeln oder gewürfelte Rübe (1 cm große Stücke), grüne Bohnen, frische Erbsen, frische Maiskörner
- **Gehackte frische Kräuter:** Oregano, Thymian, Majoran, Basilikum
- **Sommerkürbisgewächse:** Zucchini, gelbe Zucchini, alte Sorten Sommerkürbisse
- **Blattgemüse:** Spinat, Rucola, Mangold. Sie können auch ein geschmackvolleres, bittereres Blattgrün wählen (wie Löwenzahn oder Rote-Beten-Grün) – verwenden Sie es etwas sparsamer.

NICALLY

FRÜHLINGSMINESTRONE

Frühling fühlt sich immer nach einem Neuanfang an: Ein Kokon voller Leben und Frische explodiert und lässt die Welt in neuem Glanz erstrahlen. Diese Suppe holt sich die einfachen klaren Aromen und die Geschmacksvielfalt aus der Frühlingszeit. Mit etwas Hanfsamen-Parmesan versorgen Sie Ihre Geschmacksnerven mit einer Extraportion Genuss.

ERGIBT 7 TASSEN / 4 PORTIONEN

- 2 EL Olivenöl, plus etwas mehr zum Servieren
- 2 Stangen Porree, weiße und hellgrüne Teile, dünn geschnitten
- 3 kleine bunte Karotten (oder normale), dünn geschnitten
- 1 Stange Sellerie, dünn geschnitten
- 2 Knoblauchzehen, gehackt
- 340 g alte Sorte Kartoffeln, in 0,5 cm große Würfel geschnitten
- 6 Tassen Gemüsebrühe (Seite 68 oder gekauft)
- 2 Tassen frische oder gefrorene Erbsen
- 1 EL frischer Zitronensaft
- ¾ Tasse Petersilie, gehackt
- Meersalz
- 2 kleine Rettiche, dünn geschnitten
- ¼ Tasse Hanfsamen-Parmesan (Seite 221) oder geröstete Pinienkerne

Das Olivenöl in einem schweren Topf auf mittlerer Hitze erwärmen. Den Porree für 2 Minuten anbraten. Karotten, Sellerie und Knoblauch hinzufügen und für 5 Minuten mitbraten, dabei gelegentlich umrühren. Dann die Kartoffeln und die Brühe einrühren. Auf hoher Hitze zum Kochen bringen, abdecken und auf mittlere Hitze reduzieren. Abgedeckt für ca. 15 bis 20 Minuten, oder bis die Kartoffeln weich sind, köcheln lassen. Den Deckel entfernen und Erbsen, Zitronensaft und ½ Tasse Petersilie hinzugeben. Für 2 Minuten oder bis die Erbsen hellgrün und zart sind, köcheln lassen. Den Topf vom Herd nehmen und mit etwas Salz abschmecken. Zum Servieren in Schalen füllen, mit etwas Olivenöl beträufeln und großzügig mit Petersilie und Hanfsamen-Parmesan oder gerösteten Pinienkernen bestreuen.

SUPERFOOD-EXTRA: Für eine Extraportion Eiweiß können Sie ½ Tasse ungekochte Quinoa in die Brühe geben, während die Kartoffeln garen.

KOKOSNUSS-CURRY-SUPPE

Es gibt keinen Grund, den Lieferservice zu rufen, wenn Sie Appetit auf ein Curry bekommen. Machen Sie doch selbst eins! Das hier ist einfach unwiderstehlich.

ERGIBT 8 TASSEN / 4–6 PORTIONEN

- 2 EL Kokosöl
- 2 Schalotten, dünn geschnitten
- Meersalz
- ⅓ Tasse geraspelte Kokosnuss (ungesüßt)
- 2 Knoblauchzehen, gehackt
- 1 EL Ingwerwurzel, frisch gerieben
- 1 EL rote Thai-Currypaste
- 1 TL Currypulver
- ½ TL Koriandersamen, gemahlen
- ½ TL Kurkuma, gemahlen
- 6 Tassen Misobrühe (Seite 71 oder gekauft)
- 1 EL Dulseflocken
- ½ Tasse Karotten, fein geschnitten
- 1 ½ Tassen Kichererbsen (Seite 21 oder 400-g-Dose)
- 3 Tassen Brokkoliröschen, geschnitten
- 1 Dose vollfette Kokosmilch
- 1 EL Tamarisauce
- 2 EL Kokosblütenzucker
- 1 Tasse Zuckerschoten
- 3 Tassen Babyspinat
- ⅓ Tasse Korianderblätter, geschnitten
- Limettenviertel, als Garnierung

Einen Teller mit einem Küchentuch auslegen und zur Seite stellen. 1 EL Kokosöl in einem schweren Topf auf mittlerer Hitze erwärmen. Die Schalotten hinzufügen und für 4 bis 5 Minuten unter häufigem Rühren karamellisieren. Die Kokosflocken hinzufügen, 1 Prise Salz zugeben und für 2 bis 3 Minuten unter ständigem Rühren mitbraten, bis die Kokosnussflocken leicht gebräunt sind. Den Pfanneninhalt auf das vorbereitete Tuch geben.

Die Pfanne erneut mit dem restlichen Kokosöl auf mittlerer Hitze erwärmen. Knoblauch, Ingwer, Currypaste, Currypulver, Koriandersamen und Kurkuma für 30 Sekunden unter Rühren anschwitzen. Misobrühe, Dulseflocken, Karotten und die Kichererbsen hinzufügen und zum Kochen bringen. Die Hitze reduzieren und alles für 5 Minuten abgedeckt köcheln lassen. Brokkoli, Kokosmilch, Tamarisauce und den Kokosblütenzucker dazugeben und unabgedeckt für 5 Minuten kochen lassen. Dann die Zuckerschoten, Spinat und die Korianderblätter mitkochen, bis der Spinat in sich zusammengefallen ist – ca. 1 Minute. Die Suppe vom Herd nehmen, in Schalen füllen und mit frischen Schalotten und Limettenvierteln garniert servieren.

Variante: *Für noch mehr Eiweiß 2 Tassen gewürfelten festen Tofu zusammen mit den Kichererbsen zur Suppe geben. Oder aber Sie servieren das Curry mit einer Beilage aus Quinoa oder schwarzem Reis.*

SOMMERKÜRBISSUPPE MIT WASABI-AVOCADO-CREME

Es begab sich einmal vor langer Zeit, als ich noch auf dem College war, dass ich ein kleines Studio für meine kreative Kunst und mein Handwerk hatte. Mein Geld wanderte größtenteils in die Utensilien für meine Kunst, und ich kreierte der Welt kleinsten „geheimen Garten", um mir meinen (ansonsten sehr kostspieligen) gesunden Lebenswandel zu ermöglichen. Ich hatte Glück – mein kleines Stückchen Garten besaß sehr guten Erdboden, und die Pflanzen wuchsen hervorragend. Nach dem ersten Sommer entwickelte ich mich zur Zucchinispezialistin. Diese Suppe ähnelt einem Rezept aus dieser Zeit – ich liebe es noch immer! Es ist leicht vorzubereiten, der cremige Avocadodip verschmilzt mit der Suppe und macht sie wohlbalanciert und verführerisch.

ERGIBT 6 TASSEN / 4 PORTIONEN

- 4 ½ Tassen Misobrühe (Seite 71 oder gekauft)
- 1 ½ TL Wasabipaste
- 1 große Avocado (Sorte Hass), entsteint und geschält
- ¼ TL Meersalz
- 500 g Sommerkürbis oder gelbe Zucchini
- 1 EL Olivenöl
- ½ gelbe Zwiebel, fein gewürfelt
- 1 Tasse Naturreis, gekocht
- 1 ½ Tassen weiße Bohnen (Seite 21 oder 400-g-Dose, abgetropft)
- 2 EL Dulseflocken
- 1 EL gerösteter schwarzer Sesam
- ¼ Tasse Keimpflanzen, als Garnierung (optional)

Vermengen Sie in einem Mixer ½ Tasse der Brühe mit der Wasabipaste, der Avocado und dem Salz. Geschmeidig pürieren.

Mit einem Spiralschneider den Sommerkürbis oder die Zucchini in Nudeln schneiden. Alternativ in dünne Stifte schneiden.

Erwärmen Sie in einem schweren Topf das Olivenöl auf mittlerer Hitze. Die Zwiebel für 7 bis 8 Minuten karamellisieren. Die Zucchininudeln einrühren und 2 Minuten mitbraten. Reis, Bohnen und Dulseflocken sowie die verbliebenen Tassen Brühe hinzufügen und alles für 5 Minuten kochen lassen. Zum Servieren die Suppe in Schalen füllen und etwas von der Avocadocreme darübergeben. Mit ein paar schwarzen Sesamsamen und falls Sie mögen mit ein paar Keimlingen dekorieren.

SUPERFOOD-EXTRA: Geben Sie ½ TL Spirulina zu der Avocadocreme, um die abwehrstärkende Kraft der Suppe zu verbessern.

GERÖSTETE-WURZELN-EMMER-SUPPE MIT APFELSALAT

Während der Übergangszeit zwischen Winter und Frühling koche ich noch viel Warmes, strecke meine Fühler aber auch schon nach Kühlerem aus – es fühlt sich ungefähr so an, wie in Sandalen kombiniert mit dickem Pullover rauszugehen. Diese Suppe enthält eine Auswahl an gerösteten Wurzeln und Knollen, frisch gemachte Brühe und ein knackiges rohes Topping – die kulinarische Entsprechung zum Erwachen der Natur.

ERGIBT 6 TASSEN / 4 PORTIONEN

- 1 große gelbe Zwiebel, geviertelt (ungeschält)
- 1 mittelgroßer roter Apfel, entkernt und fein geschnitten
- 2 Stangen Sellerie, in Achtel geschnitten
- 2 große Knoblauchzehen, zerdrückt (ungeschält)
- 2 TL schwarze Pfefferkörner
- 2 TL Senfkörner
- 2 Lorbeerblätter
- ½ Bund frische Petersilie
- 2 mittelgroße Fenchelknollen, gewürfelt, Stiele zur Seite legen
- Meersalz und schwarzer Pfeffer, gemahlen
- 14 Tassen Wasser
- 1 Tasse Emmer
- 4 Karotten, gewürfelt
- 2 EL Olivenöl
- 3 Tassen Rettich (Sorte nach Wahl), in mundgerechte Stücke geschnitten
- Apfelsalat (Rezept Seite 220)
- ¼ Tasse Walnüsse, gehackt

Den Ofen auf 205 °C vorheizen.

Zwiebel, Apfel, Sellerie, Knoblauch, schwarze Pfefferkörner, Senfkörner, Lorbeerblätter, Petersilie und 1 Tasse Fenchel sowie alle Fenchelstiele in einen großen Topf geben. ½ TL Salz dazugeben und das Wasser angießen. Auf hoher Hitze zum Kochen bringen, die Hitze reduzieren und alles für 20 Minuten köcheln lassen.

Die Brühe abgießen und auffangen – Sie erhalten ca. 8 Tassen Brühe. Zurück in den Topf gießen und den Emmer hineingeben. Erneut zum Kochen bringen und für 30 Minuten auf mittlerer Hitze köcheln lassen, bis der Emmer weich ist.

Während der Emmer kocht, die Karotten und den Rest des Fenchels in eine Schüssel füllen und 1 EL Olivenöl, ein paar Prisen Salz und ein wenig schwarzen Pfeffer vermischen. Die Mischung auf ein Blatt Backpapier legen. Als Nächstes vermengen Sie die Rettiche zusammen mit 1 EL Olivenöl und etwas Salz und Pfeffer und geben Sie sie auf ein zweites Stück Backpapier. Auf die mittlere Schiene im Ofen schieben und für 20 bis 22 Minuten backen, nach der Hälfte der Zeit das Gemüse einmal wenden. Wenn der Emmer gar ist, fügen Sie das fertige Backofengemüse dazu und köcheln es für 1 Minute mit. Falls zu viel Wasser beim Kochen verdampft ist, fügen Sie noch etwas hinzu. Schmecken Sie die Suppe ab und füllen Sie sie in Schalen. Den Apfelsalat obenauf füllen und mit einigen Walnüssen bestreuen.

DICKE SUPPEN

Dicke Suppen nähren einen wohlig und warm bis ganz tief ins Innere. Sie passen fast nicht in die Kategorie Suppe – sie besitzen eine sehr cremige Basis gepaart mit rundum gesunden Gemüsestücken. Für mich gehören sie zu den Suppen mit den meisten Erinnerungen und sind mit nostalgischen Gefühlen verbunden. Ob Sie nun einen trüben Tag durch geröstete Blumenkohlsuppe (Seite 171) aufhellen oder aber sich etwas Gutes mit einem Lila-Yamswurzel-Buchweizen-Topf (Seite 173) tun – hiermit genießen Sie zu jeder beliebigen Zeit eine Schale voller Köstlichkeit.

= SUPERFOODS

SCHÖNHEIT KNOCHENSTÄRKEND REINIGUNG/ENTGIFTUNG

HERZGESUNDHEIT IMMUNSTÄRKEND KALORIENARM PROTEIN

SCHÄLERBSEN-HANFSAMEN-SUPPE

Diese eiweißreiche Suppe steckt voller gesunder Inhaltsstoffe wie Eisen, Ballaststoffen und hirngesunden Omega-Fettsäuren. Wenn Sie sie mit Salat servieren, erhalten Sich ein leichtes, sättigendes und ausgewogenes Gericht.

ERGIBT 8 TASSEN / 6 PORTIONEN

- 2 EL Kokosöl
- 1 mittelgroße gelbe Zwiebel, gewürfelt
- 4 große Knoblauchzehen, fein gehackt
- 2 Karotten, fein geschnitten
- 2 Stangen Sellerie, fein geschnitten
- 2 Lorbeerblätter
- 1 ½ Tassen grüne Schälerbsen
- 3 EL gelbe Misopaste
- 8 Tassen Wasser
- ⅓ Tasse rohe Walnüsse, fein gehackt
- ½ Tasse Hanfsamen
- Meersalz und schwarzer Pfeffer, gemahlen

Erwärmen Sie das Kokosöl in einem großen Topf auf mittlerer Hitze. Braten Sie die Zwiebel für 2 Minuten an. Dann auch Knoblauch, Karotten und Sellerie für 3 bis 4 Minuten anbraten. Lorbeerblätter, Erbsen, Misopaste und Wasser hinzufügen und gut verrühren. Abdecken und zum Kochen bringen. Reduzieren Sie die Hitze und lassen Sie die Suppe unter gelegentlichem Rühren für 50 bis 60 Minuten köcheln. Fügen Sie die Walnüsse und die Hanfsamen dazu und würzen Sie mit Salz und Pfeffer. Servieren Sie die Suppe warm und garnieren Sie sie mit frisch gemahlenem Pfeffer.

ARTISCHOCKENSUPPE

Wenn Sie eingelegte Artischockenherzen aus dem Glas verwenden, wird das Rezept ein absolutes Highlight. (Eingelegte Artischocken aus dem Glas schmecken weit besser als die aus der Dose.) Achten Sie nur darauf, dass sie in Wasser und nicht in Öl eingelegt sind. Artischocken ergeben dank ihrer sämigen Konsistenz eine tolle Basis für dicke Suppen.

ERGIBT 6 TASSEN / 4 PORTIONEN

- 3 Stangen Sellerie
- 1 EL Olivenöl
- 1 EL Balsamicoessig
- Meersalz und schwarzer Pfeffer, gemahlen
- 6 Tassen Misobrühe (Seite 71 oder gekauft)
- 1 EL Dulseflocken
- ½ Tasse rohe Cashewkerne
- 2 EL Hanfsamen
- 1 EL Kokosöl
- 2 Schalotten, gehackt (½ Tasse)
- 2 Knoblauchzehen, gehackt
- 1½ Tassen gedämpfte Artischockenherzen (oder 1 ca. 400-g-Dose, in Wasser eingelegt, abgetropft), geschnitten*
- 1 EL Cordycepspulver
- 2 EL Pfeilwurzpulver
- 1 EL frischer Zitronensaft

* Falls Sie frische Artischocken für dieses Rezept dämpfen, brauchen Sie ca. 4 bis 6 Stück, abhängig von ihrer Größe.

Falls der Stangensellerie Blätter hat, zupfen Sie sie ab und legen Sie sie als Garnierung beiseite.

Schneiden Sie 2 Selleriestangen klein und legen Sie auch die zur Seite. Die restlichen Selleriestangen klein hacken und mit dem Olivenöl, dem Balsamicoessig, ¼ TL Salz und ¼ TL schwarzem Pfeffer in einer kleinen Schale vermengen und beiseite stellen.

1 Tasse der Brühe, Dulseflocken, Cashews und Hanfsamen in einen Mixer geben und geschmeidig pürieren. Belassen Sie die Mischung im Mixer, während Sie mit dem Rezept fortfahren.

Das Kokosöl in einem schweren Topf auf mittlerer Hitze erwärmen. Fügen Sie die zurückgehaltenen geschnittenen Selleriestangen, Schalotten und Knoblauch dazu. Für 5 Minuten braten. Gießen Sie die verbliebenen 5 Tassen Brühe, die Artischockenherzen und das Cordycepspulver dazu. Auf starker Hitze zum Kochen bringen, die Hitze reduzieren und alles für 10 Minuten köcheln lassen. Die Suppe in den Mixer zur Cashewmischung geben und einen kurzen Impuls lang pürieren – ein bisschen Konsistenz der Zutaten sollte erhalten bleiben. Zurück in den Topf gießen und für weitere 3 Minuten kochen lassen. Vom Herd nehmen und den Zitronensaft einrühren. Nach Wunsch abschmecken. Die Suppe in Schalen füllen und mit der Balsamico-Sellerie-Mischung und etwas extra Balsamico servieren. Mit ein paar Sellerieblättern garnieren.

CREMIGE BROKKOLISUPPE

Diese Suppe kommt mit ihrer wärmenden Fülle sehr nah an ein traditionelles Rezept für eine cremige Käse-Brokkoli-Suppe heran. Ich serviere sie am liebsten, indem ich eine Backofenkartoffel darin ertränke und ein paar Hanfsamen oder gar etwas Hanfsamen-Parmesan (Seite 221) darüberstreue. Und schon haben Sie ein tolles Abendessen, das Sie nicht enttäuschen wird.

ERGIBT 8 TASSEN / 4 PORTIONEN

- 2 TL Kokosöl
- 1 große gelbe Zwiebel, fein geschnitten
- 2 Knoblauchzehen, gehackt
- 750 g Brokkoli, Stiel und Röschen fein geschnitten, jeweils separat
- 500 g Blumenkohl, fein geschnitten (ca. 4 Tassen)
- 8 Tassen Misobrühe (Seite 71 oder gekauft)
- 2 Tassen Wasser, plus etwas mehr, falls nötig
- ¼ Tasse Hanfsamen
- 1 EL Tahini
- ⅓ Tasse Nährhefe
- 1 TL geräuchertes Paprikapulver
- ½ TL schwarzer Pfeffer, gemahlen
- 1 EL Umeboshi-Essig

Das Kokosöl in einem schweren Topf auf mittlerer Hitze erwärmen. Zwiebel und Knoblauch für 3 bis 4 Minuten unter gelegentlichem Rühren anbraten. Rühren Sie die Brokkolistiele (nicht die Röschen) und den Blumenkohl ein und braten Sie sie für 3 Minuten mit. Brühe und Wasser angießen und die Hitzezufuhr erhöhen. Zum Kochen bringen und die Hitze reduzieren. Für 15 bis 20 Minuten köcheln lassen, bis der Blumenkohl weich ist. Vom Herd nehmen und Hanfsamen, Tahini, Nährhefe, Paprikapulver und schwarzen Pfeffer einrühren. In einen Mixer füllen, falls nötig portionsweise, und geschmeidig pürieren. Zurück in den Topf gießen und die Brokkoliröschen hinzufügen. Die Suppe zum Köcheln bringen, abdecken und für 10 bis 15 Minuten, bis die Brokkoliröschen zart sind, garen. Vom Herd nehmen und den Umeboshi-Essig einrühren. Die Hälfte der Suppe erneut in den Mixer geben und kurz pürieren – etwas Konsistenz sollte erhalten bleiben. Zur anderen Hälfte in den Topf gießen. Die Suppe sollte dick sein, aber falls Sie wünschen, können Sie sie mit etwas Wasser verdünnen. Abschmecken und warm servieren.

SUPERFOOD-EXTRA: Für noch mehr entzündungshemmende Wirkstoffe und einen Klecks gelbe Farbe geben Sie ¼ TL Kurkumapulver dazu, wenn Sie die anderen Gewürze einrühren.

AUSTERNPILZSUPPE MIT PIKANTEN KOKOSHAPPEN

Für lange Zeit war ich abhängig vom „Pilzmann" unseres Wochenmarkts – er hatte den guten Stoff. Der „gute Stoff" waren frische Austernpilze, Pfifferlinge, und und und ... Zum Glück tauchen diese tollen Sorten nach und nach auch in den Supermärkten auf, vor allem im Herbst. Austernpilze haben einen leicht meerähnlichen Geschmack und schmecken einfach grandios. Falls Sie keine Austernpilze bekommen, ersetzen Sie sie durch eine andere Wildpilzsorte.

ERGIBT 8 TASSEN / 6 PORTIONEN

- 2/3 Tasse rohe Cashewkerne
- 6 Tassen Meeresgemüsebrühe (Seite 72)
- 2 EL Kokosöl
- 2 Stangen Porree, die Enden entfernt, halbiert und dünn geschnitten
- 1 mittelgroße Fenchelknolle, fein geschnitten
- 2 Stangen Sellerie, fein geschnitten
- 4 Knoblauchzehen, gehackt
- 350 g rote Kartoffeln, gewürfelt
- 1 frischer Rosmarinzweig
- 1 EL Cordycepspulver (optional)
- 180 g Austernpilze, die Enden entfernt, in große Stücke geschnitten (ca. 3 Tassen)
- ½ Tasse trockener Weißwein
- 2 TL Dulseflocken
- Meersalz und schwarzer Pfeffer, gemahlen
- ½ Tasse Kokoshappen (Seite 217)
- ¼ Tasse Petersilie, gehackt

Die Cashewkerne zusammen mit 2 Tassen der Brühe in einen Mixer geben und cremig pürieren. Zur Seite stellen. Das Kokosöl in einem schweren Topf auf mittlerer Hitze erwärmen. Den Porree für 2 Minuten anbraten, bis er hellgrün ist und beginnt, in sich zusammenzufallen. Fenchel, Sellerie und Knoblauch einrühren und 4 bis 5 Minuten braten. Kartoffeln, Rosmarin, Cordycepspulver (falls Sie es verwenden) und die restlichen 4 Tassen Brühe hinzufügen. Auf starker Hitze zum Kochen bringen, die Hitze reduzieren, abdecken und für 12 bis 15 Minuten köcheln lassen, bis die Kartoffeln weich sind. Den Rosmarinzweig entfernen.

Die Pilze und die Cashewcreme hinzufügen und alles erneut zum Köcheln bringen. Für 5 Minuten oder bis die Pilze gar sind weiterköcheln lassen. Die Dulseflocken einrühren und mit Salz und Pfeffer abschmecken. Zum Servieren in Schalen füllen und großzügig mit Kokoshappen und etwas Petersilie bestreuen.

Variante: *Falls Sie wenig Zeit haben, können Sie auch die schneller hergestellte Misobrühe (Seite 71) verwenden.*

SUPPE MIT GERÖSTETEM BLUMENKOHL

Diese heimelige Suppe spendet Ihnen viel neue Energie – dank ihrer mineralstoffreichen Zutaten wie Blumenkohl und Meeresgemüse.

ERGIBT 8 TASSEN / 4–6 PORTIONEN

- 1 mittelgroßer Blumenkohl (ca. 750 g)
- 3 EL Kokosöl
- Meersalz und schwarzer Pfeffer, gemahlen
- 1 gelbe Zwiebel, fein gewürfelt
- 4 Stangen Sellerie, fein gewürfelt
- 3 Knoblauchzehen, gehackt
- 1 EL frische Thymianblätter, gehackt
- 2 Lorbeerblätter
- 500 g festkochene Kartoffeln, zentimetergroß gewürfelt
- ⅛ TL Cayennepfeffer
- 5 Tassen Meeresgemüsebrühe (Seite 72)
- 2 EL Tahini
- 1 EL frischer Zitronensaft
- 1 EL Dulseflocken, plus etwas als Garnierung
- ¼ Tasse frischer Schnittlauch, gehackt
- ¼ Tasse geröstete Pinienkerne, als Garnierung

Den Ofen auf 205 °C vorheizen. Die harten Enden und etwaige Blätter vom Blumenkohl entfernen. Röschen und Stiel in kleine Stücke schneiden (ca. 3 cm groß). Es sollten ca. 8 Tassen sein. In eine große Schüssel geben und mit 2 EL Kokosöl, ½ TL Salz und ¼ TL gemahlenem Pfeffer vermengen. Auf ein Backblech ausbreiten und für 25 bis 28 Minuten rösten. Nach der Hälfte der Zeit einmal wenden, sodass der Blumenkohl von beiden Seiten fein karamellisiert und die ersten Teile knusprig werden. Aus dem Ofen nehmen und zum Warmhalten abdecken.

Während der Blumenkohl röstet, erwärmen Sie den restlichen EL Kokosöl in einem schweren Topf auf mittlerer Hitze. Zwiebel und Sellerie für 9 bis 10 Minuten unter gelegentlichem Rühren braten, bis sie sehr weich sind. Knoblauch, Thymian und Lorbeerblätter dazugeben und 1 Minute mitbraten. Dann Kartoffeln, Cayennepfeffer, Brühe und je ¼ TL Salz und Pfeffer hinzufügen. Auf hoher Hitze zum Kochen bringen, dann die Hitze reduzieren, den Topf teilweise abdecken und alles für 15 Minuten köcheln lassen. Die Hitze klein stellen und die Lorbeerblätter entfernen.

2 Tassen der Suppe in einen Mixer füllen, Tahini und Zitronensaft dazugeben und geschmeidig pürieren. Die Mischung zurück in den Topf gießen und die Dulseflocken, 2 TL Schnittlauch und den gerösteten Blumenkohl dazugeben. Erwärmen Sie die Zutaten auf niedriger Hitze für 2 Minuten. Abschmecken und großzügig mit Pinienkernen, Schnittlauch, Dulseflocken und frisch gemahlenem Pfeffer servieren.

INKA-SUPPE

Amaranth, Chia, Mais, Bohnen und Kartoffeln waren die Grundfesten der Ernährung in der traditionellen Inkakultur. Und daran gemessen, wie gut diese feinen Zutaten in der Suppe zusammenpassen, wusste das antike Volk, was es heißt, lecker zu essen! Sie können diese Suppe direkt nach dem Zubereiten löffeln – sie wird aber noch besser, wenn Sie sie etwas ziehen lassen.

ERGIBT CA. 7 TASSEN / 4 PORTIONEN

- 1 EL Kokosöl
- 1 Stange Porree, halbiert und dünn geschnitten
- 1 Knoblauchzehen, gehackt
- 1 getrocknete Chili de árbol oder 1/8 TL Cayennepfeffer
- 1 Lorbeerblatt
- 250 g festkochende Kartoffeln, zentimetergroß gewürfelt
- 1/3 Tasse Amaranth
- 4 Tassen Gemüsebrühe (Seite 68 oder gekauft)
- 1 TL Paprikapulver
- ¼ TL Zimt, gemahlen
- Meersalz und schwarzer Pfeffer, gemahlen
- Maiskörner von 2 Kolben (1 ½ Tassen)
- 1 ½ Tassen gekochte Pintobohnen (Seite 21 oder 400-g-Dose, abgetropft)
- 2 EL Chiasamen
- 2 EL frischer Zitronensaft
- 1 EL Ahornsirup
- 4 Frühlingszwiebeln, weiße und hellgrüne Teile, dünn geschnitten
- 2 EL Kürbiskerne (optional)

Das Kokosöl in einem schweren Topf auf mittlerer Hitze erwärmen. Den Porree für 3 Minuten unter häufigem Rühren anschwitzen. Knoblauch, die fein zerkrümelte Chilischote und das Lorbeerblatt einrühren und 1 Minuten mitbraten. Kartoffeln, Amaranth, Brühe, Paprikapulver, Zimt und je ¼ TL Salz und Pfeffer hinzufügen. Auf hoher Hitze zum Kochen bringen, die Hitze reduzieren und abgedeckt für 15 Minuten köcheln lassen. Bohnen, Chiasamen, Zitronensaft, Ahornsirup und die Frühlingszwiebeln dazugeben und für 5 Minuten mitköcheln lassen. Vom Herd nehmen und für 5 Minuten ziehen lassen, damit der Amaranth und die Chiasamen ausquellen können. Das Lorbeerblatt entfernen und die Suppe abschmecken. Warm und mit gehackten Kürbiskernen garniert servieren.

WOHLFÜHLWISSEN: Die Inkas kultivierten mehr als 40 Arten der Kartoffel in den verschiedensten Farben. Heute gehört die Kartoffel zu den beliebtesten Gemüsen der Welt! Sie ist mehr als nur ein Lebensmittel zum Wohlfühlen, bietet sie doch eine gute Quelle für Vitamin C und andere wichtige Nährstoffe. (Eine mittelgroße Kartoffel besitzt ungefähr die Hälfte unseres Tagebedarfs, zudem Eisen und Kalium … und sie hat erstaunlich wenig Kalorien.)

LILA-YAMSWURZEL-BUCHWEIZEN-TOPF

Frühstück, Mittagessen, Abendbrot, Mitternachtssnack – diese leicht süßliche dicke Suppe lässt mich stets nach einer zweiten Portion greifen. Erdig und nussig schmeckt der Buchweizen – die zum Kochen gut geeigneten groben Stücke werden als Buchweizengrütze verkauft (Bezugsquellen siehe Seite 227). Er passt hervorragend zu Kürbisgewächsen und Kartoffeln oder, wie in diesem Rezept, zur japanischen lilafarbenen Yamswurzel. Geröstet schmeckt diese Wurzel fast wie eine Süßigkeit und hat einen außerordentlich hohen Anteil an Antioxidanzien, ganz zu schweigen von ihrer tollen Farbe. Sollte diese Sorte nicht erhältlich sein, können Sie die reguläre Yamswurzel oder Süßkartoffeln verwenden.

ERGIBT 4 PORTIONEN

- 1 EL Kokosöl
- 500 g japanische lila Yamswurzeln (ca. 2 mittelgroße), geschält und in ca. 1 ½ große Würfel geschnitten
- Meersalz und schwarzer Pfeffer, gemahlen
- 1 Tasse Buchweizengrütze
- 5 Tassen ungesüßter Mandeldrink
- 1 Zimtstange
- 1 EL Kokosblütenzucker, plus etwas als Garnierung
- 2 TL Chiasamen
- ¼ Tasse Haselnüsse, gehackt
- ¼ Tasse ungesüßte Kokosnussflocken

Heizen Sie den Ofen auf 205 °C vor. Geben Sie das Kokosöl auf ein Backblech und lassen Sie es für 2 bis 3 Minuten im Ofen schmelzen. Nehmen Sie das Backblech aus dem Ofen und verteilen Sie die Yamswurzeln mit ½ TL Salz und großzügig mit Pfeffer bestreut. Gut verteilen und mit Aluminiumfolie abgedeckt für 10 Minuten backen. Die Aluminiumfolie entfernen, die Yamswurzeln gut durchmischen, erneut abdecken und in den Ofen geben. Für weitere 5 bis 10 Minuten, oder bis die Yamswurzeln gar und alle Enden gleichmäßig karamellisiert sind, backen.

Während die Yamswurzeln backen, geben Sie Buchweizengrütze, Mandeldrink, Zimtstange und 1 Prise Salz in einen großen Topf. (Die Mischung wird während des Kochvorgangs stark aufquellen.) Auf hoher Hitze zum Kochen bringen und dabei darauf achten, dass der Mandeldrink nicht überkocht. Die Hitze reduzieren, fast völlig mit einem Deckel abdecken und für 10 Minuten köcheln lassen. Vom Herd nehmen und die Zimtstange entfernen. 1 EL Kokosblütenzucker einrühren und bis zum Servieren warm halten.

Zum Servieren in Schalen füllen und die gerösteten Yamswurzeln obenauf geben. Mit etwas Kokosblütenzucker, Chiasamen, Haselnüssen und Kokosnussflocken bestreuen.

SORGUMHIRSE-MAIS-SUPPE

Sorgumhirse und Mais sind wie füreinander gemacht – wie ein Topf mit passendem Deckel –, und ihr Geschmack und ihre Konsistenz ergänzen sich hervorragend in diesem köstlichen Südweststaaten-Rezept. Es ergibt eine große Menge; falls Sie glauben, dass Sie die Suppe nicht innerhalb weniger Tage aufessen können, kann man sie auch gut einfrieren.

ERGIBT 10 TASSEN / 6–8 PORTIONEN

- 3 Maiskolben, von den Blättern befreit
- 1 ¼ Tassen Sorgumhirse
- 1 Lorbeerblatt
- 11 Tassen Wasser
- Meersalz und schwarzer Pfeffer, gemahlen
- 2 EL Kokosöl
- ½ mittelgroße gelbe Zwiebel, fein geschnitten
- 4 große Knoblauchzehen, gehackt
- 1 längliche rote Paprikaschote, entkernt und gehackt
- 250 g Zucchini, ½ cm groß gewürfelt
- 250 g rote Kartoffeln, ½ cm groß gewürfelt
- ¼ TL Cayennepfeffer
- ½ Tasse rohe Cashewkerne
- 1 EL gelbe Misopaste
- 2 EL Pfeilwurzpulver
- 2 EL frischer Zitronensaft
- ½ Tasse frische Korianderblätter, gehackt

Lösen Sie die Körner von den Maiskolben und stellen Sie sie in einer Schale beiseite (ca. 2 ¼ Tassen). Die Maiskolben in einen schweren Topf zusammen mit Sorgumhirse und dem Lorbeerblatt und 10 Tassen Wasser geben. Zum Kochen bringen, die Hitze reduzieren und alles für 45 Minuten köcheln lassen. Die Kolben und das Lorbeerblatt entfernen und ¾ TL Salz einrühren. Füllen Sie die Hirsebrühe in eine große Schale.

Den Topf erneut auf den Herd stellen und das Kokosöl auf mittlerer Hitze erwärmen. Wenn das Öl heiß ist, Zwiebel für 5 Minuten anschwitzen. Knoblauch und Paprika unter ständigem Rühren 2 Minuten mitbraten. Die Zucchini und die Maiskörner hinzufügen. Mit je 1 Prise Salz und Pfeffer für 5 Minuten braten, gelegentlich umrühren. Die Kartoffeln, den Cayennepfeffer und die Hirsebrühe dazugeben. Auf hoher Hitze zum Kochen bringen, die Hitze reduzieren und die Suppe auf mittlerer Hitze köcheln lassen, bis die Kartoffeln weich sind.

Cashewkerne, Misopaste, Pfeilwurz und 1 Tasse Wasser in einem Mixer geschmeidig pürieren und zur Suppe geben. Die Suppe zum Kochen bringen und für 5 Minuten kochen lassen, damit das Pfeilwurzpulver ausdicken kann. Vom Herd nehmen und den Zitronensaft und ¼ Tasse Korianderblätter einrühren. Mit Salz und Pfeffer abschmecken. In Servierschüsseln füllen und mit Korianderblättern garnieren.

ROTE-LINSEN-CHIA-TOPF MIT HAUCHDÜNNEM RADICCHIO

Schnappen Sie sich Ihre gemütlichste Hose und versinken Sie in einer Schüssel dieser wahrlichen Köstlichkeit! Voller Eiweiß und leicht herzustellen, ist sie ein echtes Aushängeschild für herzhafte Suppen.

ERGIBT 4 PORTIONEN

- 1 EL Olivenöl
- 1 mittelgroße gelbe Zwiebel, fein geschnitten
- 1 Karotte, fein geschnitten
- 4 Knoblauchzehen, gehackt
- ½ Tasse getrocknete rote Linsen
- ½ Tasse Quinoa
- 2 TL Kreuzkümmel, gemahlen
- 1 TL Kurkuma, gemahlen
- 1 Prise Cayennepfeffer
- 6 Tassen Gemüsebrühe (Seite 68 oder gekauft)
- Meersalz und schwarzer Pfeffer, gemahlen
- 3 EL frischer Zitronensaft
- 2 EL Chiasamen
- ½ schmaler Kopf Radicchio, hauchdünn geschnitten mit einem Spiralschneider
- 2 EL frisch gehackte Petersilien- oder Korianderblätter als Garnierung

Das Olivenöl in einem schweren Topf auf mittlerer Hitze erwärmen. Zwiebel, Karotte und Knoblauch hinzufügen. Unter gelegentlichem Rühren für 5 Minuten anbraten, bis die Zwiebel glasig wird. Linsen, Quinoa, Kreuzkümmel, Kurkuma und Cayennepfeffer einrühren. Dann die Brühe und ¼ TL Pfeffer dazugeben und die Hitzezufuhr erhöhen. Zum Kochen bringen, die Hitze reduzieren und alles für 20 Minuten köcheln lassen, bis die Linsen breiartig sind und die Quinoa weich gekocht ist.

Vom Herd nehmen und den Zitronensaft und die Chiasamen einrühren. Sie können die Suppe so stückig lassen oder sie teilweise (oder auch komplett) pürieren, um eine breiähnlichere Konsistenz zu erhalten. Schmecken Sie die Suppe mit Salz und Pfeffer ab. In Schalen füllen und mit Radicchio und etwas frischen Petersilien- bzw. Korianderblättern garnieren.

ZA'ATAR-AMARANTH-TOPF

Amaranth sorgt für eine breiähnliche Konsistenz dieser Suppe. Sie kommt mit zartweichen Kartoffeln, süßem Mais, herzhaften Kichererbsen und würziger Rucola daher. Der wahre Held dieses Rezepts ist die Za'atar-Gewürzmischung (Seite 211), die dieser bescheidenen Suppe mit ihrem herben Geschmack zu neuen Höhen verhilft.

ERGIBT 6 TASSEN / 4 PORTIONEN

- 1 EL Olivenöl
- ½ gelbe Zwiebel, fein geschnitten
- 2 Knoblauchzehen, gehackt
- 1 mittelgroße mehligkochene Kartoffel, geschält und zentimetergroß gewürfelt
- 1 EL plus 1 TL Za'atar-Gewürzmischung (Seite 211)
- ¾ Tasse Amaranth
- 4 Tassen Gemüsebrühe (Seite 68 oder gekauft)
- 1 ½ Tassen gekochte Kichererbsen (Seite 21 oder 400-g-Dose, abgetropft)
- 1 Tasse gefrorene Maiskörner, aufgetaut
- 1 EL frischer Zitronensaft
- 3 Tassen Babyrucola
- Meersalz und schwarzer Pfeffer, gemahlen
- 2 EL Tahini
- Gewürz-Sumachpulver als Garnierung (optional)

Das Kokosöl in einem schweren Topf auf mittlerer Hitze erwärmen. Zwiebel und Knoblauch für 5 Minuten unter gelegentlichem Rühren glasig anbraten. Die Kartoffel, 1 TL Za'atar und Amaranth hinzufügen und für 1 Minute unter ständigem Rühren mitbraten. Die Brühe dazugießen und die Hitzezufuhr erhöhen. Zum Kochen bringen, abdecken und die Hitze reduzieren. Für 15 Minuten köcheln lassen. Die Kichererbsen und die Maiskörner einrühren. Ohne Deckel für 10 Minuten weiterköcheln lassen. Vom Herd nehmen, Zitronensaft und Rucola dazugeben. Rucola in sich zusammenfallen lassen.

Unmittelbar vor dem Servieren in einer kleinen Schale die Tahinipaste mit 1 TL Za'atar vermischen. Ein bisschen Wasser (beginnen Sie mit ein paar TL) dazugeben, sodass eine schöne Sauce entsteht, die man gut über die Suppe träufeln kann. Abschmecken und in Schalen füllen. Mit etwas Tahinisauce beträufeln und großzügig mit Gewürz-Sumach bestreuen.

GRÜNKERNTOPF MIT SHIITAKES UND GRÜNKOHL

Hier präsentiere ich Ihnen ein neues Superfood-Abendessen für jeden Tag der Woche. Falls Sie Zeitmangel haben, können Sie den Grünkern schon ein paar Tage im Voraus kochen und ihn dann in etwas Brühe erwärmen, während Sie das Pilz-Grünkohl-Topping für dieses leckere Gericht zubereiten. Voilà! Abendessen in 15 Minuten fertig!

ERGIBT 4 PORTIONEN

- 5 Tassen Pilzbrühe (Seite 70 oder gekauft), plus etwas mehr, falls nötig
- 1 Tasse Grünkern
- 2 EL Tamarisauce
- 3 EL Olivenöl
- 2 große Knoblauchzehen, gehackt
- 6 große Grünkohlblätter, Stiele entfernt und fein geschnitten
- Meersalz und schwarzer Pfeffer, gemahlen
- 1 Tasse Schalotten, fein geschnitten
- 225 g Shiitakes, dünn geschnitten (ca. 6 Tassen)
- 2 EL Apfelessig
- ¼ Tasse Hanfsamen
- 2 Radieschen, dünn gehobelt

In einer mittelgroßen Kasserolle den Grünkern mit 4 Tassen Brühe auf mittlerer Hitze zum Kochen bringen. Abdecken und die Hitze reduzieren. Für 30 Minuten ohne Rühren sehr leicht köcheln lassen. Vom Herd nehmen und für weitere 15 Minuten quellen lassen.

1 Tasse des gekochten Grünkerns (die Masse sollte noch recht flüssig sein) mit der restlichen Tasse Brühe in einen Mixer geben. Geschmeidig pürieren und dann zusammen mit der Tamarisauce zurück zum Rest des Breis füllen. Auf niedrigster Stufe warm halten und falls nötig etwas weitere Brühe hinzufügen: Der Brei sollte eine dicke Konsistenz haben.

Erwärmen Sie 1 EL Olivenöl in einer großen Kasserolle. Den Knoblauch für 30 Sekunden anbraten. Den Grünkohl mit 1 Prise Salz einrühren. Unter ständigem Rühren kochen, bis der Grünkohl hellgrün und in sich zusammengefallen ist. Die Mischung in ein Behältnis füllen und warm halten. Die Kasserolle erneut auf den Herd stellen und die restlichen 2 EL Olivenöl erwärmen. Darin die Schalotten für 2 Minuten unter häufigem Rühren anbraten. Die Pilze und 1 Prise Salz und Pfeffer hinzufügen. Dann den Apfelessig dazugeben und unter ständigem Rühren die Pilze für 3 bis 4 Minuten anbraten, bis sie schön weich sind. Vom Herd nehmen. Füllen Sie den Brei in Schalen und servieren Sie ihn mit einer Schicht Pilze und Grünkohl. Als Garnierung einige Hanfsamen und Radieschen darüberstreuen.

QUINOATOPF MIT KURKUMA-WALNUSS

Das nenne ich mal schnell ein Gericht zaubern! Tatsächlich, diese leckere, wärmende, entzündungshemmende und eiweißreiche Suppe entsteht in 5 Minuten. Wenn Sie dann genauso süchtig sind wie ich, probieren Sie die unten stehenden Variationen aus. Diese dicke Suppe ist ein tolles Abendessen oder schnelles Mittagessen – genauso gut schmeckt sie aber auch als warmer Start in den Tag am Morgen, falls Sie ein herzhaftes Frühstück ebenso lieben wie ich.

ERGIBT 5 TASSEN / 4 PORTIONEN

- 4 Tassen Gemüsebrühe (Seite 68 oder gekauft)
- ½ TL Kurkuma, gemahlen
- 1 Tasse Quinoaflocken
- 1 ½ Tassen Babyspinat, fein geschnitten
- 1 EL Kokosöl
- 1 ½ EL Nährhefe
- 1 ½ EL Tamarisauce
- ¼ Tasse Walnüsse, gehackt
- ⅛ TL schwarzer Pfeffer, gemahlen
- 3 EL Hanfsamen

In einer mittelgroßen Kasserolle die Brühe mit dem Kurkuma aufkochen. Die Quinoaflocken einrühren und für 90 Sekunden unter Rühren kochen lassen. Vom Herd nehmen und Spinat, Kokosöl, Nährhefe, Tamarisauce, Walnüsse, gemahlenen schwarzen Pfeffer und 2 EL Hanfsamen hinzufügen. Für 1 Minute ziehen lassen und dann zum Servieren in Schalen füllen. Mit 1 EL Hanfsamen garnieren.

Varianten: *Diese Suppe passt wirklich optimal zu allem. Sie können zum Beispiel eine der tollen Superfood-Saucen einrühren. Ob nun das Chiapesto (Seite 212), grünes Harissa (Seite 213) oder Goji-Harissa (Seite 214) – sie alle passen hervorragend und bringen dieses Gericht zum Strahlen. Oder aber Sie rühren eine Handvoll fein gehacktes grünes Blattgemüse ein und dazu Ihre Lieblingssamen und -nüsse, um der Suppe Ihre ganz persönliche Note zu geben.*

KITCHARI

Kitchari, eine bekannte Mischung aus der ayurvedischen Medizin, beinhaltet normalerweise Stärkehaltiges (in Form von Getreide) und Eiweißreiches (in Form von Hülsenfrüchten). Dieses Rezept ist darauf ausgelegt, dem Körper in mannigfaltiger Weise gut zu tun: Es entgiftet, entspannt die Verdauung, hilft, das Gewicht in Balance zu halten, und erleichtert die Erholung nach einer Krankheit. Unabhängig davon, wie Sie dieses tolle Gericht genießen, eines ist sicher: Dies ist die ultimative Wohlfühlsuppe!

ERGIBT 7 TASSEN / 4 PORTIONEN

- 2 EL Kokosöl
- 1 TL Kreuzkümmel, gemahlen
- 1 TL Fenchelsamen, gemahlen
- 1 TL schwarze Senfsamen
- 1 Tasse Langkorn-Naturreis
- ½ Tasse gelbe Schälerbsen
- 1 TL Koriandersamen, gemahlen
- ½ TL Kurkuma, gemahlen
- 1 TL frische Ingwerwurzel, gerieben
- 6 Tassen Wasser
- 1 großer Streifen Kombu, 5 x 10 cm
- 1 El Chagapulver (optional)
- Meersalz
- 1 Tasse Karotten, fein geschnitten
- 2 Tassen Blumenkohl, fein geschnitten
- 4 mittelgroße Mangoldblätter, fein geschnitten, Stiele fein geschnitten und separat bereitgestellt
- ¼ Tasse Korianderblätter, gehackt (optional)·

Das Kokosöl in einem schweren Topf auf mittlerer Hitze erwärmen. Wenn es heiß ist, Kreuzkümmel, Fenchel und Senfsamen dazugeben. Unter Rühren anbraten, bis die Senfsamen zu knacken beginnen und die Gewürze ihre Aromen verströmen – ca. 2 bis 3 Minuten. Rühren Sie Reis, Schälerbsen, Koriandersamen, Kurkuma und Ingwer ein und braten Sie sie für 1 Minute unter ständigem Rühren mit, ohne dass die Gewürze anbrennen. 6 Tassen Wasser dazugießen, den Streifen Kombu und, falls Sie es verwenden, das Chagapulver sowie 1¼ TL Salz dazugeben. Auf hoher Hitze zum Kochen bringen, abdecken und bei niedriger Hitze für 30 Minuten köcheln lassen.

Karotten, Blumenkohl und die Mangoldstiele dazugeben. Geben Sie, falls nötig, noch etwas Wasser dazu. Den Topf abdecken und alles für weitere 30 Minuten kochen oder so lange, bis Gemüse, Reis und Erbsen sehr weich sind. Mangoldblätter einrühren und abschmecken. Vom Herd nehmen und ziehen lassen, bis die Blätter weich sind. Servieren Sie die Suppe mit gehackten Korianderblättern.

Variante: *Kitchari ist sehr flexibel herzustellen, sowohl bei der Wahl der Zutaten als auch bei der Konsistenz. Sie können von 2 bis zu 6 Tassen Gemüse Ihrer Wahl verwenden, zum Beispiel Zucchini und grüne Bohnen. Sie können sogar den Reis durch ein andere stärkehaltige Zutat austauschen und die Erbsen durch eine andere Hülsenfrucht.*

EINTÖPFE & CHILIS

Auch wenn der Unterschied zwischen herzhaften stückigen Suppen und einem Eintopf oder einem Chili marginal erscheint, so ist doch eine Sache klar: Wie auch immer Sie es nennen, diese Art von Rezepten sind der Inbegriff von wahrlich wohltuend. Probieren Sie sich durch die Rezepte dieses Kapitels und spüren Sie, wie enorm bereichernd und köstlich sie sind. Ausgestattet mit reichen Aromen und dem Gefühl, alles Wertvolle in einer Schüssel zu haben, werden Sie eiweißreiche Rezepte wie das Blumenkohl-Chia-Chili oder herrlich gewürzte Kreationen wie den marokkanischen Harira-Eintopf entdecken. Sobald der Topf auf dem Herd steht, gilt es, nur noch Ihrem Bauchgefühl zu folgen.

= SUPERFOODS

SCHÖNHEIT KNOCHENSTÄRKEND REINIGUNG/ENTGIFTUNG

HERZGESUNDHEIT IMMUNSTÄRKEND KALORIENARM PROTEIN

CHAMPIGNON-GERSTEN-SUPPE MIT MEERRETTICHCREME

Neben der leicht zähen, fleischähnlichen Konsistenz der Gerste und der Champignons und der Weichheit der Chiasamen (die zudem eine reiche Eiweiß- und Ballaststoffquelle sind) findet sich noch anderes Großartiges in dieser schmackhaften Suppe. Ein großzügiger Klecks der Meerrettichcreme sorgt für das gewisse Extra – als würden Sie Ihre Unterschrift mit einem Glitzerstift leisten.

ERGIBT 6 TASSEN / 4 PORTIONEN

- 1 EL Kokosöl
- ½ mittelgroße gelbe Zwiebel, fein geschnitten
- 1 Karotte, dünn geschnitten
- 1 Stange Sellerie, dünn geschnitten
- 250 g Champignons, zentimetergroß gewürfelt
- 2 Knoblauchzehen, gehackt
- 1 TL Thymianblätter
- ½ Tasse Gerste
- ¼ Tasse Chiasamen
- 6 Tassen Pilzbrühe (Seite 70 oder gekauft)
- 2 EL Tamarisauce
- ¼ Tasse Meerrettichcreme (Seite 210)
- ¼ Tasse glatte Petersilie, fein gehackt, als Garnierung

Das Kokosöl in einem schweren Topf auf mittlerer Hitze erwärmen. Zwiebel, Karotte und Sellerie für 3 bis 4 Minuten anbraten. Pilze, Knoblauch und Thymian hinzufügen und für weitere 3 bis 4 Minuten unter häufigem Rühren anbraten. Nun Gerste, Chiasamen, Brühe und Tamarisauce dazugeben. Zum Kochen bringen und dann die Hitze reduzieren. Abgedeckt für 25 bis 30 Minuten köcheln lassen, bis die Gerste gar ist. Abschmecken und warm mit einem Klecks Meerrettichcreme und frischer Petersilie servieren.

SUPERFOOD-EXTRA: Fügen Sie 1 EL Heilpilzpulver Ihrer Wahl (zum Beispiel Reishi, Cordyceps oder Chaga) beim Zugießen der Brühe hinzu.

BLUMENKOHL-CHIA-CHILI

Dieses kalorienarme Chili hat eine sehr schöne Aromatiefe dank einer besonderen Zutat: Kakao.

ERGIBT 12 TASSEN / 6 PORTIONEN

- ⅓ Tasse Chiasamen
- 1 800-g-Dose gewürfelte Tomaten
- 1 EL Chipotlepulver*
- 2 Tassen Wasser
- ½ Kopf Blumenkohl (ca. 250 g)
- 3 EL Kokosöl
- 1 gelbe Zwiebel, fein gewürfelt
- 1 grüne Paprikaschote, gewürfelt
- 2 Karotten, gewürfelt
- 4 Knoblauchzehen, gehackt
- 1 EL Chilipulver
- 1 EL Kreuzkümmel, gemahlen
- 1 EL Oregano, getrocknet
- 2 EL Kakaopulver
- 1 EL Tamarisauce
- 2 Tassen aufgetaute Maiskörner
- 1 ½ Tassen gekochte Kidneybohnen (Seite 21 oder 400-g-Dose, abgetropft)
- 1 ½ Tassen gekochte Kichererbsen (Seite 21 oder 400-g-Dose, abgetropft)
- Meersalz
- ½ Tasse Cashew-Sour-Cream (Seite 218 oder gekaufte Sour-Creaml)
- Korianderblätter, als Garnierung
- Frühlingszwiebeln, geschnitten, als Garnierung

Vermischen Sie in einer mittelgroßen Schüssel gründlich die Chiasamen, die gewürfelten Tomaten inklusive Saft, das Chipotlepulver und das Wasser. Zur Seite stellen.

Den Blumenkohl schneiden und in einen Mixer geben. Mit kurzen Impulsen auf die Größe von Reis bringen.

Das Kokosöl in einem schweren Topf auf mittlerer Hitze erwärmen. Zwiebel, Paprika, Karotten und Knoblauch für 5 Minuten unter gelegentlichem Rühren anbraten. Den gemahlenen Blumenkohl zusammen mit Chilipulver, Kreuzkümmel, Oregano, Kakaopulver und Tamarisauce dazugegeben und für weitere 3 Minuten unter ständigem Rühren braten. Geben Sie die Tomaten-Chia-Mischung, die Maiskörner, die Kidneybohnen und die Kichererbsen sowie ½ TL Salz dazu. Auf hoher Hitze zum Kochen bringen. Reduzieren Sie die Hitze dann so weit, dass die Suppe nur noch leicht köchelt. Für 45 bis 60 Minuten köcheln lassen, ab und zu umrühren, bis das Gemüse weich, aber nicht zerkocht ist. Vom Herd nehmen, abschmecken und mit einem großzügigen Klecks Sour-Cream, Korianderblättern und Frühlingszwiebeln garniert servieren.

* Ein mexikanisches, rauchig-pikantes Gewürzpulver aus geräucherten Chilischoten.

ROTE-LINSEN-KOKOSNUSS-DAL

Rote Linsen werden zu einer cremig-aromatischen Eintopfbasis, kocht man sie nur lange genug. Die perfekte Ergänzung zur Konsistenz der Chiasamen, Kichererbsen und dem Spinat.

ERGIBT 8 TASSEN / 4 PORTIONEN

- 3 EL Kokosöl
- 1 mittelgroße gelbe Zwiebel, fein gewürfelt
- 6 Knoblauchzehen, gehackt
- 2 EL Ingwerwurzel, frisch gerieben
- 1 TL Kreuzkümmelsamen
- 2 TL Garam Masala
- 1 TL Kurkuma, gemahlen
- 1 Tasse rote Linsen
- 3 EL Chiasamen
- 4 Tassen Gemüsebrühe (Seite 68 oder gekauft)
- 1 Tasse Wasser
- Meersalz und schwarzer Pfeffer, gemahlen
- 1 Dose Kokosmilch, fettreduziert (400 ml)
- 1 ½ Tassen gekochte Kichererbsen (Seite 21 oder 400-g-Dose, abgetropft)
- 2 Tassen Babyspinat
- 3 EL Zitronensaft
- ½ Tasse ungesüßter Kokosmilchjoghurt oder ein anderer pflanzlicher Joghurt, zum Servieren
- ½ TL Gewürz-Sumach, gemahlen, zum Servieren
- 2 EL Korianderblätter, zum Servieren (optional)

Das Kokosöl in einem schweren Topf auf mittlerer Hitze erwärmen. Die Zwiebel für 5 Minuten anschwitzen. Knoblauch, Ingwer, Kreuzkümmelsamen, Garam Masala und Kurkuma dazugeben und für 1 Minute unter ständigem Rühren anbraten. Die Linsen und Chiasamen dazugeben, kurz verrühren und dann die Brühe und das Wasser dazugießen. Mit je ¼ TL Salz und Pfeffer abschmecken. Die Hitzezufuhr erhöhen und alles zum Kochen bringen. Den Eintopf auf niedriger Hitze für 25 bis 30 Minuten köcheln lassen oder bis die Mischung eingedickt ist und die Linsen fast aufgelöst sind. Dabei gelegentlich umrühren. Kokosmilch, Kichererbsen und Spinat dazugeben. Erneut zum Köcheln bringen, sodass die Zutaten sich erwärmen können und der Spinat in sich zusammengefällt. Vom Herd nehmen und 2 EL Zitronensaft einrühren. Abschmecken und wam halten.

In einer kleinen Schale den Joghurt mit dem verbliebenen EL Zitronensaft und ⅛ TL Salz vermischen. Den Eintopf in Schalen füllen und mit etwas Joghurt, Gewürz-Sumach und ein paar Korianderblättern garnieren.

SUPERFOOD-EXTRA: Fügen Sie 2 EL getrocknete Gojibeeren dazu, nachdem Sie das Wasser dazugefüllt haben.

CHILI MIT WALNÜSSEN

Walnüsse und Hanfsamen geben diesem extra herzhaften Chili eine traumhafte Konsistenz.

ERGIBT 10 TASSEN / 8 PORTIONEN

- 2 Tassen rohe Walnüsse
- 2 Tassen Champignons, geschnitten
- 1 800-g-Dose gehackte Tomaten
- 1 Chili in Adobo eingelegt, plus 3 EL Adobosauce extra*
- 6 EL Gojibeeren, getrocknet
- 2 EL gelbe Misopaste
- 2 EL Tomatenmark
- 1 EL Oregano, getrocknet
- 1 EL Kreuzkümmel, gemahlen
- 4 EL Chilipulver
- 1 TL Zimt, gemahlen
- 3 EL Olivenöl
- 2 große Zwiebeln, gehackt
- 1 grüne Paprikaschote, gehackt
- 4 Knoblauchzehen, gehackt
- ¼ Tasse Hanfsamen
- 1 Tasse Rotwein
- 1 Tasse Wasser
- 1 ½ Tassen gekochte schwarze Bohnen (Seite 21 oder 400-g-Dose, abgetropft)
- 1 ½ Tassen gekochte Kidneybohnen (Seite 21 oder 400-g-Dose, abgetropft)
- 1 EL Ahornsirup
- Meersalz
- Cashew-Sour-Cream (Seite 218)
- Limettenviertel

In einem Mixer einen kurzen Impuls lang die Walnüsse zerkleinern – nicht zu lange, damit kein Mehl entsteht. In eine Schale geben. Die Pilze in den Mixer geben – es sollten kleine Würfel entstehen. Geben Sie sie zu den Walnüssen.

Die Tomaten mit der Chili und Adobosauce, gelber Misopaste, Tomatenmark, Oregano, Kreuzkümmel, Chilipulver und Zimt in den Mixer geben. Kurz anpürieren, sodass eine stückige Masse entsteht.

Das Olivenöl in einem schweren Topf auf mittlerer Hitze erwärmen. Zwiebeln und Paprika für 5 Minuten anbraten. Knoblauch, Hanfsamen und die Walnuss-Pilz-Mischung für 2 Minuten unter ständigem Rühren mitbraten. Mit der pürierten Tomatenmischung ablöschen und 4 bis 5 Minuten einkochen lassen. Dabei oft rühren, um ein Anbrennen zu verhindern. Rotwein, Wasser, schwarze Bohnen, Kidneybohnen und Ahornsirup hinzufügen. Zum Köcheln bringen und die Hitze reduzieren. Abdecken, aber dabei den Deckel einen Spalt offen lassen. Für 1 Minuten köcheln lassen, ab und zu umrühren. Lassen Sie das Chili für ein paar Minuten abkühlen, schmecken Sie es ab und servieren Sie es mit einem Klecks Cashew-Sour-Cream und einem Spritzer Limette.

* Sie bekommen diese Sauce normalerweise in der Spezialitätenabteilung für mexikanisches Essen.

AFRIKANISCHER MINESTRONE-EINTOPF

Auch wenn dieses Rezept einen doch eher einfachen Zugang zu echtem westafrikanischem Essen bietet, ist es eines auf jeden Fall: umwerfend lecker!

ERGIBT CA. 9 TASSEN / 4–6 PORTIONEN

- 1 EL Kokosöl
- 1 Zwiebel, fein gewürfelt
- 1 Stange Sellerie, fein gewürfelt
- 1 Karotte, fein gewürfelt
- 2 Knoblauchzehen, gehackt
- 1 EL frischer Thymian, gehackt
- ¼ Tasse Tomatenmark
- 1 400-g-Dose Tomatenstücke
- 8 Tassen Wasser
- 4 Tassen Misobrühe (Seite 71 oder gekauft)
- 1 Tasse getrocknete Schwarzaugenbohnen
- ¼ TL Cayennepfeffer
- ½ TL Piment
- Meersalz und schwarzer Pfeffer, gemahlen
- 250 g grüne Bohnen, in 2 cm große Stücke geschnitten
- 500 g Süßkartoffeln, geschält und zentimetergroß gewürfelt
- ¼ Tasse cremiges Mandelmus
- ⅓ Tasse Ananassaft
- 4 Tassen Babyspinat
- ¼ Tasse Korianderblätter, gehackt, etwas mehr als Garnierung
- ¼ Tasse Saatenhäufchen (Seite 219) als Garnierung

Das Kokosöl in einem schweren Topf auf mittlerer Hitze erwärmen. Zwiebel, Sellerie und Karotte dazugeben und für 10 Minuten karamellisieren. Knoblauch und Thymian für 1 Minute mitbraten. Das Tomatenmark einrühren und für 2 Minuten unter Rühren mitbraten, bis es dunkel wird. Dosentomaten, Wasser, Misobrühe, Schwarzaugenbohnen, Cayennepfeffer und Piment hinzufügen und mit ¼ TL Salz und 1 gehäuftem TL gemahlenem Pfeffer würzen.

Auf hoher Hitze zum Kochen bringen, die Hitze reduzieren und alles für 15 Minuten köcheln lassen. Die grünen Bohnen und die Süßkartoffeln dazugeben und erneut zum Köcheln bringen. Ohne Deckel für 45 Minuten, oder bis die Schwarzaugenbohnen weich sind, köcheln lassen.

Rühren Sie das Mandelmus mit dem Ananassaft zusammen und geben Sie die Mischung zusammen mit dem Spinat und den Korianderblättern in die Suppe. Kochen Sie die Suppe für weitere 5 Minuten und nehmen Sie den Topf vom Herd. Nach Belieben abschmecken. Lassen Sie den Eintopf für 5 bis 10 Minuten ziehen, bevor Sie ihn warm servieren. Garnieren Sie ihn dazu großzügig mit den Saatenhäufchen (alternativ können Sie auch Mandelblättchen verwenden) und ein paar Korianderblättern.

SCHWARZE-BOHNEN-SUPPE MIT KAKAO

Dieses Rezept ist von der traditionellen mexikanischen Sauce Mole inspiriert, die als Besonderheit Kakao enthält. Noch mehr ist diese Suppe an eine klassische Schwarze-Bohnen-Suppe angelehnt und mittelscharf gewürzt; mögen Sie's schärfer, würzen Sie mit einer weiteren Chipotle-Chili.

ERGIBT 6 TASSEN / 4 PORTIONEN

- 2 EL Olivenöl
- 1 weiße Zwiebel, fein geschnitten
- 1 Stange Sellerie, fein geschnitten
- 1 Karotte, fein geschnitten
- 2 große Knoblauchzehen, gehackt
- 3 Tassen gekochte schwarze Bohnen (Seite 21 oder 2 400-g-Dosen, abgetropft)
- 6 Tassen Wasser
- 2 EL gelbe Misopaste
- 1 Chipotle-Chili in Adobosauce plus 1 EL Sauce* extra
- 2 ½ EL Kakaopulver
- 2 Datteln, entsteint
- 1 EL Mandelmus
- ½ TL Oregano, getrocknet
- 1 TL Kreuzkümmel, gemahlen
- ¼ TL Piment, gemahlen
- ½ TL schwarzer Pfeffer
- ¼ Tasse frischer Limettensaft (ca. 2 Limetten)
- Meersalz
- ¼ Tasse Cashew-Sour-Cream (Seite 218 oder gekaufte Sour-Cream)
- ¼ Tasse frische Korianderblätter, gehackt

Das Olivenöl in einem schweren Topf auf mittlerer Hitze erwärmen.

Zwiebel, Sellerie und Knoblauch für 10 Minuten unter gelegentlichem Rühren anbraten. Die schwarzen Bohnen und das Wasser hinzufügen. 1 ½ Tassen der Suppe – also Flüssigkeit, Bohnen und Gemüse – in einen Mixer geben. Dazu noch die Misopaste, die Chipotle-Chili mit Sauce, Kakao, Datteln, Mandelmus, Oregano, Kreuzkümmel, Piment und schwarzen Pfeffer geben. Geschmeidig pürieren. Die pürierte Masse zurück in die Suppe geben. Die Hitze erhöhen und die Suppe zum Kochen bringen. Auf mittlere Hitze reduzieren und für 30 Minuten ohne Deckel unter gelegentlichem Rühren köcheln lassen.

Nach der Kochzeit überprüfen Sie die Konsistenz der Suppe (teilweise ergeben unterschiedliche Bohnen andere Ergebnisse): Wenn sie zu dünn ist, lassen Sie sie für weitere 10 bis 15 Minuten eindicken. Vom Herd nehmen und den Limettensaft einrühren. Abschmecken und mit Cashew-Sour-Cream und gehackten Korianderblättern garniert servieren.

* Sie bekommen diese Sauce normalerweise in der Spezialitätenabteilung für mexikanisches Essen.

SCHWARZE-LINSEN-CHAMPIGNONS-EINTOPF MIT SELLERIEPÜREE

Irgendwie erinnert mich diese Suppe immer ein bisschen an das Thema Gothic … mit ihrer dunklen Palette an fleischähnlichen und erdig-waldigen Aromen. Vielleicht ist es kein Zufall, dass ich sie kreierte, als ich sehr hungrig von einer langen Wanderung durch die winterlichen Berge nach Hause kam und etwas Wohlnährendes und Herzhaftes brauchte – und zwar schnell!

ERGIBT 6 TASSEN/ 4 PORTIONEN

- 5 große (wenn erhältlich rote) Mangoldblätter
- 2 EL Kokosöl
- ½ rote Zwiebel, gewürfelt
- 3 Knoblauchzehen, gehackt
- 1 Tasse fruchtiger Rotwein (z. B. Merlot)
- 2 große Champignons, zentimetergroß gewürfelt
- ¾ Tasse getrocknete schwarze Linsen
- ¼ Tasse getrocknete Gojibeeren
- 1 kleiner Zweig Rosmarin
- 4 Tasse Pilzbrühe (Seite 70 oder gekauft)
- ½ Tasse Wasser
- 1 EL Rotweinessig
- Meersalz und schwarzer Pfeffer, gemahlen
- 250 g Knollensellerie, geschält und zentimetergroß gewürfelt
- ⅓ Tasse Walnüsse
- zerkleinerte Radicchioblätter als Garnierung (optional)

Befreien Sie die Mangoldblätter von den Stielen. Schneiden Sie die Blätter in dünne Streifen und stellen Sie sie zur Seite. Die Stiele fein schneiden und zur Zwiebel geben.

1 EL Kokosöl in einem schweren Topf auf mittlerer Hitze erwärmen. Die Mangoldstiele zusammen mit der Zwiebel und dem Knoblauch für 5 Minuten anbraten. Den Rotwein und die Pilze dazugeben und für 5 Minuten einköcheln lassen. Linsen, Gojibeeren, Rosmarin, Brühe und Wasser hinzufügen und auf hoher Hitze zum Kochen bringen. Abdecken, dabei den Deckel leicht geöffnet lassen, und die Hitze reduzieren. Für 30 Minuten köcheln lassen.

Den Deckel nach den 30 Minuten vom Eintopf nehmen und die Mangoldblätter beimengen. 5 Minuten mitköcheln lassen, dann die Suppe vom Herd nehmen und den Rotweinessig einrühren. Den Topf abgedeckt für mindestens 20 Minuten stehen lassen, damit der Mangold komplett gar ziehen kann. (Je länger die Suppe zieht, desto besser schmeckt sie.) Abschmecken; falls gewünscht, fügen Sie noch etwas Wasser hinzu, um den Eintopf dünner zu machen.

Während die Suppe zieht, stellen Sie das Püree her. Dafür den Knollensellerie in einen kleinen Topf geben und mit Wasser bedecken. 1 großzügige Prise Salz hinzugeben. Zum Kochen bringen und sehr weich kochen – ca. 20 Minuten. ½ Tasse des Kochwassers

zurückhalten und den Rest abgießen. Den Knollensellerie in einen Mixer geben und mit der halben Tasse Wasser, 1 EL Kokosöl und ¼ TL Salz geschmeidig pürieren. Zur Seite stellen.

Falls nötig, erwärmen Sie den Eintopf vorsichtig vor dem Servieren. Geben Sie etwas von dem Selleriepüree und ein paar Radicchioblätter als Garnierung auf den Eintopf.

SUPERFOOD-EXTRA: Fügen Sie 1 EL Ihres Lieblingsheilpilzpulvers dazu, wenn Sie die Brühe angießen. (Siehe Seite 26ff. für mehr Informationen über Heilpilze.)

TOMATEN-TEMPEH-EINTOPF

Fein gekrümelter Tempeh liefert eine sehr schön herzhafte Konsistenz, die die Tomaten in diesem aromatischen Eintopf sehr gut ergänzt. Wenn Sie eine Portion pürieren, ergibt es eine cremigere Basis, ohne dass Sie extra Öl oder Sahne hinzufügen müssen.

ERGIBT 6 TASSEN / 4 PORTIONEN

- 1 EL Olivenöl
- ½ große süße Zwiebel, fein geschnitten
- 3 Knoblauchzehen, gehackt
- 1 kleine Fenchelknolle, gehackt (ca. 1 Tasse)
- 225 g Tempeh, fein zerkrümelt
- 1 EL frische Thymianblätter
- ½ TL Fenchelsamen
- 2 TL Dulseflocken
- 1 400-g-Dose gehackte Tomaten mit Saft
- 2 EL Tomatenmark
- 4 Tassen Gemüsebrühe (Seite 68 oder gekauft)
- ½ Tasse ungesüßter Mandeldrink
- Meersalz und schwarzer Pfeffer, gemahlen
- ¼ Tasse frische Basilikumblätter, dünn geschnitten
- ½ Tasse Sprossenbrotcroûtons (Seite 222), als Garnierung (optional)

Das Olivenöl in einem schweren Topf auf mittlerer Hitze erwärmen. Zwiebel, Knoblauch und Fenchel für ca. 5 Minuten glasig anschwitzen. Tempeh, Thymian und Fenchelsamen einrühren und für 3 bis 4 Minuten unter ständigem Rühren anbraten.

Die Dulseflocken, die Tomaten und das Tomatenmark hinzufügen und gut verrühren. Die Brühe angießen. Auf hoher Hitze zum Kochen bringen und alles für 40 Minuten köcheln lassen.

Vom Herd nehmen, 1 Tasse der heißen Suppe in einen Mixer geben und sehr geschmeidig pürieren. Zurück in den Topf gießen und den Mandeldrink einrühren. Abschmecken und direkt vor dem Servieren mit Basilikum und ein paar Croûtons garnieren.

MAROKKANISCHER HARIRA-EINTOPF

Harira ist ohne Zweifel die bekannteste Suppe in Marokko. Obwohl sie traditionell mit Lamm zubereitet wird, kommt sie mit ihren verlockenden Gewürzen und eiweißreichen Hülsenfrüchten auch köstlich ohne aus, wie diese herrlich exotisch schmeckende vegetarische Variante beweist. Einige Zutaten mögen ungewöhnlich für einen Eintopf anmuten (zum Beispiel Zimt und Feigen), aber Sie werden begeistert sein, wie wunderbar die Aromen miteinander verschmelzen.

ERGIBT 10 TASSEN / 6 PORTIONEN

- 1 EL Olivenöl
- 1 große Zwiebel, fein geschnitten
- 4 Stangen Sellerie, fein geschnitten
- 4 Knoblauchzehen, gehackt
- 1 TL Zimt, gemahlen
- 1 TL Kurkuma, gemahlen
- 1 TL frische Ingwerwurzel, gerieben
- ½ Tasse frische Petersilie, gehackt
- ½ Tasse frische Korianderblätter, gehackt, plus etwas für die Garnierung
- 1 800-g-Dose gehackte Tomaten
- 12 entsteinte grüne Oliven, gehackt
- 12 getrocknete Feigen, geschnitten
- 1 ½ Tassen gekochte Kichererbsen (Seite 21 oder 400-g-Dose, abgetropft)
- 1 Tasse schwarze Linsen
- 7 Tassen Gemüsebrühe (Seite 68 oder gekauft)
- Meersalz und schwarzer Pfeffer, gemahlen
- 2 EL frischer Zitronensaft

Das Olivenöl in einem schweren Topf auf mittlerer Hitze erwärmen. Zwiebel und Sellerie für 7 bis 8 Minuten anbraten, sodass sie weich, aber nicht braun werden. Knoblauch, Zimt und Kurkuma dazugeben und für 1 Minute unter ständigem Rühren mitbraten, dann auch Ingwer, Petersilie und Korianderblätter für 30 Sekunden braten. Fügen Sie Tomaten, Oliven, Feigen, Kichererbsen, Linsen, Brühe und je ½ TL Salz und Pfeffer hinzu. Auf hoher Hitze zum Kochen bringen. Decken Sie den Topf ab und lassen Sie den Deckel einen Spalt offen, reduzieren Sie die Hitze und lassen Sie den Eintopf für 30 bis 35 Minuten kochen, oder so lange, bis die Linsen sehr weich sind. Vom Herd nehmen. Den Zitronensaft einrühren und mit Salz abschmecken. Warm servieren und mit ein paar Blättern Koriander garnieren.

SUPERFOOD-EXTRA: Für eine Extraportion Carotin und Lycopin geben Sie ¼ Tasse getrocknete Gojibeeren mit ¼ Tasse Gemüsebrühe extra zu dem Eintopf, wenn Sie die Linsen hinzufügen.

PERUANISCHER QUINOAEINTOPF

Lange, unfassbar lange bevor Quinoa in der westlichen Welt ihren großen Auftritt hatte, wurde sie in Zentral- und Südamerika bereits als günstiges, ausgesprochen nährendes und eiweißreiches Nahrungsmittel verwendet. Eines ihrer bekanntesten Einsatzgebiete ist die Sopa de Quinoa – ein Rezept, das sich von Region zu Region, von Koch zu Koch deutlich unterscheidet. Meist ist eine dicke Suppe mit Quinoa die Basis, kombiniert mit Kartoffeln, Knollen, Kürbisgewächsen und anderem Gemüse – was gerade zur Hand ist.

ERGIBT 6 TASSEN / 4 PORTIONEN

- 1 EL Kokosöl
- ½ große weiße Zwiebel, gewürfelt
- 1 mittelgroße Karotte, fein geschnitten
- 1 Stange Sellerie, fein geschnitten
- 3 Knoblauchzehen, gehackt
- 350 g lilafarbene, rote und/oder gelbe junge Kartoffeln, zentimetergroß gewürfelt
- ½ Tasse Quinoa
- ½ TL getrockneter Oregano
- ½ TL getrockneter Thymian
- ¼ TL Kurkuma, gemahlen
- ½ TL schwarzer Pfeffer, gemahlen
- 250 g Butternusskürbis, geschält und zentimetergroß gewürfelt
- 4 Tassen Gemüsebrühe (Seite 68 oder gekauft)
- Meersalz
- 1 Avocado, geschnitten
- ¼ Tasse frische Korianderblätter, gehackt

Das Kokosöl in einem schweren Topf auf mittlerer Hitze erwärmen. Zwiebel, Karotte, Sellerie und Knoblauch für 5 Minuten unter gelegentlichem Rühren anbraten. Kartoffeln hinzufügen und 2 bis 3 Minuten mitbraten, dabei ständig rühren. Fügen Sie Quinoa, Oregano, Thymian, Kurkuma und Pfeffer hinzu, dann auch den Kürbis und die Brühe. Eventuell geben Sie ein paar Prisen Salz hinzu. Wenn Sie eine bereits gesalzene Brühe verwenden, warten Sie mit dem Salzen bis nach dem Kochen. Auf hoher Hitze zum Kochen bringen, den Topf abdecken und dann die Hitze reduzieren. Für 20 Minuten köcheln lassen. Den Deckel abnehmen und weitere 5 Minuten köcheln lassen. Nehmen Sie einen Löffel, um den Kürbis teilweise zu zerdrücken, damit eine eintopfartige Konsistenz entsteht. Vom Herd nehmen und abgedeckt für 10 Minuten ziehen lassen. Abschmecken und bei Bedarf nachsalzen. Falls Sie den Eintopf dünner wünschen, geben Sie etwas Wasser hinzu. Zum Servieren mit ein paar Scheiben Avocado und ein paar Korianderblättern garnieren.

SUPERFOOD-EXTRA: Fügen Sie 2 Tassen geschnittenes dunkles Blattgemüse, zum Beispiel Grünkohl oder Mangold, in den letzten Minuten des Kochvorgangs hinzu.

SCHWARZE-LINSEN-RUCOLA-SUPPE

Eines meiner Geheimnisse, um Linsen unwiderstehlich lecker zu machen, ist es, sie in Pilzbrühe zu kochen – es verleiht ihnen einen unwiderstehlich erdigen und fast fleischähnlichen Geschmack. In diesem Rezept erzeugt die Pilzbrühe auch eine tolle Geschmacksexplosion mit dem Knollensellerie: Die Suppe schmeckt reich nach Sellerie und Kartoffeln. Um die ideale Konsistenz zu erhalten, würfeln Sie das Gemüses sehr gründlich und fein.

ERGIBT CA. 6 TASSEN / 4 PORTIONEN

- 2 EL Olivenöl
- 1 gelbe Zwiebel, klein gewürfelt
- 1 Karotte, in 0,5 cm kleine Würfel geschnitten
- 1 ½ Tassen Knollensellerie, geschält und in 0,5 cm kleine Würfel geschnitten
- 2 Knoblauchzehen, gehackt
- Meersalz und schwarzer Pfeffer, gemahlen
- 1 Tasse schwarze Linsen
- 1 Lorbeerblatt
- 8 Tassen Pilzbrühe (Seite 70 oder gekauft)
- 2 EL Zitronensaft
- 3 Tassen Rucola
- ¼ Tasse glatte Petersilie, gehackt

Das Olivenöl in einem schweren Topf auf mittlerer Hitze erwärmen. Zwiebel und Karotte für 3 bis 4 Minuten anbraten. Knollensellerie, Knoblauch und 1 Prise Salz für 3 bis 4 Minuten anbraten oder bis der Knollensellerie leicht golden wird. Linsen, Lorbeerblatt und Brühe hinzufügen. Auf hoher Hitze zum Kochen bringen, die Hitze reduzieren und alles für 20 bis 25 Minuten köcheln lassen, oder bis die Linsen weich sind. Vom Herd nehmen, Zitronensaft und Rucola einrühren. Das Lorbeerblatt entfernen und die Suppe abschmecken. Warm servieren und mit etwas gehackter Petersilie bestreuen.

WOHLFÜHLWISSEN: Neben den herzgesunden Antioxidanzien, Ballaststoffen und Eisen in den schwarzen Linsen ist auch eine gehörige Menge Eiweiß enthalten: 1 Tasse enthält mehr Protein als 8 Eier.

QUINOA-RATATOUILLE-EINTOPF

Überlassen wir es Alice Walters (der Königin der ganz natürlichen und wunderbar einfachen Genüsse), eine weniger komplexe Variante dieses klassischen Rezepts zu entwickeln. Meines erfreut sich an fruchtigen Warmwetter-Gemüsesorten neben Gojibeeren und köstlicher Quinoa. Der Eintopf wird besser, je länger er zieht – es lohnt sich also, ihn eine oder zwei Stunden vor dem Servieren zuzubereiten.

ERGIBT CA. 6 TASSEN / 4 PORTIONEN

- 1 große Aubergine, zentimetergroß gewürfelt
- Meersalz und schwarzer Pfeffer, gemahlen
- 2 EL Olivenöl, plus etwas mehr zum Servieren
- 1 mittelgroße gelbe Zwiebel, fein gewürfelt
- 3 Knoblauchzehen, gehackt
- 1 mittelgroße rote Paprikaschote, zentimetergroß gewürfelt
- 1 kleine Zucchini, zentimetergroß gewürfelt
- 1 kleine gelbe Zucchini (oder anderes Sommerkürbisgewächs), zentimetergroß gewürfelt
- 2 mittelgroße Tomaten, zentimetergroß gewürfelt
- 3 EL Gojibeeren, getrocknet
- ½ Tasse frisches Basilikum, gehackt, plus etwas mehr zum Servieren
- 3 Tassen Misobrühe (Seite 71 oder gekauft)
- 1 Tasse gekochte Quinoa
- 1 EL Rotweinessig

Legen Sie die Aubergine in eine Schüssel und geben Sie ½ TL Meersalz dazu. Für 30 Minuten entwässern lassen. Dann die entstandene Flüssigkeit auf der Aubergine gründlich abtupfen.

Das Olivenöl in einem schweren Topf auf mittlerer Hitze erwärmen. Die Aubergine unter häufigem Rühren für 7 Minuten anbraten. Dann in eine Schüssel geben.

Im selben Topf auf mittlerer Hitze den verbliebenen EL Olivenöl erwärmen. Zwiebel mit ¼ TL Salz und etwas Pfeffer glasig anbraten. Die Paprika für 3 bis 4 Minuten anbraten. Die Zucchini und den Sommerkürbis für 3 bis 4 Minuten anbraten. Die Tomaten hinzufügen und für 10 Minuten unter häufigem Rühren braten. Die getrockneten Gojibeeren und das Basilikum unter Rühren für 1 Minute mitbraten. Dann die Brühe, die Quinoa und die zurückgestellte Aubergine dazugeben. Zum Köcheln bringen und alles auf niedriger Hitze für 10 Minuten köcheln lassen. Vom Herd nehmen, den Rotweinessig einrühren und abschmecken. Den Eintopf warm (oder auch kalt) servieren, mit etwas Olivenöl beträufelt und ein paar gehackten Basilikumblättern bestreut.

ROTE-BOHNEN-BORSCHTSCH

Die roten Kidneybohnen machen dieses klassische zentral- und osteuropäische Gericht wunderbar herzhaft. Die Dulseflocken machen es salzig und fügen ihm eine Extraportion Mineralstoffe bei. Wenn Sie beim Topping etwas anderes als die Meerrettichcreme wählen (zum Beispiel ungesüßten Kokosjoghurt), verwenden Sie auf alle Fälle den Dill – er betont und balanciert den tiefen und erdigen Geschmack der Roten Beten.

ERGIBT 8 TASSEN / 4 PORTIONEN

- 1 EL Kokosöl
- 1 mittelgroße gelbe Zwiebel, gewürfelt
- 2 kleine Karotten, in dünne Scheiben geschnitten
- 1 EL Tomatenmark
- ½ Knollensellerie, geschält und 0,5 cm groß gewürfelt (ca. 1 Tasse)
- 1 große Kartoffel, 0,5 cm groß gewürfelt
- 500 g Rote Beten, geschält und 0,5 cm groß gewürfelt
- 2 EL Dulseflocken
- 3 Tassen Gemüsebrühe (Seite 68 oder gekauft)
- 3 Tassen Wasser
- Meersalz und schwarzer Pfeffer, gemahlen
- 2 Tassen gekochte Kidneybohnen (Seite 21 oder 400-g-Dose, abgetropft)
- 1 großer herber grüner Apfel, geschält und gerieben
- 2 EL Rotweinessig, mehr zum Abschmecken
- ½ Tasse Meerrettichcreme (Seite 210)
- ¼ Tasse frischer Dill, gehackt

Das Kokosöl in einem schweren Topf auf mittlerer Hitze erwärmen. Zwiebel und Karotten unter häufigem Rühren für 8 bis 10 Minuten anbraten. Das Tomatenmark dazugeben und 1 Minute unter Rühren mitbraten. Knollensellerie, Kartoffel, Rote Beten, Dulseflocken, Brühe, Wasser und je ¼ TL Salz und Pfeffer hinzufügen. Bei starker Hitze zum Kochen bringen und dann die Hitze reduzieren. Abdecken und für 20 Minuten köcheln lassen. Die Kidneybohnen und den Apfel dazugeben und für weitere 10 Minuten oder bis das Gemüse gar ist kochen lassen. Falls nötig, fügen Sie noch etwas Wasser dazu.

Vom Herd nehmen und den Rotweinessig einrühren. Abschmecken und gegebenenfalls mit Salz, Pfeffer und Essig nachwürzen. Servieren Sie den Borschtsch warm und mit einem Klecks Meerrettichcreme und garnieren Sie ihn mit etwas Dill.

SCHWARZAUGENBOHNEN-JAMBALAYA

Wie die meisten Familien hat auch meine Traditionen. Zum Beispiel bereite ich mit meinem Vater stets eine Jambalaya in den Tagen um Neujahr herum zu. Keiner weiß mehr, wann diese Tradition begann, aber wir lassen uns die Gelegenheit nie entgehen, dieses geschmackliche Wunderwerk gemeinsam zu genießen.

ERGIBT 12 TASSEN / 10 PORTIONEN

- 2 EL Kokosöl
- ½ gelbe Zwiebel, fein geschnitten
- 2 Stangen Sellerie, fein geschnitten
- 1 grüne Paprikaschote, gewürfelt
- 4 Knoblauchzehen, gehackt
- 450 g Tempeh, gewürfelt
- 2 Tassen Tomatenwürfel
- ¼ Tasse frische Petersilie, gehackt, plus etwas mehr als Garnierung
- 1 EL frischer Thymian, gehackt
- Meersalz und schwarzer Pfeffer, gemahlen
- 500 g getrocknete Schwarzaugenbohnen
- 1 Tasse Sorgumhirse
- 4 Lorbeerblätter
- 3 EL Dulseflocken
- 1 EL Paprikapulver
- 1 TL getrockneter Oregano
- ¼ TL Cayennepfeffer
- 10 Tassen Misobrühe (Seite 71 oder gekauft)
- ¼ TL Flüssigrauch (Hickory Liquid Smoke)
- ½ Tasse Frühlingszwiebeln, gehackt, plus etwas mehr als Garnierung

Das Kokosöl in einem schweren Topf auf mittlerer Hitze erwärmen. Zwiebel, Sellerie, Paprika und Knoblauch für 5 Minuten anbraten. Tempeh einrühren und für weitere 5 bis 6 Minuten mitbraten, bis er golden wird. Fügen Sie Tomaten, Petersilie, Thymian und ¼ TL Salz hinzu. Für 5 bis 6 Minuten anbraten. Geben Sie Schwarzaugenbohnen, Sorgumhirse, Lorbeerblätter, Dulseflocken, Paprikapulver, Oregano, Cayennepfeffer und 1 TL gemahlenen schwarzen Pfeffer dazu. Gießen Sie die Brühe und den Flüssigrauch dazu. Auf hoher Hitze zum Kochen bringen, den Topf abdecken und die Hitze reduzieren. Für 1 Stunde köcheln lassen.

Den Deckel entfernen und die Frühlingszwiebeln einrühren. Für 15 Minuten ohne Deckel köcheln lassen. Vom Herd nehmen und die Jambalaya 15 Minuten ruhen lassen. Abschmecken, zum Servieren zuerst die Lorbeerblätter entfernen und dann in Schalen füllen und mit ein paar Frühlingszwiebeln und etwas Petersilie garnieren.

Optional: *Fügen Sie ein wenig scharfe Sauce Ihrer Wahl hinzu, falls Sie die Suppe schärfer wünschen.*

WEISSE-BOHNEN-WINTERKÜRBIS-SUPPE MIT GRÜNKOHL

Sie können für dieses Rezept irgendeinen Winterkürbis Ihrer Wahl verwenden – von Butternuss bis Kabocha. (Mein Favorit ist momentan der Blue Hubbard – er ist so köstlich, dass ich mir geschworen habe, ihn nächstes Jahr in meinem Garten anzupflanzen.) Diese tolle Suppe ist schnell zubereitet (in weniger als einer halben Stunde) und steckt voller Eiweiße, Ballaststoffe und Mineralstoffe – alles, was man für ein ausgewogenes Essen braucht.

ERGIBT 8 TASSEN / 4 PORTIONEN

- 1 EL Olivenöl
- 1 große süße Zwiebel, gewürfelt
- 4 Knoblauchzehen, gehackt
- 1 TL frischer Rosmarin, gehackt
- 500 g Winterkürbis (z. B. Hokkaido, Hubbard oder Kabocha), geschält und zentimetergroß gewürfelt
- 4 Tassen gekochte Cannellini-Bohnen (Seite 21 oder 2 400-g-Dosen, abgetropft)
- 4 Tassen Misobrühe (Seite 71 oder gekauft)
- Meersalz und schwarzer Pfeffer, gemahlen
- 2 TL Weißweinessig
- 5 Tassen junger Grünkohl
- 3 EL Tahini
- 1/3 Tasse Hanfsamen
- 1/4 Tasse Keimpflanzen, als Garnierung (optional)

Das Olivenöl in einem schweren Topf auf mittlerer Hitze erwärmen. Die Zwiebel in 5 Minuten glasig anbraten. Knoblauch und Rosmarin hinzugeben und eine weitere Minute garen. Kürbis, Bohnen und Brühe mit je ½ TL Salz und Pfeffer hinzufügen. Auf hoher Hitze zum Kochen bringen, die Hitze reduzieren und alles abgedeckt für 15 Minuten oder bis der Kürbis schön weich ist köcheln lassen. Vom Herd nehmen und Essig, Grünkohl, 1 EL Tahini und 2 EL Hanfsamen einrühren. Die Suppe abgedeckt für 5 Minuten ruhen lassen. Abschmecken und in Schalen füllen. Mit etwas Tahini und großzügig mit Hanfsamen garnieren. Zum Abschluss mit einem kleinen Bündel Keimpflanzen krönen und servieren.

WOHLFÜHLWISSEN: Hanfsamen sind absolutes Schönheitsessen: Sie stecken voller Omega-3-Fettsäuren und Vitamin E. Beides Nährstoffe, die sehr bekannt dafür sind, Haut und Haar zum Strahlen zu bringen und die Nägel zu stärken.

POZOLE VERDE MIT PINTOBOHNEN

Wenn man in Südkalifornien lebt, ist es schwer, sich nicht von der mexikanischen Küche beeinflussen zu lassen. (Nicht abhängig zu werden, trifft es eher.) So steht es auch um meine Besessenheit von Pozole – ein mexikanischer Eintopf mit getrockneten, leicht gepufften Maiskörnern (sie schmecken wie himmlisch frische Tortillas!). Diese vegetarische (und eiweißreiche) Version der Pozole schmeckt nach Mais, hat eine interessante Konsistenz und geht sehr großzügig mit Pfeffer, Kräutern und Limette um.

ERGIBT 8 TASSEN / 4–6 PORTIONEN

- 1 große weiße Zwiebel, geschält und geviertelt
- 2 Knoblauchzehen, mit Schale zerstoßen
- 2 Peperoni (Sorte Poblano)
- 1 Peperoni (Sorte Jalapeño)
- 2 Stangen Sellerie, geviertelt
- 1 EL gelbe Misopaste
- 1 Tasse Korianderblätter, plus etwas mehr als Garnierung
- 8 Tassen Wasser
- 1 EL Olivenöl
- ½ Tasse Amaranth
- 3 Tassen Hominy* (gekochte Maiskörner, 800-g-Dose, abgetropft)
- 1 ½ Tassen gekochte Pintobohnen (Seite 21 oder 400-g-Dose, abgetropft)
- 2 TL getrockneter Oregano
- Meersalz
- ¼ Tasse frischer Limettensaft
- ¼ Tasse Cashew-Sour-Cream (Seite 218 oder gekaufte Sour-Cream)
- 1 große Avocado, gewürfelt
- 4 Radieschen, hauchdünn gehobelt

Erwärmen Sie einen schweren Topf auf mittlerer Hitze (ohne Öl). Die Zwiebelviertel mit der geschnittenen Seite nach unten in den Topf legen und zusammen mit dem ungeschälten Knoblauch, den Peperoni und dem Sellerie 10 Minuten trocken anrösten. Bereits nach 5 Minuten den Knoblauch entfernen. Wenn das Gemüse gut geschmort ist, geben Sie Zwiebeln, Sellerie und Knoblauch in einen Mixer. Wenn die Peperonis abgekühlt sind, schneiden Sie die Enden ab und entfernen alle Kerne. Dann geben Sie sie auch in den Mixer. Fügen Sie Misopaste, ¾ Tasse Korianderblätter und 4 Tassen Wasser hinzu. Geschmeidig pürieren.

Im selben Topf erwärmen Sie das Olivenöl auf mittlerer Hitze. Die pürierte Masse hineingeben und für 5 Minuten unter Rühren köcheln lassen, um sie etwas zu reduzieren. Amaranth, Hominy, Pintobohnen, Oregano, ½ TL Salz und die restlichen 4 Tassen Wasser dazugeben. Auf hoher Hitze zum Kochen bringen, dann die Hitze reduzieren und alles für 20 Minuten köcheln lassen.

Vom Herd nehmen, den Limettensaft und den restlichen Koriander einrühren. Lassen Sie die Suppe für 5 Minuten ziehen und schmecken Sie sie ab. Zum Servieren in Schalen füllen und mit Cashew-Sour-Cream, Avocado, Radieschen und Korianderblättern garnieren.

* Sie können getrocknete oder konservierte Maiskörner dieser Art in der Spezialitätenabteilung für mexikanische Lebensmittel oder via Internet finden.

FRITZ' SUPERFOOD-EINTOPF FÜR HUNDE

Mein Deutscher Schäferhund Fritz würde niemals niemals etwas zu essen ausschlagen – er wiegt kapitale 40 Kilogramm. Aber nach einer langwierigen Zahnbehandlung hatte ich die strikte Anordnung des Tierarztes, ihm für ein paar Tage nur weiches Essen zu geben. Dieser Eintopf war meine Lösung, Fritz zu helfen und beim Gesundwerden zu unterstützen. Er steckt voll mit Eiweiß, entzündungshemmenden Fetten, wichtigen Mineralstoffen (wie Kalzium) und Antioxidanzien. Eine Kombination, die Fritz sofort liebte. Noch heute mische ich ihm ab und zu etwas von dem Eintopf unter sein Trockenfutter. Er ist unglaublich einfach herzustellen und sehr flexibel in den Zutaten. Und es gibt mir immer ein gutes Gefühl, wenn auch Fritz ECHTES Essen bekommt.

Anmerkung: *Die Portionsgröße hängt sehr von Ihrem vierbeinigen Freund ab. Falls Sie einen sehr wählerischen Hund haben, können Sie einen Löffel salz- und zuckerfreie Erdnusscreme unterrühren – vielleicht kriegen Sie ihn damit.*

ERGIBT 8 TASSEN

- 1 ½ Tassen Yamswurzel und/oder Karotten, in 2 cm große Stücke gewürfelt
- ¾ Tasse Langkorn-Naturreis
- 1 Tasse Linsen (Sorte nach Wahl)
- 2 EL Kelppulver oder ein anderes getrocknetes Meeresgemüse
- 8 Tassen Wasser, plus etwas mehr, falls nötig
- 1 Tasse Brokkoli oder Grünkohl, fein gehackt
- 1/3 Tasse Hanfsamen
- 2 EL Leinöl (optional)
- Superfood-Kick Ihrer Wahl

In einen schweren Topf Yamswurzel und/oder die Karotten, Reis, Linsen, Kelp und Wasser geben.

Auf hoher Hitze zum Kochen bringen, den Topf bedecken und die Hitze reduzieren. Für 45 Minuten köcheln lassen. Den Deckel entfernen und den Brokkoli (oder den Grünkohl) und die Hanfsamen hinzufügen. Für 5 bis 10 Minuten köcheln lassen, bis der Brokkoli zart ist. Vom Herd nehmen und das Leinöl einrühren. Den Eintopf abkühlen lassen, vor dem Verfüttern einen etwaigen Superfood-Kick hinzugeben und, falls nötig, etwas mehr Wasser. Der Eintopf kann für sich allein gegeben oder mit anderem Essen vermengt werden. Er hält sich bis zu einer Woche im Kühlschrank.

Folgendes dürfen Hunde nicht bekommen: *Kakao, Schokolade, Rosinen, Trauben, Avocado, Zwiebeln, Knoblauch, Walnüsse, Macadamianüsse, extra Salz oder extra Zucker.*

SUPERFOOD-KICKS FÜR IHREN HUND

Sie können eine Menge anderer Superfoods zum Eintopf dazugeben:

* HEILPILZE, wie eine Handvoll Shiitakes oder einen Löffel Cordyceps für mehr Energie. (Kochen Sie die Pilze mit der Suppe.)
* EINE HANDVOLL CHIASAMEN für Haut-, Gelenk- und Knochengesundheit. (Fügen Sie sie dem abgekühlten Eintopf bei.)
* EIN WENIG SPIRULINAPULVER für eine gute Abwehrkraft und um den Riechsinn Ihres Hundes zu schärfen. (Geben Sie Spirulina in den erkalteten Eintopf.)
* EIN WENIG WEIZENGRASPULVER, um die Verdauung und die Blutzirkulation anzuregen. (Geben Sie das Weizengraspulver in den erkalteten Eintopf.)
* GEHACKTE PETERSILIE ODER GRÜNKOHL für guten Atem und Entgiftung. (Jederzeit dazuzugeben.)
* EINE KLEINE HANDVOLL GOJIBEEREN für Beta-Carotin und als Krebsprophylaxe. (Kochen Sie die Gojibeeren mit dem Eintopf.)

BUNTES BEIWERK FÜR SUPPEN

Die Präsentation zählt – nicht nur, weil auch das Auge mitisst! Wenn Sie Ihre Suppen mit besonderen Garnierungen, Gewürzmischungen, Nusscremes, Chutneys, Saaten und so weiter servieren, legen Sie damit eine weitere Lage Geschmack und Konsistenz auf, was Ihre Rezepte in neue Höhen erhebt. Sie werden Ihre Suppen ganzheitlicher genießen, weil noch mehr Sinne angesprochen werden. In diesem Kapitel finden Sie einige Ideen für das Topping Ihrer Suppe (wobei auch hier die meisten mit besonderen Superfood-Qualitäten aufwarten), von scharfen Harissas bis hin zu wahrlich süchtig machenden pikanten Kokoshappen (Seite 217).

= SUPERFOODS

SCHÖNHEIT · KNOCHENSTÄRKEND · REINIGUNG/ENTGIFTUNG

HERZGESUNDHEIT · IMMUNSTÄRKEND · KALORIENARM · PROTEIN

SUPERSCHNELLE SUPPENGARNIERUNGEN

Suppengarnierungen können sowohl sehr aufwendig als auch einfach sein. Zusätzlich zu den verlockenden Rezepten dieses Kapitels finden Sie hier nun ein paar besonders einfache Zutaten, die Sie verwenden können, um einen gesunden und schönen Eindruck auf Ihren Suppen zu hinterlassen:

* Gehackte Haselnüsse, Pistazien und Mandeln
* Hanfsamen, Chiasamen und Kürbiskerne
* Ein paar Tropfen Yaconsirup oder ein anderer Sirup Ihrer Wahl
* Ein paar Tropfen aromatisches Öl, wie Olivenöl, Hanföl oder Öle mit Kräutern oder Superfood-Pulver
* Kokosmilch oder eine pürierte Cashewcreme
* Geschnittene, getrocknete mittelsüße Früchte, wie Gojibeeren und Physalis
* Sprossen und Keimpflanzen
* Gehackte frische Kräuter, wie Petersilie, Koriander und Basilikum
* Dünn geschnittene Frühlingszwiebeln und Schnittlauch
* Ein Hauch von milden Gewürzen, die gut zur Suppe passen, wie Kurkuma, Chili oder schwarzer Pfeffer
* Ein Hauch eines Superfood-Pulvers wie Chaga- oder Kakaopulver
* Hübsche, zarte Dinge wie junge Rote-Beten-Blätter, gehobelte Radieschen oder gehackte Paprikaschoten
* Essbare Blüten
* Knusprige, zuckerarme Vollkornzerealien
* Popcorn
* Croûtons

WIE SIE SELBST TORTILLACHIPS HERSTELLEN KÖNNEN

Warum sie kaufen, wenn man sie auch selbst machen kann?

6 15 cm große Mais-Tortillas
2 EL neutrales Öl, wie Traubenkernöl
Meersalz zum Abschmecken

Heizen Sie den Ofen auf 170 °C vor. Bestreichen Sie 2 Backbleche mit Öl.

Nacheinander alle Seiten der Tortillas mit Öl bestreichen. Stapeln Sie sie übereinander und schneiden Sie sie in 6 Keile. Verteilen Sie sie auf die Backbleche. Mit Salz bestreuen. Backen Sie sie für 8 bis 15 Minuten, tauschen Sie die Bleche nach der Hälfte der Zeit einmal. Die Chips verbrennen sehr leicht, also behalten Sie sie gut im Auge – sollte ein Chip schneller bräunen, nehmen Sie ihn bereits vorzeitig aus dem Ofen. Wenn alle Chips fertig sind, holen Sie sie aus dem Ofen und lassen sie abkühlen – sie werden noch knuspriger, wenn sie ausgekühlt sind.

MEERRETTICHCREME

Lassen Sie sich von der Einfachheit des Rezepts nichts vorgaukeln: Es ist etwas ganz Besonderes für Ihre Suppen! Versuchen Sie es auf Suppen mit Kartoffelbasis, herzhaften Pilz- oder Getreidesuppen oder klassischen Rübengerichten.

ERGIBT CA. ⅔ TASSE

⅓ Tasse rohe Cashewkerne
⅓ Tasse gefiltertes Wasser
1 EL Meerrettich aus dem Glas
½ TL Apfelessig
1 TL Camupulver

In einem kleinen Mixer alle Zutaten geschmeidig pürieren. Kühlen Sie die Creme, bis Sie sie verwenden. Sie hält sich ca. 2 Wochen.

ZA'ATAR SELBER HERSTELLEN

Za'atar ist eine Gewürzmischung aus dem mittelöstlichen Raum. Auch wenn es nicht wirklich ein Rezept dafür gibt, besteht es normalerweise aus geröstetem Sesam, Gewürz-Sumach, frischen oder getrockneten grünen Kräutern (wie Thymian, Majoran, Minze und Oregano), Salz und anderen Gewürzen (wie gemahlenen Kreuzkümmel- oder Koriandersamen). Ich bevorzuge ein Za'atar mit einem großzügigen Anteil an Gewürz-Sumach, da ich einen zitronigen Geschmack sehr liebe (und der von Gewürz-Sumach großartig ist). Aber entscheiden Sie selbst, wie es Ihnen beliebt, und experimentieren Sie auch mit anderen Gewürzen und Kräutern. Za'atar kann als Topping für alle Arten von Suppen verwendet, in Öle und Dips gemischt und zu Brot gereicht oder auch auf Gemüse gestreut werden. Es hält sich mehrere Wochen bei Raumtemperatur und ein paar Monate im Kühlschrank.

ERGIBT 1/3 TASSE

- 1 EL getrockneter Oregano
- 1 EL getrockneter Thymian
- 2 EL Gewürz-Sumach, gemahlen
- 1 EL geröstete Sesamsamen
- 1 TL Meersalz

Füllen Sie alle Zutaten in einen kleinen Mixer und stellen Sie mit einem kurzen Impuls eine grobe Mischung her. In einem geschlossenen Behältnis aufbewahren, am besten im Kühlschrank.

CHIAPESTO

Der große Umfang von aufgequollenen Chiasamen ermöglicht es einem, ein paar Kalorien zu sparen und dabei noch die Nährwertdichte in einem Pesto hochzukurbeln, im Vergleich zu klassischen Rezepten. Neben seiner tollen Verwendungsmöglichkeit in Getreide- und Kürbissuppen kann dieses Pesto auch als Sauce für Nudeln und geröstete Gemüsegerichte dienen.

ERGIBT 1 TASSE

- 1 EL Chiasamen
- 6 EL Wasser oder Gemüsebrühe
- 1 (sehr volle) Tasse frische Basilikumblätter
- 3 EL Pinienkerne
- 1 große Knoblauchzehe, dünn geschnitten
- ¼ Tasse Olivenöl
- ¼ Tasse Nährhefe
- ½ TL Meersalz

In einer mittelgroßen Schüssel die Chiasamen mit dem Wasser vermengen. Für 10 Minuten stehen lassen, nach 5 Minuten einmal umrühren, um Klümpchen zu vermeiden.

In einem Mixer Basilikum, Pinienkerne, Knoblauch, Olivenöl, Nährhefe und Salz vermengen. Geschmeidig pürieren. Das Pesto zu den Chiasamen geben und gut umrühren. Abdecken und bis zur Verwendung kühl stellen. Dieses Pesto hält sich eine Woche im Kühlschrank.

WOHLFÜHLWISSEN: Chiasamen sind wunderbar knochenstärkend. Sie enthalten 5- bis 6-mal mehr Kalzium als Kuhmilch. Bereits 1 EL Chiasamen versorgt Ihren Körper mit 14 % des täglichen Bedarfs an Kalzium.

GRÜNES HARISSA

Harissa wird normalerweise mit roten Chilis zubereitet (wie in der Superfood-Version auf Seite 214). Aber auch das grüne Harissa, das aus rauen Mengen frischer Kräuter hergestellt wird, hat in den letzten Jahren Einzug in die Speisekarten gehalten. Sie können diese hellgrüne Sauce für fast jede Suppe verwenden – sie passt besonders gut zu Rezepten mit Tomaten, Wurzeln oder Knollen, aber auch zu herzhaften Bohneneintöpfen. Eigentlich passt sie wirklich zu allem!

ERGIBT ¾ TASSE

- 1 EL Kreuzkümmelsamen
- 1 EL Koriandersamen
- 2 Jalapeños, entkernt und dünn geschnitten, die Kerne beiseite gelegt
- 1 (sehr volle) Tasse Korianderblätter
- ½ Tasse glatte Petersilie
- 1 kleine Knoblauchzehe
- 1 ½ TL Weizengraspulver (optional)
- 2 EL frischer Limettensaft
- ⅓ Tasse Olivenöl, plus etwas für die Lagerung
- ¾ TL Meersalz

Erwärmen Sie eine kleine Pfanne auf mittlerer Hitze. Die Kreuzkümmel- und Koriandersamen hineingeben und für ca. 2 bis 3 Minuten anbraten, bis sie ihre Aromen verströmen. Abkühlen lassen. Geben Sie die Samen zusammen mit allen anderen Zutaten bis auf die Jalapeñokerne in einen kleinen Mixer und pürieren Sie sie zu einer geschmeidigen Sauce. Abschmecken und, falls mehr Schärfe gewünscht, ein paar Jalapeñokerne dazugeben.

Kühlen Sie das Harissa in einem kleinen geschlossenen Behältnis und geben Sie etwas Olivenöl als Abschluss obenauf – es bewahrt die kostbaren Zutaten davor, zu oxidieren und braun zu werden. Das Harissa hält sich bis zu 2 Wochen im Kühlschrank.

SUPERFOOD-TIPP: Um das Oxidieren und Braunwerden noch weiter zu reduzieren, können Sie vor dem Kühlen ein Stück Frischhaltefolie direkt auf die Oberfläche des Harissas legen.

GOJI-HARISSA

Auch wenn das traditionelle Rezept für diese nordafrikanische Chilisauce keine Gojibeeren enthält: Sie bereichern die Mischung mit ihrer milden, rauchigen Süße und geben ihr eine fruchtige Note. Fast alle Chilisorten machen sich gut in diesem Rezept. Normalerweise finden Sie eine Auswahl an getrockneten Chilis in der internationalen Spezialitätenabteilung von großen Supermärkten. Bedenken Sie nur, dass die Chilis sehr unterschiedlich scharf sein können. (Guajillo- und New-Mexiko-Chilis, wie in diesem Rezept verwendet, sind sehr mild.) Das Goji-Harissa passt hervorragend zu Kartoffel- oder Kürbissuppen, fruchtigen Suppen (wie Mango- oder Melonensuppen), Tomatensuppen und vielem mehr.

ERGIBT ¾ TASSE

- 6 große getrocknete Guajillo- oder New-Mexico-Chilis
- ¼ Tasse getrocknete Gojibeeren
- ½ TL Kümmelsamen
- ¼ TL Kreuzkümmelsamen
- ¼ TL Koriandersamen
- 2 TL Paprikapulver
- ¼ TL Chipotlepulver
- ¼ TL Cayennepfeffer
- 2 Knoblauchzehen, zerstoßen
- 1 TL Meersalz
- 2 EL frischer Zitronensaft
- ⅓ Tasse Olivenöl

SUPERFOOD-EXTRA: Für eine Extraportion Vitamin C fügen Sie ½ TL Camupulver hinzu, wenn Sie alles in den Mixer geben.

Geben Sie die Chilis in eine große hitzebeständige Schüssel und übergießen Sie sie mit kochendem Wasser. Lassen Sie sie für 20 Minuten abgedeckt ziehen. Dann geben Sie die Gojibeeren dazu und lassen sie aufquellen, bis sie weich sind – ca. 5 bis 10 Minuten. Gießen Sie die Flüssigkeit ab. Schneiden Sie die Enden der Chilis ab und drücken Sie die Kerne heraus.

Erhitzen Sie Kümmel-, Kreuzkümmel- und Koriandersamen in einer kleinen Pfanne auf mittlerer Hitze. Rösten Sie die Samen, bis sie ihre Aromen verströmen und leicht golden sind – ca. 2 bis 3 Minuten. Verwenden Sie einen Mörser oder eine Gewürzmühle, um die Samen zu zerstoßen. In einen Mixer geben, die Chilis und Gojibeeren und auch die restlichen Zutaten dazugeben. Pürieren Sie die Mischung geschmeidig, stoppen Sie den Mixer zwischendurch und schieben Sie seitlich im Mixer hochgewirbelte Zutaten wieder nach unten, damit eine gleichmäßig geschmeidige Masse entstehen kann. Das kann ein paar Minuten dauern. Das Harissa in ein verschließbares Glas füllen und bis zur Verwendung kühlen. Es hält sich bis zu 2 Wochen im Kühlschrank.

PIKANTE KOKOSHAPPEN

Als die Nachricht, dass der Verzehr von hochverarbeitetem Fleisch wie Bacon das Krebsrisiko erhöht, die Runde machte, reagierte das „Time-Magazin" mit dem Titel: „Der Krieg gegen Köstlichkeiten". Dieses Rezept für Kokoshappen ist meine Reaktion und besagt das Gegenteil! Mit einer Mischung aus knusprig und zäh und einer Menge Bacongeschmack, der einem das Wasser im Munde zusammenlaufen lässt, können Sie jeden Bissen dieses würdigen Baconersatzes genießen, ohne ein schlechtes Gewissen zu haben: Er besteht aus der herzgesunden Kokosnuss und Gewürzen, die reich an Antioxidanzien sind. Garnieren Sie einfach jedes beliebige Rezept damit! Kokoshappen sind außerordentlich lecker auf cremigen Suppen, Chilis und Kartoffelsuppen. Und falls Sie bezweifeln, dass Sie wirklich die große Menge von 1 ½ Tassen brauchen, lassen Sie sich gesagt sein, dass Sie sie wieder und wieder genießen möchten, sobald Sie sie einmal getestet haben.

ERGIBT 1½ TASSEN

- 2 EL Tamarisauce
- 1 EL Ahornsirup
- ½ TL Flüssigrauch (Hickory Liquid Smoke)
- ½ TL geräuchertes Paprikapulver
- ½ TL Zwiebelpulver
- ½ TL Chipotlepulver
- 1 TL Gewürz-Sumach, gemahlen
- ½ TL Meersalz
- ½ TL schwarzer Pfeffer, gemahlen
- 1 EL Kokosöl
- 1 ½ Tassen Kokosnussflocken

Legen Sie ein Stück Küchenpapier auf einen großen Teller. Vermischen Sie in einer kleinen Schüssel Tamarisauce, Ahornsirup, Flüssigrauch, Paprikapulver, Chipotlepulver, Gewürz-Sumach, Meersalz und schwarzen Pfeffer. Stellen Sie die Schüssel neben den Herd.

Erwärmen Sie das Kokosöl in einer großen Pfanne auf mittlerer Hitze. Testen Sie die Hitze des Öls, indem Sie eine Kokosnussflocke hineinlegen – wenn sie zischelt, ist das Öl richtig erhitzt. Falls nicht, warten Sie noch eine Minute. Wenn das Öl heiß ist, geben Sie die Kokosnussflocken in die Pfanne. Unter ständigem Rühren rösten Sie sie, bis sie goldbraun sind – ca. 2 bis 3 Minuten. Geben Sie die Gewürzmischung dazu und rühren Sie für 1 Minute weiter, damit etwaige restliche Flüssigkeit verdampfen kann. Geben Sie die Kokosnussflocken auf das Küchenpapier und breiten Sie sie gut aus, damit das überschüssige Öl vom Papier aufgesaugt werden kann. Lassen Sie die Kokoshappen für 20 Minuten kühlen und knusprig werden. Bei Raumtemperatur in einem geschlossenen Behältnis aufbewahren. Sie halten ungefähr 1 Monat.

CASHEW-SOUR-CREAM

Auch wenn in diesem Rezept kein Superfood enthalten ist, könnte ich es mir nie verzeihen, wenn ich Sie ohne diese gesündere Variante der Sour-Cream in die Welt der Superfood-Suppen entlassen würde. Ein Klecks dieser sündhaft leckeren Cashewcreme – die cholesterinfrei, eiweißreich, voller Mineralstoffe und hautgesunder Fette ist – schmeckt sensationell auf Chilis und herzhaften Getreidesuppen und wird mit der Zeit, die man ihr zum Ziehen gibt, immer besser.

ERGIBT 1¾ TASSEN

- 1 Tasse rohe Cashews, 4 bis 6 Stunden oder über Nacht in Wasser eingeweicht
- ⅔ Tasse Wasser
- ¼ Tasse Apfelessig
- 2 EL gelbe Misopaste
- 1 TL Sonnenblumenlecithin (optional)*
- 2 EL Kokosöl

Gießen Sie die Cashews ab und spülen Sie sie mit Wasser ab. In einen Mixer füllen und alle Zutaten, bis auf das Kokosöl, dazugeben. Pürieren Sie die Mischung für mehrere Minuten, dabei immer wieder die hochgewirbelten Zutaten von den Seiten nach unten in den Mixer zurückschieben. Pürieren Sie so lange, bis eine sahneähnliche Konsistenz entstanden ist. Fügen Sie das Kokosöl dazu und pürieren Sie erneut, bis die Mischung homogen ist. Füllen Sie die Creme in ein verschließbares Behältnis. Kühlen Sie die Creme für mindestens 1 Stunde, besser noch über Nacht. Die Creme hält sich bis zu 2 Wochen im Kühlschrank und wird geschmacklich sogar noch besser, je länger sie zieht.

*Lecithin wird den Geschmack der Sour-Cream nicht verändern, aber für eine besonders seidige Konsistenz sorgen. Sie können auch Sojalecithin verwenden.

WOHLFÜHLWISSEN: Cashewkerne enthalten eine Menge Mineralstoffe, zum Beispiel Eisen und Magnesium. 28 Gramm Cashewkerne enthalten 20 % des Tagesbedarfs an Magnesium, was der Grund dafür ist, dass die Nuss den guten Ruf besitzt, der Knochen- und Herzgesundheit zuträglich zu sein.

KANDIERTE SAATENHÄUFCHEN

Durch Saaten erhalten Suppen eine köstliche, sanft knusprige Ergänzung, und zudem enthalten sie gute Fette und extra Eiweiß. Diese leicht scharfen, kandierten Häufchen schmecken am besten auf Rüben- oder Kürbissuppen sowie in Chilis und scharfen Eintöpfen. Sie können das Rezept sehr einfach variieren, indem Sie andere süße Gewürze, wie Zimt und Nelken, oder andere herzhafte, wie Salbei und Rosmarin, verwenden.

ERGIBT 2 TASSEN

- ¼ Tasse Hanfsamen
- 1 EL schwarze Sesamsamen
- 1 EL Chiasamen
- 2 EL Kokosblütenzucker
- ½ TL Muskatnuss, gemahlen
- ⅛ TL Cayennepfeffer
- ½ TL schwarzer Pfeffer, gemahlen
- ¼ TL Meersalz
- 2 EL Ahornsirup
- ½ Tasse rohe Sonnenblumenkerne
- 2 EL rohe Kürbiskerne

Mischen Sie Hanfsamen, Sesamsamen, Chiasamen, Kokosblütenzucker, Muskatnuss, Cayennepfeffer, schwarzen Pfeffer und Meersalz zusammen. Geben Sie den Ahornsirup dazu und rühren Sie gut um. Zur Seite stellen.

Eine kleine Pfanne auf mittlerer Hitze erwärmen. Die Sonnenblumenkerne und die Kürbiskerne für 3 bis 4 Minuten unter häufigem Rühren rösten, bis sich die Kürbiskerne etwas aufblähen. Die Ahornsirup-Gewürzmischung dazugeben. Unter ständigem Rühren für 1 Minute weiterrösten. Die Mischung auf eine Platte geben und 10 Minuten abkühlen lassen, dann in kleine Stücke brechen. Die kandierten Saatenhäufchen halten sich für ca. 2 Monate in einem luftdichten Behältnis bei Raumtemperatur.

PHYSALIS-CHUTNEY

Dieser zitronig-herzhafte Aufstrich kann vielseitig verwendet werden – er verfeinert pürierte Suppen, vor allem Wurzelsuppen, und ist ein toller Brotaustrich für getoastete Brotscheiben (was wiederum hervorragend zu einem warmen Eintopf passt). Wie auch immer Sie das Chutney verwenden, es ist eine absolute Geheimwaffe in der Hinterhand, um zu beeindrucken.

ERGIBT ⅔ TASSE

- 12 kleine Perlzwiebeln
- ½ Tasse getrocknete Physalis
- ⅛ TL Piment
- 1 EL Kokosblütenzucker
- 1 Tasse Gemüsebrühe (Seite 68 oder gekauft)
- 1 Prise Safran (optional)

Vermengen Sie alle Zutaten in einem kleinen Topf und bringen Sie sie auf mittlerer Hitze zum Kochen. Reduzieren Sie die Hitzezufuhr und kochen Sie das Chutney für 25 bis 30 Minuten, bis die Zwiebeln glasig sind und die Flüssigkeit zu Sirup eingedickt ist. In einen Mixer geben und ein paar Impulse lang zu einer stückigen Masse mixen. In einem geschlossenen Behältnis hält sich das Chutney für mehrere Wochen.

APFELSALAT

Ein wunderbar frisches Topping sowohl für warme als auch für kalte Suppen.

- 1 knackiger Apfel (z. B. Fuji), gehackt
- 2 EL frische Petersilie, gehackt
- ½ EL Olivenöl
- ½ TL Dijonsenf
- 1 TL Apfelessig
- Meersalz und schwarzer Pfeffer, zum Abschmecken

Geben Sie alle Zutaten in eine Rührschüssel und schwenken Sie sie gut durch. Abschmecken und bis zum Servieren kühl stellen.

HANFSAMEN-PARMESAN

Das erste Restaurant, in dem ich arbeitete, war italienisch und bekannt für zwei Dinge: einen knoblauchstrotzenden Brotdip, den man eimerweise essen konnte, und für jede Menge frischen Parmesan, der seinen Duft verströmte. Nun habe ich endlich eine Superfood-Version kreiert, die Parmesan sehr ähnlich ist, im Stück gekühlt wird und dann bei Bedarf frisch gerieben, geschnitten und gekrümelt werden kann – er schmilzt sogar leicht, wenn man ihn erwärmt. Der Hanfsamen-Parmesan hält sich für mehrere Wochen im Kühlschrank. Ich vermute, er ist das meistverwendete Superfood-Topping in meiner Küche.

ERGIBT CA. 225 GRAMM

- 2/3 Tasse rohe Cashewkerne
- 1/3 Tasse Hanfsamen
- 2 EL Nährhefe
- ¼ TL Meersalz
- 2 EL weiße Misopaste
- 1 EL Kokosöl

Geben Sie die Cashewkerne in einen Mixer und pulverisieren Sie sie. Hanfsamen, Hefe, Salz, Misopaste und Kokosöl dazugeben, zu einer Paste mixen und auf ein Stück Pergamentpapier geben. In ein lockeres, viereckiges Stück formen, dann fest in das Papier einwickeln und für 2 Stunden, oder bis sie fest ist, tiefkühlen. Für die weitere Aufbewahrung in den Kühlschrank legen.

Zum Servieren des Hanfsamen-Parmesans können Sie eine Käsereibe, einen Käsehobel oder ein dünnes Messer verwenden, um dünne Scheiben abzuschneiden, die Sie dann als käseähnliches Topping für Suppen aller Art nehmen können. Er wird sehr schnell weich, also bewahren Sie ihn am besten gekühlt und fest in Pergamentpapier eingewickelt in einem dicht verschlossenen Behältnis auf. Der Hanfsamen-Parmesan hält sich für ca. 1 Monat.

SUPERFOOD-TIPP: Falls Sie es nicht abwarten können und ein parmesanähnliches Topping auf die Schnelle benötigen, kommt hier ein Blitzrezept: ¼ Tasse Hanfsamen, 1 EL Nährhefe, ¼ TL Meersalz in einen Mixer geben und auf das Gericht streuen.

SPROSSENBROTCROÛTONS

An den meisten Tagen reichen mir Saaten, Nüsse und gehackte Kräuter, um meine Suppen mit einem schönen Abschluss zu versehen. Doch es gibt sie, diese Tage, an denen es knusprige, frische Croûtons sein müssen. Um es einfach zu halten, stelle ich sie aus unserem Frühstücksbrot her. Das ist ein Brot aus gekeimtem Getreide, was mehr Eiweiß, Mikronährstoffe und leichtere Verdaulichkeit bedeutet. (Man findet Brot aus gekeimtem Getreide inzwischen auch in einigen Supermärkten. Falls Sie es jedoch nicht bekommen können, greifen Sie einfach auf normales Brot zurück.) Ein bisschen Chia in diesem Basisrezept sorgt für eine sehr einfache Beförderung in den Superfood-Bereich.

ERGIBT 2 TASSEN

- 2 Scheiben Keimbrot*
- 2 EL Olivenöl
- 1 EL Chiasamen
- ¼ TL Meersalz

* Sie können auch glutenfreies Brot verwenden.

Heizen Sie den Ofen auf 175 °C vor.

Reißen Sie über einer Schüssel das Brot in mundgerechte Stücke (oder in ca. 2 cm große Stücke). Beträufeln Sie das Brot mit Olivenöl und bestreuen Sie es mit Chiasamen und Salz. Schütteln Sie die Schüssel und verteilen Sie das Brot auf ein mit Backpapier ausgelegtes Blech. Wischen Sie mit ein paar Croûtons die letzten Chiasamen aus der Schüssel mit auf das Blech.

Backen Sie die Croûtons für 15 bis 20 Minuten, bis sie knusprig geröstet sind. Sie halten sich bei Raumtemperatur für mehrere Tage, gegebenenfalls im warmen Ofen erneut knusprig aufbacken.

Variante: *Geben Sie Kräuter und Gewürze Ihrer Wahl für neue Geschmackskombinationen dazu! Versuchen Sie es mit einer gehackten Knoblauchzehe, ein paar Prisen Thymian oder auch mit etwas Nährhefe und Zwiebelpulver für eine käseähnliche Variante.*

DIE SACHE MIT DEM BROT

Daran gibt es keinen Zweifel: Brot und Suppe passen super zusammen – und als Allererste gebe ich zu, dass ich ab und zu eine warme, knusprige Scheibe dazu wahrlich genieße. Was kann leckerer sein, als ein getoastetes Brot in eine frische warme Suppe zu tauchen? Einfach toll!

Wenn wir die unbestrittene Köstlichkeit von Brot einmal beiseite lassen, muss man leider sagen, dass es nicht gerade nährstoffdicht ist – Keimbrot bleibt da außen vor. Das heißt, dass man mit Brot viele Kalorien, aber dabei nicht viel Positives für seinen Körper zu sich nimmt. Sie brauchen einfach mehr, um sich wohlgenährt und befriedigt satt zu fühlen. Glauben Sie bitte nicht, ich verteufle Brot. (Es gibt bei Weitem deutlich ungesünderes Essen!) Ich habe nur gerne gute Alternativen dazu. Um Ihre Suppe also sättigender und befriedigender zu machen, probieren Sie doch auch mal folgende gesunde Möglichkeiten:

Ofenkartoffel. Sie ist quasi das Brot der Natur. Chilis, dicke Suppen aller Art und Eintöpfe machen sich toll, wenn sie über eine heiße Backofenkartoffel gegossen werden. Die Kartoffel besitzt, obwohl ihr Ruf so bescheiden ist, eine Bandbreite von gesunden Pflanzenstoffen, die sogar den Blutdruck senken sollen.

Gebackene Süßkartoffel / gebackener Winterkürbis. Dies ist eine andere fabelhafte Möglichkeit inklusive antioxidantisch wirkendem Carotin und einem fein-süßlichen Geschmack. Süße Knollen und Kürbisse passen besonders gut zu Chilis und Bohnensuppen.

Dunkles Blattgemüse. Bei mir zu Hause nennen wir dies „Suppe auf Salat". Es ist nicht gerade ein ausgesprochener Augenschmaus, aber es ist ehrlich gesagt mein Lieblingsweg, um eine Suppe zu genießen: Füllen Sie einfach eine Schüssel mit jungem Blattgrün wie Spinat oder Grünkohl und gießen Sie eine Portion heiße Suppe darüber. Das Grün fällt in sich zusammen und sorgt für Fülle in der Suppe, die hier wie ein schweres Dressing wirkt. Sie können alle Suppen dafür verwenden – ich finde vor allem Linsensuppen toll dazu. Natürlich können Sie das Blattgrün auch als Beilagensalat servieren, was genauso sättigend ist (und viel hübscher aussieht!).

Gekochtes Getreide. Machen Sie aus Ihrer Suppe ein lockeres Pilaw, indem Sie sie über gekochte Quinoa, gekochten Grünkern, Reis oder ein anderes Korn Ihrer Wahl gießen. (Warum das Getreide in Form von verarbeitetem Brot essen, wenn man es doch als ganzes Korn in seiner reinen Form mit all den natürlichen Gesundheitsvorteilen genießen kann?)

Kombinationen aus den oben genannten Zutaten. Wenn Sie ein paar der oben genannten Optionen als Basis für Ihre Suppen in eine Schüssel geben, kreieren Sie vielleicht ungeahnte Köstlichkeiten. Brot kommt nicht an das zufriedenstellende Gefühl einer wohlgewählten Kombination von Vollwertzutaten heran.

Wenn Sie ein unumstößlicher Fan von Brot sind (Ich lebe mit so jemandem zusammen, ich weiß, wie das ist!), dann versuchen Sie doch, auch Keimbrot in Ihren Essensalltag mit einzupflegen. Es versorgt Sie mit Eiweiß und Mineralstoffen, sättigt Sie schneller und ist leichter zu verdauen. Wo auch immer Sie kleine Schritte in Richtung einer gesünderen Ernährung tun, wird es Ihr Körper Ihnen danken.

TEIL DREI

EXTRAS

SUPERFOOD-ERSATZ

Viele Superfoods können Sie leicht gegeneinander austauschen oder sogar stattdessen ein gewöhnlicheres Lebensmittel, das kein Superfood ist, wählen. Falls Sie also eine bestimmte Zutat nicht zur Hand haben, verwerfen Sie nicht gleich das Kochen eines Rezepts! Auch wenn sich der Nährwert der Suppe verändert, werden Sie doch immer noch eine köstliche Suppe zubereiten.

Hinweis: Sie können die Zutaten in beide Richtungen austauschen. Das Verhältnis ist 1 : 1.

SUPERFOOD		ERSATZ
Amaranth (ganzes Korn)	=	Quinoa (ganzes Korn)
Dunkle Rohschokolade (Pulver)	=	Kakaopulver (ohne Zucker)
Camupulver	=	ersatzlos weglassen
Chiasamen	=	Leinsamen als Topping; in der Suppe ersatzlos weglassen
Kokosblütenzucker	=	Xylitol, Dattelsüße oder Rohrzucker
Datteln	=	Rosinen
Emmer	=	Dinkel oder Sorgumhirse
Grünkern	=	zerstoßener Weizen oder Bulgur
Schwarzer Reis	=	Naturreis
Hanfsamen	=	Sonnenblumenkerne
Grünkohl	=	Mangold oder anderes dickes grünes Blattgemüse
Kelp	=	Prise Meersalz oder ersatzlos weglassen
Heilpilzpulver (alle Sorten)	=	ein anderes Heilpilzpulver oder ersatzlos weglassen
Maitakepilze (frisch)	=	Zuchtchampignons (frisch)
Shiitakepilze (frisch)	=	Zuchtchampignons (frisch)
Sorgumhirse	=	Rundkorn-Naturreis
Spirulinapulver	=	Weizengraspulver oder ersatzlos weglassen
Quinoaflocken	=	Haferflocken
Brunnenkresse	=	Rucola
Yaconscheiben (getrocknet)	=	Apfelringe (getrocknet)
Yaconsirup	=	Ahornsirup

UMRECHNUNGSTABELLE

FESTE ZUTATEN (Gewicht gebräuchlicher Zutaten in Gramm)

ZUTAT	1 TASSE	¾ TASSE	⅔ TASSE	½ TASSE	⅓ TASSE	¼ TASSE	2 EL
Chiasamen	163 g	122 g	108 g	81 g	54 g	41 g	20 g
Obst und Gemüse, fein geschnitten	150 g	110 g	100 g	75 g	50 g	40 g	20 g
Getrocknete Gojibeeren	111 g	83 g	74 g	55 g	37 g	28 g	14 g
Nüsse, gehackt	150 g	110 g	100 g	75 g	50 g	40 g	20 g

Hinweis: Feste Zutaten, die in amerikanischen Rezepten in Volumenmaßen (Tassen) angegeben werden (wenn es sich um mehr als etwa 2 Esslöffel oder 1 Flüssigunze handelt), können mit der obigen Tabelle in Gewicht umgerechnet werden. Wenn Sie das Gewicht einer Zutat ermitteln müssen, die in der Tabelle nicht angegeben ist, messen Sie sie am besten mit einer traditionellen Messtasse ab und wiegen das Resultat dann auf einer metrischen Küchenwaage. Im Notfall können Sie sich an die Volumen-Umrechnungstabelle unten halten.

VOLUMENUMRECHNUNG
(FÜR FLÜSSIGKEITEN)

AMERIKANISCHE MENGE	METRISCHES ÄQUIVALENT
1 Teelöffel	5 ml
1 Esslöffel oder ½ flüssige Unze	15 ml
¼ Tasse oder 2 flüssige Unzen	60 ml
⅓ Tasse	80 ml
½ Tasse oder 4 flüssige Unzen	120 ml
⅔ Tasse	160 ml
1 Tasse oder 8 flüssige Unzen	240 ml
1½ Tassen oder 12 flüssige Unzen	360 ml
2 Tassen oder 16 flüssige Unzen	480 ml
3 Tassen	720 ml

BEZUGSQUELLEN FÜR DEUTSCHLAND, ÖSTERREICH UND SCHWEIZ

ZUTATEN

Ein kurzer Anruf bei Ihrem nächsten Naturkostladen kann die Frage beantworten, ob das Produkt, nach dem Sie suchen, in Ihrer Nähe erhältlich ist. Einige Läden werden auch gern eine Sonderbestellung aufgeben; weitere Möglichkeiten sind Asia-, Bio- und Drogeriemärkte sowie Reformhäuser, Bauern-(Wochen-)Märkte, türkische und arabische Läden, gut sortierte Supermärkte etc.

www.bioverzeichnis.de/biolaeden.htm
www.biologisch.at
www.schrotundkorn.de
www.reformhaus.de/filialfinder.html
de.wikipedia.org/wiki/Biosupermarkt
www.biodukte.de
www.bionetz.ch

authenticnutrients.de: Superfoods, Superfood-Mischungen u. v. m.
GovindaNatur.de: Superfoods, zahlreiche andere Naturprodukte
hanfmilch.at: Hanfprodukte
hanf-natur.com: Hanfprodukte und weitere Superfoods
iherb.com: von Julie Morris empfohlene Produkte
inkanatural.com: Superfoods aus Südamerika u. v. m.
keimling.de: Küchengeräte, viele Superfoods, Gräser, Rohkost u. v. m.
myprotein.com: Spirulina- und Chlorellaprodukte
naturpaket.de: Chlorella- und Spirulinatabletten, Kokosblütenzucker
navitasnaturals.com: von Julie Morris empfohlene Produkte
raw-living.de: Superfoods, Rohkost u. v. m.
reformhausshop24.de: Kokosöl, Trockenfrüchte, Nuss- und Mandelmilch, Getreide, Mehle, verschiedene Saaten/Samen u. v. m.
reformhaus-shop.de: Hanfsamen, Kokosöl, Cranberrys, Gojibeeren, Mandelmus, Mandelmilch, Acaipulver und -saft, Chiasamen, Chlorellatabletten, verschiedene Säfte u. v. m.
rohschoko.de: Rohschokoladen- und Kakaoprodukte
samaranatura.ch: Superfoods, Rohkakao, Süßungsmittel u. v. m.
schafschoki.de: Superfoods, Produkte für Allergiker u. v. m.
stevia-pura.de: alle möglichen Steviaprodukte
superfoodsmoothies.de: Superfood-Informationen und -Shop
topfruits.de: Superfoods, vitalstoffreiche Naturprodukte u. v. m.
veganactive.de: vegane Sportprodukte, Superfoods u. v. m.
veganz.de: vegane Produkte aller Art, Superfoods u. v. m.
vitanatura.de: Algen, Getreidegräser, Indianerpflanzen, Superfoods u. v. m.
zentrum-der-gesundheit.de/online-shop.html: Superfoods, Küchengeräte u. v. m.

KÜCHENGERÄTE (AUSWAHL)

CUISINEART: Mixer und andere Küchengeräte
Internet: Cuisineart.com

GASTROBACK: Mixer und andere Küchengeräte
Internet: gastroback.de

VITAMIX: Hochgeschwindigkeitsmixer
Internet: Vitamix.com sowie keimling.de

Die Angaben auf dieser Seite wurden vom Verlag für die deutschsprachige Ausgabe zusammengestellt. Diese Auswahl versteht sich als Hinweis ohne Haftung oder Gewähr für die Inhalte der Links. – Aktuelle Infos auch unter www.superfood-kueche.de

VERWENDETE LITERATUR

American Society of Plant Biologists. "The Origin and spread of 'Emperor's rice.'" *Science Daily.* 26 September 2015. Web. 4 April 2016. https://www.sciencedaily.com/releases/2015/09/150926191819.htm.

Blaszyk, Amy. "Taking Stock of Bone Broth: Sorry, No Cure-All Here." *NPR.* 10 February 2015. Web. 4 April 2016. http://www.npr.org/sections/thesalt/2015/02/10/384948585/taking-stock-of-bone-broth-sorry-no-cure-all-here.

Bode, Ann M. and Zigang Dong. "The Amazing and Mighty Ginger." *Herbal Medicine: Biomolecular and Clinical Aspects. 2nd edition.* Web. 4 April 2016. http://www.ncbi.nlm.nih.gov/books/NBK92775/.

Callaway, J.C. "Hempseed as A Nutritional Resource: An Overview." *Euphytica.* 2004. Web. 7 April 2014. http://ovidsp.tx.ovid.com/sp-3.11.0a/ovidweb.cgi?T=JS&PAGE=-fulltext&D=ovft&AN=00005768-201001000-00019&NEWS=N&CSC=Y&CHANNEL=PubMed.

Carbour, Celia and Rachel Mount. "25 Superfoods to Incorporate Into Your Diet Now." *Oprah.com.* Web. 4 April 2016. http://www.oprah.com/food/Superfoods-Ingredients-and-Recipes-for-a-Healthy-Diet.

Charles, Dan. "Heat, Drought Draw Farmers Back To Sorghum, The 'Camel Of Crops'." *NPR The Salt.* 31 October 2013. Web. 4 April 2016. http://www.npr.org/sections/thesalt/2013/10/31/231509864/heat-drought-draw-farmers-back-to-sorghum-the-camel-of-crops.

Clum, Dr. Lauren, and Dr. Mariza Snyder, *The Antioxidant Counter.* Berkley, CA: Ulysses Press, 2011.

Coates, Wayne, PhD. *Chia: The Complete Guide to the Ultimate Superfood.* New York, NY: Sterling, 2012.

Cooksley, Valerie Gennari. *Seaweed: Nature's Secret to Balancing Your Metabolism, Fighting Disease, and Revitalizing Body and Soul.* New York, NY: Stewart, Tabori and Chang, 2007.

Cornish, M. Lynn, et al. "A role for dietary macroalgae in the amelioration of certain risk factors associated with cardiovascular disease." *International Psycological Society.* 54(6) (2015): 649-66. Web. 4 April 2016. http://www.phycologia.org/doi/pdf/10.2216/15-77.1.

Culinary Institute of America. *The Professional Chef.* New York, NY: John Wiley & Sons, Inc., 2002.

Dondero, Tim. "Dondero: Suppen in ancient Rome." *Online Athens.* 18 April 2010. Web. 4 April 2016. http://onlineathens.com/stories/041810/liv_610999089.shtml#.VlYeUCR3heU.

"Effects of cooking on vitamins." *Beyond Vegetarianism.* Web. 4 April 2016. http://www.beyondveg.com/tu-j-l/raw-cooked/raw-cooked-2e.shtml.

"Goji Berry (Wolfberry)." *ImmuneHealthScience.com.* 2008-2013. Web. 8 April 2014. http://www.immunehealthscience.com/goji.html.

Halpern, Georges M. *Healing Mushrooms: Effective Treatments for Today's Illnesses.* New Hyde Park, NY: Square One, 2007.

Harrison-Dunn, Annie-Rose. "Add seaweed to food to improve heart health, Danish researchers urge industry." *Nutra Ingredients.* 25 November 2015. Web. 4 April 2016. http://www.nutraingredients.com/Research/Add-seaweed-to-food-to-improve-heart-health-Danish-researchers-urge-industry?nocount.

ISGA International Sprout Growers Association. Homepage. 17 Nov. 2014. http://www.isga-sprouts.org/.

Kazue, Noemia, et al. "Antibacterial activity of lentinula edodes grown in liquid medium." *Brazilian Journal of Microbiology.* 32(3) (Aug./Oct. 2001). Web. 4 April 2016. http://www.scielo.br/scielo.php?pid=S1517-83822001000300008&script=sci_arttext&tlng=pt.

Largeman-Roth, Frances. "Freekeh — The Next Hot Supergrain." *Huffpost Healthy Living.* 2 September 2013. Web. 4 April 2016. http://www.huffingtonpost.com/frances-largemanroth/best-supergrains_b_3824822.html.

Leech, Joe. "12 Proven Benefits of Pomegranate (No. 8 is Impressive)." *Authority Nutrition.* March 2016. Web. 4 April 2016. https://authoritynutrition.com/12-proven-benefits-of-pomegranate/.

Ley, Beth M., Ph.D. *Maca: Adaptogen and Hormonal Regulator.* Detroit Lakes, MN: BL Publications, 2003.

"Maca." Memorial Sloan-Kettering Cancer Center, April 2013. http://www.mskcc.org.

Maisto, Michelle. "Rediscovering Amaranth, The Aztec Superfood." *Forbes.* 5 Dec. 2011. Web. 17 Nov. 2014. http://www.forbes.com/sites/michellemaisto/2011/12/05/meet-amaranth-quinoas-ancient-superfood-cousin/.

Monro, JA, et al. "The risk of lead contamination in bone broth diets." *Medical Hypotheses.* 80(4) (April 2013): 389-90. Web. 9April 2014 http://www.ncbi.nlm.nih.gov/pubmed/23375414.

Morgan, Helen C., and Kelly J. Moorhead. *Spirulina: Nature's Superfood.* Nutrex Inc., 1993.

Rarback, Sheah. "Beyond broccoli: Green beans, radishes & radicchio are superstars." *Miami Herald.* 21 March 2016. Web. 4 April 2016. http://www.miamiherald.com/living/health-fitness/chew-on-this/article67393367.html.

Scholey, AB. "Cocoa polyphenols enhance positive mood states but not cognitive performance: a randomized, placebo-controlled trial." *International Journal of Biomedical Science.* 27(5) (May 2013): 451-8. Web. 9 April 2014. http://www.ncbi.nlm.nih.gov/pubmed/23364814.

Searby, Lyda. "Brown seaweed extract battles cancer." *Nutra Ingredients.* 30 November 2015. Web. 4 April 2016. http://www.nutraingredients.com/Research/Brown-seaweed-extract-battles-cancer.

"Soup and its history." *L'etoile Fine Virginia Cuisine.* 12 Jan 2011. Web. 4 April 2016. http://www.letoilerestaurant.com/history/soup-and-its-history/.

Sygo, Jennifer: "Jennifer Sygo: Introducing omega-7s, the new fatty acid on the block." *National Post.* 11 June 2013. Web. 4 April 2016. http://news.nationalpost.com/health/jennifer-sygo-introducing-omega-7s-the-new-fatty-acid-on-the-block.

Szalay, Jessie. "Potatoes: Health Benefits, Risks & Nutrition Facts." *Live Science.* 9 October 2014. Web. 4 April 2016. http://www.livescience.com/45838-potato-nutrition.html.

Weiss, Laura B. Farro: An Ancient and Complicated Grain Worth Figuring Out." *NPR Kitchen Window.* 2 October 2013. Web. 4 April 2016. http://www.npr.org/2013/10/02/227838385/farro-an-ancient-if-complicated-grain-worth-figuring-out.

Wolfe, David. *Chaga: King of the Medicinal Mushrooms.* Berkeley, California: North Atlantic Books, 2012.

Wong, Sam. "Scientists discover protein that boosts immunity to viruses and cancer." *Imperial College London.* 16 April 2015. Web. 4 April 2016. http://www3.imperial.ac.uk/newsandeventspggrp/imperialcollege/newssummary/news_16-4-2015-14-51-47

Young, Shelley Redford, and Robert O. Young. *The pH Miracle: Balance Your Diet, Reclaim Your Health.* Grand Central Life & Style, 2010.

Zeb, Alam. "Chemical and Nutritional Constituents of Sea Buckthorn Juice." *Pakistan Journal of Nutrition.* 3(2) (2004): 99-106. Web. 4 April 2016. http://www.pjbs.org/pjnonline/fin185.pdf.

Zielinski, Sarah. "Stone Age Stew? Soup Making May Be Older Than We'd Thought." NPR The Salt. 6 February 2013. Web. 4 April 2016. http://www.npr.org/sections/thesalt/2013/02/06/171104410/stone-age-stew-soup-making-may-be-older-than-wed-thought.

DANKSAGUNG

So wie es vieler Zutaten bedarf, um eine großartige Suppe zu kreieren, so braucht es auch ein tolles Team, um ein Buch wie dieses entstehen zu lassen. (Und ich glaube, jede einzelne Seite lässt erkennen, was für eine Freude es war!)

Vielen Dank an Oliver Barth für deine vielen Rollen in diesem Buch: als Fotograf, der Hand in Hand mit mir die schönsten Bilder entstehen ließ, und als unglaublicher Partner, der stets jegliche Suppe testete, mir Unterstützung und Liebe gab und sogar das Geschirr spülte.

Vielen Dank, lieber Dad, für deine Unterstützung, wenn ich mal nicht mehr weiterwusste, und dafür, dass wir in Form von Videos gemeinsam dieses Buch zum Leben erweckten.

Vielen Dank, liebe Mom, für all deine Gedanken, deine Zeit und deine stets sichere Empfehlung bei der Wortwahl in diesem Buch. Und vielen Dank, Van Fleisher, für das unermüdliche Testen meiner Rezepte.

Vielen Dank an meine Agentin Marilyn Allen, die all meine gepflanzten Ideen hat florieren lassen. Ich liebe unseren Garten, den wir gemeinsam geschaffen haben!

Vielen Dank an das gesamte Team bei Sterling für die Hingabe und Fürsorge für diese Veröffentlichung. Herzlichen Dank an die coolste Editorin überhaupt, Jennifer Williams, dass du dein sagenhaftes Talent in diese Seiten eingebracht hast. Vielen Dank, Christine Heun, für das herausragende Design. Elizabeth Lindy, ich danke dir für das bildschöne Cover des Buches, Kimberly Broderick, vielen Dank, dass du stets mit ruhiger Hand unser gesamtes Schiff manövriert hast. Und haufenweise Danksagungen an Marilyn Kretzer, Theresa Thompson, Sari Lampert, Blanca Oliviery, Toula Ballas, Chris Vaccari, Victoria Horn, Sandra Ballabio und Trudi Bartow für all die sagenhafte Unterstützung und investierte Energie – das bringt dieses Buch zum Leuchten. Alles Liebe euch allen!

Dankeschön auch an Carolyn Pulvino für die makellose grafische Betreuung des Buches. Und vielen Dank, Alyssa Ochs, für all die organisatorischen Beiträge.

Vielen Dank an meine liebe Navitas-Naturals-Familie für all die Unterstützung bei dem Thema Superfood während dieser spannenden Reise. Danke auch an *Om Organic Mushrooms Nutrition,* dass ihr mich an eurem Wissen habt teilhaben lassen.

Und vor allem: Vielen, vielen Dank an meine geliebte Leserschaft und treuen Anhänger. Ihre Freude am gesunden Leben und ihr nicht abreißender Enthusiasmus inspirieren mich immer wieder, kreativ zu bleiben.

Strahlen Sie auch weiterhin!

SUPPEN UND IHRE NUTZEN VON A BIS Z

Anmerkung: Die Erläuterung der Symbole zu den Gesundheitsvorzügen finden Sie auf Seite 56.

HERZGESUNDHEIT

Afrikanischer Minestrone-Eintopf 190
Apfel-Butternuss-Kürbis-Suppe mit Curry 116
Artischockensuppe 166
Avocado-Erbsen-Suppe 89
Blumenkohl-Chia-Chili 186
Cashew-Sour-Cream 218
Champignon-Gersten-Suppe mit Meerrettichcreme 185
Chia-Tortilla-Suppe mit schwarzen Bohnen 141
Chiapesto 212
Chili mit Walnüssen 189
Cremige Brokkolisuppe 167
Cremige Zucchinisuppe 128
Energiebrühe 78
Fritz' Superfood-Eintopf für Hunde 206
Frühlingsminestrone 159
Gekühlte Karotten-Ingwer-Suppe 92
Gekühlte Schokoladen-Dessertsuppe 101
Gekühlte Weizengras-Mandel-Suppe mit Fenchel und Trauben 99
Gemüsebrühe 68
Geröstete Rote-Paprika-Suppe mit Sanddorn-Crème-fraîche 108
Geröstete-Wurzeln-Emmer-Suppe mit Apfelsalat 162
Goji-Harissa 214
Gojibeeren-Safran-Suppe mit Sorgumhirse 138
Goldene Blumenkohlsuppe mit angebratenen Pilzen 130
Grüne Suppe mit Gurkennudeln und Reis 95
Grünes Harissa 213
Grünkernbrei mit Shiitakes und Grünkohl 179
Hanfsamen-Parmesan 221
Harissa-Karotten-Suppe 108
Heilbrühe 81
Ingwer-Yamswurzel-Cremesuppe mit Sanddorn 105
Inka-Suppe 172
Joghurt-Gurke-Suppe mit gerösteten Harissa-Kichererbsen 85
Kakao-Maronen-Suppe 133
Kaki-Weihnachtssuppe 134
Kandierte Saatenhäufchen 219
Kartoffel-Lauch-Suppe 118
Kimchi-Dashi-Terrine mit Buchweizennudeln 154
Kitchari 183
Knollenselleriesuppe mit Apfelmus und Brunnenkresse 122
Kümmel-Kohl-Suppe mit Grünkernbällchen 142
Lila-Yamswurzel-Buchweizen-Brei 173
Marokkanischer Harira-Eintopf 195
Meerrettichcreme 210
Minestrone mit Emmer und Chiapesto 148
Pad-Thai-Nudelsuppe 153
Pastinaken-Birnen-Suppe 129
Peruanischer Quinoaeintopf 197
Physalis-Chutney 220
Pikante Kokoshappen 217
Pozole Verde mit Pintobohnen 205
Pürierte Steckrübensuppe 123
Quinoa-Ratatouille-Eintopf 199
Quinoabrei mit Kurkuma-Walnuss 180
Rosenkohlspiralensuppe mit pikanten Kokoshappen 137
Rote-Beten-Kreuzkümmel-Suppe 126
Rote-Bohnen-Borschtsch 200
Rote-Linsen-Chia-Brei mit hauchdünnem Radicchio 176
Rote-Linsen-Kokosnuss-Dal 187
Schälerbsen-Hanfsamen-Suppe 165
Schönheitsbrühe 80
Schwarzaugenbohnen-Jambalaya 201
Schwarze-Bohnen-Suppe mit Kakao 191
Schwarze-Linsen-Champignons-Eintopf mit Selleriepüree 192
Schwarze-Linsen-Rucola-Suppe 198
Schwarzer-Reis-Suppe mit grünem Tee 144
Sechs-Pilze-Suppe 120
Sommerkürbissuppe mit Wasabi-Avocado-Creme 161
Sorgumhirse-Mais-Suppe 174
Spargelsuppe mit Trüffelöl 124
Sprossenbrotcroûtons 222
Superfood-Ramen-Terrine 150
Suppe mit geröstetem Blumenkohl 171
Suppe mit geröstetem Brokkoli 119
Süßkartoffel-Maca-Suppe mit grünem Harissa 112
Tomaten-Goji-Suppe mit frischem Basilikum 106
Tomaten-Tempeh-Eintopf 194
Wassermelonen-Goji-Gazpacho 93
Weiße-Bohnen-Winterkürbis-Suppe mit Grünkohl 202
Wochenmarktsuppe 156
Za'atar-Amaranth-Brei 177
Zwiebelsuppe mit Hanfsamen-Parmesan 155

IMMUNSTÄRKEND

Apfel-Butternuss-Kürbis-Suppe mit Curry 116
Artischockensuppe 166
Austernpilzsuppe mit pikanten Kokoshappen 168
Avocado-Erbsen-Suppe 89
Champignon-Gersten-Suppe mit Meerrettichcreme 185
Chiapesto 212
Chili mit Walnüssen 189
Cremige Grünkohlsuppe 104
Entgiftungsbrühe 79
Frische Maissuppe 103
Frühlingsminestrone 159
Gekühlte Karotten-Ingwer-Suppe 92
Gekühlte Kurkuma-Kokosnuss-Suppe 96
Geräucherte Kürbissuppe mit kandierten Saatenhäufchen 132
Geröstete Rote-Paprika-Suppe mit Sanddorn-Crème-fraîche 108
Goji-Harissa 214
Gojibeeren-Safran-Suppe mit Sorgumhirse 138
Goldene Blumenkohlsuppe mit angebratenen Pilzen 130
Grünes Harissa 213

Grünkernbrei mit Shiitakes und Grünkohl 179
Harissa-Karotten-Suppe 108
Heilbrühe 81
Ingwer-Yamswurzel-Cremesuppe mit Sanddorn 105
Kaki-Weihnachtssuppe 134
Kimchi-Dashi-Terrine mit Buchweizennudeln 154
Kitchari 183
Meerrettichcreme 210
Minestrone mit Emmer und Chiapesto 148
Miso-Nudelsuppe 147
Pad-Thai-Nudelsuppe 153
Pastinaken-Birnen-Suppe 129
Physalis-Chutney 220
Physalis-Pfirsich-Gazpacho 90
Pilzbrühe 70
Pozole Verde mit Pintobohnen 205
Quinoa-Ratatouille-Eintopf 199
Rote-Beten-Kreuzkümmel-Suppe 126
Rote-Bohnen-Borschtsch 200
Rote-Linsen-Chia-Brei mit hauchdünnem Radicchio 176
Rote-Linsen-Kokosnuss-Dal 187
Schönheitsbrühe 80
Schwarze-Linsen-Champignons-Eintopf mit Selleriepüree 192
Sechs-Pilze-Suppe 120
Superfood-Ramen-Terrine 150
Suppe mit geröstetem Blumenkohl 171
Suppe mit geröstetem Brokkoli 119
Tomaten-Goji-Suppe mit frischem Basilikum 106
Viel-Grün-Suppe 115
Wassermelonen-Goji-Gazpacho 93
Zitronen-Honigmelonen-Gazpacho mit Spirulinaöl 86

KALORIENARM

Apfelsalat 220
Artischockensuppe 166
Avocado-Erbsen-Suppe 89
Avocado-Nori-Suppe mit Knusperreis 84
Brunnenkresse-Vichyssoise 83
Champignon-Gersten-Suppe mit Meerrettichcreme 185
Cremige Grünkohlsuppe 104
Cremige Zucchinisuppe 128
Earl-Grey-Rucola-Suppe 100
Energiebrühe 78
Entgiftungsbrühe 79
Frische Maissuppe 103
Gekühlte Karotten-Ingwer-Suppe 92
Gekuhlte Kurkuma-Kokosnuss-Suppe 96
Gemüsebrühe 68
Geräucherte Kürbissuppe mit kandierten Saatenhäufchen 132
Geröstete Rote-Paprika-Suppe mit Sanddorn-Crème-fraîche 108
Harissa-Karotten-Suppe 108
Heilbrühe 81
Ingwer-Yamswurzel-Cremesuppe mit Sanddorn 105
Joghurt-Gurke-Suppe mit gerösteten Harissa-Kichererbsen 85
Kartoffel-Lauch-Suppe 118
Kitchari 183
Knollenselleriesuppe mit Apfelmus und Brunnenkresse 122
Meeresgemüsebrühe 72
Miso-Nudelsuppe 147
Misobrühe 71
Pastinaken-Birnen-Suppe 129
Physalis-Pfirsich-Gazpacho 90
Pilzbrühe 70
Pürierte Steckrübensuppe 123
Quinoa-Ratatouille-Eintopf 199
Quinoabrei mit Kurkuma-Walnuss 180
Rote-Linsen-Chia-Brei mit hauchdünnem Radicchio 176
Schönheitsbrühe 80
Schwarzer-Reis-Suppe mit grünem Tee 144
Sechs-Pilze-Suppe 120
Sorgumhirse-Mais-Suppe 174
Spargelsuppe mit Trüffelöl 124
Suppe mit geröstetem Blumenkohl 171
Suppe mit geröstetem Brokkoli 119
Tomaten-Goji-Suppe mit frischem Basilikum 106
Tomaten-Tempeh-Eintopf 194
Viel-Grün-Suppe 115
Wassermelonen-Goji-Gazpacho 93
Wochenmarktsuppe 156
Zitronen-Honigmelonen-Gazpacho mit Spirulinaöl 86

KNOCHENSTÄRKEND

Afrikanischer Minestrone-Eintopf 190
Apfel-Butternuss-Kürbis-Suppe mit Curry 116
Artischockensuppe 166
Austernpilzsuppe mit pikanten Kokoshappen 168
Avocado-Nori-Suppe mit Knusperreis 84
Blumenkohl-Chia-Chili 186
Brunnenkresse-Vichyssoise 83
Chia-Tortilla-Suppe mit schwarzen Bohnen 141
Chiapesto 212
Chili mit Walnüssen 189
Cremige Brokkolisuppe 167
Cremige Grünkohlsuppe 104
Cremige Zucchinisuppe 128
Fritz' Superfood-Eintopf für Hunde 206
Gekühlte Kurkuma-Kokosnuss-Suppe 96
Geräucherte Kürbissuppe mit kandierten Saatenhäufchen 132
Grüne Suppe mit Gurkennudeln und Reis 95
Grünkernbrei mit Shiitakes und Grünkohl 179
Heilbrühe 81
Inka-Suppe 172
Kandierte Saatenhäufchen 219
Kartoffel-Lauch-Suppe 118
Kimchi-Dashi-Terrine mit Buchweizennudeln 154
Kitchari 183
Kokosnuss-Curry-Suppe 160
Lila-Yamswurzel-Buchweizen-Brei 173
Marokkanischer Harira-Eintopf 195
Meeresgemüsebrühe 72
Minestrone mit Emmer und Chiapesto 148
Miso-Nudelsuppe 147
Misobrühe 71
Pad-Thai-Nudelsuppe 153
Pozole Verde mit Pintobohnen 205
Rosenkohlspiralensuppe mit pikanten Kokoshappen 137
Rote-Bohnen-Borschtsch 200
Rote-Linsen-Chia-Brei mit hauchdünnem Radicchio 176
Rote-Linsen-Kokosnuss-Dal 187
Schwarzaugenbohnen-Jambalaya 201

Schwarze-Bohnen-Suppe mit Kakao 191
Schwarze-Linsen-Champignons-Eintopf mit Selleriepüree 192
Schwarze-Linsen-Rucola-Suppe 198
Schwarzer-Reis-Suppe mit grünem Tee 144
Sommerkürbissuppe mit Wasabi-Avocado-Creme 161
Spargelsuppe mit Trüffelöl 124
Superfood-Ramen-Terrine 150–143
Suppe mit geröstetem Blumenkohl 171
Suppe mit geröstetem Brokkoli 119
Tomaten-Tempeh-Eintopf 194
Viel-Grün-Suppe 115
Weiße-Bohnen-Winterkürbis-Suppe mit Grünkohl 202
Za'atar-Amaranth-Brei 177

PROTEIN

Afrikanischer Minestrone-Eintopf 190
Artischockensuppe 166
Austernpilzsuppe mit pikanten Kokoshappen 168
Avocado-Erbsen-Suppe 89
Blumenkohl-Chia-Chili 186
Champignon-Gersten-Suppe mit Meerrettichcreme 185
Chia-Tortilla-Suppe mit schwarzen Bohnen 141
Chili mit Walnüssen 189
Cremige Brokkolisuppe 167
Cremige Zucchinisuppe 128
Fritz' Superfood-Eintopf für Hunde 206
Frühlingsminestrone 159
Gekühlte Schokoladen-Dessertsuppe 101
Gekühlte Weizengras-Mandel-Suppe mit Fenchel und Trauben 99
Geröstete-Wurzeln-Emmer-Suppe mit Apfelsalat 162
Gojibeeren-Safran-Suppe mit Sorgumhirse 138
Grüne Suppe mit Gurkennudeln und Reis 95
Grünkernbrei mit Shiitakes und Grünkohl 179
Inka-Suppe 172
Joghurt-Gurke-Suppe mit gerösteten Harissa-Kichererbsen 85
Kakao-Maronen-Suppe 133
Kimchi-Dashi-Terrine mit Buchweizennudeln 154
Kitchari 183
Kokosnuss-Curry-Suppe 160
Kümmel-Kohl-Suppe mit Grünkernbällchen 142
Lila-Yamswurzel-Buchweizen-Brei 173
Marokkanischer Harira-Eintopf 195
Minestrone mit Emmer und Chiapesto 148
Miso-Nudelsuppe 147
Pad-Thai-Nudelsuppe 153
Peruanischer Quinoaeintopf 197
Pozole Verde mit Pintobohnen 205
Quinoabrei mit Kurkuma-Walnuss 180
Rosenkohlspiralensuppe mit pikanten Kokoshappen 137
Rote-Bohnen-Borschtsch 200
Rote-Linsen-Chia-Brei mit hauchdünnem Radicchio 176
Rote-Linsen-Kokosnuss-Dal 187
Schälerbsen-Hanfsamen-Suppe 165
Schwarzaugenbohnen-Jambalaya 201
Schwarze-Bohnen-Suppe mit Kakao 191
Schwarze-Linsen-Champignons-Eintopf mit Selleriepüree 192
Schwarze-Linsen-Rucola-Suppe 198
Schwarzer-Reis-Suppe mit grünem Tee 144
Sommerkürbissuppe mit Wasabi-Avocado-Creme 161
Sorgumhirse-Mais-Suppe 174
Spargelsuppe mit Trüffelöl 124
Superfood-Ramen-Terrine 150
Suppe mit geröstetem Blumenkohl 171
Suppe mit geröstetem Brokkoli 119
Süßkartoffel-Maca-Suppe mit grünem Harissa 112
Tomaten-Tempeh-Eintopf 194
Weiße-Bohnen-Winterkürbis-Suppe mit Grünkohl 202
Wochenmarktsuppe 156
Za'atar-Amaranth-Brei 177
Zwiebelsuppe mit Hanfsamen-Parmesan 155

REINIGUNG/ENTGIFTUNG

Apfel-Butternuss-Kürbis-Suppe mit Curry 116
Artischockensuppe 166
Avocado-Erbsen-Suppe 89
Avocado-Nori-Suppe mit Knusperreis 84
Brunnenkresse-Vichyssoise 83
Champignon-Gersten-Suppe mit Meerrettichcreme 185
Cremige Grünkohlsuppe 104
Cremige Zucchinisuppe 128
Earl-Grey-Rucola-Suppe 100
Energiebrühe 78
Entgiftungsbrühe 79
Gekühlte Karotten-Ingwer-Suppe 92
Gekühlte Kurkuma-Kokosnuss-Suppe 96
Gemüsebrühe 68
Geröstete Rote-Paprika-Suppe mit Sanddorn-Crème-fraîche 108
Goldene Blumenkohlsuppe mit angebratenen Pilzen 130
Grüne Suppe mit Gurkennudeln und Reis 95
Heilbrühe 81
Ingwer-Yamswurzel-Cremesuppe mit Sanddorn 105
Kitchari 183
Knollenselleriesuppe mit Apfelmus und Brunnenkresse 122
Meeresgemüsebrühe 72
Miso-Nudelsuppe 147
Misobrühe 71
Pastinaken-Birnen-Suppe 129
Physalis-Pfirsich-Gazpacho 90
Pilzbrühe 70
Pürierte Steckrübensuppe 123
Rote-Bohnen-Borschtsch 200
Rote-Linsen-Chia-Brei mit hauchdünnem Radicchio 176
Schönheitsbrühe 80
Schwarze-Linsen-Rucola-Suppe 198
Schwarzer-Reis-Suppe mit grünem Tee 144
Sechs-Pilze-Suppe 120
Suppe mit geröstetem Blumenkohl 171
Tomaten-Goji-Suppe mit frischem Basilikum 106
Wassermelonen-Goji-Gazpacho 93
Wochenmarktsuppe 156
Za'atar-Amaranth-Brei 177
Zitronen-Honigmelonen-Gazpacho mit Spirulinaöl 86

SCHÖNHEIT

Apfel-Butternuss-Kürbis-Suppe mit Curry 116
Avocado-Erbsen-Suppe 89
Avocado-Nori-Suppe mit Knusperreis 84
Blumenkohl-Chia-Chili 186
Brunnenkresse-Vichyssoise 83
Cashew-Sour-Cream 218
Champignon-Gersten-Suppe mit Meerrettichcreme 185
Chia-Tortilla-Suppe mit schwarzen Bohnen 141
Chiapesto 212
Chili mit Walnüssen 189
Cremige Zucchinisuppe 128
Frische Maissuppe 103
Fritz' Superfood-Eintopf für Hunde 206
Gekühlte Karotten-Ingwer-Suppe 92
Gekühlte Kurkuma-Kokosnuss-Suppe 96
Gekühlte Schokoladen-Dessertsuppe 101
Gekühlte Weizengras-Mandel-Suppe mit Fenchel und Trauben 99
Geröstete Rote-Paprika-Suppe mit Sanddorn-Crème-fraîche 108
Goji-Harissa 214
Gojibeeren-Safran-Suppe mit Sorgumhirse 138
Grüne Suppe mit Gurkennudeln und Reis 95
Grünes Harissa 213
Hanfsamen-Parmesan 221
Harissa-Karotten-Suppe 108
Heilbrühe 81
Ingwer-Yamswurzel-Cremesuppe mit Sanddorn 105
Joghurt-Gurke-Suppe mit gerösteten Harissa-Kichererbsen 85
Kakao-Maronen-Suppe 133
Kaki-Weihnachtssuppe 134
Kandierte Saatenhäufchen 219
Kitchari 183
Knollenselleriesuppe mit Apfelmus und Brunnenkresse 122
Kokosnuss-Curry-Suppe 160
Kümmel-Kohl-Suppe mit Grünkernbällchen 142
Lila-Yamswurzel-Buchweizen-Brei 173
Meerrettichcreme 210
Minestrone mit Emmer und Chiapesto 148
Pastinaken-Birnen-Suppe 129
Peruanischer Quinoaeintopf 197
Physalis-Chutney 220
Physalis-Pfirsich-Gazpacho 90
Pikante Kokoshappen 217
Quinoa-Ratatouille-Eintopf 199
Rote-Beten-Kreuzkümmel-Suppe 126
Rote-Linsen-Chia-Brei mit hauchdünnem Radicchio 176
Rote-Linsen-Kokosnuss-Dal 187
Schälerbsen-Hanfsamen-Suppe 165
Schönheitsbrühe 80
Schwarze-Bohnen-Suppe mit Kakao 191
Schwarze-Linsen-Champignons-Eintopf mit Selleriepüree 192
Schwarze-Linsen-Rucola-Suppe 198
Schwarzer-Reis-Suppe mit grünem Tee 144
Sechs-Pilze-Suppe 120
Sommerkürbissuppe mit Wasabi-Avocado-Creme 161
Spargelsuppe mit Trüffelöl 124
Superfood-Ramen-Terrine 150
Suppe mit geröstetem Blumenkohl 171
Tomaten-Goji-Suppe mit frischem Basilikum 106
Wassermelonen-Goji-Gazpacho 93
Zitronen-Honigmelonen-Gazpacho mit Spirulinaöl 86

SUPERFOODS VON A BIS Z

Anmerkung: **Fett** gedruckte Seitenzahlen beziehen sich auf Rezepte.

A

Acaibeeren 145
Algen → Meeresgemüse & Algen
Amaranth 40f., 48, **172, 177, 205**
Andenbeere → Physalis

B

Basilikum **80, 93, 106, 108, 128, 194, 199, 212**
Beeren 34ff., 145
Brokkoli 32, **115, 119, 148, 153, 167, 206**
Brunnenkresse 32, **83, 115, 122**
Buchweizen 44, 48, **154, 173**

C

Camubeeren(-pulver) 34, 36, 48, **86, 89, 92, 210, 214**
Chaga 28, 37, 48, **70, 120, 132, 183, 185**
Chiasamen 40f., 48, **112, 141, 142,** 143, **153, 172, 173, 176, 185, 186, 187, 212, 219, 222**
Chicorée **154**
Chlorella 32f., 49
Cordyceps 27f., 48, **70, 78, 120, 166, 168, 185**

D

Dill **200**
Dinkel 43
Dulse 30f., 48, **95, 116, 119, 124, 126,** 128, **153, 161, 166, 168, 171, 194, 200, 201**

E

Einkorn 43
Emmer 43, 48, **148, 162**

G

Gojibeeren (getrocknet) 35f., 48, 53, **80, 81, 90, 92, 93, 106, 108, 116, 129, 132, 134, 138, 148, 150, 187, 189, 192, 195, 199, 214**
Granatapfel(-kerne) 36, 48, **134**
Grünes Gemüse 32f., 48f., **115, 156, 197,** 223
Grünkern 44, 48, **142, 179**
Grünkohl 32, **104, 115, 141, 148, 150, 179, 197, 202, 206**

H

Hanföl **80**
Hanfsamen 40f., 49, 53, **111, 118, 119, 122, 124, 128, 129, 137, 142, 165, 166, 167, 179, 180, 189, 202, 206, 219, 221**
Heilpilze 26ff., 53, **70, 120, 137, 185, 193**

I

Ingwer 37, 48, **79, 81, 92, 96, 105, 116, 153, 154, 160, 183, 187, 195**

K

Kakao 41f., **101, 133, 186, 191**
Kapstachelbeere → Physalis
Kelp 30, **71, 79, 95, 96, 128, 148, 206**
Kimchi **154**
Kombu 30, 71, **72, 183**
Koriander 32, **95, 112, 153, 160, 174, 176, 183, 186, 187, 190, 191, 195, 197, 205, 213**
Körner & Getreide 43f.
Kräuter (frische) 32, 37, 49, **156, 211**
Kurkuma 37f., 49, **81, 96, 105, 109, 116, 126, 130, 160, 167, 176, 180, 183, 187, 195, 197**

L

Linsen, schwarze **192, 195, 198**

M

Maca 37f., 49, 53, **68, 78, 101, 109, 112, 122, 123, 126, 133, 134**
Maitake 26, **120, 130**
Mangold 32, **183, 192, 197**
Meeresgemüse & Algen 30ff., 53, **154, 206**
Minze **79, 85, 89**

N

Nori 31, 49, **84, 144**

O

Oregano (getrocknet) **186, 189, 191, 197, 201, 205, 211**

P

Petersilie 32, **79, 115, 120, 129, 130, 138, 142, 147, 159, 162, 168, 176, 185, 195, 198, 201, 213, 220**
Pfifferlinge **130**
Physalis 35f., 49, **90, 220**
Pilze (getrocknete) **70, 120, 130, 168**

Q

Quinoa 40f., 44, **83, 84, 104, 154, 156, 159, 160, 176, 180, 197, 199**

R

Radicchio **176, 192**
Reis, schwarzer **144,** 145, **160**
Reis, Natur- **84, 95, 147, 150, 183**
Reishi 27, 49, **70, 81, 103, 120, 185**
Rosenkohl 32, **137**
Rosmarin 32, **142, 192, 202**
Rote-Beten-Sprossen 126
Rucola 32, **100, 115, 177, 198**

S

Samen 40ff.
Sanddorn(-saft) 35f., 49, **86, 105, 108**
Sesamsamen **95, 161, 219**
Shiitake 26f., 49, **120, 130, 142, 147, 154, 179**
Sojabohnen **150f.**
Sonnenblumensprossen 32
Sorgumhirse 43f., 49, **138, 174, 201**
Spinat 32, **89, 115, 160, 180, 187, 190**
Spirulina 32f., 49, **84, 86, 89, 161**
Sprossen & Gräser 32, 49, **126, 130, 161, 202**
Sumach **89, 126, 177, 187, 211, 217**
Superfood, schwarzes 47, **144, 150f., 192, 195, 198**
Superfoods für Suppen 25ff., 45, 209, 223, 225
Superfoods, Bezugsquellen für 41, 227
Superfoods, Zubereitung von 48f.

T

Thymian 32, **68, 83, 115, 118, 120, 128, 130, 137, 148, 171, 185, 190, 194, 197, 201, 211**

W

Wakame 31, **147, 150**
Weißkohl 32, **142**
Weizengras(-pulver) 32, 49, **85, 99, 100, 130, 213**
Wurzeln 37ff.

Y

Yacon 37ff., 49, **123, 150**

ÜBER DIE AUTORIN

Julie Morris ist Bioküchenchefin und Botschafterin vollwertiger pflanzlicher Nahrungsmittel und Superfoods. Sie lebt und arbeitet in Los Angeles. Die Autorin der Bestseller „Superfood-Smoothies" und „Superfood-Küche" hat rund zehn Jahre als Rezeptentwicklerin, Autorin, Kochshow-Gastgeberin und Sprecherin in der Bio-Nahrungsmittelindustrie gearbeitet. Heute ist sie leitende Küchenchefin in einem Fair-Trade-Unternehmen, das sich auf rein pflanzliche Superfoods spezialisiert hat. Ihre Mission ist einfach: Rezepte und Ernährungstipps zu verbreiten, die es leicht machen, einen modernen gesunden Lebensstil auszuprobieren, zu entwickeln und ihn mit Vergnügen weiterzuverfolgen. Mehr über Julie Morris und Superfoods finden Sie unter juliemorris.net.

Photo: Oliver Barth

Photo: Steve Bonini

Der Fotograf **Oliver Barth** ist in Berlin geboren und aufgewachsen. Barth geht es in seiner Arbeit darum, die natürliche Schönheit des Lebens in zeitlosen Bildern einzufangen. Er lebt in Los Angeles, Kalifornien. Mehr über Oliver Barth finden Sie unter lafoodphotography.com.

WEITERE BÜCHER BEI KÖNIGSFURT-URANIA:

GESUND ESSEN MIT GENUSS

Das Beste für Ihre Gesundheit
Regional und saisonal
Tolle Rezepte für alle Jahreszeiten

Powernahrung mit hoher Nährstoffdichte – die Autorinnen haben die besten heimischen Superfoods aufgespürt, und damit über 60 leckere Rezepte kreiert. Und bei jedem Rezept erfahren Sie, warum Sie damit Ihrem Körper besonders viel Gutes tun! Außerdem finden Sie wichtige Informationen zu Inhaltsstoffen und unterhaltsam Wissenswertes über schonende Verarbeitung und Nährstoffe.

Etwas Besseres können Sie sich nicht gönnen!

Claudia Lazar / Monika Cordes

SUPERFOODS AUS DER HEIMAT

Pfiffig genießen mit über 60 Rezepten

ISBN 978-3-86826-142-4

WEITERE BÜCHER BEI KÖNIGSFURT-URANIA:

INGWER, CHILI, LACHS & CO

Krankheiten wirksam vorbeugen
Spürbare Linderung auf natürliche Weise
Leckere, unkomplizierte Rezepte für jeden Tag

Fast unglaublich, aber wahr – Arteriosklerose, Alzheimer, Diabetes, Gelenkschmerzen, chronische Darmentzündungen oder Allergien haben zwar viele Gründe, eine Ursache jedoch können Sie gemeinsam haben: Silent Inflammations – heimliche Entzündungen. Sie entstehen meist schleichend und können lange unbemerkt bleiben. Dennoch beeinträchtigen sie längst den Stoffwechsel, bis sich die Krankheit manifestiert.

Lernen Sie die Lebensmittel mit besonders starker entzündungshemmender Wirkung kennen, und genießen Sie die köstlichen Rezeptideen.

Silvia Bürkle

HEIMLICHE ENTZÜNDUNGEN

Mit der richtigen Ernährung sanft vorbeugen und lindern

ISBN 978-3-86826-151-6